民法典

婚姻家庭编司法解释
实务要点与案例精析

北京市兰台律师事务所　编著
李显冬　王丽　王慧婕　主编

PRACTICAL POINTS AND CASE ANALYSIS
OF JUDICIAL INTERPRETATIONS ON MARRIAGE AND FAMILY IN THE
CIVIL CODE

法律出版社
LAW PRESS·CHINA
北京

图书在版编目（CIP）数据

民法典婚姻家庭编司法解释实务要点与案例精析／北京市兰台律师事务所编著；李显冬，王丽，王慧婕主编. -- 北京：法律出版社，2025. -- ISBN 978 - 7 - 5244 - 0253 - 4

Ⅰ. D923.905

中国国家版本馆 CIP 数据核字第 2025KB2560 号

民法典婚姻家庭编司法解释实务要点与案例精析
MINFADIAN HUNYIN JIATINGBIAN SIFA JIESHI SHIWU YAODIAN YU ANLI JINGXI

北京市兰台律师事务所　编著
李显冬　王　丽　王慧婕　主编

策划编辑　邢艳萍
责任编辑　石蒙蒙
装帧设计　汪奇峰

出版发行　法律出版社	开本　710 毫米×1000 毫米　1/16
编辑统筹　法律应用出版分社	印张　21.5　　字数　385 千
责任校对　朱海波	版本　2025 年 6 月第 1 版
责任印制　刘晓伟	印次　2025 年 6 月第 1 次印刷
经　　销　新华书店	印刷　保定市中画美凯印刷有限公司

地址：北京市丰台区莲花池西里 7 号（100073）
网址：www.lawpress.com.cn　　　　　　　销售电话:010 - 83938349
投稿邮箱：info@ lawpress.com.cn　　　　　客服电话:010 - 83938350
举报盗版邮箱：jbwq@ lawpress.com.cn　　　咨询电话:010 - 63939796
版权所有·侵权必究

书号：ISBN 978 - 7 - 5244 - 0253 - 4　　　　　定价:88.00 元

凡购买本社图书，如有印装错误，我社负责退换。电话:010 - 83938349

编 辑 委 员 会

主　编：李显冬　王　丽　王慧婕

成　员（以姓氏笔画为序）：

马　婷　王　晶　王　颖　王泽民　司艳溪　华慧中

向　敏　孙　茹　严洪慧　肖丹青　何　欢　陈佩云

岳静英　胡　烁　柳艳云　侯雪峰　潘国瑞

序 一

婚姻家庭,作为社会的基本细胞,承载着人们的情感寄托。《民法典》婚姻家庭编及其司法解释,构建起调整婚姻家庭关系的法律基石,对维护婚姻家庭稳定、保障家庭成员合法权益、促进社会和谐发展起着至关重要的作用。在法律的实施与应用过程中,如何精准理解条文要义,妥善处理纷繁复杂的婚姻家庭纠纷,成为法律从业者与社会大众共同关注的焦点。

由李显冬教授牵头、北京市兰台律师事务所婚姻家事团队编著的《民法典婚姻家庭编司法解释实务要点与案例精析》一书,恰如一盏明灯,为我们在婚姻家庭法律的迷雾中指引方向。本书作者团队凭借深厚的法学专业素养与丰富的实务经验,精心打造了这本兼具理论深度与实践可操作性的佳作。

书中对婚姻家庭编司法解释的法条进行了全面且深入的释义,不仅准确阐释了条文的字面含义,更深入剖析其立法目的与价值取向,帮助读者从根源上理解法律规定的内在逻辑。案例是法律的生动实践。本书精心筛选大量具有代表性的婚姻家庭案例,涵盖婚姻效力、夫妻共同财产认定、子女抚养、离婚损害赔偿等婚姻家庭领域的各个方面。尤为值得一提的是,书中的实操指南部分,针对婚姻家庭纠纷处理中的常见难点与关键环节,给出极具针对性与实用性的建议与方法。从证据收集与整理、诉讼策略制定到庭审应对技巧,每一个步骤都为法律从业者提供了切实可行的操作指引,帮助其在实践中少走弯路,提高办案效率与质量。对社会大众而言,其也能从中了解在婚姻家庭生活中如何依法维护自身权益,在面临纠纷时如何理性应对,寻求法律帮助。

在我国全面推进依法治国的大背景下,普及法律知识、提高全民法治素养是实现法治社会的必然要求。本书的出版,为法律从业者提供了宝贵的实务参考,为法学教育提供了丰富的教学素材,更为广大社会公众学习婚姻家庭法律知识打开一扇窗。希望本书能走进更多人的视野,发挥其应有的价值,助力我们在婚姻家庭生活中更好地运用法律武器,守护家庭幸福,促进社会和谐。

  希望本书能够成为读者在婚姻家庭法律实务中的得力助手,也期待通过这样的努力,推动《民法典》婚姻家庭编的理念与规则更好地落地实施,让法律真正成为保障人民权益、维护家庭幸福的坚实屏障。

2025 年 4 月

序　二

《民法典》的颁布实施，是我国法治进程中具有里程碑意义的大事，而婚姻家庭编作为其中最具人文关怀与现实温度的部分，承载着法律对家庭伦理、个体权益与社会稳定的深刻关切。婚姻家庭关系既是私人生活的核心领域，也是社会秩序的重要基石。如何通过法律解释与实务操作，在尊重家庭自治的同时维护公平正义，是每一位法律工作者都需要深入思考的问题。

本书的编写，正是基于这样的现实需求，以《民法典》婚姻家庭编及相关司法解释为核心，通过"法条释义—案例分析—实操指南"的立体化架构，力求为司法实务人员、律师、学者及普通读者提供一部兼具理论深度与实践指导价值的专业读物。

在内容上，本书不仅注重对法律条文的精准解读，更关注司法实践中的疑难问题与新型案例。例如，夫妻共同债务的认定、离婚冷静期的适用、子女抚养权的衡量标准等热点问题，书中均通过典型案例予以剖析，并结合最高人民法院的裁判观点与地方法院的实践探索，提炼出具有参考价值的裁判规则。同时，律师观点与实操指南部分从实务角度出发，为法律从业者提供了切实可行的解决方案，体现了"从理论到实践，再从实践反哺理论"的研究路径。

在本书编写过程中，北京市兰台律师事务所的各位律师展现出了丰富扎实的专业能力和多年的实践经验，以法条为纲，以释义为基，以案例为镜，以裁判意见为鉴，尤其是律师观点与实操指南部分，从实务角度出发，为读者提供风险防范与纠纷解决的可行路径，并最终结合《最高人民法院关于适用〈中华人民共和国民法典〉婚姻家庭编的解释（二）》审定成稿。法律出版社的邢艳萍、石蒙蒙老师精心校对，对本书提出了宝贵的修改意见，在此表示衷心的感谢。

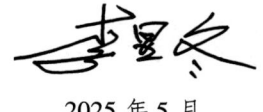

2025 年 5 月

目 录

第一章 一般规定

第一千零四十条 【关于婚姻家庭编的调整对象】 001

第一千零四十一条 【关于婚姻家庭基本原则的规定】 004

第一千零四十二条 【关于婚姻家庭禁止行为的规定】 007

第一千零四十三条 【关于家庭建设、夫妻关系和家庭成员关系的规定】 013

第一千零四十四条 【关于收养基本原则的规定】 017

第一千零四十五条 【关于亲属和近亲属成员范围问题的规定】 020

第二章 结婚

第一千零四十六条 【关于婚姻自由原则的要求】 025

第一千零四十七条 【关于结婚法定年龄的具体规定】 029

第一千零四十八条 【关于结婚的禁止性条件的规定】 033

第一千零四十九条 【关于结婚的形式要件的规定】 036

第一千零五十条 【关于男女结合后家庭组成的规定】 041

第一千零五十一条 【关于婚姻无效情形的规定】 045

第一千零五十二条 【关于可撤销婚姻的规定】 050

第一千零五十三条 【关于夫妻一方患有重大疾病的婚前告知义务的规定】 053

第一千零五十四条 【关于婚姻无效或者被撤销后的规定】 058

第三章 家庭关系

第一节 夫妻关系　　064

第一千零五十五条 【关于夫妻在婚姻和家庭关系中法律地位平等原则的规定】　　064

第一千零五十六条 【关于夫妻姓名权平等原则的规定】　　067

第一千零五十七条 【关于夫妻各自享有人身自由的规定】　　070

第一千零五十八条 【关于夫妻平等享有和承担对未成年子女抚养、教育和保护的权利与义务的原则性规定】　　074

第一千零五十九条 【关于夫妻有相互扶养义务的规定】　　078

第一千零六十条 【关于夫妻之间日常家事代理制度的规定】　　082

第一千零六十一条 【关于夫妻相互之间享有遗产继承权的规定】　　088

第一千零六十二条 【关于夫妻共同财产范围以及夫妻对共同财产平等处理权的规定】　　093

第一千零六十三条 【关于夫妻个人财产范围的规定】　　099

第一千零六十四条 【关于夫妻共同债务的规定】　　103

第一千零六十五条 【关于夫妻约定财产制的规定】　　108

第一千零六十六条 【关于婚姻关系存续期间分割夫妻共同财产的规定】　　113

第二节 父母子女关系和其他近亲属关系　　118

第一千零六十七条 【关于父母对子女的抚养义务和子女对父母的赡养义务的规定】　　118

第一千零六十八条 【关于父母教育、保护未成年子女的权利义务的规定】　　122

第一千零六十九条 【关于子女应当尊重父母的婚姻权利的规定】　　125

第一千零七十条　【关于父母和子女相互之间有继承权
　　　　　　　　的规定】　　　　　　　　　　　　128
第一千零七十一条　【关于非婚生子女的法律地位的
　　　　　　　　　规定】　　　　　　　　　　　131
第一千零七十二条　【关于继父母和继子女之间的权利
　　　　　　　　　义务的规定】　　　　　　　　134
第一千零七十三条　【关于亲子关系异议之诉的规定】　138
第一千零七十四条　【关于祖孙之间抚养、赡养义务的规定】　142
第一千零七十五条　【关于兄弟姐妹之间扶养关系的规定】　146

第四章　离婚

第一千零七十六条　【关于登记离婚程序和条件的规定】　151
第一千零七十七条　【关于登记离婚中离婚冷静期的规定】　157
第一千零七十八条　【关于登记离婚审查、登记条件的规定】　162
第一千零七十九条　【关于诉讼外调解离婚和诉讼离婚的
　　　　　　　　　规定】　　　　　　　　　　　167
第一千零八十条　【关于婚姻关系解除的规定】　　　　172
第一千零八十一条　【关于限制现役军人配偶离婚请求
　　　　　　　　　权的规定】　　　　　　　　　176
第一千零八十二条　【关于男方离婚请求权行使时间的
　　　　　　　　　限制性规定】　　　　　　　　179
第一千零八十三条　【关于离婚后男女双方自愿恢复
　　　　　　　　　婚姻关系重新进行结婚登记的
　　　　　　　　　程序规定】　　　　　　　　　183
第一千零八十四条　【关于离婚后子女的抚养】　　　　187
第一千零八十五条　【关于离婚后子女抚养费的负担】　192
第一千零八十六条　【关于探望子女权利的规定】　　　198
第一千零八十七条　【关于夫妻离婚后,夫妻共同财产的
　　　　　　　　　处理的基本方式和原则的规定】　203
第一千零八十八条　【关于离婚经济补偿的规定】　　　208

第一千零八十九条 【关于离婚后,原婚姻关系存续期间形成的夫妻共同债务应当如何偿还的规定】 213

第一千零九十条 【关于离婚经济帮助制度的规定】 217

第一千零九十一条 【关于离婚损害赔偿制度的规定】 221

第一千零九十二条 【关于一方侵害夫妻共同财产的法律后果】 226

第五章 收养
第一节 收养关系的成立 232
第一千零九十三条 【关于被收养人的范围的规定】 232

第一千零九十四条 【关于送养人的范围的规定】 236

第一千零九十五条 【关于父母危害未成年人时监护人的送养的规定】 240

第一千零九十六条 【关于监护人送养孤儿的规定】 243

第一千零九十七条 【关于生父母共同送养的规定】 246

第一千零九十八条 【关于收养人的条件的规定】 249

第一千零九十九条 【关于亲属间收养的规定】 252

第一千一百条 【关于收养子女人数的规定】 256

第一千一百零一条 【关于夫妻共同收养的规定】 260

第一千一百零二条 【关于异性收养的规定】 264

第一千一百零三条 【关于继父母收养继子女的规定】 267

第一千一百零四条 【关于收养自愿原则的规定】 270

第一千一百零五条 【关于收养程序的规定】 274

第一千一百零六条 【关于被收养人户口登记的规定】 279

第一千一百零七条 【关于生父母亲友抚养的规定】 282

第一千一百零八条 【关于优先抚养权的规定】 286

第一千一百零九条 【关于外国人在中国收养子女的程序规定】 290

第一千一百一十条 【关于收养保密的规定】 295

第二节 收养的效力   299

  第一千一百一十一条　【关于收养关系成立时收养效力的规定】   299

  第一千一百一十二条　【关于养子女姓氏的规定】   303

  第一千一百一十三条　【关于收养无效的规定】   307

第三节 收养关系的解除   310

  第一千一百一十四条　【关于被收养人成年之前解除收养关系的规定】   310

  第一千一百一十五条　【关于被收养人成年之后解除收养关系的规定】   316

  第一千一百一十六条　【关于解除收养登记的规定】   320

  第一千一百一十七条　【关于解除收养关系效果的规定】   324

  第一千一百一十八条　【关于解除收养关系后财产效果的规定】   328

第一章　一般规定

第一千零四十条　【关于婚姻家庭编的调整对象】
本编调整因婚姻家庭产生的民事关系。

法条释义

这一条款明确了《民法典》中婚姻家庭编的调整对象,即因婚姻家庭产生的民事关系。婚姻家庭编调整夫妻之间、家庭成员之间及其他近亲属之间的人身关系和财产关系,是调整婚姻家庭关系的基本法律规范。

亲属之间的人身关系,一般因结婚、出生、收养等法律事实而发生,因离婚、死亡、解除收养关系等法律事实而消灭,存在于具有特定亲属身份的主体之间。

亲属财产关系以主体间存在特定亲属人身关系为前提,不体现直接的经济目的,而是凸显亲属共同生活的要求,与身份密不可分,不同于其他财产关系。

民法中的一般财产关系以等价有偿、公平自愿为原则,反映市场经济条件下民事主体间商品交换的需要。

婚姻家庭编所设定的财产权利义务关系具有非对价性,反映了家庭的经济职能和亲属共同生活的需求,以服务于家庭共同生活、实现养老育幼的家庭职能为目的,具有强烈的伦理性。

对于这一条款,可以从以下几个方面进行理解:

调整对象的特定性:婚姻家庭编主要调整因婚姻家庭产生的民事关系,这与其他民事法律关系(如合同关系、物权关系等)有明显的区别。婚姻家庭关系具有人身性、伦理性、非财产性等特点,因此需要在民法典中单独设立一编进行调整。

关于身份关系与财产关系的规范:婚姻家庭编既规范身份关系,也规范财产关系。身份关系是指因婚姻家庭而产生的身份上的权利义务关系,如夫妻关系、亲子关系等;财产关系则是指因婚姻家庭而产生的财产上的权利义务关系,如夫妻共同财产、子女抚养费等。这两方面的关系在婚姻家庭编中都有详细的规定。

婚姻家庭编还涉及婚姻家庭关系的成立、变更和终止等方面的规定。例如,婚姻的成立需要符合法定条件(如年龄、自愿等),婚姻的变更可以通过协议离婚或诉讼离婚等方式实现,婚姻的终止则包括自然终止(如一方死亡)和人为终止(如离婚)等情形。

总之,《民法典》第1040条明确了婚姻家庭编的调整对象,为规范婚姻家庭领域的民事关系提供了法律依据。在实际生活中,当涉及婚姻家庭问题时,可以依据这一条款及相关规定进行处理。

案例分析

梁某乐与李某芳离婚纠纷案

【基本案情】

梁某乐、李某芳于2017年通过相亲认识,经自由恋爱后于同年11月登记结婚,并于2018年10月生育女儿小欣。双方婚后因生活琐事经常发生矛盾,李某芳于2021年4月带女儿回到母亲家中居住,双方开始分居。梁某乐认为夫妻双方感情已经破裂,诉至法院,请求判决双方离婚,女儿归梁某乐抚养。在审理过程中,李某芳表示同意离婚,请求法院判决女儿由其抚养,并提出因怀孕和照顾年幼的孩子,其婚后一直没有工作,要求梁某乐向其支付家务补偿款2万元。[①]

【争议焦点】

离婚纠纷家务补偿数额如何确定?

【裁判意见】

法院生效判决认为,梁某乐和李某芳经自愿登记结婚并生育女儿,有一定的夫妻感情,但在婚姻关系存续期间,未能相互包容、缺乏理性沟通,导致夫妻感情逐渐变淡。特别是发生争吵后,双方不能正确处理夫妻矛盾,导致分居至今,双方均同意离婚。经法院调解,双方感情确已破裂,没有和好的可能。

依照《民法典》第1088条关于家务劳动补偿制度的规定,李某芳在结婚前与母

---

① 《广东法院贯彻实施民法典典型案例(第一批)》,载广东法院网2021年11月25日,https://www.gdcourts.gov.cn/gsxx/quanweifabu/anlihuicui/content/post_1047260.html。

亲一起经营餐饮店,婚后因怀孕和抚养子女负担较多家庭义务未再继续工作而无经济收入,梁某乐应当给予适当补偿。结合双方婚姻关系存续的时间、已分居的时间及梁某乐的收入情况等因素,酌定经济补偿金额。2021年4月9日,判决准予双方离婚;女儿由李某芳直接抚养,梁某乐每月支付抚养费1000元,享有探视权;梁某乐一次性支付给李某芳家务补偿款1万元。

【律师观点】

《民法典》打破了《婚姻法》(已失效,下同)有关适用家务劳动补偿制度需满足夫妻分别财产制的前提条件,从立法上确认了家务劳动的独立价值,为照顾家庭付出较多家务劳动的一方在离婚时请求家务补偿扫除了法律障碍。本案对于保护家庭妇女合法权益、推动全社会性别平等、维护社会稳定均具重要意义。

《民法典》婚姻家庭编调整的民事关系,不仅有财产关系更有人身关系,这也是婚姻家庭编的特殊之处。在人身、财产关系混合的民事关系里,进行司法裁判裁量难度会更大。最高人民法院出台了《最高人民法院关于适用〈中华人民共和国民法典〉婚姻家庭编的解释(一)》(以下简称《婚姻家庭编解释(一)》)进行疑难条款解释和说明,2024年4月最高人民法院发布《最高人民法院关于适用〈中华人民共和国民法典〉婚姻家庭编的解释(二)(征求意见稿)》,历经近一年的酝酿后,2025年1月15日《最高人民法院关于适用〈中华人民共和国民法典〉婚姻家庭编的解释(二)》(以下简称《婚姻家庭编解释(二)》)正式公布,于2025年2月1日起正式施行。

实操指南

婚姻家庭法既调整婚姻关系,又调整家庭关系;既包括婚姻家庭关系的发生、变更和终止的动态运行的全过程,又包括婚姻家庭关系中主体之间的权利和义务。婚姻关系因结婚而成立,又因一方死亡或离婚而终止。所以,结婚的条件和程序,夫妻间的权利和义务,离婚的处理原则、程序、条件,离婚后财产分割和因生活困难而需要帮助等问题,都属于婚姻关系的范围。家庭关系基于子女的出生、法律拟制(如收养)等原因而发生,基于离婚、家庭成员死亡、拟制血亲关系解除等原因而消灭。因此,关于确认家庭成员之间的亲属身份,规定家庭成员之间的权利义务及家庭关系产生、变更和终止等方面的事项,均属于家庭关系的范围。无论是婚姻关系还是家庭关系,都要接受婚姻家庭法的规范。

从婚姻家庭法调整对象的性质来看,既有婚姻家庭方面的人身关系,又有婚姻家庭方面的财产关系。其中人身关系占据主导地位。财产关系以人身关系为前提条件,其居于附属地位。所以婚姻家庭法在性质上应被认定为身份法而非财产法,它所调整的对象是基于婚姻家庭而产生的人身关系以及与此相联系的财产关系。

> **第一千零四十一条 【关于婚姻家庭基本原则的规定】**
> 婚姻家庭受国家保护。
> 实行婚姻自由、一夫一妻、男女平等的婚姻制度。
> 保护妇女、未成年人、老年人、残疾人的合法权益。

法条释义

该条是针对婚姻家庭关系中应遵循的基本原则作出的具体规定。

一、婚姻自由原则

婚姻自由包括结婚自由和离婚自由,是指公民有权按照法律的规定,完全自愿地决定自己的婚姻问题,不受任何人的强制和干涉,它是自然人的一项基本权利,是婚姻家庭法的首要基本原则。为保障婚姻自由的实现,我国在国家基本法《宪法》中也作出了明确规定,《宪法》第49条第4款规定,禁止破坏婚姻自由。

二、一夫一妻原则

一夫一妻,是个体婚姻的基本形式,是一男一女结为夫妻的婚姻制度,也是我国婚姻家庭法规定的婚姻关系的基本原则。一夫一妻原则的含义是:任何人都不得同时有两个以上的配偶;任何人在结婚后、配偶死亡或者离婚之前,不得再行结婚;一切公开的、隐蔽的一夫多妻或者一妻多夫的两性关系,都是非法的。我国《民法典》在第1041条第2款对一夫一妻原则进行正面肯定的同时,也在第1042条第2款规定禁止重婚,禁止有配偶者与他人同居。

三、男女平等原则

男女平等是我国社会主义婚姻家庭制度的本质特征。婚姻家庭法所规定的男女平等原则,是宪法中规定的男女平等原则的具体化,其核心内容是指男女两性在婚姻关系和家庭生活的各个方面都享有平等的权利,承担平等的义务。

四、保护妇女、未成年人、老年人、残疾人的合法权益原则

婚姻家庭法特别强调对妇女、未成年人、老年人和残疾人合法权益的保护,将其作为婚姻家庭法的基本原则,不仅是社会公德的要求,而且能更好地保护亲属关系中的弱势群体,防止他们的合法权益受到侵害。

案例分析

杨某诉刘某、王某债权人撤销权纠纷案

【案号】再审:辽宁省大连市中级人民法院(2024)辽02民申17号

【基本案情】

刘某与王某(申请人与被申请人)签订离婚协议,双方在离婚协议中载明二人的婚生子女均由王某抚养,刘某放弃一切财产性利益,二人共有的房屋、车辆均归王某所有。

【争议焦点】

离婚协议中的相关约定是否属"无偿转让财产"?

【裁判意见】

法院认为:对于离婚协议中"无偿转让财产"的认定,应当具体情况具体分析,不能仅因债务人所分财产少于其配偶,就认定存在"无偿转让财产"的情形。《民法典》第1041条第3款规定,保护妇女、未成年人、老年人、残疾人的合法权益。第1087条第1款规定:离婚时,夫妻的共同财产由双方协议处理;协议不成的,由人民法院根据财产的具体情况,按照照顾子女、女方和无过错方权益的原则判决。由此可见,在离婚处理财产时,对抚养子女的一方,适当多分财产,只要比例在合理范围内,不应当认定为"无偿转让财产"。本案刘某与王某离婚时签订的离婚协议除调整财产关系外,还包括子女抚养等内容,与一般单纯调整财产性关系的协议有所区别。

因此,原审法院根据离婚处理财产时,对抚养子女的一方,在合理比例范围内,适当多分财产的原则,并考虑王某偿还房屋贷款以及抚养婚生子的事实,在双方约定房屋归王某所有、贷款由王某偿还的情况下,未予认定双方构成"无偿转让财产"并无不当。

【律师观点】

如果离婚协议涉及一方无偿转让财产,该转让行为导致其债权人的债权无法得以实现,则该转让条款可能被撤销,无论接受财产方对于该债务是否知情。当然,离婚不因此而受影响。

一、谁有权请求法院撤销离婚协议？

转让方的债权人，即对转让方享有合法的债权的人。例如，离婚协议如约定夫妻共同财产全部归女方所有，可能被认为是男方无偿转让财产给女方。此时，男方的债权人若认为该转让导致其债权无法得到清偿，就可以请求人民法院撤销债务人的该转让行为。

二、无偿转让的认定标准是什么？

离婚协议约定双方的主要财产归一方所有，另一方仅享有价值较低的财产或不享有财产，甚至承担债务的，该分割方式实质上构成无偿转让财产，导致转让方对外负有高额债务且无其他财产可供执行的后果。此种财产分配方式明显对转让方的债权人主张债权造成了阻碍，人民法院可能认定该分配方式属于无偿转让。

实操指南

离婚协议具有双重属性，关于婚姻关系、子女抚养的约定具有人身属性，涉及财产和债权债务的部分则具有财产属性。离婚协议中关于人身关系的部分不能适用《民法典》关于撤销权的规定，但是财产部分，本质上属于双方意思自治范畴，应受撤销权的制约。所以，当债务人在离婚协议中约定将财产全部归一方所有，以此来逃避债务时，债权人有权撤销离婚协议中关于财产部分的约定。

《民法典》第538条规定：债务人以放弃其债权、放弃债权担保、无偿转让财产等方式无偿处分财产权益，或者恶意延长其到期债权的履行期限，影响债权人的债权实现的，债权人可以请求人民法院撤销债务人的行为。

实践中，债务人通过离婚协议财产分割条款转移财产之常见情形，系将本该属于自己享有之财产份额约定为由配偶一方享有，因此，债务人的行为主要呈现为上述规定中的"无偿转让财产"。[1] 关于债权人主张撤销债务人"无偿转让财产"行为的成立要件，一般认为应当从债权人与债务人两方面来理解，前者主要是指须有被保全的债权存在，后者主要是指须存在诈害的行为。[2] 债权人主张撤销债务人"无

---

[1] 夫妻之间一般不存在通常意义上之债权债务，故债务人不太可能通过离婚协议"放弃到期债权"；夫妻分割共同财产，就是确定财产归属和分多少份额的问题，也不必舍近求远采用"以明显不合理的低价转让财产"的形式分割财产。当然，也不能从理论上完全排除个别情形的存在。此处主要是就司法实践中遇到的多数情形而言。

[2] 韩世远：《合同法总论（第四版）》，法律出版社2018年版，第459~460页。

偿转让财产"行为时要符合下列要件:

一是债权人在债务人签订离婚协议处分财产之前已经享有合法有效的债权。如果债务人实施财产无偿处分行为时,债权人的债权尚未成立或已经消灭,则无偿处分行为不可能对债权人产生任何影响。合法有效之债权,首先,应当是明确的债权,即得到生效法律文书确认或者债务人认可之债权;其次,应当是以金钱为给付标的的债权;最后,债权通常应当是债务人签署离婚协议书时已经成立的债权。

二是离婚协议中的财产分割条款明显不合理且该无偿处分行为有害于债权人债权的实现。所谓有害于债权的实现是指债务人无偿处分财产行为使债权人的债权有难以实现的危险,或者致使其不能完全履行对债权人的债务。如果债务人的无偿处分行为明显不会影响其对债权人债权的清偿,则不成立债权人的撤销权。

三是未超过撤销权行使期限。债权人对债务人离婚协议中的财产约定条款的撤销权应当在其知道或者应当知道撤销事由之日起一年内行使,在债务人的行为发生之日起五年内没有行使的,该撤销权消灭。[1]

第一千零四十二条 【关于婚姻家庭禁止行为的规定】
禁止包办、买卖婚姻和其他干涉婚姻自由的行为。禁止借婚姻索取财物。
禁止重婚。禁止有配偶者与他人同居。
禁止家庭暴力。禁止家庭成员间的虐待和遗弃。
《婚姻家庭编解释(一)》
第一条 持续性、经常性的家庭暴力,可以认定为民法典第一千零四十二条、第一千零七十九条、第一千零九十一条所称的"虐待"。

---

[1] 《民法典》
第538条:债务人以放弃其债权、放弃债权担保、无偿转让财产等方式无偿处分财产权益,或者恶意延长其到期债权的履行期限,影响债权人的债权实现的,债权人可以请求人民法院撤销债务人的行为。
第539条:债务人以明显不合理的低价转让财产、以明显不合理的高价受让他人财产或者为他人的债务提供担保,影响债权人的债权实现,债务人的相对人知道或者应当知道该情形的,债权人可以请求人民法院撤销债务人的行为。
第541条:撤销权自债权人知道或者应当知道撤销事由之日起一年内行使。自债务人的行为发生之日起五年内没有行使撤销权的,该撤销权消灭。

> 第二条 民法典第一千零四十二条、第一千零七十九条、第一千零九十一条规定的"与他人同居"的情形,是指有配偶者与婚外异性,不以夫妻名义,持续、稳定地共同居住。

法条释义

《民法典》第1042条是关于婚姻家庭禁止行为的规定。

禁止性规定是《民法典》婚姻家庭编强制性的体现,属于不可触碰的红线行为,违反须承担相应的民事、行政或刑事责任。

一、禁止包办、买卖婚姻和其他干涉婚姻自由的行为

包办婚姻,是指婚姻当事人以外的第三人(包括父母)违背当事人意愿,强迫其缔结婚姻的行为。买卖婚姻,是指婚姻当事人以外的第三人(包括父母)以索取大量财物为目的,违背当事人的意愿,强迫其缔结婚姻的行为。

包办和买卖婚姻在封建社会非常普遍,最近几十年较少发生。由包办、买卖或者他人干涉而缔结的婚姻并非无效婚姻,而是可撤销婚姻。根据《民法典》第1052条第1款,因胁迫结婚的,受胁迫的一方可以向人民法院请求撤销婚姻。该请求权应当自胁迫行为终止之日起(实践中一般从结婚登记之日起算)一年内提出,当事人被非法限制人身自由的应当自恢复人身自由之日起一年内提出。

被撤销的婚姻自始无效,当事人不具有夫妻的权利和义务。当事人被撤销前的关系按照同居关系处理,同居期间所得的财产,由当事人协议处理;协议不成时,由人民法院根据照顾无过错方的原则判决。

二、禁止借婚姻索取财物

结婚本应系双方自愿,若一方要求另一方向其提供一定财产,以此作为结婚条件,这属于借婚姻索取财物的行为。该行为与买卖婚姻的区别是:前者以双方自愿结婚为前提,并且索要财物的主体是婚姻当事人;后者则是由第三方强迫当事人结婚,双方或者至少一方当事人并非出于自愿,并且索要财物的主体是婚姻当事人以外的第三人。在此,需要和我国传统习俗中的彩礼做区分。

《最高人民法院关于审理涉彩礼纠纷案件适用法律若干问题的规定》(以下简称《涉彩礼案件若干规定》)对彩礼进行排除性规定,明确彩礼与恋爱期间一般赠与的区别,指出以下情形给付的财物不属于彩礼:(1)一方在节日、生日等有特殊纪

念意义时点给付的价值不大的礼物、礼金;(2)一方为表达或者增进感情的日常消费性支出;(3)其他价值不大的财物。

对于彩礼是否应该返还,该规定对《婚姻家庭编解释(一)》进行完善,不再一刀切地规定应返还彩礼的情形,而是根据是否办理结婚登记、共同生活时间长短以及彩礼数额的高低等情况,结合当地风俗具体判定。《涉彩礼案件若干规定》第5条规定:双方已办理结婚登记且共同生活,离婚时一方请求返还按照习俗给付的彩礼的,人民法院一般不予支持。但是,如果共同生活时间较短且彩礼数额过高的,人民法院可以根据彩礼实际使用及嫁妆情况,综合考虑彩礼数额、共同生活及孕育情况、双方过错等事实,结合当地习俗,确定是否返还以及返还的具体比例。人民法院认定彩礼数额是否过高,应当综合考虑彩礼给付方所在地居民人均可支配收入、给付方家庭经济情况以及当地习俗等因素。第6条规定:双方未办理结婚登记但已共同生活,一方请求返还按照习俗给付的彩礼的,人民法院应当根据彩礼实际使用及嫁妆情况,综合考虑共同生活及孕育情况、双方过错等事实,结合当地习俗,确定是否返还以及返还的具体比例。

三、禁止重婚

依据《民法典》第1051条,具有重婚情形的,婚姻无效。《刑法》第258条规定,有配偶而重婚的,或者明知他人有配偶而与之结婚的,处二年以下有期徒刑或者拘役。有配偶的人与他人以夫妻名义同居生活的,或者明知他人有配偶而与之以夫妻名义同居生活的,应按重婚罪定罪处罚。

重婚分为两种形式:(1)事实上的重婚;(2)法律上的重婚。处罚的两类对象:有配偶的人与他人又登记结婚/以夫妻名义同居生活的人;明知他人有配偶且已登记结婚而与之以夫妻名义同居生活的人。

四、禁止有配偶者与他人同居

"有配偶者与他人同居"指的是有配偶者与婚外异性未以夫妻名义共同生活。根据《婚姻家庭编解释(一)》的规定,通奸行为、卖淫嫖娼行为以及偶然"一夜情"行为不属于该等情形。

当事人起诉请求解除同居关系的,人民法院不予受理。当事人因同居期间财产分割或者子女抚养纠纷提起诉讼的,人民法院应当受理。

五、禁止家庭暴力、虐待和遗弃

2016年起施行的《反家庭暴力法》明确规定:该法所称的家庭暴力,指的是家庭成员之间以殴打、捆绑、残害、限制人身自由以及经常性谩骂、恐吓等方式实施的身体、精神等侵害行为。在婚姻纠纷中,法院一旦认定构成家庭暴力,在确认夫妻感情确已破裂且调解无效时,家庭暴力会成为判决准予离婚的理由,并且还会涉及离婚损害赔偿问题。

持续性、经常性的家庭暴力构成虐待。根据《刑法》第260条的规定,虐待家庭成员,情节恶劣的,构成虐待罪。虐待罪一般采取不告不理的原则,但被害人没有能力告诉或者因受到强制、威吓无法告诉的除外。如果虐待家庭成员,致使被虐待人重伤、死亡的,则属于公诉案件,公安机关应当立案侦查。

案例分析

薛某、薛某军等诉乔某满婚约财产纠纷案

【案号】二审:河南省南阳市中级人民法院(2023)豫13民终7441号

【基本案情】

薛某(女)与乔某满(男)经媒人介绍相识,于2020年9月25日在民政局办理结婚登记手续,2020年10月8日举行结婚仪式。双方缔结婚姻期间,乔某满分四次通过媒人向薛家(薛某军、周某红、薛某)支付彩礼186100元(见面礼10100元、过礼66000元、送日子60000元、嫁妆50000元)。薛某军、周某红、薛某置办嫁妆如下:沙发一套、餐桌一套、茶桌一个、海尔冰箱一台、海尔洗衣机一台、美的空调一台、小米电视一台、床上四件套一套等,上述家具现均在乔某满处。

婚后二人因外出务工聚少离多,经常吵架,薛某也曾多次提出离婚。双方未生育子女,于2021年8月分居。

乔某满于2023年5月诉至一审法院要求与薛某离婚,一审法院作出(2023)豫1326民初2044号民事判决书,准予离婚。现对于返还彩礼一事,乔某满诉至法院,要求薛某军、周某红、薛某返还彩礼18万余元。

【争议焦点】

18万余元彩礼是否应该返还?

【裁判意见】

一审法院认为:赠送彩礼是以缔结婚姻为条件的赠与行为。本案中,乔某满与

薛某按照农村习俗举办了婚礼,并办理了结婚登记手续,后因感情不和,乔某满向法院起诉要求离婚,现双方之间的婚姻关系已经解除。但考虑到双方共同生活时间较短,不满一年,乔某满请求薛某军、周某红、薛某返还彩礼,符合《婚姻家庭编解释(一)》第5条的规定,应当予以支持,具体数额应结合案情及本地的风俗习惯等因素酌情予以确定。法院查明乔某满共支付薛某军、周某红、薛某彩礼186100元,薛某与乔某满现已离婚,双方亦无子女,大额彩礼支出必然也给乔某满家庭生活造成了一定的经济困难,故一审法院酌定薛某军、周某红、薛某返还乔某满彩礼60000元为宜。

二审法院采纳了一审法院意见,判决维持原判。

【律师观点】

《涉彩礼案件若干规定》虽规定了彩礼返还的法定情形,但返还数额应根据具体案情予以确定。彩礼作为一种附条件的赠与,给付彩礼一方所追求的是缔结合法的婚姻并与对方共同生活。"缔结婚姻"并不仅仅是"双方办理结婚登记"这一简单的形式流程,双方权利义务的行使也是重要的组成部分。所以说,若双方属于未婚同居的情形,那么在实践中,法院在审理婚约财产纠纷案件时,不会仅以是否办理婚姻登记为衡量标准,而是更关注实质要件,即共同生活时间长短、是否共同生育子女、未办理结婚登记的双方过错、彩礼数额以及当地的风俗习惯等因素,酌情确定返还数额以确保双方的合法权益不受到侵害。

实操指南

一、关于彩礼

高彩礼一直都是婚嫁的热议话题,尤其是在偏远的农村地区,男方家庭可能要倾尽家产以支付高额彩礼,这对男方家庭生活影响巨大。在婚龄较短的情况下,高额彩礼会造成双方利益失衡,彩礼纠纷增多。

《婚姻家庭编解释(一)》《涉彩礼案件若干规定》对借婚姻索取财物和彩礼纠纷提供了裁判指南。

针对涉彩礼案件中呈现的两种新情况,《涉彩礼案件若干规定》用两个条文予以规定,妥善平衡双方利益。

一是已经结婚并共同生活。共同生活时间长短应当作为确定彩礼是否返还以及返还比例的重要考量因素。在"闪离"的情况下,如果对相关返还彩礼的诉讼请求完全不予支持,尤其是举全家之力给付高额彩礼的情形,会使双方利益明显失衡。司法机关应当予以适当调整,根据彩礼实际使用及嫁妆情况,综合考虑彩礼数额、共同生活及孕育情况、双方过错等事实,确定是否返还以及返还的具体比例。

二是未办理结婚登记但已经共同生活。如果双方未办理结婚登记,原则上彩礼应当予以返还,但也不应当忽略共同生活的"夫妻之实"。该共同生活的事实一方面承载着给付彩礼一方的重要目的,另一方面会对女性身心健康产生一定程度的影响,尤其是曾经有过妊娠经历或生育子女等情况。如果仅因未办理结婚登记而要求接受彩礼一方全部返还,有违公平原则,也不利于保护妇女合法权益,应当根据彩礼实际使用及嫁妆情况,综合考虑共同生活及孕育情况、双方过错等事实,确定是否返还以及返还的具体比例。①

二、重婚和"有配偶者与他人同居"的区别

事实上的重婚和"有配偶者与他人同居"之间最大的区别就在于是否以夫妻名义同居生活,如果双方以夫妻名义同居生活,则构成事实上的重婚;如果双方没有以夫妻名义同居生活,则不属于《刑法》予以处罚的范围,而属于《民法典》婚姻家庭编禁止的行为。

当然,重婚的含义与"有配偶者与他人同居"有交叉重合之处,事实上的重婚也是有配偶者与他人同居,但这种同居是有名分的,即以夫妻名义相称,而不是以所谓的秘书、亲戚、朋友相称。

《婚姻家庭编解释(一)》第2条规定得很明确,"民法典第一千零四十二条、第一千零七十九条、第一千零九十一条规定的'与他人同居'的情形,是指有配偶者与婚外异性,不以夫妻名义,持续、稳定地共同居住"。

有配偶者与他人婚外同居,直接构成离婚的法定理由,同时无过错的配偶一方有权提起离婚损害赔偿请求。

三、关于家庭暴力

《反家庭暴力法》第33条规定:加害人实施家庭暴力,构成违反治安管理行为的,依法给予治安管理处罚;构成犯罪的,依法追究刑事责任。

人民法院在对涉家庭暴力离婚案件的审理中,一旦认定加害人的行为构成《民

---

① 《最高法发布涉彩礼纠纷司法解释 明确裁判规则让彩礼回归于"礼"》,载中国日报网2024年1月19日,https://baijiahao.baidu.com/s? id=17884999604677760143&wfr=spider&for=pc。

法典》及《反家庭暴力法》中规定的家庭暴力,在确认夫妻感情已经破裂且调解无效时,"实施家庭暴力"就会成为判决应当准予离婚的理由和依据。

司法实践中需要注意的是证据的把握问题。无论是申请人身安全保护令,还是请求判决离婚、损害赔偿的案件,受害人均需先向法院提交正在遭受家庭暴力、被申请人存在现实家庭暴力的证明,包括但不限于:出警记录,家暴现场,受伤部位照片、录像,告诫书,伤情鉴定书,就诊记录,相关组织接待记录,家庭暴力施暴人保证书,证人证言,聊天记录及通话录音等。然而,由于受害者及时收集证据的意识薄弱,有的证据本身难以收集,受传统观念影响的证人不愿作证、证言难以获取等因素受害人收集证据难是客观现实。

人民法院应当区分不同情况予以处理。在申请人身安全保护令案件中,人民法院可适当降低对证明力的要求,而在请求判决离婚和损害赔偿的案件中,证明标准就要把握得严一些,受害人应当有确实充分的证据证明自己的主张,否则其诉请不应当得到法院支持。

第一千零四十三条 【关于家庭建设、夫妻关系和家庭成员关系的规定】

家庭应当树立优良家风,弘扬家庭美德,重视家庭文明建设。

夫妻应当互相忠实,互相尊重,互相关爱;家庭成员应当敬老爱幼,互相帮助,维护平等、和睦、文明的婚姻家庭关系。

《婚姻家庭编解释(一)》

第四条 当事人仅以民法典第一千零四十三条为依据提起诉讼的,人民法院不予受理;已经受理的,裁定驳回起诉。

法条释义

我国首次将"家庭应当树立优良家风,弘扬家庭美德,重视家庭文明建设"写入法典。这是社会主义核心价值观融入《民法典》的重要体现。体现了立法者对婚姻家庭关系中道德伦理规则的尊重,有利于鼓励和促进人们培养家风,提升社会整体风气。

《民法典》重视家庭建设,要求家庭树立优良家风,弘扬家庭美德,重视家庭文明建设,把家庭建设好,使之成为社会和谐、稳定的基础。其中,就夫妻关系而言,《民法典》规定夫妻之间具有互相忠实、互相尊重和互相关爱的义务。忠实义务是指配偶的专一性生活义务,也称不为婚外性生活的义务;广义上还包括不得恶意遗弃配偶以及不得为第三人的利益而牺牲、损害配偶的利益的义务。忠实义务要求配偶之间相互负不为婚外性交的不作为义务,是为保持爱情专一、感情忠诚而负担的义务,目的是忠实于配偶。该义务不仅约束配偶双方当事人,而且也约束配偶权的义务人。配偶权的权利主体以外的其他任何人,负有对配偶权的不可侵害义务,与配偶一方通奸、破坏配偶一方的忠实义务,构成对配偶权的侵害。配偶互负忠实义务的重要意义是:(1)体现婚姻的本质要求,保持一夫一妻制的实质。(2)体现婚姻道德的要求,以性爱为基础的婚姻具有排他性和专一性。(3)夫妻相互忠实,可以保证子女血缘纯正,避免乱伦,防止造成血缘混乱。(4)为对夫妻行为的评断提供标准。

在《婚姻家庭编解释(一)》第4条所确立的规则下,依忠实义务条款单独诉请过错方承担违约责任已不具备现实可行性,但这并不代表忠诚协议无法在法庭上发挥效力。

《婚姻家庭编解释(一)》第4条中,"不予受理"是重点,而"仅以"二字才是文眼。单凭忠诚协议诉诸法院请求以此判决的路径行不通,但在离婚诉讼中作为辅助性资料的忠诚协议并非就是"白纸一张",毫无用处。"不禁止夫妻之间签订此类协议",意味着夫妻意思自治受到法律保护,但法律并未赋予此类协议强制执行力。面对实践中忠诚协议大量存在、司法判决仍有争议的情形,最高人民法院民事审判第一庭(以下简称最高法民一庭)2021年编著的《最高人民法院〈民法典婚姻家庭编司法解释(一)〉理解与适用》(以下简称《婚姻家庭编司法解释(一)理解与适用》)一书中对司法解释的初衷作出了明确回应:司法解释之所以作此规定,主要在于夫妻间的忠实义务无法强制履行,而并非意味着肯认"忠实义务"仅为道德义务。该条本身虽无违反后果的规定,但其可与《民法典》婚姻家庭编的其他规定(如《民法典》第1087条)结合起来,或借助夫妻之间的"忠诚协议"将之具体化,达到保障夫妻间忠实义务的目的。"可与《民法典》婚姻家庭编的其他规定结合起来"的解释似乎也暗含了忠诚协议在《民法典》体系化视角下仍具有现实意义。

案例分析

段某、陆某某等不当得利纠纷案

【案号】二审：广东省广州市中级人民法院（2023）粤01民终28155号

【基本案情】

陆某某与赖某某于1998年7月2日登记结婚。陆某某陈述：婚后其与赖某某育有一个女儿；双方对夫妻共同财产没有进行约定；现仍处于夫妻婚姻关系存续期间；赖某某原经营物流公司，经济收入尚可，现以驾驶网约车为生。

陆某某主张其于2021年年初发现赖某某与段某存在不正当的男女关系，并且发现赖某某于2018年5月开始通过微信支付及银行转账等方式多次转账给段某，数额逾10万元；对于婚外恋行为，赖某某于2021年4月1日自书一份《保证书》，内容称其保证与段某分开，双方不再联系；但此后赖某某不但没有按照《保证书》的内容终止与段某的不正当男女关系，还继续向段某赠与多笔金额较大的款项。

【争议焦点】

段某应否向陆某某返还涉案款项？

【裁判意见】

陆某某与赖某某为夫妻关系，现无证据显示双方在婚姻关系存续期间选择了其他财产制，因此夫妻共同财产应为双方共同共有，即陆某某、赖某某对夫妻共同财产不分份额地共同享有所有权和平等的处理权。现赖某某擅自将属于夫妻共同财产的131471.22元无偿转让给段某，二人的行为共同侵犯了陆某某的财产权利，属无权处分行为，也违背了公序良俗和社会道德，陆某某有权诉请段某、赖某某承担连带返还责任。

判决段某、赖某某返还陆某某131471.22元。

【律师观点】

在婚姻关系存续期间，除夫妻双方约定实行分别财产制外，夫妻双方对共有财产不分份额地共同享有所有权，任何一方无权非因夫妻共同生活需要单独处分夫妻共有财产。有配偶者擅自将共有财产赠与婚外第三者，既违反公序良俗，也侵犯了另一方的财产权利，该赠与行为无效，婚外第三者构成不当得利，夫妻另一方有权要求第三者返还该夫妻共有财产。

既然财产是共有的,那第三者可否主张只返还无偿转让财产方所有的那一半呢?

答案是否定的。按照《民法典》第1062条的规定,夫妻之间的财产属于共同所有,而不属于按份共有,不存在份额一说。在没有分割财产之前,若夫妻间没有对财产份额进行约定,所有财产都同时属于双方,双方对共同财产享有平等的处理权。因此,赖某某赠与段某的每一分钱,陆某某都有权追回,而非仅能收回1/2的财产份额。

实操指南

虽然《婚姻家庭编解释(一)》作出依忠实义务条款起诉不予受理的规定,但在《民法典》体系化视野下,可参照适用合同编以及人格权编、侵权责任编等违约责任、侵权责任的系统化解读为忠诚协议起诉与审理构建起新的适法逻辑。

夫妻之间具有忠实义务。实践中经常遇到的问题是夫妻忠诚协议的效力认定。夫妻忠诚协议,是指在婚姻存续期间为提醒任何一方配偶避免或防止出现不忠诚行为(主要是婚外性行为),以签订书面协议的方式约定过错方赔偿方案,比如,承担精神损害赔偿金、放弃子女抚养权、部分或全部放弃夫妻共同财产等。在各种家庭协议中,夫妻忠诚协议因涉及人身自由、平等与尊严等被社会高度关注,是讨论范围最广、分歧最大的家庭自治协议。

结合《婚姻家庭编解释(一)》第4条的规定,夫妻之间签订"忠诚协议",应由当事人本着诚信原则自觉自愿履行,法律并不禁止夫妻之间签订此类协议,但也不赋予此类协议强制执行力。从整体社会效果考虑,法院对夫妻之间的"忠诚协议"纠纷以不受理为宜。"不受理为宜"的理由主要有三点:一是一方举证极易侵犯配偶隐私权,甚至导致刑事犯罪;二是"约定成风"会加大婚姻成本,使夫妻感情"变味";三是"忠诚协议"属于道德范畴,不应受到法律规制。

夫妻忠诚协议看上去是牵制对方的工具,但事实上,它的存在反而使婚姻关系发生质变。如果要保护自己在婚姻中的合法权益,可以通过财产约定来实现,这是法律所明文规定的,协议的内容也是受法律保护的,即以"夫妻财产协议"的形式取代忠诚协议,以规避忠诚协议不被受理而索赔无望的风险。如果一方作出了不忠的行为,另一方可以通过合法的途径来搜集证据,如果达到了"重婚"或者"有配偶者与他人同居"的程度,那么在离婚时,就可以向对方提出离婚损害赔偿。

对于出轨方的出轨证据需要通过合法的途径进行收集,例如,当事人在公开场合拍摄的录像可以作为证据使用,如果是偷拍,只有在自己家中拍摄的录像才能作为证据,而在宾馆通过监控录像拍摄,或破门进入他人家中拍摄的内容都不能作为证据使用。如果要聘请"侦探公司"也要注意分寸,确保提供的照片能成为有效证据,避免侵犯他人隐私权,引起更多问题。

> **第一千零四十四条 【关于收养基本原则的规定】**
> 收养应当遵循最有利于被收养人的原则,保障被收养人和收养人的合法权益。
> 禁止借收养名义买卖未成年人。

法条释义

该条阐明了《民法典》关于收养制度应该遵循的基本原则。

一、应当遵循最有利于被收养人的基本原则

从《民法典》第1093条"下列未成年人,可以被收养……"的规定可以看出,被收养人是未成年人。

未成年人在民法法律意义中是无民事行为能力人及限制民事行为能力人,是自然人中最弱小群体的重要组成部分,体现在行为上、智力上、生存能力上,不能或者很难自己独立生存。

正是考虑到未成年人当中的一部分特殊群体的存在,我国才建立了收养制度,因此在立法上有必要向被收养人的利益倾斜,《民法典》关于收养制度的立法宗旨突出对被收养人合法权益的保护。

就保护弱小群体而言,收养基本原则以特殊标准确定被收养人的地位及利益分配,就是源于被收养人的弱者身份;以特殊身份来决定利益分配,使这种分配结果有利于保护被收养人即弱者的合法权益。

二、保障被收养人和收养人合法权益的基本原则

该项基本原则是我国收养制度的实质性原则,其重点在于收养关系成立后,应当注意对收养关系中各方权益的有效保护,保障收养关系的健康发展,使收养的基本原则得以扩充,内涵更加全面。

只单方强调保护未成年的被收养人的利益,很容易导致收养关系中收养人利益被轻视,甚至被否定。任何具体的收养关系均会涉及收养人和被收养人双方的权益,因此,收养关系是相对的法律关系。收养关系一经建立,收养人和被收养人之间就形成了拟制父母子女关系,具有法律上的权利和义务。

三、严禁买卖未成年人的基本原则

将该原则作为《民法典》有关收养制度的一项基本原则,是对保障被收养的未成年人利益原则的深化,更加明确的规定有助于防止收养领域中的违法犯罪行为,进一步完善收养制度,并打击"人贩子"借收养名义拐卖、买卖儿童以及出卖亲生子女的行为。

从犯罪学的角度对收养行为所涉的送养行为进行禁止性规范,禁止借收养名义买卖未成年人,不仅从源头强调对被收养人保障原则的有效实施,而且在防止买卖未成年子女,改变传统的男尊女卑、多子多福观念等方面均具有重要的现实意义。

从刑事的视角关注在收养中侵犯儿童权益的问题,将有助于进一步强化收养行为的规范性与合法性。

案例分析

谭某拐卖儿童案

【基本案情】

谭某,家住许昌县××镇,2015年10月15日,他在自己家中通过网络发布了一个卖孩子的帖子。令他想不到的是,当晚就有人联系了他。联系谭某的人名叫刘某(郭某母亲),家住开封。双方商定,以5万元的价格进行交易。后来,谭某将自己即将临产的女友陈某带至开封,冒用刘某女儿郭某的名字住进医院,等待生产。待陈某的孩子出生后,谭某以5万元的价格将孩子卖给了郭某。[①]

【争议焦点】

谭某是否构成拐卖儿童罪?

---

① 董全磊:《孩子不是商品 不能拿来买卖——魏都区人民法院审理一起拐卖儿童案引发的思考》,载许昌网,http://www.21xc.com/content/201606/08/c319672.html。

【裁判意见】

魏都区人民法院审理后认为,魏都区人民检察院指控谭某犯拐卖儿童罪的事实清楚,证据确实、充分,指控罪名成立。同时,该法院认为,谭某认罪态度较好,有悔罪之意,可以从轻处罚。最终,经审理,该法院依照有关法律规定,判决谭某犯拐卖儿童罪,判处有期徒刑5年,并处罚金人民币5000元。

【律师观点】

该条系禁止拐卖儿童这一行为在《民法典》中的体现,谭某将孩子如商品般随意买卖,无疑是对法律的亵渎。正如法官所说:"人不能被贴上商品的标签,严禁以任何理由进行买卖。人格尊严和人身自由不容侵犯。"

我国《刑法》第240条第2款规定,拐卖妇女、儿童是指以出卖为目的,有拐骗、绑架、收买、贩卖、接送、中转妇女、儿童的行为之一的。依据该条规定:拐卖妇女、儿童的,处5年以上10年以下有期徒刑,并处罚金;有"下列情形"之一的,处10年以上有期徒刑或者无期徒刑,并处罚金或者没收财产;情节特别严重的,处死刑,并处没收财产。"下列情形"指:(1)拐卖妇女、儿童集团的首要分子;(2)拐卖妇女、儿童3人以上的;(3)奸淫被拐卖的妇女的;(4)诱骗、强迫被拐卖的妇女卖淫或者将被拐卖的妇女卖给他人迫使其卖淫的;(5)以出卖为目的,使用暴力、胁迫或者麻醉方法绑架妇女、儿童的;(6)以出卖为目的,偷盗婴幼儿的;(7)造成被拐卖的妇女、儿童或者其亲属重伤、死亡或者其他严重后果的;(8)将妇女、儿童卖往境外的。

同时,依据最高人民法院、最高人民检察院、公安部、司法部联合下发的《关于依法惩治拐卖妇女儿童犯罪的意见》:以非法获利为目的,出卖亲生子女的,应当以拐卖妇女、儿童罪论处;将生育作为非法获利手段,生育后即出卖子女的,应认定属于出卖亲生子女行为,应当以拐卖妇女、儿童罪论处。

实操指南

该项基本原则是我国收养制度的实质性原则,其有利于保障收养人与被收养人的合法权益,保障收养关系的健康发展。其重点在于在收养关系成立后,应当注意对收养关系中各方权益的有效保护,使收养的基本原则得以扩充,内涵更加全面。

如何把握"最有利于被收养人"的原则?需要根据实际情况进行综合判断。比如,2015年发生的"南京虐童案",养母李某某因涉嫌故意伤害罪被判处有期徒刑6个月。可是其出狱后,孩子在亲生母亲和养母李某某之间,还是选择了养母。

在这种情况下,如何判断"最有利于被收养人"?解除收养关系、回到亲生父母身边就一定符合"最有利于被收养人"的原则吗?

《民法典》第 1104 条:收养人收养与送养人送养,应当双方自愿。收养 8 周岁以上未成年人的,应当征得被收养人的同意。该条将需要征得同意的被收养人范围扩大到 8 周岁以上的未成年人,体现了对被收养人意愿的充分尊重。改革开放以来,随着科技的进步、经济的发展,人们的生活越来越好,受教育程度不断提高,未成年人的心智发育速度、程度也普遍提升。为此,《民法典》的总则部分将划定限制民事行为能力人的年龄条件由 10 周岁下调到 8 周岁。也就是说,《民法典》认可了 8 周岁到 18 周岁的未成年人有独立作出与其年龄、智力相当的民事法律行为的能力。

被收养人年满 8 周岁后,对自己的生活状态有能力作出大致判断,我们应当尊重被收养人自己的选择,而不是自以为是地认为孩子选择亲生父母就符合其最佳利益;最重要的是遵循孩子的内心意愿,而不是强加给孩子固定的思维。

收养各方应具备的条件:《民法典》第 1093 条规定,下列未成年人,可以被收养:(1)丧失父母的孤儿;(2)查不到生父母的未成年人;(3)生父母有特殊困难无力抚养的子女。《民法典》第 1098 条规定,收养人应当同时具备下列条件:(1)无子女或者只有 1 名子女;(2)有抚养、教育和保护被收养人的能力;(3)未患有在医学上认为不应当收养子女的疾病;(4)无不利于被收养人健康成长的违法犯罪记录;(5)年满 30 周岁。

《民法典》第 52 条规定,被宣告死亡的人在被宣告死亡期间,其子女被他人依法收养的,在死亡宣告被撤销后,不得以未经本人同意为由主张收养行为无效。被宣告死亡的生父母重新出现后,可与收养人协商收养事宜。依法登记确立的收养关系受法律保护,未经法定程序,不得撤销或宣告无效。生父母被宣告死亡期间对子女的收养,不因生父母重新出现而当然恢复原有的身份关系。

第一千零四十五条 【关于亲属和近亲属成员范围问题的规定】

亲属包括配偶、血亲和姻亲。

配偶、父母、子女、兄弟姐妹、祖父母、外祖父母、孙子女、外孙子女为近亲属。

配偶、父母、子女和其他共同生活的近亲属为家庭成员。

法条释义

亲属、近亲属及家庭成员均为法律概念。《民法典》首次将亲属范围确定为配偶、血亲和姻亲。配偶是关系最密切的亲属,配偶的亲属身份始于结婚,止于离婚或者配偶一方死亡,而夫妻在婚姻存续期间法定的权利义务也基于配偶关系产生。

血亲也是亲属关系中的主要部分,法律上的血亲包括自然血亲和拟制血亲,自然血亲是因出生而形成的,源于同一祖先的有血缘关系的亲属;拟制血亲,是指没有血缘关系,但是法律确认其与自然血亲有同等地位的亲属。拟制血亲一般因收养而产生,因拟制行为在养父母与养子女之间产生父母子女关系的权利义务。

姻亲是指男女结婚以后,配偶一方与另一方的亲属之间产生的姻亲关系。姻亲分为三类:血亲的配偶、配偶的血亲、配偶的血亲的配偶。就丈夫一方来说,配偶的血亲是指岳父母、妻子的兄弟姐妹以及其子女等;就妻子一方来说,配偶的血亲指公婆、丈夫的兄弟姐妹以及其子女等。而配偶的血亲的配偶,是指配偶的血亲的丈夫或者妻子。

日常生活中人们习惯将亲情或者关系亲近的亲戚视为近亲属,比如,姑表姨舅、表兄妹、堂兄妹,但是只有法律规定的配偶、父母、子女、兄弟姐妹、祖父母、外祖父母、孙子女、外孙子女这八种关系才能产生法律上的权利义务。需要注意的是,民法领域的近亲属与刑法及行政法上的近亲属范围并不一致,在确定近亲属权利义务时需要根据不同法律关系对应近亲属定义。

除亲属与近亲属外,《民法典》也对家庭成员作了明确界定,配偶、父母与子女和其他共同生活的近亲属为家庭成员,其中父母、子女、配偶为当然的家庭成员,并不以共同生活为必要前提,如夫妻因工作分居两地也属于家庭成员。由此,家庭成员只是近亲属中的一部分,近亲属不一定是家庭成员。

除此之外,《反家庭暴力法》出台后,基于对妇女儿童等弱势群体的利益保护,对不属于家庭成员但基于特殊的亲密关系或因法律规定而产生类似家庭成员之间的权利义务关系的人,比如,同居关系当事人参照家庭成员予以保护。

案例分析

安某翠、韩某海等诉于某忠共有权确认纠纷案

【案号】二审：山东省烟台市中级人民法院（2022）鲁06民终7977号

【基本案情】

安某翠与于某奎系夫妻，二人于20世纪80年代在山前店镇人民政府登记结婚。双方均系再婚，婚前于某奎有一子，即于某忠，安某翠有二子一女，即韩某海、韩某涛、韩某。2021年4月10日，于某奎与姜某民驾驶的机动车发生交通事故，经抢救无效死亡，后华海财产保险股份有限公司、车主姜某民分别向于某忠赔偿了180000元、98000元。于某忠与安某翠及韩某海、韩某涛、韩某因赔偿款分割问题发生争执，协商未果，起诉至法院，请求依法裁判。

【争议焦点】

1. 韩某海、韩某涛、韩某能否与于某奎形成法律上的继父子女关系？
2. 死亡赔偿款如何分割？

【裁判意见】

一审法院认为，死亡赔偿金不能继承，但是死者的近亲属可以参照遗产分割。本案中，安某翠与于某奎系夫妻关系，有民政局婚姻登记处出具的证明、常住人口登记表、干部履历表为证，事实清楚，于某忠系于某奎之子，上述二人系于某奎的近亲属（第一顺序继承人）。从婚姻登记处证明、常住人口登记表、干部履历表来看，安某翠与于某奎在一起生活时，韩某海、韩某涛、韩某均未成年，结合海阳市徐家店镇××村委会出具的证明，可以认定原告韩某海、韩某涛、韩某与于某奎形成继父子女关系，其三人也能参与死亡赔偿金的分割。韩某海、韩某涛、韩某作为死者于某奎的继子女，年龄相对较小，可以适当少分，以各分得10%为宜。

二审法院认为，死亡赔偿金并非遗产，系对死者近亲属的生活补助费和精神抚慰金，其具有物质和精神双重属性，在进行分割时可参照适用遗产分配原则，综合考虑近亲属与死者的紧密程度、生活来源的因素和经济依赖关系进行适当分配。

法律对近亲属的身份有明确的规定：《民法典》第1045条第2款规定，配偶、父母、子女、兄弟姐妹、祖父母、外祖父母、孙子女、外孙子女为近亲属。该法律规定并未对其中的子女作扩大解释，仅限婚生子女。故依据该规定，能够认定于某忠、安

某翠系于某奎的近亲属以及仅该二人依法有权对涉案死亡赔偿金予以分割的事实。

同时,结合一审证据可以认定韩某海、韩某涛、韩某与于某奎形成继父子女关系,其三人也能参加死亡赔偿金的分割。故在于某奎的近亲属于某忠、安某翠分割涉案死亡赔偿金时可参照适用遗产分配时作扩大解释的子女的范围酌定韩某海、韩某涛、韩某的份额。

二审法院认为一审法院结合本案实际情况对各当事人的涉案死亡赔偿金的分配份额所作认定并无不当,应予维持。

【律师观点】

被侵权人死亡的,其近亲属作为赔偿权利人有权请求侵权人承担侵权责任。近亲属与死者之间具有经济上的牵连和情感上的依赖,亲人的死亡给他们带来了一系列损害:为受害亲人支出救治费用和丧葬费用,为照顾亲人产生误工等"纯粹经济损失";因亲人不幸罹难而产生精神痛苦。死亡赔偿金是侵权人对死者近亲属遭受各种现实利益损失的赔偿。

对死者近亲属范围的界定,通常参照法定继承的顺序,即配偶、父母、子女为第一顺位,其他的为第二顺位。其中近亲属所指子女,按照《民法典》第1072条的规定,继父或者继母和受其抚养教育的继子女间的权利义务关系,适用该法关于父母子女关系的规定。就配偶一方而言,另一方与前配偶所生的子女为其继子女,就子女而言,母亲或者父亲的再婚配偶,为其继父或者继母。

本案中安某翠与于某奎均为再婚,并且婚前各有子女。安某翠有两子一女,分别为韩某海、韩某涛、韩某,在安某翠与于某奎再婚时,三人均未成年,随着母亲安某翠与于某奎共同生活。

对于继父母与继子女是否形成抚养关系,司法实践中一般以"共同生活"或"给付抚养费"①作为认定是否存在抚养事实的主要标准。本案例没有具体显示法院认定身份关系的证据,但在司法实践中,法院一般结合具体表现形式考察继父母是否对继子女起到了监护作用,比如,为身患疾病的继子女提供医疗救治条件,继父母在共同生活中对继子女进行身心照料、教育和支付抚养费,继父母在共同生活

---

① 该观点可参见贺某1与于某赡养费纠纷案,北京市第一中级人民法院民事判决书,(2023)京01民终3122号。

中管理和保护继子女的财产等。

反过来说，继父母并不能因为和生父母的婚姻关系就当然与未成年继子女形成抚养关系。如果未成年继子女的生父、生母再婚后，继子女未与继父或继母共同生活，而由祖父母或外祖父母抚养教育成人，继子女对继父或继母也未尽过赡养扶助义务，则不能视为继子女与继父母之间形成了扶养关系。另外，现实中如果存在继父母只支付抚养费而完全不对继子女进行监护的情况，一般不会认定继父母对继子女起到了监护作用。

鉴于人身关系认定的严肃性，认定标准应当适当严格，共同生活时间不应过短，抚养费承担的比例也不应过低。应综合考虑抚养的时间、经济与精神的抚养程度、家族身份的融合性等因素进行判断。

实操指南

婚姻家庭关系为婚姻家庭的基础，法律对亲属、近亲属及家庭成员分别作出了规定。在实践中基于这三类不同人群产生的婚姻人身及财产纠纷往往是处理婚姻类案件的基石，界定亲属、近亲属及家庭成员三大群体范围，有利于更好地明确相应主体的权利义务，构建和谐的家庭关系。

近亲属在法律上有特定的作用和范围，近亲属往往是民法上确定法定监护、法定继承、死者利益保护和相关民事代理以及刑法自诉主体范围的重要依据。近亲属之间具有紧密的人身联系，也可以看作当事人权利的延伸。

婚姻家庭纠纷是基于特定身份关系所产生的纠纷，身份的特定性是此类纠纷最明显的特点。该条界定的亲属、近亲属以及家庭成员的具体范围，适用于《民事案件案由规定》项下的婚约财产纠纷、婚内夫妻财产分割等案由。婚姻家庭的纠纷主要包括夫妻双方以及其他共同生活家庭成员之间的人身、财产关系纠纷，纠纷性质与特定身份相关联，主体之间关系不同，所产生纠纷的性质也不同。

在家庭关系的背景下，基于家庭成员的共同劳动会产生一定的共同财产，所以近亲属之间的家庭财产纠纷并不一定都属于婚姻家庭纠纷，还可能属于共有纠纷。

第二章 结 婚

第一千零四十六条 【关于婚姻自由原则的要求】
结婚应当男女双方完全自愿,禁止任何一方对另一方加以强迫,禁止任何组织或者个人加以干涉。

法条释义

婚姻自由是《宪法》规定的公民基本权利,也是婚姻家庭编的重要原则,婚姻自由包含结婚自由和离婚自由,该条主要规定的是结婚自由。

首先,结婚双方是异性男女。现阶段《民法典》中并未规定同性婚姻,男性或者女性同性双方即便自愿缔结婚姻,也不属于法律认可的婚姻关系。

其次,婚姻为一夫一妻制。1950年颁布的《婚姻法》确立了一夫一妻制,废除了旧的婚姻制度,一夫一妻制即婚姻缔结双方为一男一女,任何人不得有两个或两个以上的配偶,已婚者不能再结婚,或是以夫妻名义与他人共同居住,无论是法律上的重婚还是事实上的重婚都是违反一夫一妻制的违法行为。法律规定体现了男女平等的基本原则,从婚姻本质来说,一夫一妻制符合婚姻道德的要求,也能保证家庭的稳定,构建和谐社会。

最后,结婚遵循自愿原则。《民法典》第5条规定,民事主体从事民事活动,应当遵循自愿原则,按照自己的意思设立、变更、终止民事法律关系。其中包括:第一,个人有自行决定结婚或者不结婚的自由,其他人员不得干预,更不能强迫;第二,个人有权根据自己的利益和需要,自主决定婚姻关系的变更、终止,并承担相应的法律后果。

结婚是创设夫妻关系的身份行为,只有当事人真正愿意缔结婚姻才具有实际意义,这也是婚姻自由原则的必然要求,"男女双方完全自愿"不仅指双方自愿而非一方自愿,也指要结婚的男女双方本人自愿而非父母或者其他人同意,是完全自愿而不是勉强同意。包办、买卖婚姻等行为都是强迫与他人结婚的类型，属于法律禁止的婚姻类型。

对于实践中男女双方是否自愿的判断标准，婚姻登记机关除通过谈话询问方式排除婚姻当事人因受到强迫或者外力因素干涉等影响意思自治的情形外，还应审查申请结婚登记的男女双方是否具有完全民事行为能力，即是否完全理解结婚登记行为的性质、后果和意义，这也是判断是否自愿结婚的重要标准。[①]

案例分析

王某诉李某撤销婚姻纠纷案

【案号】一审：北京市密云区人民法院（2021）京0118民初2135号

【基本案情】

王某与李某于2019年3月18日相识。自2020年7月起，李某多次向王某提出结婚，但均被拒绝。其间，李某多次至王某工作单位和家中强迫王某与其结婚，并扬言如不结婚就一起自杀。2021年1月18日，二人登记结婚。结婚登记后，王某拒绝至李某家中与其共同生活，李某对王某进行拉拽和推搡，致王某身体局部淤青。后王某以其办理婚姻登记系受李某胁迫为由要求撤销婚姻登记。

【争议焦点】

1. 王某与李某缔结婚姻是否违背个人意愿？
2. 双方婚姻能否撤销？

【裁判意见】

法院认为，结婚应当男女双方完全自愿。因胁迫结婚的，受胁迫的一方可以向人民法院请求撤销婚姻。请求撤销婚姻的，应当自胁迫行为终止之日起一年内提出。本案中王某主观上不同意登记结婚，李某以王某的生命及名誉为要挟，迫使王某违背真实意愿与李某办理了结婚登记，李某的行为构成胁迫。王某与李某的婚姻关系属因胁迫缔结，且未超过在一年内行使撤销权的除斥期间，故受胁迫方王某主张撤销婚姻关系，于法有据，法院予以支持。

---

① 最高人民法院民法典贯彻实施工作领导小组主编：《中华人民共和国民法典婚姻家庭编继承编理解与适用》，人民法院出版社2020年版，第53页。

【律师观点】

婚姻自由是法律赋予公民的权利,婚姻关系的建立应以自愿为基础,要求男女双方对于缔结婚姻关系的意思表示一致且真实。对于胁迫结婚的情形,实践中案件情况很复杂,可能实施胁迫的人并不局限于婚姻一方当事人,还可能是第三人,被胁迫的对象可能是结婚当事人也可能是其近亲属。一方扬言要对受胁迫人或者其近亲属的人身利益或者财产利益造成损害使另一方当事人产生恐惧心理,并基于这种心理被迫同意结婚。

本案李某就以王某的生命及声誉为要挟,导致王某违背自己真实意愿和李某办理了结婚登记。鉴于婚姻当事人并不具有结婚的真实意愿,因而法律赋予其撤销该婚姻的权利。①

现实生活中,也有主张因父母强迫结婚而要求撤销婚姻的,比如,当事人称其母亲采取断绝母子关系之胁迫手段,使当事人担心若不同意会引发母亲的精神病、父亲的高血压等,因而违背意志与他人结婚,在这种情况下,证明"胁迫事实"非常重要,需要具体问题具体分析。满足法定婚龄的都是成年人,有足够成熟的心智决定自己的行为,如果婚姻一方当事人为完成自己或者另一方当事人的心愿而选择结婚,虽然他人的心愿对于当事人结婚的决定有一定影响,但是如果不是以强制等方式强迫当事人结婚,该婚姻也并未违背当事人的自由意志。

此外,胁迫婚姻不仅限于一方对另一方的胁迫,也有双方均受胁迫的情形,比如包办婚姻当事人,双方都因受到第三人的胁迫而成婚,在这种情况下,双方均可以请求撤销婚姻。

另外,论及违背真实意愿结婚,不得不提及"奉子成婚"。在恋爱过程中若女方怀孕可能会以此为由逼迫男方结婚,这种情况下男方同意结婚是否违背结婚自由原则?该类胁迫的前提是一方使用不正当手段侵犯了另一方的合法权益,如果对方只是在行使权利,没有违法事实,不应当认为是法律上的胁迫结婚。在司法实践中,虽然"未婚先孕"的情形并不被普遍价值观所接受,女方为解决孩子出生问题要求与男方结婚,即便男方违背真实意愿被迫与女方结婚,也是基于一定的压力,避免自己利益受损,在权衡利弊之后作出的抉择,不存在法律规定的"胁迫"情形。

---

① 龙翼飞:《民法典婚姻家庭编的制度创新与适用》,载《人民检察》2020年第21期。

实操指南

公民享有婚姻自主权,法律禁止买卖、包办婚姻和其他干涉婚姻自由的行为。古代婚姻讲究父母之命,媒妁之言,婚姻大事一般都由家长安排,当事人并没有自主选择的权利。随着社会的发展,结婚的要素越来越丰富,结婚当事人的物质条件、学历、家境,结婚彩礼以及酒席费用等都成了缔结婚姻时可能会关注的问题。

父母为收取彩礼包办婚姻或者拒绝为子女结婚提供户口本①等情况并不少见。父母操心儿女婚姻大事是人之常情,但是一旦过度关心变成干涉,就属于违法行为了。违反当事人意志干涉婚姻的,还有一种比较典型的"娃娃亲",即父母为未成年人订立婚约。虽然父母是未成年子女的法定监护人,但是不代表其有权为孩子订立婚约。父母要求子女按照自己意愿组建家庭,虽然本意是希望子女能过上幸福的生活,但是可能适得其反。违背当事人意愿的婚姻,终究欠缺稳定。在子女婚恋的问题上,父母应尊重子女,可以给予必要的建议,但不要代为做决断,强行干预不仅侵害子女的婚姻自由权,同时也会使父母子女之间的亲情产生裂痕。如果父母以暴力干涉子女婚姻,还将构成刑法中的暴力干涉婚姻自由。

反过来,站在父母的角度来说,子女同样不能干涉父母的婚姻自主权。老年人的婚姻自由同样受法律保护。子女或者其他亲属不得干涉老年人离婚、再婚及婚后的生活。赡养人的赡养义务不因老年人的婚姻关系变化而消除。实践中,常见子女对父母一方去世后另一方再婚进行阻挠,一方面可能是基于子女对过世父亲或母亲的感情,在情感上接受不了在世父母一方再婚,另一方面可能是担心父或母再婚识人不清,导致上当受骗招致财产损失。一切干涉婚姻自由的行为,无论采取什么形式,也无论与当事人的关系如何,无论是他们的父母子女,兄弟姐妹或其他亲属以及其他任何人,都是侵害婚姻自主权的行为,当事人有权请求法律保护②。当然,子女也不能以父母再婚为由拒绝履行赡养义务,赡养义务是法定义务,不能随意附加条件。

在缔结婚姻过程中,也经常出现用彩礼等形式的财产作为缔结婚姻的担保的情形,比如,当事人双方签订婚约,其中所附义务为登记结婚,该约定违反了我国婚

---

① 《婚姻登记条例》在 2025 年修订后,办理结婚登记的居民不再需要出具本人户口本。
② 尹某1与尹某2婚姻自主权纠纷案,龙陵县人民法院民事判决书,(2019)云 0523 民初 90 号。

姻自由的基本原则及公序良俗,亦为无效约定。当事人双方均有结婚自由,婚约中所涉及的财产约定目前不具有法律上的强制约束力,当双方不能缔结婚姻时,财产受损的一方不能以对方违反婚约为由要求返还财产。至于婚约财产中属于彩礼性质的部分,按照法律规定的彩礼返还条件予以返还即可。

第一千零四十七条 【关于结婚法定年龄的具体规定】
结婚年龄,男不得早于二十二周岁,女不得早于二十周岁。

法条释义

法定婚龄是法律规定的结婚年龄的简称,也就是法律规定的最低结婚年龄,这里的年龄并不是结婚的最佳年龄,也不是必须结婚的年龄。达到最低结婚年龄之后,是否结婚,何时结婚都由当事人自主决定。如果没有达到法定婚龄,登记机关将不予登记;如果不满足法定结婚年龄取得了结婚登记,婚姻关系无效。

虽然《民法典》规定已满18周岁的成年人为完全民事行为能力人,可以独立实施民事行为,并对自己的行为承担相应的法律后果,但是已满18周岁并没有达到法定婚龄。

法律规定最低结婚年龄,一方面是基于身心发育程度,达到一定年龄,才具备适婚的生理和心理条件,凭借个人意愿对婚姻作出理智的判断和决定,另一方面考虑到学习就业情况和独立生活能力,接受必要的教育是每一个公民的义务,一旦步入婚姻,当事人双方共同养老育幼,日常支出共同负担,心智不成熟的自然人不具备基本的民事责任承担能力,放任其过早组建家庭,不利于维护婚姻稳定。

1950年《婚姻法》规定法定结婚年龄为男20周岁,女18周岁;1980年实施的《婚姻法》,规定结婚年龄,男不得早于22周岁,女不得早于20周岁。同时基于时代的要求和社会发展进步,国家实行计划生育政策,《婚姻法》鼓励晚婚晚育。

2001年《婚姻法》修正时,有观点建议将男女法定婚龄统一为一个标准,不过未被认可。2015年以来,针对编撰中的《民法典》婚姻家庭编,学术界呼吁降低男女法定婚龄,理由是现代社会年轻人心理和生理成熟更早,人口老龄化有进一步发展的趋势。降低法定婚龄可以提高生育率和优化人口结构,然而,全国人大常委会法工委公开征求意见的《民法典》(婚姻家庭编草案)一、二、三审稿,以及2019年12月公布的《民法典(草案)》,继续维持2001年《婚姻法》中的男女法定婚龄不变,但取消"晚婚晚育应予鼓励"的内容。①

女孩比男孩早发育两年左右是客观事实,这属于正常生理发育现象。婚姻以人为基础,正视男女发育年龄的不同,规定不同法定婚龄,是依据生理发育客观规律而作出的合理规定,无关性别歧视。此外,鉴于我国部分少数民族有特定的风俗习惯,对于法定婚龄,一些地方的自治机关作了变通规定,这些变通规定仅仅适用于该地区内的少数民族居民。

案例分析

何某华诉黄某芳、余某国等执行异议之诉纠纷案

【案号】二审:广西壮族自治区柳州市中级人民法院(2021)桂02民终978号

【基本案情】

余某国、黄某芳、黄某庆于2016年4月19日诉至法院,要求周某强、徐某洋偿还借款本金及利息等费用。2016年6月28日,法院作出民事调解书。该调解书生效后,周某强、徐某洋未履行支付义务,余某国三人于是向该院申请强制执行。在执行过程中,余某国、周某强、甘某松在执行法官主持下,达成执行和解协议,甘某松承诺自愿对周某强所欠债务人民币150万元承担连带保证责任。但是甘某松并未按照约定进行清偿,法院作出执行裁定书,裁定拍卖被执行人甘某松所有的位于广西壮族自治区南宁市及广西壮族自治区河池市的不动产。

何某华与甘某松于1987年以夫妻名义摆酒席并宣布结婚,2007年6月22日登记结婚;分别于1988年5月8日、1989年8月16日、1990年4月18日生育三个子女,1990年何某华以甘某松妻子的名义将户口迁至甘某松的户口所在地。何某华与甘某松2007年6月22日到民政部门补办结婚登记,甘某松于2004年11月向广西远大房地产有限责任公司购买广西壮族自治区南宁市江南区房屋。广西壮族自治区河池市房屋于2005年9月12日登记在甘某松名下,甘某松于2009年11月

---

① 薛宁兰:《社会转型中的婚姻家庭法制新面向》,载《东方法学》2020年第2期。

向南宁市骋望地产有限公司购买广西壮族自治区南宁市房屋。

【争议焦点】

1. 案涉财产是否是何某华与甘某松的夫妻共同财产？
2. 何某华对执行标的是否享有足以排除强制执行的民事权益？

【裁判意见】

法院认为：何某华与甘某松虽2007年6月22日才到民政部门补办结婚登记，但两人的婚姻关系效力应从双方均符合《民法典》所规定的结婚的实质要件时起算。男方甘某松1962年11月16日出生，女方何某华1968年5月7日出生，虽然两人在1987年即开始在一起生活，但当时何某华未满20周岁，故两人的婚姻关系应自两人达到法定结婚年龄时即1988年起算。

案涉三套登记在甘某松名下的房产均购买于两人婚姻关系存续期间，均属于何某华与甘某松的夫妻共同财产。在甘某松作为被执行人未履行法定义务的情况下，人民法院有权查封其与何某华共有的房产。因此，何某华以案涉三套房产为夫妻共同财产为由，主张停止执行该三套房产的法律依据不足，法院不予支持。

【律师观点】

男女双方或一方未到法定结婚年龄就以夫妻名义共同生活，在双方符合法定结婚年龄后补办结婚证的，婚姻关系的效力从双方达到法定结婚年龄时计算。本案中，虽然何某华与甘某松在一起生活时何某华未满20周岁，未到法定结婚年龄，但按照何某华的出生日期，到1988年何某华已满20周岁，达到法定结婚年龄，因此，从1988年开始，何某华与甘某松已经满足了结婚的年龄要求，当事人双方2007年补办了结婚登记，结婚登记的效力从1988年就有效。何某华购买涉案三套房产时间分别是在2004年11月、2005年9月、2009年11月，时间均在1988年之后，在此期间，双方婚姻关系是有效的。

在当事人达到法定婚龄，有婚姻能力之后，法律充分尊重个人意愿，允许补充办理结婚登记，符合立法本意。

实操指南

该条规定的结婚年龄是按周岁计算的，实践中婚姻登记机关在办理婚姻登记时,以结婚当事人双方的身份证或户口簿上记载的日期为准①。

男女结婚必须达到法定结婚年龄,未达到法定结婚年龄的婚姻无效,婚姻当事人及未达到法定婚龄一方的近亲属有权向法院请求确认婚姻无效。法律规定结婚年龄是由婚姻关系的性质和特点决定的,本意是为了避免心理和生理不成熟的男女过早进入婚姻,以达到维护家庭和谐稳定的目的。人们只有达到一定年龄,才能理性地思考人生大事并作出自主判断,这也是对个人、配偶、子女及家庭负担责任的前提。

未达法定结婚年龄的一方或双方建立的婚姻关系不涉及结婚当事人之外的第三方,因此在当事人达到法定婚龄、能够自我判断后仍有意愿维持婚姻关系的,法律没必要强行干预。虽然目前法律规定未达法定婚龄为无效婚姻,但如果发生婚姻效力争议之时,当事人双方已经达到法定结婚年龄并且已办理结婚登记,则婚姻无效的状态已经不存在,基于维护婚姻关系稳定的考虑,不再确认婚姻无效。

实践中,有的当事人未满法定结婚年龄,但是为了办理结婚证,伪造虚假材料更改出生日期以办理结婚登记,后来婚姻生活中由于家庭纠纷,又以结婚时不符合结婚年龄、双方感情基础不足为由主张婚姻无效,但由于提起诉讼时已经达到法定结婚年龄,其要求确认婚姻无效的主张不能得到支持。

因未满法定结婚年龄而未办理结婚登记手续,男女双方同居一段时间后因为家庭矛盾女方被要求返还彩礼的事情并不少见。因为不满足结婚实质要件,此类案件不能按照离婚纠纷来处理,而是按照彩礼财产纠纷来处理。在照顾妇女、儿童利益的前提下,考虑彩礼给付的实际情况和双方过错程度,判定双方分手后返还彩礼。

如果未满法定结婚年龄而同居生活,同居期间生下的孩子享有与婚生子女同等的权利,父母均有对孩子抚养教育的义务,不因子女是否是婚生子女而有区别,任何人不得加以危害和歧视。即便当事人双方之后分居,也应当共同承担对孩子的抚养义务。

---

① 《民法典》第15条:自然人的出生时间和死亡时间,以出生证明、死亡证明记载的时间为准;没有出生证明、死亡证明的,以户籍登记或者其他有效身份登记记载的时间为准。有其他证据足以推翻以上记载时间的,以该证据证明的时间为准。

第一千零四十八条 【关于结婚的禁止性条件的规定】
直系血亲或者三代以内的旁系血亲禁止结婚。

法条释义

直系血亲包括父母与子女之间、祖孙之间等具有直接血缘关系的亲属,他们之间存在直接的血亲关系。

计算直系血亲的代数时,以一辈为一代,父母子女之间为两代,祖孙之间为三代;计算旁系血亲代数时,以同源关系为依据,同源于父母的兄弟姐妹是两代内的旁系血亲,同源于祖父母、外祖父母的,是三代以内的旁系血亲。

三代以内的旁系血亲指和本人同源于祖父母、外祖父母的各代旁系血亲,包括:(1)兄弟姐妹之间,包括同母同父的全血缘型兄弟姐妹,以及同父异母或同母异父的半血缘兄弟姐妹;(2)伯、叔与侄女之间,姑姑与侄子之间,舅与外甥女,姨与外甥之间;(3)堂兄弟姐妹、表兄弟姐妹之间。

世界上大部分国家和地区将近亲结婚列入禁止范畴,禁止血亲结婚主要基于两个方面的考虑:一方面是为了提高人口质量,促进优生优育。从遗传学上来说,三代或三代以内血亲双方有太多相似的遗传因素,增加了某些隐性遗传病发生的风险。父母双方生理、精神上的疾病和缺陷容易遗传给子女,血缘过近的亲属结婚所生的子女遗传病发生率会比较高,禁止一定范围内的血亲结婚,有利于优生优育。另一方面是对传统伦理道德和亲属秩序的维护。从伦理道德的角度来说,直系血亲结婚会引发伦理秩序的混乱,也难被社会大众接受。当事人之间的亲属关系并不因其中一方死亡而消灭,因此,如果属于法律禁止结婚关系的一方当事人死亡,此前缔结的婚姻仍属于无效婚姻。

对于拟制血亲之间能否结婚法律并没有明确规定,但养父母与养子女、继父母与继子女之间的权利义务,适用亲生父母子女关系的规定。由此可见,直系拟制血亲之间属于禁止结婚的范畴。法律之所以限制拟制的直系血亲间通婚,除了其违背伦理,容易造成辈分、血亲上的混乱外,主要也是为了保护养子女和继子女的利益,避免出现因胁迫等而被迫与养父母或继父母结婚的情况。而拟制的旁系血亲间的通婚,只要没有血缘上的禁忌,法律应当准予。

案例分析

邹某诉廖某2、廖某1婚姻无效纠纷案

【案号】二审：湖北省荆州市中级人民法院（2021）鄂10民终2307号

【基本案情】

廖某2、廖某1系李某丹（已死亡）与廖某3的婚生女。2014年12月19日，李某丹与廖某3经江西省峡江县人民法院调解离婚[（2014）峡民初字第471号]。之后，李某丹与邹某登记结婚。李某丹的母亲是龚某平，邹某的母亲是龚某玉。经核实，龚某平、龚某玉共有兄弟姐妹6人，其母亲为刘某凤。

【争议焦点】

邹某与李某丹是否属于禁止结婚情形？

【裁判意见】

一审法院认为，李某丹与邹某系表兄妹关系，属于法律规定的禁止结婚的三代以内旁系血亲，双方虽然办理了结婚登记手续，但该婚姻不符合法定结婚条件，依法应认定为无效。

二审法院认为，邹某与龚某玉、龚某平的户籍信息，松滋市档案馆调取的人口普查表以及松滋市八宝镇同××村委会证明等证据材料，能够证明龚某玉系邹某之母、龚某平系李某丹之母。另外，一审已经核实龚某玉、龚某平系同胞姐妹。邹某陈述的家庭人口信息与上述证据记载的内容一致，其也认可一直称呼龚某平为姨妈。直系血亲或者三代以内的旁系血亲均属于禁止结婚情形。因此，邹某与李某丹系表兄妹关系，双方不应办理结婚登记，一审认定双方婚姻无效符合法律规定。

【律师观点】

虽然婚姻制度以个人意愿自由为原则，但基于婚姻本质是建立在人与人之间社会关系的基础上，《民法典》将保护妇女、未成年人、老年人、残疾人合法权益作为原则，同时规定，家庭应当树立优良家风，弘扬家庭美德，重视家庭文明建设，这些规定既是婚姻自由的延伸，也是立足于婚姻之社会功能而对婚姻自由的引导与约束。

基于防范婚姻家庭风险的需要，对于婚姻的有效条件法律作了明确的规定。

一旦结婚双方当事人有直系血亲或三代以内旁系血亲关系,尽管双方办理了结婚登记,婚姻也是无效的。

无效婚姻不受法律保护,自始不产生法律效力。当事人之间的婚姻并不受法律保护,当事人之间并不是配偶关系而只是同居者,不具有夫妻的权利和义务。夫妻财产制所调整的财产关系,是以合法的配偶身份关系为前提的,无效婚姻或被撤销婚姻当事人同居期间并非婚姻关系存续期间,在此同居期间所得的财产,不能当然地视为双方当事人共同所有。

当事人同居期间所得的财产,属于双方共同所有的财产,但有证据证明为当事人一方所有的除外。对同居生活期间的所得财产,由无效婚姻当事人双方协议处理;协议不成时,由法院根据照顾无过错方的原则判决。同居生活期间一方死亡的,另一方无继承权。但根据相互扶养的具体情况,生存一方可作为法定继承人以外的人,适当分得对方遗产。同居生活前,一方自愿赠送给对方的财物,可比照赠与关系处理;一方向另一方索取的财物,如果同居时间不长,或者因索要财物造成对方生活困难的,可酌情返还。同居生活期间所产生的债权债务,按共同债权债务处理。

婚姻无效,并不影响父母子女间的权利和义务。无效婚姻当事人双方所生育的子女与其父母的关系,适用关于父母子女关系的规定。子女抚养事宜,由双方协商处理;协商不成的,法院应根据子女利益和双方的具体情况判决。

实操指南

该条属于法定的婚姻无效原因,并不以个人意愿为转移。1950 年《婚姻法》第 5 条①禁止直系血亲结婚,但并没有禁止表兄弟姐妹之间结婚,其他五代内的旁系血亲间禁止结婚的问题,从习惯。1980 年《婚姻法》增加规定,禁止三代以内的旁系血亲结婚,之后法律沿用了此禁止结婚的规定。对于 1981 年 1 月 1 日之前结婚的当事人,如果存在表兄弟姐妹关系,在司法实践中能够证明结婚为当地民间习惯的,婚姻不会被认定无效。

---

① 1950 年《婚姻法》第 5 条:"男女有下列情形之一者,禁止结婚:一、为直系血亲,或为同胞的兄弟姊妹和同父异母或同母异父的兄弟姊妹者;其他五代内的旁系血亲间禁止结婚的问题,从习惯。二、有生理缺陷不能发生性行为者。三、患花柳病或精神失常未经治愈,患麻风或其他在医学上认为不应结婚之疾病者。"

从禁止结婚的规定来看,干预的目的是防范缔结婚姻可能发生的伦理、医学等风险。随着社会的发展,作为旧社会风俗习惯"亲上加亲"的婚恋观逐渐改变,近亲结婚的情况也慢慢变少。

依据《婚姻登记条例》第8条的规定,办理结婚登记需要出具证件和证明材料,但是婚姻登记处无法直接核实登记双方是否有三代以内旁系血亲关系。一般情况下婚姻登记处都是让当事人双方对此自行承诺,再由登记人员根据双方提供的材料对双方进行询问,对基本信息进行了解。即便当事人故意隐瞒取得结婚证,该婚姻关系因为违反法律规定也是无效的。也有当事人以婚检合格为由主张婚姻关系合法有效,但婚检只是结婚前的检查,并不能改变当事人双方存在禁止结婚的身份关系。

另外,直系姻亲之间、旁系姻亲之间不属于禁止结婚的范畴,当事人满足结婚条件可以结婚。但是因为身份关系的特殊性,当事人双方虽然无直系血亲法律地位,姻亲之间结婚仍然有可能存在社会伦理道德和风俗习惯的冲突,需要慎之又慎。

第一千零四十九条 【关于结婚的形式要件的规定】

要求结婚的男女双方应当亲自到婚姻登记机关申请结婚登记。符合本法规定的,予以登记,发给结婚证。完成结婚登记,即确立婚姻关系。未办理结婚登记的,应当补办登记。

《婚姻家庭编解释(一)》

第三条 当事人提起诉讼仅请求解除同居关系的,人民法院不予受理;已经受理的,裁定驳回起诉。

当事人因同居期间财产分割或者子女抚养纠纷提起诉讼的,人民法院应当受理。

第六条 男女双方依据民法典第一千零四十九条规定补办结婚登记的,婚姻关系的效力从双方均符合民法典所规定的结婚的实质要件时起算。

第七条 未依据民法典第一千零四十九条规定办理结婚登记而以夫妻名义共同生活的男女,提起诉讼要求离婚的,应当区别对待:

(一)1994年2月1日民政部《婚姻登记管理条例》公布实施以前,男女双

> 方已经符合结婚实质要件的,按事实婚姻处理。
>
> (二)1994年2月1日民政部《婚姻登记管理条例》公布实施以后,男女双方符合结婚实质要件的,人民法院应当告知其补办结婚登记。未补办结婚登记的,依据本解释第三条规定处理。
>
> **第八条** 未依据民法典第一千零四十九条规定办理结婚登记而以夫妻名义共同生活的男女,一方死亡,另一方以配偶身份主张享有继承权的,依据本解释第七条的原则处理。

法条释义

关于婚姻合法有效的认定,《民法典》以"结婚登记"为要件。登记是结婚的必经程序,也是婚姻成立的形式条件。按照《婚姻登记条例》第7条[①]的规定,缔结婚姻的双方当事人需要本人亲自到婚姻登记机关申请结婚登记,在申请过程中当事人需要按照规定提交本人身份证件、结婚登记审查处理表、申请结婚登记声明书等材料。婚姻登记机关通过申请的方式来审查双方当事人缔结婚姻的真实意愿,以及是否符合结婚的实质要件。对于符合条件的,婚姻登记机关予以登记发放结婚证。

需要注意的是,领取结婚证是建立婚姻关系的必要条件,只有办理结婚登记领取了结婚证,婚姻关系才受法律的保护。完成结婚登记,即确立婚姻关系,双方依法享有配偶的权利,承担婚姻义务。结婚证是婚姻登记机关签发给当事人证明婚姻关系成立的法律文件,当事人是否举办婚礼,是否共同居住均不影响夫妻关系的认定。

然而,现实生活中存在一定数量的"事实婚姻",即双方没有办理结婚登记但是又以夫妻名义共同生活。1950年《婚姻法》规定结婚必须办理结婚登记;1989年《最高人民法院关于人民法院审理未办理结婚登记而以夫妻名义同居生活案件的若干意见》(已失效)实施之前,我国承认符合实质要件的事实婚姻法律效力;1994

[①] 《婚姻登记条例》第7条:内地居民结婚,男女双方应当亲自到婚姻登记机关共同申请结婚登记。中国公民同外国人在中国内地结婚的,内地居民同香港居民、澳门居民、台湾居民、华侨在中国内地结婚的,男女双方应当亲自到本条例第2条第2款规定的婚姻登记机关共同申请结婚登记。婚姻登记机关可以结合实际为结婚登记当事人提供预约、颁证仪式等服务。鼓励当事人邀请双方父母等参加颁证仪式。

年 2 月 1 日颁布的《婚姻登记管理条例》(已失效,下同)第 24 条规定,未到法定结婚年龄的公民以夫妻名义同居的,或者符合结婚条件的当事人未经结婚登记以夫妻名义同居的,其婚姻关系无效,不受法律保护;此后《最高人民法院关于适用新的〈婚姻登记管理条例〉的通知》(已失效)再次确认事实婚姻无效。考虑到当事人形成事实婚姻的原因比较复杂,如果一味认定为同居关系,对婚姻当事人和子女不利,也会对社会产生一定影响。鉴于此类现实情况,法律规定了补办结婚登记手续具有溯及既往的效力,这样既考虑了婚姻法对于没有补办登记的当事人应当区别对待的精神,又考虑到有关法律、法规、司法解释的衔接以及案件处理的实际社会效果。

《婚姻家庭编解释(一)》第 6 条规定,补办登记具有溯及既往的效力,不仅认可"事实婚姻"关系在补办登记后的合法婚姻效力,而且对补办登记前的事实婚姻关系也予以认可。但对补办登记前婚姻效力的追及认可,是以没有办理结婚登记即以夫妻名义同居生活的男女双方必须具备结婚的法定实质要件为条件的,即补办登记的溯及力自男女双方均符合结婚的实质要件时起算,而不是自男女双方以夫妻名义同居生活时起算。

《婚姻家庭编解释(一)》对于 1994 年 2 月 1 日《婚姻登记管理条例》公布实施以前男女双方未办理结婚登记但符合结婚实质要件的情况按事实婚姻处理,体现了民法的人文关怀精神。从具体法理来看,该条解释认定的事实婚姻也是一种行为公示,让社会知晓其以夫妻名义共同生活,究其本质是依照习惯让人们确信该男女双方为夫妻。因此,此种行为公示属于依习惯公示,且没有违背公序良俗。[①]

对于 1994 年 2 月 1 日之后,男女双方符合结婚实质条件又未补办结婚登记的,按照同居关系处理。鉴于法律并未明确规定同居关系,同居关系本身不具有法律上的权利义务内容,对于仅解除同居关系的诉请法院不予受理,但是基于同居关系产生的财产分割及子女抚养的纠纷,法院审理围绕财产分割及子女抚养进行而不是对同居身份关系做调整。此种情况下,无法按照事实婚姻处理的同居男女,一方死亡的,另一方虽然不能以配偶身份主张继承,但是符合《民法典》第 1131 条规定[②]的,可以据此主张分割遗产。

---

① 龙翼飞、赫欣:《〈民法典〉婚姻家庭编最新司法适用准则探析》,载《法学杂志》2021 年第 8 期。
② 《民法典》第 1131 条:对继承人以外的依靠被继承人扶养的人,或者继承人以外的对被继承人扶养较多的人,可以分给适当的遗产。

案例分析

张某诉孙某刚、赵某龙等执行异议纠纷案

【案号】二审：河南省南阳市中级人民法院(2021)豫13民终3783号

【基本案情】

张某与赵某龙于2003年之前按照传统习俗办理了结婚仪式，以夫妻名义共同居住生活，二人于2003年生育了大女儿，2010年二人补办结婚登记手续。2017年12月16日，赵某龙驾车发生交通事故导致被上诉人孙某刚、孙某来、孙某强、孙某伟、孙小某的亲属徐某凤死亡。

2019年8月1日，一审法院作出(2018)豫1327刑初461号刑事附带民事判决书，判决：赵某龙犯交通肇事罪，判处有期徒刑三年，赔偿被上诉人各项经济损失384755.2元。赵某龙不服提出上诉，南阳市中级人民法院作出(2019)豫13刑终698号刑事附带民事裁定书，裁定维持原判。刑事诉讼中，一审法院作出(2018)豫1327刑初461号刑事附带民事裁定书，查封张某名下位于社旗县西侧产权证号为2××6号的房产。因赵某龙拒绝履行生效裁判确定义务，孙某刚等人申请强制执行。一审法院在执行中，张某对(2018)豫1327刑初461号刑事附带民事裁定书提出书面异议，请求解除查封。

【争议焦点】

涉案房产是否系张某、赵某龙的共同财产，张某是否对执行标的享有排除执行的实体权利？

【裁判意见】

判断涉案房产是否属于张某、赵某龙的共同财产，关键在于确定双方夫妻关系确立的时间，该时间的确定事关双方夫妻共同财产的认定。本案中，张某出生于1978年8月，赵某龙出生于1979年10月，二人办理结婚仪式并以夫妻名义共同生活时，均符合婚姻法所规定的结婚的实质要件。虽然二人于2010年才补办结婚登记手续，但根据上述法律和司法解释的规定，双方婚姻关系的效力应自双方均符合婚姻法所规定的结婚的实质要件时起算。本案在卷证据显示，购房款收款收据、房地产买卖契约、契税完税证、房屋所有权证均产生于2006年之后，即在张某与赵某龙以夫妻名义共同生活期间，涉案房产虽登记在张某一人名下，但仍应认定为夫妻共同

财产。

赵某龙作为被执行人，人民法院在执行过程中对其与张某的共同财产采取强制执行措施并无不当，张某对涉案房屋享有的共有权不足以排除人民法院对涉案房屋的强制执行，但应为张某保留其相应的财产份额。

【律师观点】

事实婚姻双方当事人补办结婚登记的，需要先满足结婚实质条件。首先要求男女双方自愿以夫妻名义共同生活，除此之外要排除《民法典》第1051条规定的婚姻无效的条件，包括重婚、有禁止结婚的亲属关系以及未达法定结婚年龄。

关于补办婚姻登记效力的问题，补办婚姻登记究竟是自当事人双方事实婚姻开始之日还是自补办婚姻登记之日生效？《民法典》既然规定了允许"补办"，就代表补办结婚登记之后就认可双方补办之前的共同居住期间的婚姻关系。但在实践中，有不少事实婚姻双方当事人在以夫妻名义共同居住之时并未满足结婚实质要件，比如，未达到法定结婚年龄，虽然当事人双方举办了婚礼，但是办婚礼只是一种民间习俗，不具备法律上的效力，不能作为当事人双方符合婚姻实质要件的依据，此种情况下如果从"事实婚姻"开始之日计算婚姻有效时间于法不合。

考虑到实践中认可补办结婚登记只是出于保护双方当事人及儿童合法权益的目的，并不意味着法律认可和支持事实婚姻，因此，《婚姻家庭编解释（一）》对补办结婚登记追溯效力作了限制，只可追溯到男女双方符合结婚实质要件时。

本案中，张某认为涉案房产是在办理结婚登记手续之前购买的，该房产应为个人所有的财产，不能按照夫妻共同财产予以分割。但是根据法院查明的事实，张某与赵某龙办理结婚仪式并以夫妻名义共同生活时，已经符合结婚的实质要件，补办结婚登记的效力可以追溯到双方办理结婚仪式之时，夫妻共同财产应为双方办理结婚登记手续后依法取得的财产，涉案房产也属于夫妻共有房产。

实操指南

婚姻家庭关系要想得到法律的认可和保护，当事人需要按照法律规定缔结婚姻，办理结婚登记。婚姻存续期间取得的财产默认属于夫妻共同财产，而同居关系存续期间取得的财产则默认属于个人财产。除此之外，《民法典》关于婚姻关系内双方权利义务的规范，能使女方、无过错方得到有效保障，如果没有有效的婚姻关系,这些法律保障将不能当然适用。满足结婚条件,想要步入婚姻的男女双方,应该尽早办理结婚登记。

已经以夫妻名义共同居住,但是没有办理结婚登记的当事人双方,需要认识到"补办登记"与"结婚登记"有差别,结婚登记效力是从登记之日起算,而补办登记效力可以追溯到男女双方满足结婚实质要件之日。婚姻关系的起算时间直接关系到双方身份、财产关系的确定,对男女双方来说意义重大。如果是先举办婚礼,后拿结婚证的情况,务必申请补办结婚登记。

在结婚登记过程中,也可能存在当事人为了通过夫妻的身份获得某种利益或者某种权利或资格假意结婚的情况,但是法律上并没有"假结婚"这一说法,只要符合结婚实质要件的男女双方亲自到婚姻登记机关申请登记,登记机关就应当场发放结婚证,至于结婚双方真正目的并不在法律审查范围之内,婚姻登记机关无法审核当事人双方内心真正意思。若要求婚姻登记机关对结婚者的动机和意图进行审查,容易干涉个人私人生活,并不符合婚姻自由原则。"假结婚"双方中只要有一方不遵守约定,另一方则需要花费时间和金钱诉讼离婚,造成人力、物力的极大消耗,更有可能带来重婚的风险。此外,由于婚内财产归属的约定并不能对抗善意第三人,"假结婚"也会带来财产风险。

第一千零五十条 【关于男女结合后家庭组成的规定】

登记结婚后,按照男女双方约定,女方可以成为男方家庭的成员,男方可以成为女方家庭的成员。

法条释义

《民法典》第1050条主要涉及婚姻关系中夫妻双方在家庭中的地位及身份转换的问题。这一条文明确规定了登记结婚后,夫妻双方在法律上拥有夫妻关系,并在家庭中拥有相应的身份地位。

夫妻双方可以根据自己的意愿,经过协商约定,选择成为对方家庭的成员。这表示,女方可以选择成为男方家庭的成员,男方也可以选择成为女方家庭的成员。这一规定体现了法律对于夫妻双方选择家庭归属的尊重,同时也反映了社会对于性别平等和个体选择的认同和尊重,有助于提高婚姻中的个体自由度,减少因家庭角色和身份产生的社会压力。

该条鼓励夫妻双方根据实际情况和个人意愿决定家庭归属,它允许夫妻双方在婚姻关系中更加灵活地处理与原生家庭的关系,有助于提高婚姻的稳定性,也有助于减少因家庭身份转换可能引发的社会矛盾。

┃案例分析┃

刘某丽、郑州市管城回族区金岱街道办事处姚庄村委会第二村民组等侵害集体经济组织成员权益纠纷案

【案号】二审:河南省郑州市中级人民法院(2022)豫01民终8656号

【基本案情】

刘某丽与案外人石某莹于2010年9月13日登记结婚,婚后育有一女石某瑶、一子石某宇。2016年6月23日,刘某丽、石某莹经一审法院调解离婚。刘某丽、石某莹、石某瑶、石某宇均为姚庄村村民。

2013年1月28日,姚庄村委会印发《公告》(2013年1号),主要载明:户口一直在本村,常住本村,分有土地,承担村民义务的,享受村民福利待遇;本村男子离婚后,原妻子及子女户口未迁走,离婚不离家且长期在本村居住的,享受村民福利待遇;子女户口经法院判决随女方的,户口未迁走不在本村居住的,不享受村民福利待遇。

刘某丽提交的加盖有姚庄村委会印章的《房源登记单》显示,根据姚庄村安置房选房规则,刘某丽在此次安置房回迁中,通过抽签方式分得安置区住宅房源4套。该登记单的落款时间为2021年9月1日。刘某丽名下的郑州农村商业银行卡及储蓄存单显示,自2017年6月14日开始到2022年1月27日,陆续收到姚庄村委会第二村民组(以下简称第二村民组)汇款共计147000元。刘某丽称,其收到的村里发放的福利款系女儿石某瑶一人的,第二村民组、姚庄村委会未发放其本人的福利待遇,故起诉要求:第二村民组、姚庄村委会向其支付2017年6月24日至2022年1月27日的村民福利款共计80000元、资金占用期间产生的利息暂计为6061.61元。

第二村民组、姚庄村委会称,对刘某丽所诉金额无异议,认可发放的系刘某丽

女儿石某瑶的福利待遇,刘某丽与前夫石某莹离婚后第二村民组曾向刘某丽发放过村民福利款,但在石某莹再婚后停止向刘某丽发放村民福利款。

【争议焦点】

1. 刘某丽离婚后是否有享受村民待遇的资格,获得村民福利款?
2. 对逾期支付的村民福利款,能否主张利息?

【裁判意见】

一审法院认为:民事主体的人身权利、财产权利以及其他合法权益受法律保护,任何组织或者个人不得侵犯。《民法典》第261条第1款规定:农民集体所有的不动产和动产,属于本集体成员集体所有。是否具有集体经济组织成员资格,不能仅以户口是否加入该集体组织为唯一评定标准,还要综合是否实际固定生活在该集体经济组织、是否从该集体经济组织取得生产资料、是否依赖该集体经济组织提供的生产资料并将其作为生活保障的基本条件、是否对该集体经济组织享有权利和负有义务、加入新的集体经济组织时是否退出原集体经济组织、该集体经济组织村规民约等具体的自治性规定等多方面因素进行分析、评定。

本案刘某丽系第二村民组的组员,第二村民组曾向其发放村民福利款,但第二村民组在刘某丽的前夫再婚后停发了刘某丽的村民福利款。根据《民法典》第1050条的规定:登记结婚后,按照男女双方约定,女方可以成为男方家庭的成员,男方可以成为女方家庭的成员。《妇女权益保障法》第55条第1款规定:妇女在土地承包经营、集体经济组织收益分配、土地征收补偿安置或者征用补偿以及宅基地使用等方面,享有与男子平等的权利。第56条第1款规定:村民自治章程、村规民约,村民会议、村民代表会议的决定以及其他涉及村民利益事项的决定,不得以妇女未婚、结婚、离婚、丧偶、户无男性等为由,侵害妇女在农村集体经济组织中的各项权益。刘某丽在集体经济组织中的权益受法律保护,并且村民集体组织讨论决定的事项也不得违背法律、政策的规定,故第二村民组、姚庄村委会拒绝向刘某丽发放福利待遇款,行为显属不当,对刘某丽的诉讼请求,予以支持。

二审法院采纳了一审法院意见,对于刘某丽要求支付村民福利款的利息的主张,由于村民福利款本身即具有福利性质,刘某丽再主张利息,明显与村民福利款的性质不符,如因拖欠村民福利款给其造成损失,其可另行主张权利,故判决维持原判。

【律师观点】

本案是关于女方结婚落户到男方住所地,婚姻关系解除后,所在的集体经济组织对女方的集体经济成员身份不再认可,侵害女方享有的集体经济组织成员平等权益的典型案件。

本案中,刘某丽因与石某莹结婚而将户口迁入该村,并在该村生活,生育子女。其与石某莹离婚后,第二村民组仍向其发放福利待遇款,在房屋回迁安置过程中也对其进行过安置,明显已经承认了刘某丽的集体经济组织成员身份。后刘某丽的前夫石某莹再婚,第二村民组即不再向刘某丽发放福利款,说明第二村民组是由于刘某丽前夫再婚,而不再认定刘某丽的集体经济组织成员身份。在刘某丽与石某莹离婚后,刘某丽本身与石某莹的身份关系已经发生变化,与石某莹不再有法律关系。在第二村民组已经认定了刘某丽的集体经济组织成员身份的情况下,即使石某莹再婚,也不会对刘某丽的集体经济组织成员身份认定产生影响,第二村民组以此变化为由,停发刘某丽的福利款,显然没有任何事实与法律依据,其最终也不能获得法院的支持。

实操指南

实践中,与该条规定相关的纠纷多集中在侵害集体经济组织成员权益方面。"上门女婿"或者"外嫁女",因婚姻关系而将户籍迁入女方或男方所在集体经济组织,或因婚姻关系可能造成户口登记与实际生活的集体经济组织不一致的情况,这些都会导致其无法像其他集体经济组织成员一样,享受正常的成员待遇,从而引发大量纠纷。在此类纠纷处理中,集体经济组织成员资格的认定是关键,建议可从以下两方面着手:

在法律层面,《民法典》规定,结婚后,女方可以成为男方家庭的成员,男方可以成为女方家庭的成员,男女双方平等。对于女方,《妇女权益保障法》规定,妇女与男子享有平等的权利,任何组织和个人都不得以任何理由,侵害妇女在农村集体经济组织中的各项权益。《中共中央办公厅、国务院办公厅关于切实维护农村妇女土地承包权益的通知》,明确指出在土地承包中,应坚持男女平等的原则,特别强调保护妇女的权益。

在事实层面,对于是否因婚姻关系成为另一方的家庭成员,可围绕实际生活情况、是否取得户籍、是否退出原集体经济组织、是否从该集体经济组织取得生产资料、是否依赖该集体经济组织提供的生产资料并将其作为生活保障的基本条件、是否对该集体经济组织享有权利和负有义务、是否享受过新旧集体经济组织成员的相关待遇等多方面确定。值得注意的是,在男女双方婚姻关系解除后,因已经成为家庭成员所享有的权利义务,并不必然随着婚姻关系解除而消灭,如案例中,女方已经成为男方的家庭成员,因此在集体经济组织中享有权利,即使女方已经与男方解除婚姻关系,其没有退出集体经济组织,其权利可一直享有。

第一千零五十一条 【关于婚姻无效情形的规定】

有下列情形之一的,婚姻无效:

(一)重婚;

(二)有禁止结婚的亲属关系;

(三)未到法定婚龄。

《婚姻家庭编解释(一)》

第九条 有权依据民法典第一千零五十一条规定向人民法院就已办理结婚登记的婚姻请求确认婚姻无效的主体,包括婚姻当事人及利害关系人。其中,利害关系人包括:

(一)以重婚为由的,为当事人的近亲属及基层组织;

(二)以未到法定婚龄为由的,为未到法定婚龄者的近亲属;

(三)以有禁止结婚的亲属关系为由的,为当事人的近亲属。

第十条 当事人依据民法典第一千零五十一条规定向人民法院请求确认婚姻无效,法定的无效婚姻情形在提起诉讼时已经消失的,人民法院不予支持。

第十一条 人民法院受理请求确认婚姻无效案件后,原告申请撤诉的,不予准许。

对婚姻效力的审理不适用调解,应当依法作出判决。

涉及财产分割和子女抚养的,可以调解。调解达成协议的,另行制作调解书;未达成调解协议的,应当一并作出判决。

第十二条 人民法院受理离婚案件后,经审理确属无效婚姻的,应当将婚姻无效的情形告知当事人,并依法作出确认婚姻无效的判决。

第十三条 人民法院就同一婚姻关系分别受理了离婚和请求确认婚姻无效案件的,对于离婚案件的审理,应当待请求确认婚姻无效案件作出判决后进行。

第十四条　夫妻一方或者双方死亡后,生存一方或者利害关系人依据民法典第一千零五十一条的规定请求确认婚姻无效的,人民法院应当受理。

第十五条　利害关系人依据民法典第一千零五十一条的规定,请求人民法院确认婚姻无效的,利害关系人为原告,婚姻关系当事人双方为被告。

夫妻一方死亡的,生存一方为被告。

第十六条　人民法院审理重婚导致的无效婚姻案件时,涉及财产处理的,应当准许合法婚姻当事人作为有独立请求权的第三人参加诉讼。

第十七条　当事人以民法典第一千零五十一条规定的三种无效婚姻以外的情形请求确认婚姻无效的,人民法院应当判决驳回当事人的诉讼请求。

当事人以结婚登记程序存在瑕疵为由提起民事诉讼,主张撤销结婚登记的,告知其可以依法申请行政复议或者提起行政诉讼。

《婚姻家庭编解释(二)》

第一条　当事人依据民法典第一千零五十一条第一项规定请求确认重婚的婚姻无效,提起诉讼时合法婚姻当事人已经离婚或者配偶已经死亡,被告以此为由抗辩后一婚姻自以上情形发生时转为有效的,人民法院不予支持。

法条释义

《民法典》第1051条是关于无效婚姻情形的规定,《婚姻家庭编解释(一)》第9条至第17条是关于无效婚姻诉讼过程中,针对不同情形法院处理方式的不同规定。

《民法典》关于无效婚姻仅规定了三种情形,即重婚、有禁止结婚的亲属关系以及未到法定婚龄,删除了之前关于"婚前患有医学上认为不应当结婚的疾病,婚后尚未治愈"的情形。

一、重婚

重婚是指一个人在同一时间内存在两种或两种以上的婚姻关系。这种行为违反了婚姻的一夫一妻制原则,是对配偶权的严重侵害。根据《民法典》第1051条的规定,重婚是婚姻无效的情形之一。这意味着,如果某人在已有合法婚姻的情况下,又与他人结婚,那么后一种婚姻将被认定为无效。这种无效是自始无效的,即从一开始就不具有法律效力。

二、有禁止结婚的亲属关系

有禁止结婚的亲属关系包括直系血亲和三代以内的旁系血亲,直系血亲还应包括拟制直系血亲①。直系血亲(如父母与子女之间、祖父母与孙子孙女之间)以及部分旁系血亲(如兄弟姐妹之间)之间的婚姻,在大多数国家和地区都是被禁止的。这是基于生物学、伦理学和社会学的考虑,以避免近亲结婚可能带来的遗传风险和社会伦理问题。

《民法典》第1051条,明确规定了有禁止结婚的亲属关系的婚姻是无效的。这意味着,如果婚姻当事人之间存在上述禁止结婚的亲属关系,那么他们的婚姻将被视为无效。这样的规定有助于维护社会的伦理秩序,保障家庭关系的稳定和健康发展。

三、未到法定婚龄

法定婚龄是指法律所规定的允许结婚的最低年龄。不同国家和地区对于法定婚龄的规定可能会有所不同,但通常都会基于未成年人的身心发育状况、教育水平以及社会保护等因素来设定。

《民法典》第1051条规定了未到法定婚龄的婚姻是无效的。这意味着,如果某人在未达到法律所规定的最低年龄时与他人结婚,那么该婚姻将被视为无效。这样的规定旨在保护未成年人的权益,防止他们因为年龄过小、缺乏足够的判断力和自我保护能力而陷入不利的婚姻关系中。同时,也体现了对未成年人教育和成长的重视,确保他们能够在合适的年龄接受良好的教育,实现个人的全面发展。

为了维护婚姻关系的稳定,婚姻无效的情形应以《民法典》的明确规定为准。《民法典》第1051条仅规定了三种情形,且该条并未设兜底条款。法院对婚姻无效情形不能作扩大解释,如当事人提起确认婚姻无效诉讼的理由并非明确规定的事由,法院将驳回当事人的诉讼请求。

综上所述,《民法典》第1051条对婚姻无效的情形进行了明确的规定。这些规定不仅有助于维护婚姻的法律效力和稳定性,也体现了对个体权益的保护以及对社会伦理秩序的尊重。在实际生活中,我们应当严格遵守这些规定,避免陷入无效

---

① 最高人民法院民法典贯彻实施工作领导小组主编:《中华人民共和国民法典婚姻家庭编继承编理解与适用》,人民法院出版社2020年版,第83页。

婚姻的困境。同时,也要加强宣传和教育,增进公众对婚姻法律知识的了解和认识,以促进家庭和社会的和谐与稳定。

案例分析

韩某1等与薛某1婚姻无效纠纷

【案号】 一审:北京市海淀区人民法院(2021)京0108民初47137号

二审:北京市第一中级人民法院(2022)京01民终5110号

【基本案情】

车某2生于1972年1月26日,于2020年6月5日去世,生前长期患有精神疾病。车某1、韩某1为车某2的父母。2005年1月13日,车某2与案外人吕某1结婚。2006年9月21日,车某2与吕某1在北京市西城区人民法院调解离婚,车某2在离婚诉讼中被鉴定为患有妄想性障碍,无诉讼行为能力,车某1、韩某1在该案中为车某2的法定代理人。2008年8月8日,车某2与案外人李某1结婚,后于2009年2月5日经北京市海淀区人民法院调解离婚,车某2在该案中自行出庭应诉。2011年1月12日,车某2与案外人杨某1结婚,后于2011年4月25日与杨某1在民政局办理离婚。2012年1月5日,车某2与被告薛某1登记结婚。

车某1、韩某1表示车某2在2006年的离婚诉讼中被鉴定为患有妄想性障碍,无诉讼行为能力,后其精神疾病亦未治愈,为无民事行为能力人,故车某2无民事行为能力与薛某1登记结婚,车某2与薛某1的婚姻应为无效或不成立。

【争议焦点】

车某2与薛某1是否成立婚姻关系及婚姻效力的认定。

【裁判意见】

一审法院认为:依据《民法典》第1051条的规定,有下列情形之一的,婚姻无效:(一)重婚;(二)有禁止结婚的亲属关系;(三)未到法定婚龄。依据《婚姻家庭编解释(一)》第17条的规定,当事人以《民法典》第1051条规定的三种无效婚姻以外的情形请求确认婚姻无效的,人民法院应当判决驳回当事人的诉讼请求。二原告以车某2在与薛某1登记结婚时不具有民事行为能力为由主张车某2与薛某1婚姻无效,无相应法律依据,法院对此不予支持。

二审法院判决维持原判。

【律师观点】

本案是由婚姻关系一方的父母,对另一方提起的确认婚姻无效案件,案情看似简单,但涉及诸多法律问题。

第一,关于案件起诉主体。通常意义上,在我们理解的婚姻纠纷案件中,更多的原被告双方是婚姻关系的当事人,即"夫"和"妻",但本案却是由婚姻关系一方的父母提出,貌似与婚姻无关。再仔细分析,婚姻关系的一方,即男方,已经死亡,婚姻关系已经自然"结束"。为什么还能起诉?

这就是婚姻无效案件的特别之处,根据《婚姻家庭编解释(一)》第9条的规定,提起无效婚姻诉讼的主体,并不限于当事人双方,当事人的近亲属及基层组织在不同无效情形下,也可作为案件当事人,进行诉讼。同时《婚姻家庭编解释(一)》第14条、第15条亦规定,婚姻关系中一方当事人死亡的,也可以继续请求人民法院确认婚姻关系无效。由此可见,提起婚姻无效诉讼的主体,并不限于婚姻关系中的双方当事人,且并不因一方当事人死亡而无法进行。

第二,即使无效案件的当事人进行了相对的扩大,但构成无效婚姻的情形,只有法律规定的三种,即重婚、有禁止结婚的亲属关系、未到法定婚龄,无其他情形,禁止扩大解释。本案中,原告主张的无效理由为,婚姻关系一方当事人为无民事行为能力人,不符合法律规定的三种情形之一,因而被驳回起诉,可见法院对此类案件审查条件的严格限制。

/ 实操指南

实践中,关于婚姻关系无效的诉讼还有以下几个方面值得注意:

1. 起诉时法定无效婚姻的情形已经消失的,人民法院不再支持婚姻无效的诉讼请求。法律规定,无效婚姻的情形仅限于三种,但是在实际生活中,随着时间的推移,情况随时发生着变化,如果起诉的时候,三种情形已经消失,那么即便曾经满足过无效婚姻的情形,法院仍不会支持。可见,在本已严格的标准下,随着情况的变化,要求确认无效婚姻的情形是更加严格的。这足以说明,对于婚姻关系的效力否定,我国法律是非常慎重的。

2. 即便审查婚姻关系效力时采取了慎之又慎的态度,当事人请求确认婚姻无效,其想像其他案件一样撤诉,也是不被准许的。不仅如此,当事人想要对婚姻效力问题达成调解,也是不被准许的。

可见,婚姻效力问题关系到公序良俗及社会公共利益,不是双方当事人能确定的。无效诉讼一旦提出,不能撤诉不能调解。同样,这时如果双方有离婚诉讼,也需要等婚姻无效的案件审理判决后才能进行。如婚姻有效,则处理双方离婚问题,如婚姻无效,就不涉及离婚的问题。

第一千零五十二条 【关于可撤销婚姻的规定】

因胁迫结婚的,受胁迫的一方可以向人民法院请求撤销婚姻。

请求撤销婚姻的,应当自胁迫行为终止之日起一年内提出。

被非法限制人身自由的当事人请求撤销婚姻的,应当自恢复人身自由之日起一年内提出。

《婚姻家庭编解释(一)》

第十八条 行为人以给另一方当事人或者其近亲属的生命、身体、健康、名誉、财产等方面造成损害为要挟,迫使另一方当事人违背真实意愿结婚的,可以认定为民法典第一千零五十二条所称的"胁迫"。

因受胁迫而请求撤销婚姻的,只能是受胁迫一方的婚姻关系当事人本人。

第十九条 民法典第一千零五十二条规定的"一年",不适用诉讼时效中止、中断或者延长的规定。

受胁迫或者被非法限制人身自由的当事人请求撤销婚姻的,不适用民法典第一百五十二条第二款的规定。

法条释义

《民法典》第1052条是关于可撤销婚姻的规定。该条赋予因胁迫而结婚的当事人法律上的救济途径,从而保护其婚姻自主权不受侵犯。

因胁迫结婚,通常指的是一方以给另一方当事人或者其近亲属的生命、身体、健康、名誉、财产等方面造成损害为要挟,迫使另一方当事人违背真实意愿与其结婚的行为。胁迫婚姻可撤销的法理基础主要来自婚姻自由原则。婚姻自由原则是现代婚姻法的基本原则之一,它要求婚姻必须基于双方的自愿和真实意愿,任何一方都不能通过胁迫、欺诈或其他非法手段迫使另一方结婚。因此,当一方受到胁迫而结婚时,这种婚姻关系就被视为违背了婚姻自由原则,是对受胁迫方婚姻自由权的严重侵犯,应当予以撤销。

因胁迫而结婚的受胁迫方可以向人民法院请求撤销婚姻。这意味着,受胁迫方在发现自己的婚姻是由于胁迫而成立时,有权通过法律途径要求撤销这段婚姻,从而维护婚姻自由。这里所说的"撤销权",实际上是一种形成权,即受胁迫方可以通过单方意思表示来使已经成立的婚姻关系归于无效。这种形成权的行使,不需要经过对方当事人的同意或配合,只需要受胁迫方单方面向法院提出申请即可。

然而,撤销权的行使并非无限制。该条规定,受胁迫一方请求撤销婚姻的应当自胁迫行为终止之日起一年内提出。被非法限制人身自由的当事人请求撤销婚姻的,应当自恢复人身自由之日起一年内提出。且这一年的期间不适用诉讼时效中止、中断或延长的规定。这是因为,可撤销的婚姻处于不稳定的状态,一方面需保护受胁迫方的婚姻自由,另一方面需维护婚姻关系,尤其是人身关系的稳定,因此,如受胁迫方在胁迫行为中止或者恢复人身自由后一年内仍未提出撤销因胁迫建立的婚姻关系,则可以视为其已经认可这一婚姻关系。此时,受胁迫方丧失单方撤销婚姻关系的权利,这一婚姻关系稳定存续,不再处于可撤销的状态。

当受胁迫方在相应期限内成功向人民法院请求撤销婚姻后,这段婚姻将被视为自始不存在。这意味着,撤销婚姻后,双方将不再具有夫妻关系,之前的婚姻关系所带来的权利和义务也将随之消失。这一规定确保了受胁迫方能够彻底摆脱胁迫婚姻的束缚,重新获得婚姻自由。

胁迫婚姻往往伴随着不公平和不正义的因素,法律通过赋予受胁迫方撤销权为受胁迫方提供了正义的支持和保障,实现对公平正义的维护。胁迫婚姻往往容易导致家庭矛盾和社会不稳定因素的产生,撤销胁迫婚姻可以消除这些不利因素,为家庭和谐与社会稳定创造有利条件。《民法典》第1052条的规定不仅体现了法律对于个人权利的尊重和保护,也反映了法律对于社会公平正义的追求和维护。

| 案例分析 |

石某1、白某撤销婚姻纠纷案

【案号】一审：贵州省仁怀市人民法院（2021）黔0382民初4165号

【基本案情】

原告石某1、被告白某经人介绍认识。其后，被告希望与原告办理结婚登记，但遭到拒绝，遂采取跳楼、同归于尽等口头威胁逼迫原告与其结婚。同时，基于被告较好的家庭经济条件，原告之父采取割腕自残和将原告关在家里等方式，逼迫原告与被告尽快结婚。原告被逼无奈与被告登记结婚，但双方没有同居生活。由于缔结婚姻不是出于原告自愿，原告努力做通其父母的思想工作，现原告石某1诉请撤销其与白某的婚姻登记。

【争议焦点】

石某1与白某的婚姻登记是否能撤销？

【裁判意见】

法院认为：结婚需男女双方完全自愿，不允许任何人加以强迫或者干涉。根据《婚姻家庭编解释（一）》第18条第1款，行为人以给另一方当事人或者其近亲属的生命、身体、健康、名誉、财产等方面造成损害为要挟，迫使另一方当事人违背真实意愿结婚的，可以认定为民法典第一千零五十二条所称的胁迫。被告白某口头恐吓原告，原告父母以自杀威胁原告，导致原告的结婚行为并非其真实意思表示，原告石某1在双方婚姻登记后一年内向法院提出撤销婚姻登记之诉，符合法律规定，法院予以支持。

【律师观点】

本案是婚姻关系一方当事人受另一方胁迫而要求撤销婚姻关系的典型案件。

根据《民法典》第1052条、《婚姻家庭编解释（一）》第18条，本案中，白某为与石某1结婚，以跳楼、同归于尽等口头威胁，进行逼迫，完全符合司法解释对于"胁迫"的定义，石某1以此为由可以请求法院撤销婚姻。

在撤销婚姻关系的诉讼中，还有一个特别的规定，即"一年"除斥期间。简单来说，就是在一年内，受胁迫的一方一定要向法院提出请求，超过这个时间，则不会被支持。同时，这个时间不同于诉讼时效，不会延长和中断，一旦起算则不会停止，所以要特别注意。本案中,法院也对此进行了审查,石某1在有效的法定时间内提起撤销诉讼,最终获得了法院的支持。

实操指南

在司法实践中,确认婚姻无效和撤销婚姻两类诉讼有很大区别,具体如下:

1. 适用的情形不同。无效婚姻的情形仅限于法律的明文规定,即重婚、有禁止结婚的亲属关系、未到法定婚龄;撤销婚姻的情形,包括该条规定的受胁迫,另外,还有《民法典》第1053条规定的,一方在结婚登记前,不如实告知患有重大疾病。不同的情形对应的诉讼请求不一致。

2. 法院审查的主动性不同。在婚姻无效诉讼中,法院在审查过程中一旦确认,则会直接确认婚姻无效,且不允许调解和撤诉。但是对于撤销婚姻关系的情形,当事人不提出,法院不会主动进行审查,并且是否撤销婚姻允许当事人自行决定,即使有撤销婚姻的事由,当事人也可以选择维系婚姻关系。

3. 提起诉讼的主体不同。无效婚姻的诉讼,不仅婚姻关系当事人可以提出,其近亲属甚至基层组织也可以提出。但对于撤销婚姻诉讼,法律特别强调只有婚姻关系当事人本人才可提出。

4. 提起的时间不同。对于撤销婚姻关系诉讼,法律特别规定了一年的除斥期间,超过该时间提起诉讼法院会不予处理。但是无效婚姻诉讼,何时提起都没有特别限制,只是在起诉时如果无效的条件已经消失的,则不会被支持。

《婚姻家庭编解释(一)》第17条第2款规定,当事人以结婚登记程序存在瑕疵为由提起民事诉讼,主张撤销结婚登记的,告知其可以依法申请行政复议或者提起行政诉讼,即撤销婚姻登记诉讼。虽然撤销婚姻登记诉讼与撤销婚姻关系诉讼,都有"撤销"二字,但在实践中,却是完全不同的法律程序,涉及不同的法律关系,适用时仍需特别注意。

第一千零五十三条 【关于夫妻一方患有重大疾病的婚前告知义务的规定】

一方患有重大疾病的,应当在结婚登记前如实告知另一方;不如实告知的,另一方可以向人民法院请求撤销婚姻。

请求撤销婚姻的,应当自知道或者应当知道撤销事由之日起一年内提出。

法条释义

《民法典》第1053条为新增条文,在原有可撤销婚姻类型的规定下,增加了婚前患有重大疾病未告知则婚姻可撤销的规定。该条实际是从《婚姻法》关于婚姻无效的情形中演化而来的,将原本"婚前患有医学上认为不应当结婚的疾病"的婚姻无效事由,变更为现有的"一方患有重大疾病在结婚登记前未如实告知"的可撤销情形。

该条的基础主要源自婚姻中的知情权与诚信原则。婚姻自由原则要求婚姻必须基于双方的真实意愿和自由选择,婚姻是两个人基于相互信任与承诺而形成的法律关系,这种信任与承诺建立在双方充分知情的基础上。个人知情权保障个体在作出重要决策时能够获取充分、准确的信息。患有重大疾病这一信息对于婚姻关系的稳定性和婚姻当事人未来生活的影响是重大的。一方患有重大疾病,对另一方而言是关乎未来共同生活质量和家庭负担的重大信息。因此,法律要求患有重大疾病的一方在结婚登记前如实告知,既是对另一方知情权的尊重,也是婚姻诚信原则的体现。

当患有重大疾病的一方未能如实告知时,另一方可以向人民法院请求撤销婚姻,这一撤销权的法理依据在于保护受损方的权益和维护婚姻的自愿性。此撤销权的行使也并非无限制。此限制与第1052条的期限一致,应当自知道或者应当知道撤销事由之日起一年内提出,且不适用诉讼时效中止、中断和延长的规定。

撤销婚姻的法律效果是使婚姻关系自始不存在,即双方将不具有夫妻间的权利和义务关系。这种法律效果体现了法律对于受损方权益的救济和对于婚姻自由原则的维护。从法理价值的角度来看,撤销权的设置有助于强化婚姻中的诚信原则和个人责任。当一方未能履行重大疾病告知义务时,其行为构成了对婚姻诚信原则的违反,因此承担相应的法律后果是合理的。同时,撤销权的行使也体现了法律对于公平正义的追求。当婚姻关系因一方未履行告知义务而受损时,受损方通过行使撤销权可以恢复自己的合法权益,从而实现公平正义。

案例分析

陈某与朱某撤销婚姻纠纷案

【案号】一审：北京市丰台区人民法院(2020)京0106民初31492号

二审：北京市第二中级人民法院(2021)京02民终5275号

【基本案情】

朱某与陈某于2019年5月通过相亲认识，后于2019年8月6日登记结婚，婚后未生育子女。

陈某自2017年7月至2020年2月，亲自或由其亲属代其前往北京安定医院进行治疗，门诊病历显示为妄想状态、精神障碍。2018年3月7日至26日，2020年2月2日至3月27日，陈某两次前往北京安定医院住院治疗，被诊断为"偏执型精神分裂症"。

原告朱某认为，被告陈某婚前未如实告知其患有重大疾病，侵犯了原告的知情权，导致夫妻双方的婚姻信任关系已不复存在。被告婚后精神病多次复发，对原告侮辱、威胁、谩骂，原告的生活质量、生命健康以及生育权益受到严重影响，给原告造成巨大精神痛苦，故诉至法院，要求：1.撤销原、被告之间的婚姻关系；2.被告向原告支付精神损失费10万元；3.被告向原告支付律师费3.5万元、鉴定费6650元（包含鉴定人出庭费用2000元）、诉讼费。

庭审中，陈某提交其书写的日记，内容大致为在2019年10月8日至12日，其与朱某吵架，被其母等人带离住所，在带离过程中其多次提出其母会将其送往精神病院，但朱某不相信。另外，陈某提交2019年10月14日北京市公安局派出所110接处警记录，显示：民警现场了解，报警人冯某称陈某因精神上有问题求助民警劝陈某吃药，民警到现场后陈某很配合地将药服下；2019年11月4日，北京市公安局派出所110接处警记录，显示：冯某报警称其外甥患有精神疾病，突然发病，求助民警。陈某依据上述证据拟证明朱某已于2019年10月初即知道陈某患病，其起诉时已经超过了一年的除斥期间。

朱某称其是2019年11月才看到的日记，10月报警的事其在开庭的时候才知道，11月报警的事其以为是陈某家里的矛盾，但开始有了怀疑。朱某主张2020年4月通过法院获取到陈某的病历后才确切知晓陈某患病，2019年10月陈某确实和其说过陈某父母要把陈某送去精神病院,但其不相信陈某患病,陈某的病不易察觉,日常生活表现正常,陈某家人从来没有提过陈某患精神病的事情。

2020年12月25日,法院就朱某诉陈某确认婚姻无效纠纷作出民事判决,法院认为被告虽然有偏执型精神分裂症,但自2018年3月治疗出院后至登记结婚时病情一直处在稳定状况,原告无证据证明被告在与其登记结婚时处于发病期间,原告以此为由要求宣告双方婚姻无效,法院不予支持。后朱某提起本案诉讼要求撤销婚姻。

【争议焦点】

1. 朱某所提诉讼是否属于重复诉讼?

2. 朱某起诉要求撤销婚姻是否超过一年的除斥期间?

3. 陈某所患偏执型精神分裂症是否属于《民法典》第1053条中所称"重大疾病"?

4. 朱某要求撤销婚姻的主张是否符合《民法典》第1053条的规定?

【裁判意见】

一审法院认为:

1. 朱某曾向法院提起诉讼,要求确认其与陈某之间的婚姻无效,法院以陈某所患精神疾病不属于《婚姻法》规定的婚姻无效情形中所指的"不应当结婚"的疾病为由,驳回了朱某的诉讼请求。现朱某再以陈某患病且未如实告知为由起诉,本案诉讼与原诉讼所依据事实基本相同,然本案诉讼请求与原诉讼请求不同,提起本案诉讼所依据的法律规定与原诉讼不同,本案诉讼的审查范围亦与原诉讼存在明显区别。虽婚姻撤销与婚姻无效的法律后果相同,但双方之间不属于无效婚姻,并不必然代表婚姻不可撤销,故本案诉讼请求未在实质上否定原诉讼的裁判结果,故本案起诉不属于重复起诉。

2. 一审庭审中,朱某认可2019年10月初陈某曾向其告知,陈某父母要送陈某去精神病院,然实际上陈某迟至2020年2月才被送去住院治疗,其间朱某并未看到陈某此前就诊的相关病历材料,无法确切知晓陈某患病的具体情况,陈某其他亲属在该期间也未将陈某患病的情况告知朱某,且陈某未发病期间表现并无明显异常。朱某无法仅依据陈某的简单告知即在2019年10月初得知陈某患病情况,或者视为朱某应当知道陈某的患病情况,故朱某起诉要求撤销婚姻,并未超过一年的除斥期间。

3. 婚姻一方当事人办理结婚登记前已患有的疾病是否构成《民法典》规定的"重大疾病"范畴，应该按照该疾病是否足以影响另一方当事人决定结婚的自由意志或者是否对双方婚后生活造成重大影响的标准严格把握。从上述情况看，陈某所患偏执型精神分裂症具有长期性、反复性等特征，并需长期服药控制，停药后容易复犯；在发病期间伴有暴力行为，自主服药意愿差，多次出现自行停药行为；故陈某所患精神疾病对其日常正常生活存在较为严重的影响，发病时需要亲属进行必要看护，容易对另一方的正常生活产生不利影响及额外的精神压力，该情况对准备缔结婚姻的另一方而言，明显属于足以影响其是否继续缔结婚姻的重要考量因素，亦会对婚后生活造成重大影响，综上所述，陈某所患偏执型精神分裂症属于《民法典》第1053条中所称"重大疾病"。

4. 陈某未能提交证据证明其在婚前告知过朱某其患有重大疾病的情况，应承担举证不能的不利法律后果，即法院认定陈某未在婚前将其患有重大疾病的情况如实告知朱某，朱某起诉要求撤销婚姻未超过法律规定的除斥期间，且《民法典》的相关规定具有溯及力，故朱某要求撤销婚姻的主张符合《民法典》第1053条的规定，法院对朱某要求撤销婚姻的诉讼请求予以支持。

关于朱某要求陈某支付其精神损害抚慰金10万元的诉讼请求，本案中，婚姻撤销的过错方在于陈某，朱某必然因此在精神上遭受创伤，法院综合考虑陈某的过错程度、双方共同生活情况等因素，酌情确定精神损失费为3万元。

二审法院采纳了一审法院意见，判决维持原判。

【律师观点】

该案属于一方婚前隐瞒患有重大疾病的事实，婚后另一方起诉要求撤销婚姻关系的案件。在该案件的审理过程中，法院对"重大疾病"的概念分析说理，对于实践操作具有参考意义。且该案对于除斥期间起算时间的解释认定，也便于我们界定何为"知道或应当知道之日"。

在此次《民法典》编纂过程中，对于一方隐瞒婚前重大疾病的行为，赋予了婚姻相对方撤销权。但是对于何为"重大疾病"却没有进行规定，甚至在两次司法解释中，也未对此予以解释。实践中，对于"重大疾病"的认定，也都是此类案件的审查重点。该案中，一审法院明确，对于"重大疾病"，应该按照该疾病是否足以影响另一方当事人决定结婚的自由意志或者是否对双方婚后生活造成重大影响的标准严格把握，为我们提供了清晰的考量标准。

对于撤销诉讼,撤销权有一年除斥期间的限制,因为除斥期间不受诉讼时效的影响,不能中断和终止,如果超过时间,法院将不予处理。该案也涉及这个问题,原被告从 2019 年 8 月结婚,到 2020 年底起诉离婚,看似已经超过时间,但是除斥期间是从"知道或应当知道之日"起算。实践中,对于起算日的判断才是案件的关键。该案中,法院结合案件证据材料及日常认知,从被告就医时间和被告此类病症的发病及日常特点,确定原告"知道或应当知道"的时间,做到了事实和法律相结合,非常值得我们参考。

实操指南

实践中,除上述法院阐明的如何判断"重大疾病"的原则标准外,还可以参考《母婴保健法》中对于婚前医学检查包括的疾病之规定,即:(1)严重遗传性疾病(由于遗传因素先天形成,患者全部或者部分丧失自主生活能力,后代再现风险高,有些遗传性疾病医学上认为不宜生育);(2)指定传染病(艾滋病、淋病、梅毒、麻风病以及医学上认为影响结婚和生育的其他传染病);(3)有关精神病(精神分裂症、狂躁抑郁型精神病以及其他重型精神病)。

另外,因一方患重大疾病另一方要求撤销婚姻关系的诉讼,除应当在一年的除斥期间提起外,还需注意患病一方的病,需在婚前就已经患有,婚后患有的,另一方无权撤销。不仅如此,婚前患有疾病的一方还需对此有隐瞒行为,如果患病一方已经告知且另一方已经接受,则事后也无权提出撤销诉讼。

当然,对于撤销权的特殊主体规定,仍需注意遵守,只有婚姻关系当事人才可以行使。

第一千零五十四条 【关于婚姻无效或者被撤销后的规定】

无效的或者被撤销的婚姻自始没有法律约束力,当事人不具有夫妻的权利和义务。同居期间所得的财产,由当事人协议处理;协议不成的,由人民法院根据照顾无过错方的原则判决。对重婚导致的无效婚姻的财产处理,不得侵害合法婚姻当事人的财产权益。当事人所生的子女,适用本法关于父母子女的规定。

婚姻无效或者被撤销的,无过错方有权请求损害赔偿。

第二章 结 婚

> **《婚姻家庭编解释(一)》**
>
> 第十六条 人民法院审理重婚导致的无效婚姻案件时,涉及财产处理的,应当准许合法婚姻当事人作为有独立请求权的第三人参加诉讼。
>
> 第二十条 民法典第一千零五十四条所规定的"自始没有法律约束力",是指无效婚姻或者可撤销婚姻在依法被确认无效或者被撤销时,才确定该婚姻自始不受法律保护。
>
> 第二十一条 人民法院根据当事人的请求,依法确认婚姻无效或者撤销婚姻的,应当收缴双方的结婚证书并将生效的判决书寄送当地婚姻登记管理机关。
>
> 第二十二条 被确认无效或者被撤销的婚姻,当事人同居期间所得的财产,除有证据证明为当事人一方所有的以外,按共同共有处理。

法条释义

《民法典》第1054条是关于婚姻无效或被撤销后的法律后果的规定。同时,新增了无过错方在婚姻无效或被撤销时享有损害赔偿请求权的规定。

婚姻无效或者被撤销的,自始没有法律约束力,当事人共同生活期间的关系被定性为同居关系。这意味着一旦婚姻被认定为无效或被撤销,那么该婚姻在法律上从未产生过效力,双方不具有夫妻的权利和义务。这一规定体现了法律对于无效或撤销婚姻的否定性评价,确保了婚姻关系的合法性和稳定性。

在无效或被撤销的婚姻中,同居期间所得财产的处理是一个需要特别关注的问题。该条规定了处理这些财产的基本原则:首先,由当事人协议处理。这意味着在分割财产时,双方应当先尝试通过协商达成一致意见。这种协商处理的方式有助于减少矛盾和冲突,促进双方的和解。其次,如果协议不成,由人民法院根据照顾无过错方的原则判决。当双方无法达成协议时,人民法院将介入处理,并在判决时倾向于保护无过错方的权益。这一规定体现了法律对于无过错方的倾斜保护,旨在维护公平正义。

在对重婚导致的无效婚姻所涉及的财产进行处理时不得侵害合法婚姻当事人的财产权益。这意味着在分割财产时,需要确保合法婚姻当事人的财产不受损害。这一规定旨在保护合法婚姻当事人的合法权益,防止因重婚行为而遭受财产损失。

除财产处理外,该条还关注了无效或被撤销婚姻中当事人所生子女的法律地位。该条规定,当事人所生的子女适用本法关于父母子女的规定。这意味着即使婚姻无效或被撤销,子女仍然享有与合法婚姻中子女相同的权利和义务。这一规定保障了子女的合法权益,体现了法律对于子女利益的重视。

不仅如此,当婚姻因对方的过错而被认定为无效或撤销时,无过错方有权要求对方承担相应的损害赔偿责任。这一规定为无过错方提供了法律救济途径,有助于维护其合法权益和弥补因无效或撤销婚姻所遭受的损失。

案例分析

朱某与秦某同居关系析产纠纷案

【案号】二审:北京市第二中级人民法院(2023)京02民终1312号

【基本案情】

1985年,秦某与许某在河南省举办婚礼,并以夫妻名义共同生活,先后育有二女一子。2019年10月23日,秦某与许某补领结婚证,记载双方登记日期为1987年12月3日。

1996年,秦某与朱某相识后在北京市丰台区、海淀区共同生活。1997年11月10日,秦某1出生。2002年,秦某2(子)出生。2015年6月11日,朱某与秦某持某政府出具的证明(以下简称《证明》)补领结婚证,结婚证载明双方结婚登记日期为1996年5月28日。

2019年1月8日,法院作出38230号判决书,判决确认朱某与秦某的婚姻无效。

2003年9月20日,朱某、秦某购买201号房屋,该房屋于2005年登记在秦某、朱某二人名下,各占50%份额。2007年4月10日,朱某购买903号房屋,并于2009年登记在朱某名下。2011年1月17日,秦某与某开发公司签订《北京市商品房预售合同》购买303号房屋,并于2017年登记在秦某名下,但该房屋购房款来源于2008年签订的工程款抵账协议。2013年9月2日,秦某与某房地产开发公司签订《商品房买卖合同》购买9B1号房屋,并于2015年登记在秦某名下。

车牌号×××(原车牌号为×××)的奥迪牌轿车于2007年3月2日登记在

朱某名下。车牌号×××的宝马牌汽车于2012年3月1日登记在秦某名下。车牌号×××的沃尔沃牌汽车于2017年9月7日登记在朱某名下。

朱某主张903号房屋、201号房屋、303号房屋、9B1号房屋,车牌号为×××、×××、×××的车辆,以及秦某名下建设银行卡尾号为9745、工商银行卡尾号为9579、交通银行卡尾号为9601、农业银行卡尾号为7577、7018的100万元存款以及平安银行卡尾号为5144、农业银行卡尾号为8513、建设银行卡尾号为6607的110927.47元存款均为朱某与秦某共同财产,婚姻无效后应当予以分割。同时主张,秦某隐瞒与许某存在事实婚姻的事实,对朱某与秦某之间婚姻无效负有过错,故要求获得其主张的财产的全部份额,并依照《民法典》第1054条要求秦某赔偿精神损害抚慰金30万元。

秦某对朱某的主张不予认可,称:双方之间的婚姻关系无效,应为自始无效,故双方之间应为同居关系。依照相关法律规定可知,在双方没有约定的情形下,应当先区分个人所有还是共同所有,个人同居期间取得的工资、奖金等收益应为个人所有,个人的财产不应分割,共同财产可以分割,但要以共同投资、共同经营管理取得的财产为前提。

【争议焦点】

1. 朱某与秦某之间存在哪种法律关系?
2. 涉案财产属于个人财产抑或共同财产?
3. 对婚姻无效的过错程度及损害赔偿如何认定?

【裁判意见】

一审法院认为:依据38230号判决书,法院已经确认秦某与朱某之间系无效婚姻,该案作为前诉案件与作为后诉案件的本案,原被告相同,故在该判决效力未发生变化的情况下,该案的判决结果对于本案有拘束力。虽然434号判决书在裁判理由中提到《证明》不足以证明朱某与秦某于1996年5月28日在某民政所登记结婚的事实,但行政判决书裁判主文内容并没有与38230号判决书矛盾,故相较裁判理由来说,显然38230号判决书对于本案的拘束力更高。综上所述,法院在本案中认定秦某与朱某之间系无效婚姻。

婚姻无效属于自始无效,不存在夫妻共有财产的基础,在双方同居关系终止时,不存在依法分割夫妻共同财产的前提。在同居关系存续期间取得的财产先推定为共同共有,一方主张为个人所有的应当承担主张及证明责任。夫妻共有财产与其他共有财产的最大区别在于,夫妻共有系基于身份,分割时并不以双方付出同等劳动、智力作为考量因素,而其他共有关系主要是基于共同投资、共同经营而非身份关系,分割时必须也主要基于上述因素。一方个人所有的财产不存在分割的前提,适用照顾无过错方的原则分割财产的前提为待分割财产系共有。因重婚导致婚姻无效,分割共有财产时不得侵犯合法婚姻当事人的权利。朱某与秦某系无效婚姻,秦某与许某系合法婚姻,故朱某在分割同居关系存续期间形成的共有财产时不应侵害许某的合法权益,对朱某主张涉案财产为朱某与秦某共有的主张,法院不予认定。相反,秦某在与许某婚姻关系存续期间购置的财产,许某均为共有人。

婚姻法中的"无过错方"原则上指对导致婚姻无效无过错,换言之,即不具有重婚的情形,且善意相信登记成立的婚姻有效的一方。具体到本案,即秦某与朱某形成婚姻关系时二人对秦某与许某的在先婚姻是否知晓。秦某作为与许某存在在先合法婚姻关系的一方,显然对导致与朱某的婚姻无效负有过错。对导致婚姻无效无过错的一方当事人而言,在婚姻未被人民法院宣告无效之前,其基于信赖已为该婚姻投入精力和金钱,该婚姻因另一方当事人的过错而无效后,无过错一方在精神上势必会遭受损害。但具体到本案,虽然朱某对导致婚姻无效并无过错,但其在知晓秦某与许某存在婚姻关系后仍然继续与其同居,心态上属于放任,此时已不存在前文所提及的对婚姻的信赖,故法院对朱某主张的精神损害赔偿不予支持。

二审法院采纳了一审法院意见,判决维持原判。

【律师观点】

该案系因重婚被确认无效婚姻后而引发的析产和损害赔偿纠纷案件。

一般涉及婚姻关系的案件,婚姻关系双方为当事人,除了我们之前提到确认无效婚姻的案件可由利害关系人提出外,重婚一方的合法配偶也可以作为第三人参加相关诉讼。根据《婚姻家庭编解释(一)》第16条的规定,人民法院审理重婚导致的无效婚姻案件时,涉及财产处理的,应当准许合法婚姻当事人作为有独立请求权的第三人参加诉讼。正如本案,不只无效婚姻关系的双方参与了诉讼,作为合法婚姻关系当事人的许某,作为第三人也参加了诉讼。

除此之外,此类案件在财产分割方面,与离婚类案件最大的不同,即因婚姻关系被确认无效或被撤销后自始不受法律保护,因此在此期间取得的财产,不能当然地视为双方共有的财产,一方取得的收入,应认定为个人财产。双方共同所得的收入或取得的财产,为共同财产,按共同共有处理,不存在依法分割夫妻共同财产的前提。如果为其他共有财产,首先考虑双方对此有无协议,无协议的情况下,此类案件还要结合双方的过错程度来确定份额。

不仅如此,在分割共有财产时,还不得侵犯合法婚姻当事人的权利,即不得侵害许某的利益,且许某作为合法婚姻的当事人,秦某本身取得的财产,许某都有共有的权利。

实操指南

虽然婚姻无效或被撤销在财产分割时与离婚财产分割原则不同,但对于当事人所生子女的权利义务关系适用,却与《民法典》关于父母子女间的权利义务的规定一致。即从保护子女利益的角度出发,"非婚生子女"与"婚生子女"享有同等的权利。

婚姻无效或被撤销后,除财产分割问题和子女问题之外,无过错方还可以主张损害赔偿。此类损害赔偿的诉讼,可以和宣告婚姻无效或者撤销婚姻诉讼一并提出,也可以分开提出。损害赔偿并不限于物质损害赔偿,还应包括精神损害赔偿,而对于精神损害赔偿的数额,法院一般会参考《最高人民法院关于确定民事侵权精神损害赔偿责任若干问题的解释》的相关规定。

此外,法院在审结此类确认婚姻无效或者撤销诉讼案件后,还应注意程序性要求,即收缴双方的结婚证书并将生效的判决书寄送当地婚姻登记管理机关,一般法院会采取收缴双方结婚证书的做法。这也是为了更好地保护当事人及其他第三人的利益,同时使婚姻登记管理机关及时了解当事人的最新婚姻状况,更好地进行婚姻管理。

第三章 家庭关系

第一节 夫妻关系

第一千零五十五条 【关于夫妻在婚姻和家庭关系中法律地位平等原则的规定】

夫妻在婚姻家庭中地位平等。

该规定实际上是《宪法》第33条和第48条规定的人人平等和男女平等原则在婚姻制度中的具体体现,也是对《民法典》第1041条中男女平等原则的重申。夫妻地位平等不仅是夫妻关系中的基本原则和指导原则,也是确定夫妻各项权利义务的基础,夫妻地位平等原则作为我国婚姻制度的基本原则,贯穿了整个家庭关系。

《民法典》总则编第4条也明确规定,民事主体在民事活动中的法律地位一律平等。作为民事法律关系的重要组成部分,夫妻之间在有关身份关系和财产关系中的法律地位也应当是平等的。

第一,有关夫妻在婚姻家庭中地位平等的规定,是处理夫妻关系的指导原则,是确定夫妻之间各项权利义务的基础。夫妻地位平等意味着夫妻在共同生活中平等地行使法律规定的权利,平等地履行法律规定的义务,共同承担对婚姻、家庭和社会的责任。在"家庭关系"一章规定夫妻地位平等,也是《民法典》婚姻家庭编第一章中规定的男女平等原则在婚姻家庭关系中的具体体现。夫妻地位平等作为本章第1条,也是本章其他各条的指导原则,本章中其他各条都要贯彻这一原则。在法律没有具体规定的情况下,对夫妻关系的处理就要依据夫妻在婚姻家庭中地位平等这一规定作出判断。

第二,规定夫妻在婚姻家庭中地位平等,主要意义在于强调夫妻在人格上的平等以及权利义务上的平等。夫妻双方应当互相尊重对方的人格独立,不得剥夺对方享有的权利,夫妻任何一方不得只享有权利不承担义务,或者只承担义务而不享有权利。要强调保护妇女,保护女性在家庭中的人格独立,禁止歧视妇女,禁止家庭暴力,禁止对女性的虐待和遗弃。

第三,规定夫妻在婚姻家庭中地位平等,不是指夫妻的权利义务一一对等,更不是指夫妻要平均承担家庭劳务等。平等不是平均,权利义务可以合理分配和承担,家庭劳务也可以合理分担。对于婚姻家庭事务,夫妻双方均有权发表意见,应当协商作出决定,一方不应独断专行。

| 案例分析 |

李某虹诉吴某星、林某丹债权人代位权纠纷案

【案号】一审:广东省广州市花都区人民法院(2023)粤 0114 民初 9954 号

【基本案情】

就李某虹与林某丹、深圳市潮光资产管理有限公司(以下简称潮光公司)的民间借贷纠纷一案,深圳市宝安区人民法院作出(2021)粤 0306 民初 24482 号民事判决书,判决林某丹、潮光公司偿还李某虹借款本金 100 万元及利息。因林某丹、潮光公司未履行生效法律文书,李某虹向法院申请强制执行。2022 年 10 月 31 日深圳市宝安区人民法院作出(2022)粤 0306 执 10139 号之二执行裁定书,因林某丹、潮光公司没有可供执行的财产情况,裁定终结本次执行程序。林某丹拖欠李某虹债务未清偿,且无其他财产可供执行,严重损害李某虹的合法权益。吴某星与林某丹是夫妻关系,于 2013 年 10 月 9 日登记结婚。案涉房屋是吴某星婚前购买,于 2015 年 4 月 2 日登记在吴某星名下,两人婚前口头约定案涉房屋是其婚前个人财产,没有进行婚前财产公证,对其他财产没有特别约定;房屋首付款 364000 元及水电费、物业管理费均由吴某星父母支付;每月贷款由吴某星和其父亲吴某坚共同支付,吴某坚固定转账 2000 元至还贷账户,剩余还贷金额由吴某星补足;案涉房屋一开始的贷款是 91 万元,吴某星于 2020 年 4 月和林某丹与某银行签订贷款合同,将案涉房屋转贷了 190 万元;2021 年之后的贷款由吴某星母亲替其还贷。

【争议焦点】

案涉房屋是否属于吴某星与林某丹的夫妻共同财产?

【裁判意见】

案涉房屋于2015年4月2日登记在吴某星名下。吴某星没有提供其与林某丹之间的书面约定，证明两人约定婚姻关系存续期间所得的财产归各自所有、共同所有或部分各自所有、部分共同所有，应当认定婚姻关系存续期间所得的案涉房屋，属于夫妻共同所有的财产。

《民法典》第1055条规定，夫妻在婚姻家庭中地位平等。第1062条第2款规定，夫妻对共同所有的财产，有平等的处理权。吴某星与林某丹未提供婚姻关系存续期间的书面约定，证明双方约定婚姻关系存续期间所得的财产归各自所有、共同所有或部分各自所有、部分共同所有。李某虹请求确认林某丹享有案涉房屋50%的份额，符合夫妻平等原则，法院予以确认。

【律师观点】

《民法典》第1062条第1款规定，夫妻在婚姻关系存续期间所得的工资、奖金、劳务报酬、生产经营的收益等，为夫妻的共同财产，归夫妻共同所有。第1065条规定，男女双方可以约定婚姻关系存续期间所得的财产以及婚前财产归各自所有、共同所有或者部分各自所有、部分共同所有。约定应当采用书面形式。没有约定或者约定不明确的，适用《民法典》第1062条、第1063条的规定，即有关夫妻共同财产或夫妻一方个人财产的规定。

实操指南

法律上的男女平等原则是针对历史上长期存在的男尊女卑和性别歧视而言的，是近代民主法治的一项基本法律原则。人类社会由男女两性共同组成，女性在社会中的解放程度或者说男女平等的实现程度是社会文明与进步的标志。在我国，男女平等首先是一项宪法原则。根据《宪法》第48条第1款的规定，妇女在政治、经济、文化、社会和家庭生活等各方面享有同男子平等的权利。婚姻法律中的男女平等原则是上述宪法原则的具体化。1950年制定的《婚姻法》第1条即明确废除"男尊女卑"的封建主义婚姻制度，确立了"男女权利平等"的婚姻法基本原则。其中第7条规定，夫妻为共同生活的伴侣，在家庭中地位平等。1980年的《婚姻法》第9条进一步简化规定为，夫妻在家庭中地位平等。2001年《婚姻法》修正时延续了该规定。《妇女权益保障法》第60条规定，国家保障妇女享有与男子平等的婚姻家庭权利。近现代亲属立法一般均采"夫妻别体主义"，规定夫妻在婚姻关系和家庭生活中相互平等、人格独立,夫妻之间不存在任何人身依附关系。比如,《法国民法典》第216条规定,夫妻各方均有完全的权利能力,但其权利与权力受夫妻财产制之效力以及本章之规定的限制。《意大利民法典》第134条第1款规定,依据婚姻的效力,丈夫和妻子相互取得同等的权利和义务。半个多世纪以来,男女平等原则为推动男女在各个领域内实质上的平等,发挥了制度上的保障作用,但实现男女两性在社会生活、家庭生活等各个方面的实质平等是一个渐进的、不断争取的过程。当今中国,无论是在社会生活中,还是在家庭生活中,相互尊重、人格独立、平等参与、公平竞争的男女两性实质平等尚未完全实现,还存在与男女平等原则相悖的现象。该条规定,即以贯彻两性实质平等为目标。

夫妻双方在婚姻家庭中地位平等,体现在各个方面,比较重要的如:(1)婚姻居所决定权。婚姻居所是夫妻婚后共同居住和生活的场所,是夫妻共同生活,维持婚姻关系的基本条件。婚姻居所的确定,对于保持夫妻生活的独立性、实现婚姻的特定功能,具有重要意义。古代社会实行夫妻一体主义立法,"妻从夫居"被视为天经地义的准则。资本主义早期立法仍将婚姻居所的决定权单方赋予夫方,规定已婚妇女应服从丈夫的"居所指定权"。20世纪中期女权运动和民主运动的高涨,推动许多国家修改亲属法,相继废止丈夫单方决定婚姻居所的制度,改采由夫妻双方协商决定婚姻居所的原则。《婚姻法》和《民法典》婚姻家庭编中虽没有明确规定夫妻双方共同决定婚姻居所,但此应为夫妻在婚姻家庭关系中地位平等原则的应有之义。(2)家庭事务管理权。为了家庭共同生活的需要,夫妻双方需要对家庭事务进行管理,大到投资理财、买卖房产,小到购买日常消费品、订立子女教育合同等,夫妻均有平等的决定权。对于日常家事,《民法典》第1060条明确了日常家事代理的法律后果,但是对于超出日常家庭生活需要范畴的,需要夫妻双方共同决定,未经夫妻一方同意的,不对该方发生法律效力。此外,还应注意的是,夫妻地位平等,不仅指夫妻在婚姻家庭关系中享有平等的权利,也要求双方承担平等的义务。

第一千零五十六条 【关于夫妻姓名权平等原则的规定】
夫妻双方都有各自使用自己姓名的权利。

法条释义

《民法典》第1056条是关于夫妻姓名权平等原则的规定。夫妻姓名权平等原则是指在婚姻关系中,夫妻双方都有权决定、使用、变更自己的姓名,并排除他人干涉和非法使用的权利。这一原则是男女平等原则的具体化形式,旨在保障夫妻双方在人格尊严和人格平等上的权益,有助于促进家庭和睦、维护社会稳定。

在中国古代封建社会,夫妻姓名权往往受到父权制和家庭制度的影响。妻子在结婚后可能会采用丈夫的姓氏,或者完全放弃自己的姓氏,这被视为妻子对丈夫的依附和从属。这种习俗在当时法律上得到了承认和强化,从而限制了妻子在婚姻中保持自己独立身份和姓名的权利。近现代亲属立法以"夫妻别体主义"为原则,夫妻之间不存在任何人身依附关系。各自使用自己姓名是摆脱人身依附的重要特征。[①] 随着社会的进步和法治观念的发展,夫妻姓名权平等原则逐渐受到重视。1950年《婚姻法》废除了"妻随夫姓"的陋习,赋予了妇女独立的姓名权。1980年《婚姻法》第10条延续该精神,进一步明确"夫妻双方都有各用自己姓名的权利"。2001年《婚姻法》修正时对该内容未作改动,继续沿用此规定。该条在《民法典》中继续得到重申和完善,体现了中国对男女平等原则的坚持和推进;该条有利于维护人格尊严与平等,促进家庭和谐,减少因姓氏问题而引发的矛盾和冲突,充分保障了个人权利,是现代法治社会中男女平等原则的重要体现。

媒体报道

《为什么香港、澳门、台湾的结婚女士的名字前面要带上丈夫的姓氏?》

这是传统还是法律规定?

现代国家的法律对于夫妻的姓氏主要规定了五种情形:1.坚持妻从夫姓原则。《瑞士民法典》第160条规定,丈夫的姓氏为夫妻共同姓氏;新娘有权当面向公民身份登记官员提出要求,将自己原有的姓氏置于夫姓之前。2.实行服从约定而无约

[①] 最高人民法院民法典贯彻实施工作领导小组主编:《中华人民共和国民法典婚姻家庭编继承编理解与适用》,人民法院出版社2020年版,第117~118页。

定时则从夫姓的原则。如《德国民法典》第1355条第2款就作此规定。3.允许双方当事人任意约定原则。如原《苏俄婚姻和家庭法典》第18条就作此规定。4.妻子在姓名前冠以夫姓为原则但允许例外。5.保持各自姓氏原则。2001年《婚姻法》第14条就作此规定。

【法理研究】

从夫姓或冠夫姓是指妇女结婚后不用本姓而改用丈夫的姓氏,这是夫权婚姻的产物。一般有只用"夫姓"与"夫姓再加本姓"两种基本形式。在某些族群(如白族)中有入赘男子从妻姓的风俗。很多西方国家一般只用夫姓,如英国前首相撒切尔夫人便以夫姓名世。女权主义者都反对女性必须在婚后改从夫姓。中国古代采用"夫姓加本姓"的形式,如马姓女子嫁与王姓男子,女子婚后特别是亡后就只称"王马氏"。我国1950年《婚姻法》第11条规定,夫妻有各用自己姓名的权利,作出了夫妻在姓名权上完全平等的规定。《民法通则》(已失效,下同)第99条第1款规定,公民享有姓名权,有权决定、使用和依照规定改变自己的姓名,禁止他人干涉、盗用、假冒。现代的中国内地(大陆)除在族谱和墓碑外已经几乎完全不用这种冠夫姓的形式了。①

实操指南

目前,我国婚姻家庭中,夫妻双方法律意识不断增强,充分认识到姓名权是人格权的重要组成部分,已经基本实现了各自使用自己姓名的立法目的。② 为了进一步落实和保障夫妻姓名权平等原则,避免此类纠纷的发生,提供下列实操指南供借鉴:

一、教育普及

倡导平等观念:通过媒体、社区活动、学校教育等途径,倡导夫妻姓名权平等的观念,提高社会对这一问题的关注度和理解度。

二、社会监督与支持

1.社会监督:社会各界可以建立监督机制,对夫妻姓名权平等原则的执行情况

---

① 《为什么香港、澳门、台湾的结婚女士的名字前面要带上丈夫的姓氏?》,载个人图书馆,www.360doc.com/content。

② 最高人民法院民法典贯彻实施工作领导小组主编:《中华人民共和国民法典婚姻家庭编继承编理解与适用》,人民法院出版社2020年版,第119页。

进行监督和评估,对侵害姓名权的行为进行谴责和制止。

2. 支持组织:成立或加入支持夫妻姓名权平等的组织,通过集体行动来维护夫妻的姓名权。

三、借助法律手段维护权益

1. 咨询律师:如果夫妻中的一方认为自己的姓名权受到侵害,可以咨询律师,了解维权的具体途径和可能的结果。

2. 证据收集:在维护夫妻姓名权平等的法律纠纷中,充足的证据是支持个人主张和争取合法权益的关键。因此,及时、全面地收集证据至关重要。以下证据收集方案供参考:

(1)记录沟通内容:在与对方沟通关于姓名权的问题时,可以录音或录像,以记录对方的态度和承诺。

(2)寻找证人:寻找可能的证人,如亲友、邻居等,了解他们是否愿意为夫妻双方作证。

(3)保存社交媒体记录:如果夫妻双方在社交媒体上有关于姓名权的讨论或争议,及时保存相关记录。

3. 收集证据的注意事项:

(1)合法性:在收集证据时,必须遵守法律法规,不得采用非法手段。

(2)时效性:及时收集证据,避免证据失效。

(3)完整性:尽量收集全面、完整的证据,以支持个人主张。

4. 提起诉讼:在必要情况下,可以向法院提起诉讼,维护自己的姓名权。

综上所述,保障夫妻姓名权平等需要夫妻双方、社会各界以及法律机构的共同努力。通过上述实操指南,夫妻双方可以更加有效地收集能够维护自己的姓名权的证据,为保障夫妻姓名权平等提供有力的支持,以确保自身权益得到最大限度的保护。

第一千零五十七条 【关于夫妻各自享有人身自由的规定】

夫妻双方都有参加生产、工作、学习和社会活动的自由,一方不得对另一方加以限制或者干涉。

法条释义

《民法典》第1057条是关于夫妻各自享有人身自由的规定。该条源于2001年《婚姻法》第15条,仅就文字作了个别调整。[①]

人身自由权是每个公民的基本权利,而这条规定特别强调了夫妻之间在这一权利上的平等与独立。夫妻人身自由权是指夫妻双方在法律范围内各自享有独立行为的权利,不受对方无理的限制或干涉。它是自然人人身自由权在婚姻关系中的具体体现,夫妻双方都有参加生产、工作、学习和社会活动的自由,以及自主决定选择何种职业、接受何种教育的权利。

在古代社会,夫妻之间的关系往往受到传统观念和社会制度的限制,妇女的地位较低,人身自由受到一定程度的限制。尤其是封建社会中,妇女往往被局限于家庭内部,没有自由参与社会活动的权利。这种情况下,夫妻人身自由权的概念尚未形成。随着社会的进步和法律的发展,夫妻人身自由权逐渐得到重视和保障。在现代社会,夫妻人身自由权作为公民基本权利之一,在各国宪法和法律中得到了明确的规定和保护。我国1980年《婚姻法》第10条规定了夫妻的姓名权,第11条规定了夫妻的人身自由权,明确了夫妻双方在家庭生活中具有平等的地位。2001年《婚姻法》修正时,仍然沿用了这些规定,并将1980年《婚姻法》第11条关于人身自由的规定改为第15条。这一规定是对男女不平等现象的否定,是对妇女权益的保障,也是社会进步的一种体现。此外,国际社会也对夫妻人身自由权给予了关注。1948年的《世界人权宣言》第3条规定,人人有权享有生命、自由和人身安全。这一规定为各国保护夫妻人身自由权提供了国际法律依据。然而,这一规定也需要在实践中进行平衡和协调。夫妻双方在享受各自的人身自由的同时,也需要考虑到家庭的整体利益和谐。过分强调个人的自由可能会影响家庭的稳定和幸福。因此,在保障个人自由的同时,也需要考虑家庭的共同利益和需要。

总之,夫妻人身自由权是婚姻关系中夫妻双方应当享有的基本权利之一,其渊源可以追溯到古代的法律规定和现代法律的发展。在现代社会,保障夫妻人身自由权是维护家庭和谐、促进社会进步的重要保障之一。

[①] 最高人民法院民法典贯彻实施工作领导小组主编:《中华人民共和国民法典婚姻家庭编继承编理解与适用》,人民法院出版社2020年版,第120页。

案例分析

杨某诉陈某扶养纠纷案

【案号】一审:广东省佛山市南海区人民法院(2021)粤 0605 民初 28315 号

【基本案情】

杨某与陈某于 2004 年 11 月 8 日登记结婚,婚内生育长女杨某 1、长子杨某 2、次子杨某 3。杨某因患尿毒症造成残疾(失明)。杨某、陈某婚后于 2012 年 8 月 1 日贷款 20 年购买佛山市南海区××村××道××花园帝涛湾 63 座 101 房,由陈某每月还贷 3700 元,目前还需要供贷 11 年。自生病之后,杨某没有再支付三个小孩的抚养费。

诉讼中,杨某称,其希望陈某及三个小孩回乡下居住生活,乡下各种费用都比较便宜,包括吃饭、上学等。陈某称,大女儿回乡下照顾杨某期间被杨某赶走,小孩跟陈某都不愿意回乡下。陈某要上班,现在陈某父母还能帮忙照看小孩、做家务,陈某父母也不可能跟着陈某到杨某的老家居住。杨某向一审法院起诉请求:1.判决陈某支付杨某 2021 年 3~7 月相关医疗费用共计 63136.03 元,并自 2021 年 9 月开始每月支付 4000 元治病费;2.判决陈某携带小孩回揭西县老家居住,照顾杨某,并从 2021 年 5 月 18 日开始向杨某每月支付 1120 元生活费,到陈某回老家照顾杨某为止,暂计至 2021 年 9 月 17 日为 4480 元;3.判决陈某承担本案全部诉讼费用。

【争议焦点】

陈某是否应支付杨某扶养费？陈某是否需要辞去工作回家照顾杨某？

【裁判意见】

一审法院认为,《民法典》第 1057 条规定,夫妻双方都有参加生产、工作、学习和社会活动的自由,一方不得对另一方加以限制或者干涉;第 1058 条规定,夫妻双方平等享有对未成年子女抚养、教育和保护的权利,共同承担对未成年子女抚养、教育和保护的义务;第 1059 条规定,夫妻有相互扶养的义务,需要扶养的一方,在另一方不履行扶养义务时,有要求其给付扶养费的权利。本案中,杨某患有重大疾病,需要扶养,陈某依法负有扶养杨某的法定义务。但考虑到陈某收入情况、家人身体健康状况、承担夫妻还贷债务、日常生活需要以及还有三名未成年子女等实际情况,一审法院酌定陈某从2021年9月起每月20日前向杨某支付扶养费600元。陈某及子女应争取抽出闲暇关心照料杨某;同时,杨某亦应理解并体谅陈某目前状态下的压力与艰辛,双方互让互谅、相互理解宽容,相互不拖垮,同心齐力共同战胜疾病。关于杨某主张2021年3~7月的医疗费用等,该费用已实际支出,结合本案实际,一审法院予以驳回。

二审法院采纳了一审法院意见,判决维持原判。

【律师观点】

夫妻双方都有参加工作、劳动与社会活动的自由,但是夫妻也有相互扶养的义务,有抚养、教育子女的义务,有赡养老人的义务。夫妻之间应当互相尊重、互谅互让、互相协商,将参加工作、劳动和社会活动与尽到对家庭的责任协调起来。该案中,杨某患病且丧失劳动能力,无生活来源,依法需要陈某的扶养,故杨某主张陈某每月支付扶养费,符合法律规定,应予支持。陈某在南海工资收入是其唯一的收入来源,陈某需抚养三个小孩、赡养双亲及偿还夫妻购房的还贷债务,需要用其工资收入维持家庭日常生活和家人看病支出。现杨某要求陈某与三个小孩回老家一起生活,既侵害了陈某参加工作的自由,也会导致陈某无收入来源、无力抚养家人,杨某无权对其加以干涉或限制。因此,法院对杨某该项请求不予支持,并无不当。

实操指南

夫妻双方应该尊重对方的兴趣和爱好,不要过度干涉或限制对方参加社会活动的自由。相反,应该鼓励对方追求自己的兴趣和事业,给予对方足够的支持和鼓励。在夫妻关系中,沟通和协商是非常重要的。当双方有不同的想法和意愿时,应该通过沟通和协商来解决问题,避免用控制或妥协的方式来处理冲突。通过沟通和协商,可以找到双方都能接受的平衡点。

在行使个人自由权时,夫妻双方应该注意个人言行的合理性。不得滥用权利损害对方和家庭的利益,也不得对对方进行非法的限制或干涉。同时,要注意自己的行为是否符合道德和法律的要求,不得违反社会公德和法律法规。如果夫妻双方在处理个人自由和家庭和谐方面遇到困难,可以寻求专业帮助。

总之,夫妻各自享有人身自由是婚姻关系中的重要内容之一。通过尊重对方、沟通和协商、建立互相支持和信任的关系、注意个人行为和言行的合理性以及寻求专业帮助等方式,可以实现个人自由和家庭和谐的统一。

> **第一千零五十八条 【关于夫妻平等享有和承担对未成年子女抚养、教育和保护的权利与义务的原则性规定】**
> 夫妻双方平等享有对未成年子女抚养、教育和保护的权利,共同承担对未成年子女抚养、教育和保护的义务。

法条释义

该条为《民法典》的新增条文。其虽为新增条文,但也基本沿袭了《婚姻法》的相关条款,其中2001年《婚姻法》第21条规定,父母对子女有抚养教育的义务。第23条规定,父母有保护和教育未成年子女的权利和义务。以上两条从父母子女关系的角度明确地规定了父母对未成年子女的权利和义务,其中也隐含了父和母均有上述权利义务之意。该条之所以为新增,是因为该条文从夫妻关系的角度首次出现,着重规定了对未成年子女的抚养、教育和保护的权利义务由夫妻双方平等享有和承担,强调夫妻共同承担未成年子女健康成长的义务和责任。夫妻任何一方不得擅自剥夺对方的该项权利;一方不履行相应的义务时,另一方可以作为未成年子女的法定代理人请求其履行。

父母对未成年子女的抚养、教育和保护虽然在表述上称之为权利,但从未成年人利益最大化角度出发,更多地体现为义务。权利虽然是可以放弃的,但是义务是不可以放弃的,是必须履行的。该条明确地规定了夫与妻对未成年子女的抚养、教育和保护的权利,与此同时也规定了夫与妻应共同承担该义务,即对未成年子女的抚养、教育和保护是夫妻双方必须履行的义务,其有别于普通的权利,具体表现为以下几点:

一、关于对未成年子女的抚养权利和义务

对未成年子女的抚养,是指父母应当保障未成年子女在成长过程中的基本生活和教育所需,确保其健康成长。父母对未成年子女的抚养是无条件的,该义务始于子女出生,终于子女成年或能独立生活,在任何情况下都不能免除,即使父母离婚,对未成年子女仍应依法履行抚养义务。父和母在抚养未成年子女上的权利义务是平等的。一方不履行抚养义务时,未成年子女享有请求支付抚养费的权利。

对有独立生活能力的成年子女,父母自愿给予经济帮助,法律并不干预。①

二、关于对未成年子女的教育权利和义务

父母的家庭教育是国民教育的重要支柱,是未成年子女接受学校教育、社会教育的重要基础。同时,教育未成年子女也是家庭的一项重要职能,家庭教育对子女的成长有很大的影响。父母子女间的亲密关系,为教育子女提供了有利的条件。因此,教育好子女是父母双方在法律上应尽的义务,也是社会道德的必然要求。父母对子女的家庭教育具有基础性、终身性、优先性与选择性。父母对未成年子女的教育,主要分为直接教育和间接教育两个方面。直接教育,是指父母对子女在身心健康方面的培育。直接教育属于亲权必然包含的重要内容,被普遍接受和认可。直接教育在内容上更注重未成年子女的身心健康,更倾向于受到家庭本身、传统、风俗、父母能力、周围环境等的影响,外界也很难对其效果进行评价。但是,在保护未成年子女这一大原则下,从对未成年子女利益最大化角度出发,如果父或母的教育方式明显不利于未成年子女身心健康,另一方有权作为未成年子女的法定代理人提出异议,甚至阻止。间接教育,是指父母应当按照我国的义务教育政策,保障适龄的未成年子女接受学校教育,不得使未成年子女辍学,父母还有义务带未成年子女参加各种有益的社会活动。②

三、关于对未成年子女的保护权利和义务

父母对未成年子女保护的权利和义务主要包括人身保护和财产保护。其中,(1)人身保护包括:照顾未成年子女的生活,保障其身体健康;保护未成年子女的人身不受其他家庭、社会其他成员的侵害;为未成年子女提供住所等。(2)财产保护主要包括:管理未成年子女的利益、保护其财产权益和代理其进行民事活动,除为未成年子女的利益外,不得处理属于该未成年子女的财产。如果父母未履行监护职责或者侵害未成年子女的合法权益,造成未成年子女损失的,应当赔偿损失。

应当注意该条适用于婚生父母子女之间、非婚生父母子女之间、继父母子女之间和养父母子女之间。该条规定均是以未成年子女利益最大化原则为出发点,而

---

① 最高人民法院民法典贯彻实施工作领导小组主编:《中华人民共和国民法典婚姻家庭编继承编理解与适用》,人民法院出版社2020年版,第125~127页。

② 最高人民法院民法典贯彻实施工作领导小组主编:《中华人民共和国民法典婚姻家庭编继承编理解与适用》,人民法院出版社2020年版,第127~128页。

不是简单机械地追求夫和妻在抚养、教育和保护未成年子女权利义务形式上的平等。因此,在解决实际问题时,应该灵活适用该条文。

案例分析

娄某诉娄某1抚养费纠纷案

【案号】一审:北京市怀柔区人民法院(2024)京0116民初3290号

【基本案情】

原告娄某1的母亲于某与被告娄某于2019年5月30日登记结婚,二人于2019年12月15日生育一女娄某1。2023年1月24日,因发生家庭矛盾,娄某离家,二人一直分居至今,其间娄某1由于某单独抚养,娄某没有支付过任何生活费、教育费、医疗费、培训班费用等,没有尽到做父亲的责任和义务。在此期间,被告银行卡入账一年高达30多万元,消费支出也非常多,包括租房、住宿、去美容院、夜间打车等消费,故原告将其诉至法院。

于某与娄某在2024年6月30日前尚未解除婚姻关系。

娄某1向法院提出诉讼请求:1.判令被告支付原告自2023年1月24日至2024年6月30日抚养费85000元(每月5000元,共17个月);2.诉讼费由被告承担。

【争议焦点】

1.被告是否对原告有抚养义务?婚姻存续期间,是否能要求不尽抚养义务的一方支付抚养费?

2.每月5000元的抚养费是否过高?

【裁判意见】

法院认为,父母对未成年子女负有抚养、教育和保护的义务。《民法典》第1067条规定,父母不履行抚养义务的,未成年子女或者不能独立生活的成年子女,有要求父母给付抚养费的权利。抚养费包括子女生活费、教育费、医疗费等费用。《婚姻家庭编解释(一)》第43条规定,婚姻关系存续期间,父母双方或者一方拒不履行抚养子女义务,未成年子女或者不能独立生活的成年子女请求支付抚养费的,人民法院应予支持;第49条规定,抚养费的数额,可以根据子女的实际需要、父母双方的负担能力和当地的实际生活水平确定。有固定收入的,抚养费一般可以按其月总收入的20%～30%的比例给付。无固定收入的,抚养费的数额可以依据当年总收入或者同行业平均收入,参照上述比例确定。有特殊情况的,可以适当提高或者降低上述比例。本案中,娄某1系娄某与于某之女,在父母分居后随于某共同生活,此期间娄某未履行抚养义务,现娄某1诉称要求给付抚养费,法院予以支持。对于娄某1要求按每月5000元支付抚养费的诉讼请求,因娄某收入不固定,且导游收入具有行业特性,娄某1提供的证据不足以证明娄某的实际收入情况,其主张缺乏事实及法律依据,法院不予支持。从保障未成年子女合法权益角度出发,综合考虑娄某1的合理支出和实际需要、当地实际生活水平以及父母双方的负担能力,法院酌情确定娄某自2023年1月24日至2024年6月30日每月支付娄某抚养费1800元,共17个月。综上所述,依照《民法典》第1067条、《婚姻家庭编解释(一)》第43条、第49条的规定,判决如下:1.娄某于本判决生效之日起10日内支付娄某1从2023年1月24日至2024年6月30日抚养费30600元;2.驳回娄某1的其他诉讼请求。

【律师观点】

未成年子女要求父母支付抚养费,基本上都是在父母双方离婚时或离婚后,而在婚姻存续期间,由于夫妻的财产为共有财产,是否能要求不尽抚养义务的一方支付抚养费,这是该案争议的要点。《婚姻家庭编解释(一)》第43条对此作出了明确规定:婚姻关系存续期间,父母双方或者一方拒不履行抚养子女义务,未成年子女或者不能独立生活的成年子女请求支付抚养费的,人民法院应予支持。另外,《婚姻家庭编解释(一)》第49条对抚养费的数额也作出了明确规定。

在处理婚姻关系存续期间支付子女抚养费的案件时,在抚养费数额的具体确定方面,法院要考虑子女正常生活的实际需要,抚养费应能维持其衣、食、住、行、学、医的正常需求,并需要综合考虑父母双方的经济收入、费用支出、现有生活负担、履行义务的可能性和社会地位等因素,最终作出公平合理的判决。

实操指南

因为家庭具有不同于其他社会组织的特殊性,对于未成年子女保护的权利义务的规定往往较为抽象、概括。而实践中,家庭关系更加复杂多样,平等并不意味着绝对的形式上的平等,也不是数量上的均分,夫妻双方应该根据各自的实际情况相互协商、分工协作。经济条件并不是唯一的衡量标准,情感因素、心理因素等其他方面也应作为重要因素予以考虑。特别注意的是,在平等保护夫和妻的权利以及平等确定双方义务时,要将未成年人利益最大化作为前提和原则。

该条虽是对夫妻平等享有和承担对未成年子女抚养、教育和保护的权利与义务的规定,但是权利义务指向的对象是具有独立人格利益的未成年人,有利于未成年子女的健康成长,让其利益切实得到保护,才是该条立法的初衷。

> **第一千零五十九条　【关于夫妻有相互扶养义务的规定】**
> 夫妻有相互扶养的义务。
> 需要扶养的一方,在另一方不履行扶养义务时,有要求其给付扶养费的权利。

法条释义

该条是关于夫妻有相互扶养义务的规定。夫妻之间的相互扶养既是双方当事人从缔结婚姻开始就存在的义务,也是婚姻或家庭共同体得以维系和存在的基本保障,同时也是婚姻所承载的基本功能。无论婚姻的实际情形如何,也不论当事人双方的感情状况如何,夫妻之间的相互扶养在婚姻关系有效持续的整个过程中一直存在且具有法律约束力。夫妻之间的扶养包括经济上的供养、精神上的慰藉以及生活上的照顾。既有物质的内容,又有非物质的内容。依照该条规定,夫妻相互承担扶养义务,此项义务属于法定义务,必须无条件自觉履行。[①]

基于夫妻之间此项法定的扶养义务,如果一方因身体等原因,无法自食其力,需要他人照顾,而另一方不履行相应的扶养义务,则在不解除婚姻关系的情况下,可以通过要求对方给付扶养费的方式解决。因此,该条第 2 款规定:在另一方不履行此项义务时,需要扶养的一方有权请求其给付扶养费。当然,如果义务方拒不履行义务,可能构成刑法上的遗弃罪。实践中,夫妻扶养纠纷主要表现为,一方因某种原因失业或者谋生能力暂时或较长时间丧失,另一方不履行法定扶养义务。夫

[①] 最高人民法院民法典贯彻实施工作领导小组主编:《中华人民共和国民法典婚姻家庭编继承编理解与适用》,人民法院出版社 2020 年版,第 133 页。

妻之间的扶养主要体现在满足生活困难一方的基本生活需要和其他必要开支,如支付医疗费等。一般情况下,人民法院应根据扶养权利人一方的实际需要、支付扶养费一方的经济能力以及当地居民的平均生活水平确定夫妻间扶养费的给付标准。司法实践中一般以一方丧失独立生活能力为条件,以另一方有能力履行义务为限。也就是说一方要求另一方承担扶养义务,前提是另一方具备相应的能力,具备一定的经济条件,能够承担给付义务。这种财产义务具有其特定的人身属性,同普通债务的履行有着严格的区别。

因婚姻关系的成立,夫妻应以配偶身份共同生活,这是婚姻本质上的当然效果。在夫妻共同生活过程中,相互之间共同为家庭贡献力量,相互扶养、相互照顾、相互给予精神慰藉,则是婚姻生活的当然之义。因此,夫妻之间的相互扶养也表现为夫妻双方为家庭生活共同承担家庭的负担。各国法律普遍规定了夫妻之间共同生活、扶养的义务。《意大利民法典》规定,夫妻间有相互给予精神和物质扶助的义务。夫妻一方在不能维持自己的生活开支并且在非常需要的情况下,才能提出扶养费给付请求。扶养费的数额以请求人的必要生活费为限,但应当与请求人的社会地位相适应。《法国民法典》规定,夫妻双方应相互忠诚、相互帮助与救助。《德国民法典》规定,婚姻双方相互之间负有义务,以其劳务或财产为家庭提供适当的生活费。如果婚姻一方承担家务,则其为家庭提供生活费之义务在通常情况下通过从事家务而得到履行。《瑞士民法典》规定,结婚使配偶双方结合以共度婚姻共同生活;配偶双方互负诚实及扶助的义务。[1]

| 案例分析 |

郑某1诉郑某2扶养费纠纷案

【案号】一审:江西省金溪县人民法院(2023)赣1027民初2168号

【基本案情】

原告郑某1与被告郑某2于2001年2月14日在金溪县民政局登记结婚。婚后双方生育一子一女,于2001年6月25日生育儿子郑某飞,于2007年2月18日

---

[1] 最高人民法院民法典贯彻实施工作领导小组主编:《中华人民共和国民法典婚姻家庭编继承编理解与适用》,人民法院出版社2020年版,第134页。

生育女儿郑某娜,儿子现已成年与被告一起在外务工,女儿尚在上高中。2012年,原告开始患有精神分裂症,并在抚州市第三医院进行治疗,现通过吃药原告病情稳定,每月需花费药费200余元。2013年3月18日,原告被认定为智力残疾三级,现每月享有低保352元。原、被告双方在金溪县城未购置房屋,原告目前在金溪县城租房,靠做伞打零工赚钱。被告郑某2现在外从事五金抛光工作,自述每月收入4000~5000元。庭审中被告自认近三年未向原告支付过扶养费。

2023年8月3日,被告曾向法院起诉要求与原告离婚,法院判决不准双方离婚。现原告起诉请求被告依法履行扶养义务,从2023年8月开始每月支付600元扶养费给原告。

【争议焦点】

1. 被告是否应该向原告支付扶养费?
2. 扶养费的金额如何确定?

【裁判意见】

法院认为:《民法典》第1059条规定:夫妻有相互扶养的义务。需要扶养的一方,在另一方不履行扶养义务时,有要求其给付扶养费的权利。

本案中,原告郑某1与被告郑某2自2001年登记结婚以来,至今已二十余年。原告郑某1在婚后患有精神分裂症,且被认定为智力残疾三级,作为原告丈夫的被告,应履行互相扶养义务。原告现靠吃药病情稳定,每月做零工,虽有部分收入但不稳定,每月低保有352元,但为了控制病情需花费药费200余元且租房需要支付房租费用,综合考虑原告的生活支出需要,原、被告收入情况及家庭生活情况,法院酌定被告郑某2自2023年9月起每月给付原告郑某1生活费400元较为适宜。

【律师观点】

一、夫妻间的扶养义务以婚姻关系存续为前提条件

根据《民法典》第1059条,夫妻有相互扶养的义务,需要扶养的一方在另一方不履行扶养义务时,有要求其给付扶养费的权利,但随着双方夫妻关系的解除,夫妻之间相互的扶养义务也随之终止。

司法实践中一般考虑需要扶养一方的实际请求及履行扶养义务一方的负担能力。承担扶养义务可以是给付金钱,也可以提供居所或采取其他合理方式,比如,提供就业机会、对因疾病无法生活自理者提供日常生活起居上的照顾等。但需要注意的是,夫妻之间的扶养义务只适用于夫妻关系存续期间。夫妻间的扶养义务

第三章　家庭关系

与离婚后,因一方依个人财产和离婚时分得的财产无法维持当地基本生活水平而要求另一方进行经济帮助的性质不同。

二、履行扶养义务的一方应支付的扶养费数额的计算

对于履行扶养义务的一方应支付扶养费数额的计算,目前没有明确的法律规定。实践中一般会综合考虑以下因素。

1. 双方的经济能力。

双方的经济能力是指双方的收入状况、财产来源及给付扶养费一方的负担能力,包括照顾未成年子女、赡养老人的情况和受扶养人的经济需要。

2. 双方当事人的年龄及目前的健康状况。

3. 双方当事人各自的谋生能力和手段。

扶养义务应从社会的发展情况和平衡双方当事人的需求与负担能力等方面来考量,帮助方式应是多元的且便于执行,旨在能够更好解决生活困难一方的实际需求。[1] 通常情况下,审判人员会在综合考量上述因素的基础上,行使自由裁量权,确定一个合理数额。

实操指南

夫妻因婚姻关系的成立开始以配偶身份共同生活,这本质上就是婚姻的外在表现和当然效果。在婚姻存续期间,夫妻在以配偶身份共同生活的过程中,共同为构建家庭贡献自己的力量,相互扶助、相互照顾,这是婚姻生活原本的模样,也是婚姻的意义所在。因此,夫妻之间的相互扶养在一定程度上,也表现为夫妻双方为家庭生活共同承担家庭的负担。

1. 夫妻扶养义务履行的前提和条件。夫妻之间扶养义务的履行须以婚姻存在为前提,以一方需要扶养为条件。符合上述要求时,夫妻之间的扶养义务即产生,而不以是否共同生活以及结婚时间的长短为条件。

实践中,负有扶养义务的一方经常以对方有一定数量的夫妻共同存款为由,拒绝给付扶养费。从保护生活困难一方的生存利益考虑,一般情况下,只要能够确认生活困难一方对夫妻共同存款去向的解释存在合理性,就应当支持其诉讼请求,而将双方有关夫妻共同财产的争议留待之后离婚诉讼中一并解决。因为,在不解除

---

[1] 张曦冉:《〈民法典〉离婚经济帮助制度研究》,吉林大学2021年硕士学位论文,第1页。

婚姻关系的情况下,如此处理,既可以加强对弱者的保护,也不会对另一方造成实质性利益损失。

2.夫妻财产制是夫妻之间对于婚后财产归属的约定,不能因为夫妻约定实行分别财产制,就认定夫妻双方不负担基于特定身份关系而产生的法定扶养义务。所以,夫妻约定分别财产制并不影响夫妻之间扶养义务的履行。当夫妻一方的个人财产难以维持正常生活时,仍然有权要求对方给付生活费。因为互相扶养是夫妻之间的法定义务,这种义务伴随着婚姻关系的缔结、结束而产生和终结。法律并没有明确规定实行分别财产制的夫妻可免除夫妻之间的相互扶养义务。①

第一千零六十条 【关于夫妻之间日常家事代理制度的规定】

夫妻一方因家庭日常生活需要而实施的民事法律行为,对夫妻双方发生效力,但是夫妻一方与相对人另有约定的除外。

夫妻之间对一方可以实施的民事法律行为范围的限制,不得对抗善意相对人。

《婚姻家庭编解释(二)》

第六条 夫妻一方未经另一方同意,在网络直播平台用夫妻共同财产打赏,数额明显超出其家庭一般消费水平,严重损害夫妻共同财产利益的,可以认定为民法典第一千零六十六条和第一千零九十二条规定的"挥霍"。另一方请求在婚姻关系存续期间分割夫妻共同财产,或者在离婚分割夫妻共同财产时请求对打赏一方少分或者不分的,人民法院应予支持。

第九条 夫妻一方转让用夫妻共同财产出资但登记在自己名下的有限责任公司股权,另一方以未经其同意侵害夫妻共同财产利益为由请求确认股权转让合同无效的,人民法院不予支持,但有证据证明转让人与受让人恶意串通损害另一方合法权益的除外。

---

① 最高人民法院民法典贯彻实施工作领导小组主编:《中华人民共和国民法典婚姻家庭编继承编理解与适用》,人民法院出版社2020年版,第135~136页。

法条释义

《民法典》第1060条是关于夫妻之间日常家事代理制度的规定,《婚姻家庭编解释(二)》第6条是对直播打赏款的处理的规定,第9条是一方转让自己名下有限责任公司股权的规定。

对于夫妻一方因家庭日常生活需要而实施的民事法律行为,除非实施法律行为一方与相对人另有约定,否则对夫妻双方发生法律效力,另一方不能以未授权、不知道为由予以否认。此为日常家事代理权产生的当然法律效果。在夫妻内部关系中,双方可以约定一方实施涉及家庭日常生活的民事法律行为的范围,该约定对夫妻双方具有法律约束力;但在外部关系中,如果该民事法律行为的相对人不知道或不应当知道该约定的,不受其约束。该民事法律行为仍对夫妻双方发生法律效力。《民法典》第1060条与第1064条第1款后半段构成了完整的日常家事代理制度。第1060条是关于日常家事代理的范围、限制和法律效果的规定,而行使该项权利所产生债务的性质规定在第1064条第1款后半段。日常家事代理是夫妻基于配偶身份依法产生的相互代理。对于家庭共同事务的处理,应当按照夫妻双方的共同意愿。但夫妻双方在婚姻家庭的共同生活中,需要处理的日常事务繁多。为婚姻共同生活中夫妻双方更便利地处理日常事务,规定日常家事代理制度确有必要。日常家事代理制度确立了夫妻双方在处理日常家庭事务中互享代理权的准则,使夫妻双方在日常家事的范围内,可以单独实施某种民事法律行为,提高了夫妻双方处理家庭事务的效率,该制度符合我国社会的发展趋势。另外,日常家事代理制度保护第三人利益,维护交易安全,满足了我国市场经济发展的需要。夫妻双方应当平等协商,取得一致意见。他人有理由相信夫妻一方的行为符合夫妻双方共同意思表示的,另一方不得以不同意为或者不知道为由对抗善意第三人。依照《民法典》第1060条的规定,夫妻一方因日常生活需要而实施的民事法律行为,夫妻双方互为代理人,无须对方授权,该民事法律行为产生的债务应当为夫妻共同债务。家庭日常生活需要通常指为了满足夫妻共同生活及家庭共同生活的日常需求所必需的事项,如购买衣物、家具等日常用品,娱乐、保健、医疗支出,以及子女教育、老人赡养等。此外,雇佣家务服务人员,以及对亲人、亲友的赠与等,也通常被视为家庭日常生活需要。

由于夫妻之间代理权的限制很难为外人知晓,故第1060条第2款规定夫妻双方关于限制代理权的规定不得对抗善意相对人以保护善意相对人的利益。这是在认可日常家事法定代理的情况下区分内外部关系，在夫妻内部关系中尊重双方的约定但对外要保护善意相对人的利益，在此种情况下保护的善意相对人是夫妻一方因家庭日常需要而与之实施民事法律行为的相对人。如非因家庭日常生活需要实施的民事法律行为则一般类推适用表见代理规则，第三人需要证明其有理由相信，夫妻一方实施的行为是夫妻双方共同意思表示，否则不能对未直接实施民事法律行为的夫妻另一方发生法律效力。①

随着网络及直播行业的兴起，网络直播打赏也成了普遍的社会现象，夫妻一方用共同财产打赏主播，是否属于家事代理权的范畴呢？《婚姻家庭编解释（二）》对此进行了规定，即一方在网络服务平台打赏，未经另一方同意，数额明显超出家庭一般消费水平，严重损害夫妻共同财产利益，另一方依据《民法典》第 1066 条的规定，请求在婚姻关系存续期间分割共同财产的，人民法院应予支持；在离婚分割夫妻共同财产时，另一方依据《民法典》第 1092 条的规定，请求对打赏一方少分或者不分的，人民法院应依法予以支持。

对夫妻共有的股权而言，一方转让登记在自己名下的有限责任公司股权，另一方以未经其同意侵犯夫妻共同财产权为由请求确认转让合同无效的，《婚姻家庭编解释（二）》第 9 条明确规定，一般情况下人民法院不予支持，但有证据证明转让人与受让人恶意串通损害另一方合法权益的除外。

| 案例分析 |

韩某某与段某某房屋买卖合同纠纷

【案号】一审：湖北省天门市人民法院（2017）鄂 9006 民初 1773 号

二审：湖北省汉江中级人民法院（2018）鄂 96 民终 92 号

【基本案情】

韩某某与肖某某系夫妻，于 1979 年 10 月 4 日登记结婚，均系天门市某某制造厂退休职工。1994 年 9 月 25 日，韩某某与肖某某以集资建房的方式，取得了天门

---

① 最高人民法院民法典贯彻实施工作领导小组主编：《中华人民共和国民法典婚姻家庭编继承编理解与适用》，人民法院出版社 2020 年版，第 137～141 页。

市某某制造厂位于天门市竟××人民大道××单元××楼东侧住房的所有权。2002年7月2日、2004年3月5日,肖某某先后以其名义为该房屋办理了天国用(2002)字第1025号国有土地使用证和天门市房权证竟字第××房屋所有权证。2016年12月19日,段某某经与肖某某协商后,口头达成房屋租赁协议,约定承租期间自2017年1月1日起至6月30日止,租金为2200元。段某某在支付租金后,搬入该房屋内居住。2017年2月8日,韩某某离开天门市到深圳市照看孙子。同年3月24日,段某某向肖某某表达购房意向,肖某某同意后,双方在天门市一房屋买卖中介机构的工作人员周某某的见证下,签订《房地产买卖合同》一份,合同约定:肖某某将该房屋以155000元的价格出售给段某某,段某某于当日付定金140000元后,肖某某将房屋所有权证、土地使用证及规划许可证交付给段某某,并在2017年6月底前配合段某某办理不动产转移应履行的各项签字手续后,段某某付清余款15000元,过户费用由段某某承担。此外,合同还对双方的违约行为及责任承担等事项作出了约定。合同签订当日,段某某即向肖某某支付购房定金140000元。对此,肖某某出具收条予以载明,并依约将房屋所有权证、国有土地使用证交付给段某某。此后,段某某继续在该房屋居住。

2017年6月26日,天门市人民政府授权天门市文昌阁棚户区改造指挥部发布公告,决定对涉案房屋所在区域实施棚户区综合改造。同年6月29日,韩某某按肖某某的通知从深圳市返回天门市。同年7月1日,段某某将所欠房屋余款15000元付给肖某某,并要求其协助办理产权变更登记手续。同年7月13日,韩某某、肖某某一同找段某某,要求解除房地产买卖合同并返还房屋产权证书,但遭拒绝。为此,韩某某诉至一审法院。

【争议焦点】

1. 肖某某与段某某签订的《房地产买卖合同》是否有效?
2. 肖某某对房屋是否有处分权?

【裁判意见】

一审法院认为,段某某与肖某某均系完全民事行为能力人,签订房屋买卖合同属双方真实意思表示,讼争房屋虽系韩某某、肖某某的夫妻共同财产,但肖某某对该房屋享有平等的处理权。肖某某在将该房屋出租给段某某居住时,已向外界表达了售房意愿,韩某某对此未持反对意见。在段某某与肖某某签订的房屋买卖合同所约定的协助办理产权变更登记的期限临近前,韩某某向该院所作"肖某某在

2017年6月通知其回家办理事情"这一陈述,亦应视为其已知晓该房屋售卖的事实,应视为其同意出售该房屋。韩某某在明知肖某某已将该房屋出售后,并未阻止其接收段某某支付的所购房屋欠款15000元,应推定其同意出售该房屋。段某某在与肖某某签订房屋买卖合同后,已按合同约定履行了给付定金140000元及支付余款15000元的义务,并实际占有、使用该房屋,肖某某也将房屋所有权证、国有土地使用证予以交付,根据权利义务对等及诚实信用原则,该院认定段某某与肖某某签订的房屋买卖合同合法有效,依法受法律保护。

二审法院认为,段某某与肖某某在案外人周某某的见证下签订的《房地产买卖合同》,系双方当事人的真实意思表示,其内容也不违反法律和行政法规的强制性规定,合法、有效,应受法律保护。涉案房屋系韩某某与肖某某的夫妻共同财产,段某某在与肖某某签订涉案房屋买卖合同时亦知晓该事实。肖某某未经其他共同共有人即韩某某同意,自行与段某某签订《房地产买卖合同》,且肖某某的行为未得到韩某某的事后追认,根据《物权法》(已失效)第97条有关"处分共有的不动产或者动产以及对共有的不动产或者动产作重大修缮的,应当经占份额三分之二以上的按份共有人或者全体共同共有人同意,但共有人之间另有约定的除外"之规定,肖某某的行为属无权处分,其与段某某签订的《房地产买卖合同》对韩某某不产生法律效力,故韩某某要求段某某返还涉案房屋产权证书的上诉请求,具有事实和法律依据,法院依法予以支持。

【律师观点】

婚姻生活中,日常需处理的事务甚多,必然有夫妻相互代理的需要。这种代理基于配偶身份而生,不以明示为必要,与一般民事代理不同。夫妻日常事务代理权就是夫妻一方因日常事务与第三人进行民事交往时所为的法律行为,视为夫妻共同的意思表示,对另一方产生相同的法律效力。在实践中,何为家庭日常生活的需要,一般应根据客观标准予以认定,不取决于第三人个人的认识,这是由日常家事代理的首要目标是强化配偶之间的生活共同体而非保护交易安全所决定的。实践中,判断家庭日常生活需要时,可以参考国家统计局关于我国城镇居民家庭消费的八大种类,根据夫妻共同生活的状态(如双方的职业、身份、资产、收入、兴趣、家庭人数等)和当地一般社会生活习惯予以认定,结合负债金额大小、家庭富裕程度、夫妻关系是否融洽、当地经济水平及交易习惯、借贷双方的熟识程度、借款名义、资金流向等因素,立足点在于满足需要的适当性。[①] 本案中,肖某某与段某某签订了《房地产买卖合同》,处分了夫妻共同所有的房屋。肖某某实施的民事法律行为,从国家统计局关于我国城镇居民家庭消费种类来看,不属于为了满足家庭日常生活需要而必须实施的行为。而且,段某某明知肖某某有配偶,在未确定该房屋为肖某某个人财产还是夫妻共同财产的情况下,与肖某某签订《房地产买卖合同》,属于超出家庭日常生活需要范围的行为,无法推定其为善意。因此,肖某某实施的签订《房地产买卖合同》的民事法律行为并非为家庭生活需要而实施的行为,对韩某某不发生法律效力。

实操指南

夫妻一方非因日常生活需要实施的法律行为,对另一方是否具有约束力,基于个人主义和意思自治原则。夫妻双方虽因婚姻存在共同利益,但不能完全否认各自人格的独立性,因此夫妻一方非因日常生活需要实施的法律行为,不能当然对另一方具有法律约束力,尤其是有关家庭重大事件和重大财产的处分。在中国法律体系中,夫妻关系是一种特殊的法律关系,夫妻双方在一定程度上具有共同的权利和义务。夫妻在婚姻关系存续期间所得的共同财产,除非有特殊约定,属于夫妻共同共有。对于重大财产的处分,需要夫妻双方共同决定。对于非因日常生活需要实施的法律行为,比如,大额借款、买卖房产等重大财务决策,如果该行为超出了家庭日常生活的范围,通常需要配偶双方的共同同意才具有法律效力。如果一方在另一方不知情的情况下实施了此类行为,可能不会对另一方产生法律约束力,尤其是当该行为损害了另一方的合法权益时。但是,如果第三方有理由相信该行为得到了夫妻双方的同意,例如,夫妻一方持有配偶的授权或者第三方有其他合理依据相信行为代表了夫妻双方的共同意愿,这种情况下,法律可能会保护第三方的合法权益,认定该行为对夫妻双方都有约束力。

如果第三方主张民事法律行为对夫妻双方均具有约束力,应当按照民法的一般原理,证明对方已经明确表示同意,或者构成表见代理。该第三方需要证明以下两点之一:(1)明确表示同意:第三方需要证明夫妻双方中未直接参与交易的一方

[①] 杨立新:《中华人民共和国民法典释义与案例评注·婚姻家庭编》,中国法制出版社2020年版,第158~169页。

对交易事项有明确的同意表示。这种同意可以是书面的,也可以是口头的,但必须能够在法律上被证明。(2)构成表见代理:如果第三方能证明其有正当理由相信直接参与交易的一方有代理权,即构成表见代理。在这种情况下,即使未直接参与交易的一方实际上并未同意,法律也可能为了保护第三方的合法权益,认定该行为对夫妻双方都有约束力。表见代理是指当一个人(代理人)在没有代理权的情况下以他人的名义实施民事法律行为,而相对人有理由相信该代理人有代理权,那么该民事法律行为的后果由被代理人承担。在实际操作中,为了防止争议,第三方在与夫妻一方进行重大财产交易时,最好能够获得夫妻双方的明确同意,并保留相应的证据,如书面文件、通信记录等。这样做不仅可以避免未来的纠纷,也是对夫妻双方权益的尊重。

第一千零六十一条 【关于夫妻相互之间享有遗产继承权的规定】

夫妻有相互继承遗产的权利。

《婚姻家庭编解释(一)》

第八条 未依据民法典第一千零四十九条规定办理结婚登记而以夫妻名义共同生活的男女,一方死亡,另一方以配偶身份主张享有继承权的,依据本解释第七条的原则处理。

法条释义

《民法典》第1061条是关于夫妻相互之间享有遗产继承权的规定,《婚姻家庭编解释(一)》第8条是关于未办理结婚登记而以夫妻名义共同生活的男女相互之间有无继承权问题的规定。

夫妻相互继承遗产的权利也是继承制度的重要组成部分,可以说《民法典》第1061条规定是第1127条确定配偶为第一顺序法定继承人之一的依据。之所以在婚姻家庭编对夫妻相互享有继承权作出规定,一是有其历史原因;二是从各自制度体系相对独立完整的角度考虑,即夫妻之间相互享有继承权是以配偶身份关系为基础,是仅次于夫妻共同财产权的重要内容,因此在婚姻家庭编单独作出规定具有必要性。

配偶一方去世后,应如何发生继承?夫妻相互继承遗产时,应当先对夫妻共同财产进行分割,确定去世配偶遗产的范围,再根据法定继承或遗嘱继承确定在世配偶应当继承的遗产份额。该处理路径在《民法典》第1153条中有明确规定。但是需要强调的是:遗产继承时需要优先确定遗产的范围是自然人死亡时遗留的个人合法财产,依照法律规定或者根据性质不得继承的遗产是不能继承的。比如,以家庭承包方式享有的土地承包经营权,其权利主体是农户,并不与农户内的家庭成员个人发生直接联系,因此农户内夫妻一方死亡的,并不影响另一方和其他家庭成员享有的权利,无继承的必要。再如,夫妻在婚姻期间共同居住的公租房,承租人只有使用权并无所有权,因此不能予以继承。①

另外,该条需要注意的是:夫妻间相互继承的前提是双方之间具有合法的婚姻关系。如果男女双方以夫妻名义共同生活,在世一方是否有权继承去世一方名下的遗产?这就需要结合《婚姻家庭编解释(一)》第7条的规定区别对待,即1994年2月1日民政部《婚姻登记管理条例》公布实施以前,男女双方已经符合结婚实质要件的,按事实婚姻处理;否则,仅按照同居关系处理,在世一方无权以配偶身份主张继承权。那同居关系是否就意味着无法继承?在什么情况下又可以继承?根据《民法典》第1131条的规定,若在世一方为依靠被继承人扶养的人,或者对被继承人扶养较多的人,也可以分给适当的遗产。

| 案例分析 |

王某1等与王某2法定继承纠纷案

【案号】一审:北京市西城区人民法院(2022)京0102民初7143号

【基本案情】

被继承人王某3与赵某1系夫妻关系,二人育有二女王某1、王某2。王某3于2020年10月10日死亡。王某3父母均先于其死亡。2021年10月15日,北京市西城区人民法院宣告赵某1为限制民事行为能力人。2021年11月26日,北京市西城区人民法院指定王某2、王某1为赵某1监护人。

2008年3月31日,赵某1作为被拆迁人与北京富饶房地产开发有限公司签订

---

① 最高人民法院民法典贯彻实施工作领导小组主编:《中华人民共和国民法典婚姻家庭编继承编理解与适用》,人民法院出版社2020年版,第147页。

编号为×2号的《北京市×危旧房改造项目回购新建住房协议》，回购北京市西城区×2号一居室住房。该房产系赵某1、王某3夫妻共同财产。

2008年3月31日，王某3作为被拆迁人与北京富饶房地产开发有限公司签订编号为×1号的《北京市×危旧房改造项目回购新建住房协议》，回购北京市西城区×1号二居室住房。该房产系赵某1、王某3夫妻共同财产。王某3生前患精神分裂症，在医院住院20余年。王某3生前未留有遗嘱。以上事项中，双方无争议。

赵某1、王某1向法院提出诉讼请求：1.判决王某3对位于北京市西城区×1号房屋所享有的权利义务由原、被告各继承1/3份额；2.判决位于北京市西城区×2号房屋的财产权益由赵某1享有2/3的份额，王某1和王某2各享有1/6的份额；3.本案诉讼费由被告承担。

【争议焦点】

王某3名下的遗产应如何继承？

【裁判意见】

法院认为：遗产是自然人死亡时遗留的个人合法财产。夫妻共同所有的财产，除有约定的外，遗产分割时，应当先将共同所有的财产的一半分出为配偶所有，其余的为被继承人的遗产。本案诉争合同项下权利、义务系赵某1、王某3夫妻共同财产，应先将共同所有的财产的一半分出为配偶赵某1所有，故本案处理的遗产范围为按照编号为×1号的《北京市×危旧房改造项目回购新建住房协议》回购的北京市西城区×1号住房1/2权利、义务及按照编号为×2号的《北京市×危旧房改造项目回购新建住房协议》回购的北京市西城区×2号住房1/2权利、义务。

继承开始后，按照法定继承办理；有遗嘱的，按照遗嘱继承或者遗赠办理。同一顺序继承人继承遗产的份额，一般应当均等。对被继承人尽了主要扶养义务或者与被继承人共同生活的继承人，分配遗产时，可以多分。夫妻有相互继承遗产的权利。本案被继承人王某3未留有遗嘱，本案依照法定继承方式进行继承。继承人为赵某1、王某1、王某2。案件审理中，王某2提交的住院材料仅能证明其为被继承人办理了相关手续，不足以证明其尽了较多赡养义务，且王某3长期住院，双方均定期探望，故对于王某2要求多分遗产的主张不予认可。

【律师观点】

夫妻一方去世后，配偶是否有权主张继承夫妻一方遗产？该问题实际上在日常生活中经常会遇到,但很多人并不清楚具体应当如何继承或处理。以本案为例,法院在审查类似继承案件时,通常需要确认三个问题:(1)王某3去世后,其继承人都有哪些?(2)王某3去世后,其遗留的财产都有哪些?(3)王某3去世后,遗留的财产应如何分割?

第一,根据《民法典》第1127条的规定确定法定继承情况下的继承人范围,并根据《民法典》第1131条的规定确定是否存在继承人以外的依靠被继承人扶养的人或者继承人以外的对被继承人扶养较多的人。本案中,法院经审查确认本案继承人仅包括配偶赵某1、子女王某1与王某2,并不涉及其他继承人。因此,从该规定及司法实践看,在夫妻一方去世时其生前配偶是有权利主张继承遗产的。与此同时,还衍生出两个问题:(1)在同居期间,一方去世的,另一方是否有权以配偶身份主张继承遗产?答案也是显而易见的,即同居一方死亡后,另一方无权以配偶身份主张继承遗产,但形成事实婚姻的除外。(2)同居期间,一方去世的,另一方若对该方尽到了较多的扶养义务,则有权以《民法典》第1131条的规定为由主张分割适当遗产。

第二,法院在初步确定继承人范围后,会再进一步审查被继承人遗留的遗产范围。那遗产范围如何确定?只有在被继承人名下的财产才算是遗产吗?很多人对此可能存在误区,比如:有人会认为不动产登记在配偶名下即视为配偶个人财产,不应作为遗产分割;又有人认为配偶在婚内取得的个人收入即视为配偶个人财产,不应作为遗产分割。实则不然,确定遗产范围时需要优先确定夫妻在婚姻期间一共有多少资产,不仅只盘点被继承人名下的资产,也包括在世配偶名下的资产,比如不动产、车辆、存款、保险、股权、股票等资产。因此,在实务中被继承人和在世配偶名下的资产均需要查清,如在世配偶不予配合提供的,则可通过向法院申请调查令的方式申请调查取证。在此情况下,法院会再针对该资产确定财产性质是属于一方个人财产,还是夫妻共同财产。如果某资产为夫妻共同财产,无论由谁持有,其中的一半均视为被继承人的遗产;如果某资产为夫妻一方个人财产,再进一步分析该财产属于谁所有以确定是否需要予以继承。本案中,法院在处理王某3遗产时,即遵循上述规则予以判断,并不会因房产登记在配偶赵某1名下而认为属于赵某1个人所有的资产。

第三,确定了继承人范围与遗产范围后,法院会进一步判断应如何分割该遗产。如被继承人生前订立了有效遗嘱,则按照遗嘱处理,但本案中王某3生前并未订立遗嘱,此时需要按照法定继承判断遗产如何分割。法定继承情况下,需要结合《民法典》第 1130 条的规定,判断是否存在继承人一方多分或少分的情况。正如本案中,法院经充分审查确认继承人王某 2 主张的多分遗产情况并不存在,应当按照均分原则分割王某 3 的遗产,最终判决王某 3 遗产由赵某 1、王某 1 与王某 2 均分。

实操指南

结合上述案例,基本可对类似问题如何处理作出整体判断,但是司法实务中还可能面临各种难题,现结合司法实践将常见疑难问题作出如下分析,以期答疑解惑。

1. 配偶一方去世后,是否必须要办理继承?何时办理继承更妥当?原则上,在一方去世后已经发生继承,是可以直接办理继承相关手续的。只是实践中继承人因感情上无法接受等,并未及时办理遗产继承,那多年后是否还可以办理继承事宜?这就需要结合继承财产的性质予以综合判断。比如:继承的财产为物权请求权的,结合《第八次全国法院民事商事审判工作会议(民事部分)纪要》第 25 条的规定,被继承人死亡后遗产未分割,各继承人均未表示放弃继承,应视为均已接受继承,遗产属各继承人共同共有;当事人诉请享有继承权、主张分割遗产的纠纷案件,应参照共有财产分割的原则,不适用有关诉讼时效的规定。再如:继承的财产为债权,被继承人向债务人主张债权时还是应当遵守诉讼时效的规定。综上所述,继承人可以结合遗产类型,慎重决定何时办理继承事宜,以防诉讼时效经过无法请求继承。

2. 配偶何时是不享有继承权的?在法定继承情况下,配偶作为第一顺位法定继承人,是有权主张继承的;但若依据《民法典》第 1125 条的规定,确认配偶丧失继承权的,配偶也无权主张继承。此外,若被继承人生前订立了有效遗嘱,则需要按照遗嘱内容确定继承人,配偶是否享有继承权需要审查遗嘱是否将其排除在外。

3. 如不知晓去世方名下资产或不知晓在世配偶名下资产的,如何处理?通常有两种路径:一是继承人携带被继承人的死亡证明原件、亲属关系证明原件、身份证明原件等前往相关银行或其他机构,查询去世方名下的财产线索,但无法查询在世配偶名下资产;二是通过向法院提交调查令的形式,到相关部门调查取证。为避免事后救济存在障碍,或出现查询不到财产的情况,建议被继承人生前将财产安排妥当,比如订立有效遗嘱或结合金融工具提前安排财产。

4.同居生活的男女之间,如何主张继承遗产?《民法典》赋予了对被继承人扶养较多的人享有继承适当遗产的权利,这也就意味着同居生活的一方有权据此主张遗产继承权。最终是否可以获得该遗产继承权,不仅依据当事人的个人陈述,还需要进一步审查是否存在"对被继承人扶养较多"的相关证据。因此,建议当事人主张权利的同时尽可能多收集有效证据,比如:日常照顾的照片、视频;购买物品的记录;共同生活的相关证据等。

第一千零六十二条　【关于夫妻共同财产范围以及夫妻对共同财产平等处理权的规定】

夫妻在婚姻关系存续期间所得的下列财产,为夫妻的共同财产,归夫妻共同所有:

(一)工资、奖金、劳务报酬;

(二)生产、经营、投资的收益;

(三)知识产权的收益;

(四)继承或者受赠的财产,但是本法第一千零六十三条第三项规定的除外;

(五)其他应当归共同所有的财产。

夫妻对共同财产,有平等的处理权。

《婚姻家庭编解释(一)》

第二十四条　民法典第一千零六十二条第一款第三项规定的"知识产权的收益",是指婚姻关系存续期间,实际取得或者已经明确可以取得的财产性收益。

第二十五条　婚姻关系存续期间,下列财产属于民法典第一千零六十二条规定的"其他应当归共同所有的财产":

(一)一方以个人财产投资取得的收益;

(二)男女双方实际取得或者应当取得的住房补贴、住房公积金;

(三)男女双方实际取得或者应当取得的基本养老金、破产安置补偿费。

> 第二十六条　夫妻一方个人财产在婚后产生的收益,除孳息和自然增值外,应认定为夫妻共同财产。
>
> 第二十七条　由一方婚前承租、婚后用共同财产购买的房屋,登记在一方名下的,应当认定为夫妻共同财产。

法条释义

《民法典》第1062条是关于夫妻共同财产范围以及夫妻对共同财产平等处理权的规定,《婚姻家庭编解释(一)》第24条至第27条是针对《民法典》第1062条作出的补充性规定。

《民法典》第1062条采用列举式和概括式相结合的方式明确列举了夫妻共同财产的种类,并以抽象概括方式为夫妻共同财产的范围设置了兜底性条款。理解该条款,须重点明确如下几个概念:(1)"所得"系指夫妻共同所得、夫或妻一方所得,其针对的是财产权利而不是强调实际占有财产。比如,有些财产在婚姻期间已确定可以获得,但是在离婚前并未实际占有,该未实际控制、占有的财产仍应认定为婚姻关系存续期间所得,为双方共同财产;若是在婚前确定可以获得,但是在婚姻期间实际占有的,该财产原则上应视为婚前个人财产而非夫妻共同财产。典型例子为:一方父母在子女婚前死亡,在婚内才分割获得遗产的,因继承是从被继承人死亡时开始,因此该笔遗产应属于子女的婚前个人财产。(2)关于"继承或受赠的财产",须与《民法典》第1063条有关"夫妻一方个人财产"相区别。以继承的财产为例,一方通过法定继承所取得的财产,应当视为夫妻共同财产;一方通过遗嘱继承所取得的财产,需要审查是否在遗嘱中明确了"继承的财产为继承人的个人财产",即在遗嘱中若明确归夫妻一方所有的则属于夫妻一方个人财产,若未明确归夫妻一方所有的则属于夫妻共同财产。(3)关于"其他应当归共同所有的财产",正是因婚姻生活期间所得财产无法穷尽,故该条款第5项采用兜底条款,以最大限度适应社会生活的变化和发展。[①]

《婚姻家庭编解释(一)》第24条至第27条对夫妻共同财产范围再次予以充分

[①] 最高人民法院民法典贯彻实施工作领导小组主编:《中华人民共和国民法典婚姻家庭编继承编理解与适用》,人民法院出版社2020年版,第149~152页。

列举。(1)关于"知识产权的收益",分为"实际取得"和"已经明确可以取得"两部分内容。"实际取得的收益"较好理解,而"已经明确可以取得的收益"系指将来可以明确取得的收益。举例说明:一方在婚姻期间画了一幅画,并与某出版社签订合同约定了稿费,只是在离婚时尚未支付该笔稿费,虽然实际取得稿费是在离婚后,但因该笔收益是确定已知的,支付只是一个过程,其并不影响财产的性质,那么其应属于夫妻共同财产。但若一方并未将该画出卖,在离婚后许久才将该画卖出,另一方能否主张分割?不能。这是因为夫妻离婚时只能就现有财产主张分割,而该画在其经济利益未实现前作为一方智力成果根本无法估价,并不属于"已经明确可以取得的收益"。但参考《关于人民法院审理离婚案件处理财产分割问题的若干具体意见》[①]第15条的规定,针对配偶在婚姻期间付出的劳动,可根据具体情况,从一方其他财产中给予适当补偿。[②] (2)一方个人财产在婚内取得的收益,比如,投资收益,原则上应认定为夫妻共同财产,但孳息与自然增值除外。通常情况下,天然孳息(比如,树结的果实、牲畜生产的幼崽等)以及自然增值(比如,婚前所有的房屋、字画等在婚姻存续期间因市场行情增值)通常被认定为一方的个人财产,这主要是因为夫妻一方对该财产的取得并未作出贡献;但法定孳息以及主动增值,往往因夫妻一方或双方对该财产付出了劳动、管理等对该财产的状态起到了积极推动作用,比如,对外出租房屋所获得的租金,因此在实践中该财产通常会被认定为夫妻共同财产。当然也存在属于法定孳息范畴但被认定为夫妻一方个人财产的可能,比如,婚前存款在婚后所得的利息,这正是基于"夫妻一方对财产是否作出贡献"予以判断的。(3)关于"婚前一方承租、婚后用共同财产购买的房屋",无论登记在夫妻哪一方名下,该房屋均被认定为夫妻共同财产。这是因为夫妻一方对婚前承租的房屋本身只享有占有、使用的权利,不享有所有权,若将其认定为一方个人财产无疑混淆了所有权和租赁权的概念;而且购买承租房屋时还会涉及职工职务、家庭人口、工龄折扣等多种因素。因此,不能简单地认为承租的公有房屋是以个人财产购买的即为个人财产,这是实践中经常存在的误区。

《民法典》第1062条规定,夫妻双方对共同所有的财产,享有平等的占有、使用、收益和处分的权利。除《民法典》第1060条规定的夫妻日常家事代理权以及构

[①] 该规定于1993年11月3日实施,并已于2021年1月1日废止,仅供参考。

[②] 王丽:《离婚财产分割实战策略》,法律出版社2020年版,第25页。

成表见代理的情形外,一方擅自处分共同财产的,对另一方不发生法律效力。《婚姻家庭编解释(一)》第28条即是针对"夫妻一方擅自处分共同所有的房屋造成另一方损失"的情形,赋予了另一方在离婚时请求赔偿损失的权利,充分地保障了夫妻双方对财产平等的处理权。

案例分析

张某与高某离婚后财产纠纷案

【案号】一审:北京市朝阳区人民法院(2021)京0105民初54898号

二审:北京市第三中级人民法院(2023)京03民终2102号

【基本案情】

2010年9月13日,高某1与张某1登记结婚,婚后无子女。2021年4月1日,经法院调解离婚,在离婚诉讼中双方未处理财产分割问题。张某7与高某2系夫妻,二人生育一女张某2、一子张某1,张某7于2006年2月21日去世。×3号院内房屋(朝集建93字第0024××)土地使用者登记为张某7,高某2与张某7在×3号院内建有北房二间、南房二间、西厢房一间。2011年,张某1将高某2、张某2诉至法院,要求分割×3号院内的房屋,法院依法作出(2011)朝民初字第09284号民事调解书,确认×3号院内南房东数第一间归张某1所有,北房二间及西厢房一间归高某2所有,南房东数第二间归张某2所有。高某2于2016年去世,张某1表示高某2去世时未留有遗嘱,高某2父母均先于高某2去世,高某2去世后未就×3号院内的房屋与张某2进行分割。高某1、张某1均表示其婚后未对×3号院内房屋进行过改建或增建。

经高某1申请,法院依法调取了×3号院内房屋参与新农村改造的相关材料。材料显示,×3号宅基地内张某1分得60.6平方米。2018年6月5日,张某1还曾向村民委员会提交《房屋宅基地受让申请书》,受让所得39.4平方米房屋宅基地面积。以上合计参加改造的面积为100平方米,最终建筑面积合计为401.81平方米。同日,张某1与某公司签订《建设工程施工合同》,工程性质为新农村民房改造。后,张某1、张某2实际取得×-×1号和×-×2号房屋。截至目前,上述两套房屋尚未取得房屋权属证明。张某1称现在×-×1号和×-×2号房屋均由其对外出租,年租金共计650000元,后因疫情影响×-×1号房屋年租金变为300000元,×-×2号房屋年租金为325000元,并提交银行流水为证。高某1对上述银行流水的真实性认可,表示改造后的房屋系婚姻存续期间取得,房屋及租金均属夫妻共同财产。

现高某1向一审法院起诉请求:1.依法分割×-×1号房屋,高某1与张某1各享有50%的份额;2.张某1支付高某1×-×1号房屋自2018年11月7日至2022年10月24日的房屋租金707083.5元。

【争议焦点】

1. ×-×1号房屋是否为高某1与张某1的夫妻共同财产?
2. ×-×1号房屋对外出租所得租金收益,是否为夫妻共同财产?应如何分割?

【裁判意见】

法院认为:本案中,×-×1号房屋系×3号院内房屋2018年新农村改造所得;×3号院内房屋系高某2与张某7所建;2006年张某7去世后,2011年张某1与张某2各分得×3号院内房屋一间。2018年,张某1与张某2分别以个人名义向北京市朝阳区高碑店乡高碑店村民委员会签订《房屋宅基地受让申请书》及《东区改造村民宅基地面积分配表》,并分别取得×-×1号和×-×2号房屋。结合高某2于2016年去世的事实,应认定×-×1号房屋系张某1对×3号院自有房屋及继承份额转化而来,该房屋取得时属于高某1、张某1婚姻存续期间,应属于高某1、张某1的夫妻共同财产。张某1虽称房屋并非其所有,但并未提交足以推翻上述认定的证据,法院对其意见不予采信。基于以上认定,高某1主张分割×-×1号房屋出租所得的租金收益,具有事实依据,法院予以支持。结合相关证据,考量×-×1号房屋的来源、出租情况酌情判定相应数额。高某1主张分得相应份额,考虑该房屋尚未取得权属证明,在此法院在本案中不作处理。

【律师观点】

本案涉及的问题是夫妻双方离婚后,夫妻一方是否有权以尚有夫妻共同财产并未分割为由,向人民法院起诉请求分割。对该问题,《婚姻家庭编解释(一)》第83条明确作出规定,允许夫妻一方以尚有夫妻共同财产未处理为由起诉请求分割,法院应当依法予以审理并分割。通常情况下,当事人可以"离婚后财产纠纷"为案由提起诉讼。本案中,高某1即依据上述规定向法院提起诉讼。

确定高某1具有诉讼的权利后,则需要审查是否存在未分割的夫妻共同财产,以及应当如何分割。结合高某1诉请,本案争议核心在于:夫妻共同财产是否包括×－×1号房屋以及该房屋对外出租的租金收益。结合《民法典》第1062条第1款第(4)项的规定,可以确认×－×1号房屋系在婚姻存续期间最初由张某1通过法定继承获得,并在婚内参加新农村改造,因此应当认定为双方共同财产。本案中,之所以未直接处理×－×1号房屋所有权,亦是依据《婚姻家庭编解释(一)》第77条的规定,法院不宜直接判决尚未取得所有权或尚未取得完全所有权的房屋所有权的归属。

关于该房屋涉及的租金收益,同理结合《民法典》第1062条应认定为在婚姻关系存续期间所得的夫妻共同财产。但是在实际判决租金收益如何分割时,即便持有租金收益的一方抗辩该租金已用于夫妻共同生活,因其并未提供充分证据予以证明,此时法院亦会结合租金收益的实际情况、房屋来源等因素酌情判定。

实操指南

夫妻共同财产的界定,是实务中频繁面临的问题,在离婚纠纷以及继承纠纷案件中牵扯较广。

比如,在离婚纠纷案件中,因夫妻双方往往存在长期分居或彼此不掌握婚内财产的情形,导致案件审理的难度加大,实务中通常需要夫妻一方向法院提交调查取证申请以查询对方名下资产。但在2022年10月30日修订通过的《妇女权益保障法》第67条明确规定"离婚诉讼期间,夫妻双方均有向人民法院申报全部夫妻共同财产的义务",该规定对当事人而言无疑是利好举措,可以约束双方如实向法院全面申报财产,不仅利于确定夫妻共同财产的范围,也利于减少隐匿或转移财产情况的发生。在双方诉请的财产范围确定后,法院将会进一步审查财产的性质,即判断请求分割的财产是夫妻共同财产还是夫妻一方的个人财产。若请求分割的财产为夫妻共同财产的,再进一步结合《民法典》第1087条的规定审查夫妻双方是否可以就该共同财产予以协商,无法协商时则按照照顾子女、女方和无过错方权益的原则判决。

再如,在继承纠纷案件中,夫妻共同财产的界定十分关键,其往往是继承纠纷案件的争议核心。展开来说,若被继承人的遗产为其个人财产,则直接按照相关规定继承即可;若被继承人的遗产涉及夫妻共同财产,则需要依据《民法典》第1153条的规定先将共同所有财产的一半分出为配偶所有,其余的才为被继承人的遗产。

具体到个案时,当事人往往仅请求分割被继承人名下资产,配偶此时还会主张被继承人名下资产为夫妻共同财产并请求优先析产再分割;实际上,当事人却忽略了自身有权请求分割配偶名下的资产,这是不利于遗产范围查清的,甚至还会因此增加诉累。

第一千零六十三条 【关于夫妻个人财产范围的规定】
下列财产为夫妻一方的个人财产:
(一)一方的婚前财产;
(二)一方因受到人身损害获得的赔偿或者补偿;
(三)遗嘱或者赠与合同中确定只归一方的财产;
(四)一方专用的生活用品;
(五)其他应当归一方的财产。

《婚姻家庭编解释(一)》

第二十九条 当事人结婚前,父母为双方购置房屋出资的,该出资应当认定为对自己子女个人的赠与,但父母明确表示赠与双方的除外。

当事人结婚后,父母为双方购置房屋出资的,依照约定处理;没有约定或者约定不明确的,按照民法典第一千零六十二条第一款第四项规定的原则处理。

第三十条 军人的伤亡保险金、伤残补助金、医药生活补助费属于个人财产。

第三十一条 民法典第一千零六十三条规定为夫妻一方的个人财产,不因婚姻关系的延续而转化为夫妻共同财产。但当事人另有约定的除外。

《婚姻家庭编解释(二)》

第八条 婚姻关系存续期间,夫妻购置房屋由一方父母全额出资,如果赠与合同明确约定只赠与自己子女一方的,按照约定处理;没有约定或者约定不明确的,离婚分割夫妻共同财产时,人民法院可以判决该房屋归出资人子女一方所有,并综合考虑共同生活及孕育共同子女情况、离婚过错、对家庭的贡献大小以及离婚时房屋市场价格等因素,确定是否由获得房屋一方对另一方予以补偿以及补偿的具体数额。

> 婚姻关系存续期间,夫妻购置房屋由一方父母部分出资或者双方父母出资,如果赠与合同明确约定相应出资只赠与自己子女一方的,按照约定处理;没有约定或者约定不明确的,离婚分割夫妻共同财产时,人民法院可以根据当事人诉讼请求,以出资来源及比例为基础,综合考虑共同生活及孕育共同子女情况、离婚过错、对家庭的贡献大小以及离婚时房屋市场价格等因素,判决房屋归其中一方所有,并由获得房屋一方对另一方予以合理补偿。

法条释义

《民法典》第 1063 条是关于夫妻个人财产范围的规定,《婚姻家庭编解释(一)》第 29 条至第 31 条是针对《民法典》第 1063 条作出的补充性规定。

《民法典》第 1063 条与第 1062 条的规定是相互对应的。换言之,在法定的婚后财产共同制前提下,需要对夫妻共同财产制作出限制与补充,目的在于保持和方便夫妻一方个人生活的连续性和完整性,也为夫妻双方提供灵活处理财产关系的空间,保障夫妻各自合法的个人财产。该条规定依旧采用列举式和概括式相结合的方式明确列举了哪些财产属于夫妻一方个人财产,也采用抽象概括的方式为夫妻一方个人财产的范围设置了兜底条款。这与婚后所得共同制联系起来形成体系解释。需要注意的是:无论婚姻关系存续时间多久,除双方另有约定的情况外,原属夫妻一方个人所有的财产仍为夫妻一方所有的财产,不能自动转化为夫妻共同财产。但是,若该财产在婚内已经消费或自然损耗的,所有权人也无权要求对方予以补偿。

关于父母为子女出资购房的问题,一直争议颇多。《婚姻家庭编解释(一)》第 29 条、《婚姻家庭编解释(二)》第 8 条针对该问题作出了系统性规定。其中,《婚姻家庭编解释(二)》第 8 条在遵循《民法典》第 1062 条与第 1063 条规定的基础上,基于以下两种原则作出界定:(1)婚姻期间受赠的财产,如赠与合同确定只归一方所有,则受赠财产属于受赠方一方个人所有,不作为夫妻共同财产;(2)婚姻期间受赠的财产,如无明确约定的则视为夫妻共同财产,在分割夫妻共同财产时应当结合《民法典》第 1087 条的规定根据财产的具体情况(比如,出资来源情况等),按照照顾子女、女方和无过错方权益的原则予以判决。该规定在《婚姻家庭编解释(一)》第 29 条的基础上进行了细化,不再如以往"一刀切"地结合登记情况予以认定,而是强调以出资来源作为分割财产的基础,再综合考虑婚姻关系存续时间、共同生活及孕育情况、离婚过错等因素,公平公正处理。可以说,该规定的出台不仅遏制了欲通过短暂婚姻获得大额财产的行为,更是平衡保护了个人财产权利与婚姻家庭团体利益,较为贴合社会实情,也顺应了时势。

案例分析

范某某与许某某离婚纠纷案

【基本案情】

2019年12月,许某某(男)父母全款购买案涉房屋。2020年5月,范某某与许某某登记结婚。2021年8月,许某某父母将案涉房屋转移登记至范某某、许某某双方名下。范某某与许某某婚后未生育子女。2024年,因家庭矛盾较大,范某某提起本案诉讼,请求判决其与许某某离婚,并平均分割案涉房屋。许某某辩称,同意离婚,但该房屋是其父母全款购买,范某某无权分割。诉讼中,双方均认可案涉房屋市场价值为30万元。[1]

【争议焦点】

案涉房产如何判决归属与折价补偿款?

【裁判意见】

法院认为:范某某起诉离婚,许某某同意离婚,视为夫妻感情确已破裂,故依法准予离婚。关于案涉房屋的分割,虽然该房屋所有权已在双方婚姻关系存续期间转移登记至范某某和许某某双方名下,属于夫妻共同财产。但考虑到该房屋系许某某父母基于范某某与许某某长期共同生活的目的进行的赠与,而范某某与许某某婚姻关系存续时间较短,且无婚生子女,为妥善平衡双方当事人利益,故结合赠与目的、出资来源等事实,判决案涉房屋归许某某所有,同时参考房屋市场价格,酌定许某某补偿范某某7万元。

【典型意义】

根据《民法典》第1087条的规定,离婚时,夫妻的共同财产由双方协议处理;协

---

[1] 最高人民法院:《涉婚姻家庭纠纷典型案例》,载最高人民法院官网2025年1月15日,https://www.court.gov.cn/zixun/xiangqing/452761.html。

议不成的,由人民法院根据财产的具体情况,按照照顾子女、女方和无过错方权益的原则判决。婚姻关系存续期间,由一方父母全额出资购置的房屋转移登记至夫妻双方名下,离婚分割夫妻共同财产时,可以根据该财产的出资来源情况,判决该房屋归出资方子女所有,但需综合考虑共同生活及孕育共同子女情况、离婚过错、离婚时房屋市场价格等因素,确定是否由获得房屋一方对另一方予以补偿以及补偿的具体数额。本案中,人民法院综合考虑婚姻关系存续时间较短、未孕育共同子女、房屋市场价格等因素,判决房屋归出资方子女所有,并酌定出资方子女补偿对方7万元,既保护了父母的合理预期和财产权益,也肯定和鼓励了未出资方对家庭的投入和付出,较好地平衡了双方利益。

实操指南

关于夫妻一方个人财产与夫妻共同财产的界定,《民法典》的规定是相对清晰的,但是聚焦到司法实践中,往往因各项因素的差异而出现财产性质的分歧或财产无法区分的问题。现针对实务中频繁面临的问题,展开讨论如下:

1. 遗嘱或赠与合同中确定只归夫妻一方的财产,视为夫妻一方的个人财产。这里需要注意几个问题:(1)遗嘱须为有效遗嘱。(2)遗嘱或赠与合同中,建议明确"某财产仅由子女××继承,不包括子女××的配偶"。(3)赠与财产时,建议同步做赠与公证;若无法办理公证的,签署赠与合同的同时建议录制签署合同这一过程的视频,并保留好原始载体。目的是对赠与合同签署的时间有充分的佐证,防止对方主张补签或恶意串通的情况。

2. 实践中很多当事人询问:婚前存款与婚后存款存放在同一银行账户,存在婚姻期间共同使用的情况,是否还可以剥离开婚前个人财产?法院处理类似问题时,通常认为若婚前财产与婚后财产发生严重混同导致无法区分的,会视为该财产均为夫妻共同财产并予以分割;反之,则依据查明情况予以分割。那具体应当如何防范风险?建议当事人将婚前存款与婚后存款存放在不同的银行账户,分开使用。其他财产的处理方式亦然。

3.《民法典》及相关司法解释已对父母为子女出资购买的房屋的性质作出了明确界定,但建议搭配法律工具(比如,协议书、公证或录制视频等)佐证出资的真实意思。若在子女婚姻关系出现纠纷时,父母与子女之间再重新补签借款合同或赠与合同的,因其并非出资当时的真实意思,法院很难据此采信。

4.婚前财产并不会因婚姻关系的延续而转化为夫妻共同财产,但若当事人之间通过书面协议另行约定的除外。可能有人会问:不动产属于一方婚前财产,通过协议书形式赠与另一方的,是否应当按照该协议内容确定不动产性质?对此,《婚姻家庭编解释(一)》第32条对该问题作出明确规定,即婚前或者婚姻关系存续期间,当事人约定将一方所有的房产赠与另一方或者共有,赠与方在赠与房产变更登记之前撤销赠与,另一方请求判令继续履行的,人民法院可以按照《民法典》第658条有关"赠与的任意撤销及限制"的规定处理。

> **第一千零六十四条 【关于夫妻共同债务的规定】**
> 夫妻双方共同签名或者夫妻一方事后追认等共同意思表示所负的债务,以及夫妻一方在婚姻关系存续期间以个人名义为家庭日常生活需要所负的债务,属于夫妻共同债务。
> 夫妻一方在婚姻关系存续期间以个人名义超出家庭日常生活需要所负的债务,不属于夫妻共同债务;但是,债权人能够证明该债务用于夫妻共同生活、共同生产经营或者基于夫妻双方共同意思表示的除外。
>
> **《婚姻家庭编解释(一)》**
> 第三十四条 夫妻一方与第三人串通,虚构债务,第三人主张该债务为夫妻共同债务的,人民法院不予支持。
> 夫妻一方在从事赌博、吸毒等违法犯罪活动中所负债务,第三人主张该债务为夫妻共同债务的,人民法院不予支持。

法条释义

《民法典》第1064条是关于夫妻共同债务的规定,《婚姻家庭编解释(一)》第34条是关于夫妻共同债务的排除性规定。

夫妻共同债务的认定与处理,一直是司法实务中的疑难问题。自1950年《婚姻法》首次以立法形式对夫妻债务制度作出规定以来,最高人民法院的态度也是几经反复,相关规定历经多次修订与调整。其中,2001年《婚姻法》第41条沿袭了"为夫妻共同生活所负的债务为夫妻共同债务"的原则,但该规定仅明确了离婚时夫妻共同生活所负的债务在夫妻之间如何分担的问题,对于清偿债权人债务的外部法律关系并没有作出明确规定。加之,"假离婚、真逃债"损害债权人利益的现象频繁发生,为有效遏制不正之风,2003年12月25日发布的《最高人民法院关于适用〈中华人民共和国婚姻法〉若干问题的解释(二)》(以下简称《婚姻法司法解释(二)》)(已失效,下同)第24条确立了"夫妻一方如不能证明相关债务属于个人债务,则该债务应认定为共同债务"的夫妻共同债务认定标准。该认定标准历经近15年,可以说深入人心,以至于在最新的夫妻共同债务认定规则出台之后,依旧还有很多人认为夫妻一方负债为夫妻双方共同债务。

实际上,在2018年1月16日最高人民法院发布的《关于审理涉及夫妻债务纠纷案件适用法律有关问题的解释》(已失效)中关于夫妻共同债务的界定就已几乎推翻了此前的认定标准和规则。《民法典》第1064条即吸收了该司法解释的内容所作的规定,明确了夫妻共同债务的认定标准,主要分为三个层次[①]:

一是基于夫妻共同意思表示所负的债务。意思表示的表现形式可以是夫妻一方在事前的共同签字借款,也可以是事后一方的追认。事后追认的形式,可以是书面形式、电话录音、短信、微信、电子邮件等方式。

二是为家庭日常生活需要所负的债务。即便夫妻一方仅以个人名义对外借款,但其借款实际用于正常的衣食消费、日用品购买、子女抚养教育、老人赡养等维系一个家庭所必要的各项消费[②],夫妻双方均应当共同承担还款责任。

三是超出家庭日常生活需要所负的债务,原则上不构成夫妻共同债务,但债权人能够举证证明该债务用于夫妻共同生活、共同生产经营或者基于夫妻共同意思表示的除外。该条将是否构成夫妻共同债务的举证责任分配给债权人,实际是倒逼债权人在最初确立债权债务关系时能够尽到充分审慎的注意义务。

《婚姻家庭编解释(一)》第34条是关于夫妻共同债务的反向排除,延续了《最高人民法院关于适用〈中华人民共和国婚姻法〉若干问题的解释(二)的补充规定》(已失效),对有效遏制"夫妻一方与债权人恶意串通损害另一方权益"的行为及非

[①] 最高人民法院民法典贯彻实施工作领导小组主编:《中华人民共和国民法典婚姻家庭编继承编理解与适用》,人民法院出版社2020年版,第167~168页。

[②] 最高人民法院:《妥善审理涉及夫妻债务纠纷案件依法平等保护各方当事人合法权益——最高人民法院民一庭负责人就〈最高人民法院关于审理涉及夫妻债务纠纷案件适用法律有关问题的解释〉答记者问》,载最高人民法院官网2018年1月17日,http://www.court.gov.cn/zixun-xiangqing-77362.html。

法债务的极端事例具有一定的积极作用。其中,夫妻一方与第三人串通虚构的债务本身即符合《民法典》第 154 条规定的"行为人与相对人恶意串通,损害他人合法权益的民事法律行为无效",而且虚构的债务本身并不存在,自然不能认定为是夫妻共同债务;非法债务之所以不予支持,也是源于在我国赌博、吸毒均为违法行为,自然不能鼓励将非法债务认定为夫妻共同债务。①

案例分析

裘某斌与兰某贤等民间借贷纠纷案

【案号】一审:北京市第四中级人民法院(2018)京 04 民初 322 号

二审:北京市高级人民法院(2021)京民终 91 号

【基本案情】

2015 年 5 月 15 日,邢某凯向裘某斌(银行卡尾号为 6514,为香港居民)转账人民币 80 万元。

2015 年 5 月 18 日 13 点 43 分,裘某斌(银行卡尾号为 6514)向兰某贤(账号尾号为 1048)汇款人民币 80 万元,其中附言内容:投资款。裘某斌对附言的解释是:因为兰某要冲业绩,兰某让裘某斌找别人拆借的,就该款项而言并未委托兰某投资。

2015 年 5 月 18 日 14 点后 15 分钟左右,兰某贤(账号尾号为 1048)分别向广西会丰公司转款人民币 6 万元和 2 万元,向高某云(账户尾号为 7268)转款人民币 720054 元。

其中,兰某贤系兰某指定接收款项的人,高某云为兰某当时的配偶。因多次催要,兰某未能还款,遂裘某斌提起诉讼,向北京市第四中级人民法院起诉请求:判令兰某、高某云、兰某贤立即偿还借款本金人民币 100 万元。

诉讼中,兰某主张该款项应当按照附言内容认定为投资款,而非借款;对此,裘某斌提交了双方微信聊天记录等证据证明案涉款项实际为借款。

---

① 最高人民法院民事审判第一庭编著:《最高人民法院民法典婚姻家庭编司法解释(一)理解与适用》,人民法院出版社 2021 年版,第 329~330 页。

【争议焦点】

1. 案涉款项性质为投资款,还是借款?案涉款项金额是人民币 100 万元,还是人民币 80 万元?

2. 高某云、兰某是否承担共同还款责任?

【裁判意见】

一审法院认为:依据银行转账凭证及双方的微信聊天记录和短信记录可以确认,案外人邢某凯向裘某斌转款人民币 80 万元,之后裘某斌将该款项转到兰某指定的兰某贤账户;后,兰某将其中的人民币 8 万元转至广西会丰公司,向高某云(账户尾号为 7268)转款人民币 720054 元。后在裘某斌催款时,兰某提出补欠条,并承诺还款。兰某主张,案涉款项为裘某斌委托兰某进行投资的投资款,但兰某并未提供证据证明双方之间就案涉款项存在委托投资关系。从案涉款项的实际流向看,兰某仅将人民币 8 万元汇款至广西会丰公司,将大部分款项(人民币 720054 元)转款至其丈夫高某云名下。根据现有证据,亦无法确认该款项(人民币 720054 元)最终实际用于投资;结合兰某承诺要补欠条及承诺还款的行为,一审法院认为,兰某所称案涉款项为裘某斌委托其投资的主张,缺乏充分的证据支持,一审法院不予认可。

关于案涉款项的数额,裘某斌主张为人民币 100 万元,但根据现有证据,裘某斌实际转款人民币 80 万元,裘某斌称剩余人民币 20 万元为现金交付(又称兰某刷的裘某斌的信用卡),但并未提供证据证明,兰某对此不予认可,故一审法院认定案涉款项为人民币 80 万元。

关于高某云是否承担还款责任问题。根据现有证据,兰某将人民币 80 万元中的 720054 元直接转入高某云的账户,兰某与高某云两人当时为夫妻关系,高某云亦未提供证据证明该款项非其所用,故案涉款项应认定为夫妻共同债务,高某云负有还款责任。

关于兰某贤是否承担还款责任问题。根据现有证据,款项虽然进入兰某贤的账户,但并未有证据证明兰某贤实际使用该款项,兰某也主张其实际控制兰某贤的该项银行账户,因此,兰某贤并非借款人和实际用款人,不应承担还款责任。

二审法院采纳了一审法院意见,判决维持原判。

【律师观点】

夫妻一方以个人名义对外负债形成的民间借贷纠纷案件频发,诉讼中如何确定被告范围以及诉讼请求是本类案件的关键。如同本案，如主张案涉款项构成夫妻共同债务，则需要将债务人的配偶列为共同被告；即便债务人与配偶已经离婚，债权人依旧有权将债务人配偶列为共同被告；同样，诉讼请求则需要请求债务人及其配偶共同承担还款责任。否则，法院将不会主动追加被告。

将债务人的配偶列为共同被告，一定会被法院认定为共同承担还款责任吗？实则不然。能否构成夫妻共同债务，法院将根据《民法典》第1064条的规定依法全面审理。通常，在民间借贷纠纷案件中，根据该条规定是否形成夫妻共同债务的举证责任往往在于债权人，需要由债权人主张借款用于夫妻共同生活、共同生产经营或该借款是基于夫妻双方共同意思表示，否则债权人将承担不利后果。本案中，债权人裘某斌举证证明了其将案涉款项转到兰某指定的兰某贤账户后，兰某将大部分款项直接转至其丈夫高某云名下，且相关微信聊天记录中也涉及兰某、高某云购买房屋的内容。兰某与高某云两人当时为夫妻关系，高某云也未提供证据证明该款项非其所用，故法院认为案涉款项应认定为夫妻共同债务，高某云负有还款责任，是正确的。

实践中，很多债权人会感到困惑，如何证明款项的实际用途呢？该问题其实不难，通常需要债权人向法院申请调查取证，查询收款账户的具体交易记录，查阅交易记录后即可清晰辨别具体的用途。但是很多债权人存在侥幸心理，将举证证明债务人家庭经济优渥、生活开销大等视为已经完成了自己的举证责任，并未试图申请调取收款账户的交易记录。实际上，这对于债权人而言是不利的，《民法典》第1064条课以债权人较重的举证责任，在债权人并未充分举证证明款项用途时，法院并不会因为间接证据就支持债权人的主张。

实操指南

夫妻共同债务的认定，往往涉及三类主体：债权人、夫妻一方以及配偶。实践中衍生的纠纷常见于民间借贷纠纷、离婚纠纷，但也散乱在其他纠纷中，比如夫妻因共同侵权所负的债务、夫妻因未成年子女侵权所负的债务等。上述基于案例全面剖析了民间借贷纠纷案件所涉夫妻共同债务的审理思路与逻辑，现针对离婚纠纷案件如何认定夫妻共同债务明确如下处理路径。

夫妻一方在配偶未知情况下，以个人名义举债用于夫妻共同生活，离婚时要求该债务应由双方共同承担；而配偶往往对该债务并不知情，否认该债务用于夫妻共同生活。对此,法院审理时通常会确认以下几个问题:债务是否真实存在？应如何界定该债务性质？谁应当对此承担举证责任？因离婚案件不允许追加债权人为第三人参加诉讼,故将举证责任分配给举债一方更有利于查明案件事实。举债一方提交银行交易记录、微信记录、录音等证据,充分佐证该债权债务关系真实存在且实际用于夫妻日常生活时,在离婚纠纷案件中通常也会处理该债务分割事宜;但若债务缺乏明显证据或无法证明用于夫妻日常生活时,通常法院会告知当事人另案处理,比如,待债权人起诉时再按照债务纠纷案件受理。

夫妻感情破裂时往往会发生分居情况,在分居期间,一方对外举债产生的债务是否构成夫妻共同债务呢？该问题不能一概而论,主要还是看是否满足《民法典》第1064条关于夫妻共同债务的认定标准。比如,夫妻双方分居期间,举债用于赊购孩子奶粉等支出,属于用于家庭日常生活,法院认定构成夫妻共同债务的可能性则比较大。但是并不能据此一概认定构成夫妻共同债务,法院审理时还会结合双方收入情况、家庭支出情况、是否有必要对外借款等因素综合判断是否可能构成夫妻共同债务。这就与《婚姻家庭编解释(一)》第34条规定的"夫妻一方与第三人串通,虚构债务"的情形相互对应。

> **第一千零六十五条 【关于夫妻约定财产制的规定】**
> 男女双方可以约定婚姻关系存续期间所得的财产以及婚前财产归各自所有、共同所有或者部分各自所有、部分共同所有。约定应当采用书面形式。没有约定或者约定不明确的,适用本法第一千零六十二条、第一千零六十三条的规定。
>
> 夫妻对婚姻关系存续期间所得的财产以及婚前财产的约定,对双方具有法律约束力。
>
> 夫妻对婚姻关系存续期间所得的财产约定归各自所有,夫或者妻一方对外所负的债务,相对人知道该约定的,以夫或者妻一方的个人财产清偿。
>
> **《婚姻家庭编解释(一)》**
> 第三十七条 民法典第一千零六十五条第三款所称"相对人知道该约定的",夫妻一方对此负有举证责任。

《婚姻家庭编解释(二)》

第五条 婚前或者婚姻关系存续期间,当事人约定将一方所有的房屋转移登记至另一方或者双方名下,离婚诉讼时房屋所有权尚未转移登记,双方对房屋归属或者分割有争议且协商不成的,人民法院可以根据当事人诉讼请求,结合给予目的,综合考虑婚姻关系存续时间、共同生活及孕育共同子女情况、离婚过错、对家庭的贡献大小以及离婚时房屋市场价格等因素,判决房屋归其中一方所有,并确定是否由获得房屋一方对另一方予以补偿以及补偿的具体数额。

婚前或者婚姻关系存续期间,一方将其所有的房屋转移登记至另一方或者双方名下,离婚诉讼中,双方对房屋归属或者分割有争议且协商不成的,如果婚姻关系存续时间较短且给予方无重大过错,人民法院可以根据当事人诉讼请求,判决该房屋归给予方所有,并结合给予目的,综合考虑共同生活及孕育共同子女情况、离婚过错、对家庭的贡献大小以及离婚时房屋市场价格等因素,确定是否由获得房屋一方对另一方予以补偿以及补偿的具体数额。

给予方有证据证明另一方存在欺诈、胁迫、严重侵害给予方或者其近亲属合法权益、对给予方有扶养义务而不履行等情形,请求撤销前两款规定的民事法律行为的,人民法院依法予以支持。

法条释义

《民法典》第1065条是关于夫妻约定财产制的规定;《婚姻家庭编解释(一)》第37条是关于夫妻约定财产制的补充性规定。

所谓约定财产制,是指夫妻双方或者即将缔结婚姻关系的双方,以协议的方式对婚前财产或婚后财产约定财产的归属。约定财产制,优先于法定财产制,只有在没有约定或约定不明情形下才适用法定财产制。因此,约定财产制更具有灵活性,也更能体现当事人的个性化需要。但订立协议要具备法律效力,需要符合以下构成要件:(1)协议双方必须为完全民事行为能力人;(2)协议双方的意思表示真实;(3)协议内容必须合法。同时,协议订立的形式应当采用书面形式,而非口头形式。在实践中就存在双方当事人以口头形式进行约定的情况,若当事人之间对口头协议无异议的,也可以认可该口头约定的效力;反之,应当严格按照该条规定认定协议的真实性。

协议约定的时间可以是在男女双方结婚之前,也可以是在结婚时或者婚姻期间,法律并未对时间作出限制。只是在男女双方结婚之前作出约定的,因双方尚未成立婚姻关系,协议表述时不能称为"夫妻",称为"男女双方"更为准确。需要注意的是:在男女双方结婚之前作出约定的,协议的生效应以婚姻关系成立为前提,若双方最终未缔结婚姻关系则该协议并不产生效力。关于协议的内容,双方可以约定财产归各自所有、共同所有或部分各自所有、部分共同所有,除约定财产归属外也可以就财产的使用权、管理权、收益权、处分权等进行约定,也可以约定家庭生活费用的负担、债务清偿责任等。[1] 但是该协议仅对协议当事人发生法律效力,对协议以外的任何第三人是不发生法律效力的,除非第三人知道该协议约定了"以夫或者妻一方的个人财产清偿一方对外所负的债务,且夫妻对婚后财产约定为各自所有"等相关内容。对于"第三人是否知情"的事实,需要由主张知道的夫妻一方承担举证责任,并证明第三人知道的时间、知道约定的存在与内容,而非由第三人承担举证责任。[2]

同时,《婚姻家庭编解释(二)》第5条针对"夫妻间给予房产"现象出台了最新规定,该规定适用的前提为:在房屋为夫妻一方个人所有的情况下,无论是在婚前还是在婚姻期间,夫妻一方与配偶约定将该房屋登记至配偶或双方共同名下,在离婚诉讼时无论是否已经完成过户,均遵循公平公正的处理原则,即综合考虑婚姻存续时间、共同生活及孕育共同子女情况、离婚过错、对家庭贡献大小以及离婚时房屋市场价格等因素确定是否予以补偿以及补偿的具体数额。

| 案例分析 |

崔某某与陈某某离婚纠纷案

【基本案情】

崔某某与陈某某(男)于2009年1月登记结婚。2009年2月,陈某某将其婚前

---

[1] 最高人民法院民法典贯彻实施工作领导小组主编:《中华人民共和国民法典婚姻家庭编继承编理解与适用》,人民法院出版社2020年版,第173~177页。

[2] 最高人民法院民事审判第一庭编著:《最高人民法院民法典婚姻家庭编司法解释(一)理解与适用》,人民法院出版社2021年版,第350页。

购买的房屋转移登记至崔某某、陈某某双方名下。陈某某为再婚,与前妻育有一女陈某。崔某某与陈某某结婚时,陈某15岁,平时住校,周末及假期回家居住。崔某某与陈某某未生育子女。2020年,双方因家庭矛盾分居,崔某某提起本案诉讼,请求判决其与陈某某离婚,并由陈某某向其支付房屋折价款250万元。陈某某辩称,因崔某某与其女儿陈某关系紧张,超出其可忍受范围,双方感情已破裂,同意离婚。崔某某对房屋产权的取得没有贡献,而且,婚后陈某某的银行卡一直由崔某某保管,家庭开销均由陈某某负担,故只同意支付100万元补偿款。诉讼中,双方均认可案涉房屋市场价值600万元。①

【争议焦点】

一方结婚后在其婚前房产产权证书上为另一方"加名",离婚分割夫妻共同财产时,如何分割房产?

【裁判意见】

法院认为:崔某某与陈某某因生活琐事及与对方家人矛盾较深,以致感情破裂,双方一致同意解除婚姻关系,于法不悖,予以准许。案涉房屋系陈某某婚前财产,陈某某于婚后为崔某某"加名"系对个人财产的处分,该房屋现登记为共同共有,应作为夫妻共同财产予以分割。至于双方争议的房屋分割比例,该房屋原为陈某某婚前个人财产,崔某某对房屋产权的取得无贡献,但考虑到双方婚姻已存续十余年,结合双方对家庭的贡献以及双方之间的资金往来情况,酌定崔某某可分得房屋折价款120万元。该判决作出后,双方均未提出上诉,判决已发生法律效力。

【典型意义】

根据《民法典》第1065条的规定,男女双方可以约定婚姻关系存续期间所得的财产以及婚前财产归各自所有、共同所有或者部分各自所有、部分共同所有。夫妻对婚姻关系存续期间所得的财产以及婚前财产的约定,对双方具有法律约束力。婚姻关系存续期间,夫妻一方将其个人所有的婚前财产变更为夫妻共同所有,该种给予行为一般是以维持婚姻关系的长久稳定并期望共同享有房产利益为基础。离婚分割夫妻共同财产时,应当根据诚实信用原则妥善平衡双方利益。本案中,双方

---

① 最高人民法院:《涉婚姻家庭纠纷典型案例》,载最高人民法院官网2025年1月15日,https://www.court.gov.cn/zixun/xiangqing/452761.html。

共同生活时间较长，但婚后给予方负担了较多的家庭开销，人民法院综合考虑共同生活情况、双方对家庭的贡献、房屋市场价格等因素，判决房屋归给予方所有，并酌定给予方补偿对方 120 万元，既保护了给予方的财产权益，也肯定了接受方对家庭付出的价值，较为合理。

实操指南

某些情况下，人们往往认为签署协议是一种伤害彼此感情甚至是相互不信任的行为，抑或认为交情很深不可能有纠纷，内心排斥签署"协议"。实则不然，财产风险隔离是最为常见的风险隔离需求，签订协议正是实践中常见的风险隔离工具，可以通过最小的成本化解大多数的潜在风险。

实践中有人可能会选择所谓通用模板起草并签署协议，但往往"通用"版本并不能发现或预估现在或将来可能出现的各种因素，因此量身定制协议是当下较多人群选择的方式。建议在起草协议的过程中同时注意以下事项：

第一，绝大多数的财产协议核心包括两部分内容：(1) 明确婚前婚后财产的范围，这里的范围并非仅以登记结婚时间作为区分婚前婚后财产的依据，建议详尽列举，比如，对于无法明确取得时间的贵重物品在无任何证据情况下很可能会界定为共同财产；(2) 明确财产分配方案，比如，是采用各自所有、共同所有、部分各自所有还是部分共同所有方式需要予以界定。

除此之外，在生活与子女支出、赡养老人、债权债务、未来财产形态变化或未来可能获得的资产等方面都可以作出界定。协议内容应当充分结合事实背景，分析潜在风险，并结合实际需求针对性起草协议，必要情况下也可以结合信托、保险等工具设计对应的架构。尤其是对于有移民规划或资产处于境外的情况，还需要结合移民所在地、财产所在地等地的法律规定，在协议中对法律适用甚至是司法管辖权问题一并作出约定。比如，澳大利亚不区分婚前财产与婚后财产，原则上均视为双方共同财产，对于高净值人群来说适用澳大利亚法律规定明显不合理，所以在起草协议时就需要充分了解个人需求和规划，通过法律方式合理防范可能存在的风险。

第二，注重协议的效力保障。一份有效的协议，需要在内容与形式两方面均有效。比如，协议内容违反公序良俗的，协议无效；在形式层面，通常情况下由当事人双方签字后生效。同时，为防范风险，建议在签署协议的同时对签署过程与签署内容录音录像,并保留原始载体。

是否有必要针对该协议办理公证？是否办理公证并不影响该协议的效力,仅是确保该协议签署的真实性,因此当事人可以结合个人实际情况选择是否办理该公证即可。需要提示的是:在实践中若当事人决定签署婚前财产协议的,因该协议的生效以结婚为前提,因此实践中大部分公证处是无法为当事人办理婚前财产协议公证业务的。

第一千零六十六条　【关于婚姻关系存续期间分割夫妻共同财产的规定】

婚姻关系存续期间,有下列情形之一的,夫妻一方可以向人民法院请求分割共同财产：

（一）一方有隐藏、转移、变卖、毁损、挥霍夫妻共同财产或者伪造夫妻共同债务等严重损害夫妻共同财产利益的行为；

（二）一方负有法定扶养义务的人患重大疾病需要医治,另一方不同意支付相关医疗费用。

《婚姻家庭编解释（一）》

第三十八条　婚姻关系存续期间,除民法典第一千零六十六条规定情形以外,夫妻一方请求分割共同财产的,人民法院不予支持。

法条释义

在婚姻关系存续期间,夫妻共同财产应以不允许分割为原则,允许分割为例外。《民法典》第1066条限定了两种夫妻一方可请求分割共同财产的情形。在审判实践中应严格把握这一原则,不能类推适用,也不能扩大解释,该规定的严格限定也是对债权人利益的保护。

关于严重损害夫妻共同财产利益的行为,该规定列举了隐藏、转移、变卖、毁损、挥霍夫妻共同财产或者伪造夫妻共同债务的情形。对于该种情形,首先行为人主观上必须为故意,且行为上确实导致夫妻共同财产减少、灭失或完全脱离掌控等。但认定是否构成该行为,不仅要认定该行为是否成立,更应注意是否达到严重损害夫妻共同财产利益的程度。该程度的界定,需要结合行为的性质、夫妻共同财产的数额、一方损害的夫妻财产的占比、财产的损害程度、造成的影响程度等因素进行判断。

关于一方负有法定扶养义务的人患重大疾病需要医治,另一方不同意支付相关医疗费用的行为,这里的扶养采用的是广义的扶养,包括抚养:父母对未成年子女,祖父母、外祖父母对孙子女、外孙子女的供养;赡养:子女对父母,孙子女、外孙子女对祖父母、外祖父母的供养;还包括狭义的扶养,同辈之间如夫妻、兄弟姐妹之间的扶养。此外,该规定还限定了患病限于"重大疾病",且另一方不同意支付医疗费用。但是对于何为"重大疾病",法律没有规定,可以参考《重大疾病保险的疾病定义使用规范》中列举的重大疾病、实际病情、医疗费用等综合判断。"相关医疗费用"则指治疗疾病需要的必要、合理费用,不包括营养、陪护等费用。[①]

---| 案例分析 |---

史某1等与杨某婚内夫妻财产分割纠纷案

【案号】一审:北京市通州人民法院(2021)京0112民初13553号

二审:北京市第三中级人民法院(2023)京03民终436号

【基本案情】

史某3与朱某为夫妻关系,朱某于2010年12月14日去世,史某3于2017年12月17日去世,两人育有一子史某1、一女史某2。史某1有一女王某。杨某与史某1于2006年2月24日登记结婚,双方均系再婚,婚后未生育子女。

1987年2月,史某1(乙方)与北京市×区房地产管理局体育馆路管理所(甲方)签订《房屋租赁契约》,约定乙方承租甲方管理的坐落于北京市×区×街93号北房1间,使用面积9.3平方米,房号为7,月租金1元3角。契约还约定了其他事项。

1993年10月26日,史某1(乙方)与北京市×区房地产管理局体育馆路管理所(甲方)签订《公有住宅租赁合同》约定:乙方租赁甲方坐落于北京市×区×街93号房号7房屋,结构砖木,总使用面积9.3平方米,其中居室1间,面积9.3平

---

① 最高人民法院民法典贯彻实施工作领导小组主编:《中华人民共和国民法典婚姻家庭编继承编理解与适用》,人民法院出版社2020年版,第178~182页。

方米;……十三、本合同自签订之日起生效,一式两份,双方各执一份,具有同等效力。原签订的《房屋租赁契约》同时废止。合同还约定了其他事项。

根据2016年3月7日出具的《×区房屋土地经营管理中直管公有房屋计价单》,史某1以7973元价格购买北京市×区×街93号房号7房屋。

2016年3月4日,史某1(被拆迁人,乙方)与北京市崇文·新世界房地产发展有限公司(拆迁人,甲方)签订《北京市住宅房屋拆迁货币补偿协议》。2016年3月10日,史某1与北京市崇文·新世界房地产发展有限公司签订选房单,选购房屋三套,分别是412房屋、109房屋、204房屋。庭审中双方均认可购房款由拆迁补偿款支付。

关于412房屋,该房屋原登记在史某1名下,2017年6月9日房屋变更登记在杨某名下,杨某为单独所有,该房屋最先由杨某和史某1共同居住使用,后史某1搬出,目前由杨某一人居住使用。杨某提供2017年6月9日史某1与杨某签订的《夫妻间房屋归属约定》,该约定载明坐落于朝阳区×园×号楼×单元412房屋的房产,产权人为史某1,现经夫妻协商,一致同意将上述房产登记到杨某一人名下,产权归其单独所有。史某1对上述证据的真实性、关联性和合法性均不认可。

关于109房屋,该房屋登记在史某1名下,登记地址为北京市通州区×园×号楼×单元109,杨某表示目前由史某1出租,史某1表示该房屋由其居住。

关于204房屋,史某1于2016年3月4日签订《承诺书》,内容如下:本人史某1承诺将拆迁安置房屋×居×号楼×单元204室(两居室一套)变更到父亲史某3名下,由此产生的一切后果由本人承担,与拆迁公司及开发商无关。史某1将204房屋登记在案外人史某3名下,之后史某3将204房屋遗赠给案外人王某。2018年6月5日204房屋登记至王某名下。杨某表示其在2020年下半年史某1起诉离婚时才知道204房屋登记在史某3名下的情况,史某1表示杨某拆迁时即已知晓安置房屋的情况,对此双方各执一词。

朱某名下有坐落于北京市×区×里×号楼东单元15号房屋(以下简称15号房屋),北京市信德公证处于2018年5月28日作出《公证书》,公证内容为史某1放弃对15号房屋的继承权,15号房屋由史某2继承。2020年11月3日,15号房屋登记至史某2名下,登记地址变更为北京市东城区×里×号楼东单元15号。一审法院向北京市崇文·新世界房地产发展有限公司调查安置房屋是否考虑在册人口和户籍因素、史某 3 是否属于安置人员,北京市崇文·新世界房地产发展有限公司未予回复。

杨某向法院提起婚内夫妻财产分割纠纷诉讼,起诉请求:1.请求判令 109 房屋为杨某与史某 1 的夫妻共同财产;2.请求判令 204 房屋为杨某与史某 1 的夫妻共同财产;3.请求判令 15 号房屋 50% 的份额为杨某与史某 1 的夫妻共同财产;4.请求分割上述夫妻共同财产,109 房屋归杨某所有,204 房屋和 15 号房屋归史某 1 所有,或者三套房屋一人一半;5.本案诉讼费由史某 1 承担。

【争议焦点】

杨某提起婚内夫妻财产分割,是否应被支持?

【裁判意见】

一审法院认为:北京市东城区×街 93 号院 7 号房屋虽为史某 1 婚前承租,但在双方婚姻关系存续期间由史某 1 购买并拆迁,拆迁后取得的拆迁补偿款、安置权益和房屋应为夫妻共同财产。史某 1 主张史某 3 作为被安置人享有安置房屋,史某 1 作为被拆迁人具备更强的举证能力,但其未提供充分证据证明其主张,故一审法院不予采纳。史某 1 主张杨某拆迁时已知晓 204 房屋登记在史某 3 名下,因杨某否认且史某 1 未提供充分证据,故一审法院不予采信。史某 1 未经杨某同意,将夫妻共同享有的 204 房屋安置权益转移给案外人史某 3,财产价值较大,严重损害夫妻共同财产利益,故对杨某要求分割婚内夫妻共同财产的诉求予以支持。对于其主张分割 109 房屋的诉讼请求,109 房屋为夫妻共同财产,综合本案案情,一审法院酌定双方各享有 50%。对于 204 房屋和 15 号房屋,因登记在案外人名下,涉及案外人权益,与本案亦非同一法律关系,本案不予处理,当事人可另行主张。对于杨某主张其患有重大疾病,史某 1 不同意支付相关医疗费用的主张,不符合婚内分割夫妻共同财产的法定条件,其可另行通过要求史某 1 履行法定扶养义务实现救济。

二审法院认为:本案中,根据在案证据显示,被拆迁的房屋来源于史某 1 的婚前承租公房,与杨某无关。2016 年 3 月的拆迁资料显示,拆迁时的在册人口为史某 1 及其父史某 3、其母朱某共计 3 人,当时共安置了 3 套房屋,其中 109 房屋和 412 房屋登记的购买人是史某 1,204 房屋登记的购买人是史某 3。当时房屋产权登记部门核发的 204 房屋的产权登记显示,该房屋登记的所有权人也是史某 3。根据庭审中双方的陈述可知,204 房屋自 2016 年收房后至 2020 年年底,一直是由杨某对外出租并收取租金。2016年11月30日杨某作为204房屋的出租人与承租人签订《北京市房屋租赁合同》,该合同中也明确载明了204房屋的所有权人为史某3,即杨某应当知道当年安置时204房屋的所有权人为史某3而非史某1,故并不存在杨某所称的史某1在拆迁安置时隐藏夫妻财产而将该房屋转移给史某3的情形,其以此为由依据《民法典》第1066条第1项要求分割财产,缺乏依据。另外,杨某也没有提交充分有效的证据证明史某1存在《民法典》第1066条第2项规定的情形。综上所述,在杨某未要求与史某1离婚的情况下,杨某要求分割所谓的夫妻共同财产,理由不成立,法院不予支持。一审法院判决不妥,法院予以纠正。

【律师观点】

本案为婚内请求财产分割的典型案例。我国实行以法定财产制为主、约定财产制为辅的夫妻财产制度,因此应依据共同共有制度的特殊性质来处理夫妻财产。婚内财产分割纠纷是夫妻双方在不解除婚姻关系的情况下对夫妻共同财产进行分割,本质为将共同共有变更为按份共有,这与夫妻财产制度是相互违背的,因此对婚内分割夫妻财产有着严格的适用条件。

本案中,杨某与史某1之间尚未解除婚姻关系,夫妻共有财产所依赖的共同共有关系与人身关系依然存在,因此应当严格按照《民法典》第1066条的规定审查史某1是否存在婚内财产分割的法定情形。首先,对于杨某主张史某1存在隐藏、转移夫妻共同财产的行为,需要优先界定杨某主张的财产是否为夫妻共同财产,再判断是否存在隐藏、转移夫妻共同财产的行为。本案中,因史某3与朱某本身即为北京市东城区×街93号院7号房屋拆迁时的在册人口,且杨某1早已知晓204房屋登记在史某3名下,故依据不动产登记原则应当认定204房屋的所有权人为史某3,本案不存在隐藏、转移夫妻共同财产的行为。其次,杨某未提供"一方负有法定扶养义务的人患重大疾病需要医治,另一方不同意支付相关医疗费用"的相关证据,因此杨某据此主张婚内分割夫妻共同财产亦无法得到支持。最后,是否存在夫妻共同债务、分割夫妻共同财产是否损害债权人的利益等事实并不能确定。因此,法院最终判决驳回了杨某的诉讼请求。

实操指南

在司法实践中,婚内请求分割共同财产,当事人对于"配偶是否存在严重侵害自身合法权益的行为"需要承担举证证明责任。这也极易导致当事人因举证困难而败诉,自身合法权益不能得到充分及时的保护。因此,这就需要当事人在日常生活中及时保存相关证据。在诉讼中,必要时可以搭配诉讼财产保全,尽可能将配偶尚未隐藏、转移的夫妻共同财产予以冻结。

若夫妻之间协商一致,是否可以请求婚内分割夫妻共同财产?为了维护夫妻合作的安定性,除非存在《民法典》第1066条规定的情形,否则不能仅凭夫妻双方的合意请求在婚内分割夫妻共同财产。此外,在实践中还存在当事人以配偶涉刑事犯罪为由主张分割夫妻共同财产,该情形也不符合《民法典》第1066条的规定,其诉请是无法得到支持的。若当事人认为因退赔等原因导致夫妻共同财产被执行的,可以在执行中对相关权益请求救济。

第二节　父母子女关系和其他近亲属关系

第一千零六十七条　【关于父母对子女的抚养义务和子女对父母的赡养义务的规定】

父母不履行抚养义务的,未成年子女或者不能独立生活的成年子女,有要求父母给付抚养费的权利。

成年子女不履行赡养义务的,缺乏劳动能力或者生活困难的父母,有要求成年子女给付赡养费的权利。

《婚姻家庭编解释(一)》

第四十一条　尚在校接受高中及其以下学历教育,或者丧失、部分丧失劳动能力等非因主观原因而无法维持正常生活的成年子女,可以认定为民法典第一千零六十七条规定的"不能独立生活的成年子女"。

第四十二条　民法典第一千零六十七条所称"抚养费",包括子女生活费、教育费、医疗费等费用。

第四十三条　婚姻关系存续期间,父母双方或者一方拒不履行抚养子女义务,未成年子女或者不能独立生活的成年子女请求支付抚养费的,人民法院应予支持。

> **《婚姻家庭编解释(二)》**
>
> 第十七条 离婚后,不直接抚养子女一方未按照离婚协议约定或者以其他方式作出的承诺给付抚养费,未成年子女或者不能独立生活的成年子女请求其支付欠付的抚养费的,人民法院应予支持。
>
> 前款规定情形下,如果子女已经成年并能够独立生活,直接抚养子女一方请求另一方支付欠付的费用的,人民法院依法予以支持。

法条释义

抚养义务和赡养义务均为法定义务,权利主体为被抚养人(被赡养人),义务主体为抚养人(赡养人),抚养人(赡养人)履行抚养义务(赡养义务)不以被抚养人(被赡养人)履行义务为前提。

(1)父母对未成年子女及不能独立生活的成年子女有抚养义务。父母对未成年子女的抚养是无条件的,而对于成年子女,只有成年子女不能够独立生活时,父母才有抚养义务,对于能够独立生活的成年子女,父母不负有抚养义务。就成年子女是否能够独立生活,《婚姻家庭编解释(一)》第41条规定,尚在校接受高中及其以下学历教育,或者丧失、部分丧失劳动能力等非因主观原因而无法维持正常生活的成年子女,可以认定为《民法典》第1067条规定的"不能独立生活的成年子女"。对于一些有劳动能力但因懒惰等原因"啃老"的成年人,父母实际上并无对其进行经济方面接济的义务。

(2)抚养义务体现为父母抚育子女成长,为其生活、学习、医疗等方面提供物质条件。父母不履行抚养义务时,未成年子女及不能独立生活的成年子女有权要求父母支付抚养费,抚养费包括子女生活费、教育费、医疗费等费用,以满足子女的生活需要。

(3)父母不履行抚养义务可能发生在父母双方离婚后不直接抚养子女的一方不支付抚养费,也可能发生在父母婚姻关系存续期间。因此,《婚姻家庭编解释(一)》第43条规定,婚姻关系存续期间,父母双方或者一方拒不履行抚养子女义务,未成年子女或者不能独立生活的成年子女有权请求支付抚养费。例如,父母双方分居后,未成年子女或者不能独立生活的成年子女跟随其中一方生活,得以自己的名义提起诉讼,要求不履行抚养义务的另一方支付抚养费。

(4)《民法典》第196条规定,请求支付抚养费的请求权,不适用诉讼时效。《婚姻家庭编解释(二)》第17条第1款规定,离婚后,不直接抚养子女一方未按照离婚协议约定或者以其他方式作出的承诺给付抚养费,未成年子女或者不能独立生活的成年子女请求其支付欠付的抚养费的,人民法院应予支持。换言之,在子女成年后或能够独立生活后,就丧失对父母"欠付"的抚养费的请求权。但同时《婚姻家庭编解释(二)》第17条第2款又规定,前款规定情形下,如果子女已经成年并能够独立生活,直接抚养子女一方请求另一方支付欠付的费用的,人民法院依法予以支持。这是因为,父母一方未履行抚养义务的,另一方必然会因此付出更多的抚育子女的费用,因此直接抚养子女一方在子女已经成年或能够独立生活后,仍有权以其自己的名义要求另一方向其支付欠付的抚养费。

(5)父母对未成年子女及不能独立生活的成年子女有抚养义务的同时,成年子女对父母有赡养义务,如成年子女不履行赡养义务,缺乏劳动能力或者生活困难的父母可以要求其支付赡养费。由于赡养的对象是成年人,当父母出现缺乏劳动能力或者生活困难其中一种情况时,可以要求子女支付赡养费,子女有义务向父母支付赡养费。该条系父母要求子女支付赡养费的法律依据,但值得注意的是,虽然支付赡养费是子女履行赡养义务的重要内容,但赡养义务还包含生活上的照料及精神上的慰藉[①],父母要求子女履行赡养义务的,法院除判决子女支付一定赡养费外,还可能要求子女定期看望父母或者与父母进行沟通。

| 案例分析 |

杨某顺诉杨某洪、吴某春居住权纠纷案

【基本案情】

杨某顺系杨某洪、吴某春夫妇的儿子。杨某顺出生后一直随其父母在农村同一房屋中居住生活。杨某顺成年后,长期沉迷赌博,欠下巨额赌债。后该房屋被列入平改范围,经拆迁征收补偿后置换楼房三套。三套楼房交付后,其中一套房屋出售他人,所得款项用于帮助杨某顺偿还赌债;剩余两套一套出租给他人,一套供三

---

① 最高人民法院:《人民法院老年人权益保护第三批典型案例》,载最高人民法院官网2023年4月27日,https://www.court.gov.cn/zixun/xiangqing/398342.html。

人共同居住生活。后因产生家庭矛盾,杨某洪、吴某春夫妇不再允许杨某顺在二人的房屋内居住。杨某顺遂以自出生以来一直与父母在一起居住生活,双方形成事实上的共同居住关系,从而对案涉房屋享有居住权为由,将杨某洪、吴某春夫妇诉至法院,请求判决其对用于出租的房屋享有居住的权利。①

【争议焦点】

杨某洪、吴某春是否有义务同意杨某顺继续与其共同居住?

【裁判意见】

人民法院认为,杨某顺成年后具有完全民事行为能力和劳动能力,应当为了自身及家庭的美好生活自力更生,而非依靠父母。杨某洪、吴某春夫妇虽为杨某顺父母,但对成年子女已没有法定抚养义务。案涉房屋系夫妻共同财产,杨某洪、吴某春夫妇有权决定如何使用和处分该房屋,其他人无权干涉。杨某顺虽然自出生就与杨某洪、吴某春夫妇共同生活,但并不因此当然享有案涉房屋的居住权,无权要求继续居住在父母所有的房屋中。故判决驳回杨某顺的诉讼请求。

【律师观点】

本案不符合法律规定的居住权成立要件,因此杨某顺主张对房屋享有居住权无任何依据。同时,根据《民法典》第1067条的规定,父母对于未成年子女及没有独立生活能力的成年子女有抚养义务,对于有劳动能力的成年子女,父母不再负担抚养义务。如果父母自愿向成年子女提供物质帮助,这是父母自愿处分自己的权利;如果父母不愿意或者没有能力向成年子女提供物质帮助,子女强行"啃老",就侵害了父母的民事权利,父母有权拒绝。因此,杨某顺要求继续在父母房屋中居住,如人民法院支持,则有可能侵害到其父母对房屋的所有权,人民法院驳回杨某顺的诉讼请求于法有据。

实操指南

在司法实践中,经常遇到的问题有:(1)离婚后父母一方以另一方拒绝其探望子女为由拒绝支付抚养费。配合行使探望权是直接抚养子女的父亲或母亲的义务,而支付抚养费是不直接抚养子女的父亲或母亲对子女的义务,支付抚养费并不

---

① 最高人民法院:《第二批人民法院大力弘扬社会主义核心价值观典型民事案例》,载中国法院网,https://www.chinacourt.org/article/detail/2022/02/id/6542021.shtml。

以实现探望权为前提。(2)在高校就读的成年子女要求父母支付学费、生活费等抚养费。父母对有独立生活能力的成年子女不负抚养义务，即使子女仍在高校读书，也应当自行负担学费、生活费。因此，如在高校就读的成年子女要求父母支付抚养费，法院不会强制父母支付该笔费用。(3)应当以直接抚养子女一方的名义还是以子女的名义起诉要求未直接抚养子女的父母一方支付抚养费？一般认为，基于抚养关系的权利义务主体，应当以子女名义起诉要求未支付抚养费的父亲或母亲支付抚养费。但对于子女成年或具有独立生活能力后是否仍可要求未支付抚养费的父母支付其未成年或不具有独立生活能力期间的抚养费这一问题则具有一定争议，现《婚姻家庭编解释（二）》第17条针对这一问题进行回复，即此时直接抚养子女一方可以以自己的名义起诉另一方要求支付欠付的抚养费。(4)子女是否可以父母未履行抚养义务为由拒绝履行赡养义务？赡养老年人是子女的法定义务。子女对父母的赡养并不以父母履行了抚养义务为前提。因此，即使父母未履行或未完全履行抚养义务，仍有权要求子女履行赡养义务。(5)养父母子女、继父母子女之间，是否有抚养、赡养义务？在收养关系解除前，养父母子女之间的抚养、赡养义务与亲生父母子女之间并无区别，养父母对未成年养子女或者无独立生活能力的养子女有抚养义务，成年养子女对缺乏劳动能力或者生活困难的养父母有赡养义务。即使收养关系解除后，经养父母抚养的成年养子女，对缺乏劳动能力又缺乏生活来源的养父母，也应当给付生活费。继父或者继母和受其抚养教育的继子女间的抚养义务、赡养义务，与亲生父母子女之间相同，但如果继父母没有抚养教育继子女，继父母与继子女之间无抚养、赡养的义务。

第一千零六十八条 【关于父母教育、保护未成年子女的权利义务的规定】

父母有教育、保护未成年子女的权利和义务。未成年子女造成他人损害的，父母应当依法承担民事责任。

法条释义

因未成年子女属于无民事行为能力人或者限制民事行为能力人，因此父母需要对未成年子女进行教育和保护，这既是父母的权利，也是父母的义务。父母对未成年子女进行教育的权利义务,指的是父母根据法律和道德的要求,对未成年子女进行管理和教育,使未成年子女在德、智、体等方面全面发展,同时父母也要对未成年子女的行为进行必要的约束,预防和制止未成年子女的不良行为[①]。父母有对未成年子女进行保护的权利义务,体现在以下几个方面:(1)父母需要对未成年子女进行必要的照顾、看护,父母自己不能侵犯未成年子女的权益;(2)父母有权利和义务保护未成年子女使其免受他人的不法侵害,使未成年子女的身心处于安全、健康的状态;(3)当未成年子女有受到不法侵害的可能时,父母能够代未成年子女要求相关主体排除妨害或消除危险;(4)当子女确实受到不法侵害后,父母有权依法维护未成年子女的权利,要求不法侵害人承担停止侵害、赔偿损失等责任。父母对未成年子女的保护不仅体现在人身方面,当未成年子女的财产受到不法侵害时,父母也得以行使前述保护权利。父母可以作为未成年子女的法定代理人,通过诉讼方式行使其保护子女的权利义务。

父母对未成年子女的教育、保护既是权利也是义务,当未成年子女造成他人损害的,可以视为父母未充分履行教育、保护义务,应当对未成年子女造成的他人损害承担赔偿责任。《民法典》第1188条规定,无民事行为能力人、限制民事行为能力人造成他人损害的,由监护人承担侵权责任。监护人尽到监护职责的,可以减轻其侵权责任。有财产的无民事行为能力人、限制民事行为能力人造成他人损害的,从本人财产中支付赔偿费用;不足部分,由监护人赔偿。《民法典》第27条第1款规定,父母是未成年子女的监护人。因此,《民法典》第1188条的规定与第1068条"未成年子女造成他人损害的,父母应当依法承担民事责任"之规定一致,父母已经充分履行教育、保护之义务(尽到监护职责的),是其能够减轻赔偿责任的法定情形。需要注意的是,父母对未成年子女造成他人损害承担的是民事责任,如未成年子女损害他人权益的行为构成犯罪时,父母不因此承担刑事责任。

---

① 最高人民法院民法典贯彻实施工作领导小组主编:《中华人民共和国民法典婚姻家庭编继承编理解与适用》,人民法院出版社2020年版,第192页。

案例分析

朱某、王某芹等机动车交通事故责任纠纷案

【案号】二审：江苏省连云港市中级人民法院(2023)苏07民终411号

【基本案情】

孙某2的父母孙某1与朱某于2014年离婚，离婚协议约定孙某2由朱某直接抚养，随朱某共同生活。此后孙某2一直与朱某共同生活。2021年12月，孙某2驾驶苏G8022××号电动自行车沿朝阳路人行横道由南向北行驶至事故地点时，该车右侧与沿朝阳路北侧非机动车道由东向西行驶的陈某驾驶的苏G0318×××号电动自行车前部及左侧相撞，造成孙某2和陈某受伤、两车受损的交通事故。陈某经医院抢救无效死亡。经交警部门认定，孙某2承担本起事故的主要责任，陈某承担本起事故的次要责任。因孙某2未年满18周岁，系限制行为能力人，陈某的家属起诉孙某1、朱某及孙某2三人，要求三人依法承担赔偿责任。一审法院认为，被告孙某2系限制民事行为能力人，其民事责任应由其监护人被告朱某承担，朱某与孙某1已于2014年离婚，孙某2由朱某抚养，其需承担赔偿部分应由被告朱某承担，因此仅判令朱某与孙某2承担赔偿责任，朱某不服提起上诉。

【争议焦点】

孙某1未直接抚养孙某2，是否仍需就孙某2对他人造成的损害承担赔偿责任？

【裁判意见】

二审法院经审理后认为，《民法典》第1068条规定，父母有教育、保护未成年子女的权利和义务。未成年子女造成他人损害的，父母应当依法承担民事责任。《民法典》第27条第1款规定父母是子女的监护人。《民法典》第1188条规定了监护人的替代责任。本案中，虽然孙某1与朱某于2014年离婚，但离婚后孙某1仍是孙某2父亲，仍是孙某2监护人，故作为孙某2监护人，根据《民法典》第1188条之规定，孙某1亦应承担因孙某2侵权造成的损害赔偿责任。因此，二审法院判令孙某1、孙某2、朱某对死者家属赔偿890486.71元。

【律师观点】

虽然父母离婚可能导致未成年子女只随父亲或母亲一方共同生活，但未直接

抚养子女的父亲或母亲,仍是子女的父亲或母亲,父母子女关系并不因父母婚姻关系的变化产生变化,因此离婚后父母双方仍是子女的父母、仍是子女的监护人,不直接抚养子女的一方,也仍需对子女侵犯他人权利导致的损害承担赔偿责任。

实操指南

该条既规定了父母对未成年子女的教育、保护义务,也规定了父母需要对未成年子女造成的他人损害承担赔偿责任,是较为原则性的规定,司法实践中经常与其他条款(尤其是《民法典》第1188条)规定相结合以确定具体的权利义务及责任。该条规定的是"父母"对未成年子女造成他人损害的民事责任,而《民法典》第1188条规定的是监护人对无民事行为能力人、限制民事行为能力人侵权行为的替代责任,司法实践中需要注意两个方面的问题:

(1)不满18周岁的自然人为未成年人。16周岁以上的未成年人,以自己的劳动收入为主要生活来源的,视为完全民事行为能力人。换言之,对于16周岁以上以自己劳动收入为主要生活来源的未成年人,因其依法属于完全民事行为能力人,不需要监护人进行监护,当这类未成年人造成他人损害时,无法适用《民法典》第1188条的规定要求其父母承担赔偿责任。

(2)虽然一般情况下父母即为未成年子女的监护人,但根据《民法典》第27条第2款的规定,未成年人的父母已经死亡或者没有监护能力的,由下列有监护能力的人按顺序担任监护人:①祖父母、外祖父母;②兄、姐;③其他愿意担任监护人的个人或者组织,但是须经未成年人住所地的居民委员会、村民委员会或者民政部门同意。因此当未成年人的监护人并非其父母时,在符合《民法典》第1188条规定的前提下,应当由监护人而非没有对未成年子女进行监护的父母,对被监护人造成的他人损害承担民事责任。

第一千零六十九条 【关于子女应当尊重父母的婚姻权利的规定】
子女应当尊重父母的婚姻权利,不得干涉父母离婚、再婚以及婚后的生活。子女对父母的赡养义务,不因父母的婚姻关系变化而终止。

法条释义

婚姻自由是婚姻家庭关系的基本原则之一,任何人都不得干涉他人的婚姻自由,父母不得干涉子女的婚姻自由,同时子女也不得干涉父母的婚姻自由。该条再次强调子女应当尊重父母的婚姻权利,不得干涉父母离婚、再婚以及婚后生活,旨在保障老年人的婚姻权利,尤其是离婚的权利和再婚的权利。《老年人权益保障法》第21条也规定:"老年人的婚姻自由受法律保护。子女或者其他亲属不得干涉老年人离婚、再婚及婚后的生活。赡养人的赡养义务不因老年人的婚姻关系变化而消除"。

父母的婚姻自由受法律保护,子女应当尊重父母的婚姻自由,不得干涉。子女尊重父母的婚姻自由主要表现在以下三个方面:(1)子女不得干涉父母的离婚自由,若父母决定离婚,子女不得进行阻挠。(2)子女不得干涉父母的再婚自由,父母离婚后任何一方均有权决定是否再婚以及与谁再婚,父母一方去世后另一方有权决定是否再婚以及与谁再婚。(3)子女不得干涉父母婚后的生活,即子女不得干涉父母再婚后与谁共同生活等。

父母子女关系不因父母离婚或再婚受到影响,同样地,子女对父母的赡养义务也不因父母离婚或再婚受影响,子女不得因父母离婚或再婚而拒绝履行赡养义务,更不得以父母不得离婚或者不得再婚为其履行赡养义务的前提条件。

案例分析

隆某诉李某1等赡养费纠纷案

【案号】一审:广西壮族自治区南宁市武鸣区人民法院(2023)桂0110民初829号

【基本案情】

潘某1、潘某2系隆某与前夫所生,隆某与前夫离婚后,自2005年起与李某2同居生活,潘某1、潘某2随母亲隆某到李某2家居住生活。2010年,李某2与隆某登记结婚,双方均属再婚。李某1系李某2与其前妻的亲生子。李某2与隆某登记结婚时,李某1约15周岁。2009年9月至2012年6月,李某1在校学习期间享受国家学费减免政策免交学费,享受国家助学金1500元,学制三年,其中两年在校,一年在外带薪实习。2019年,李某2与隆某登记离婚。双方离婚后,2021年5月1日,隆某因骑电动车摔伤住院治疗,遂提起本案诉讼,以其抚养李某1长大、李某1应当对其进行赡养为由,要求李某1与潘某1、潘某2承担其受伤所产生的医疗费,并每月向其支付赡养费。李某1辩称,隆某与李某2结婚时其在外上学,通过学校补助等具有生活来源,并未受隆某抚养,且当下隆某与其亲生父亲李某2早已离婚,其对隆某无赡养义务。

【争议焦点】

李某1对隆某是否有赡养义务?

【裁判意见】

法院认为,尊重和赡养老人是中华民族的传统美德,依照我国相关法律规定,赡养父母亦是每个子女应尽的义务。子女对父母的赡养义务,不因父母的婚姻关系变化而终止。子女不履行赡养义务时,无劳动能力或生活困难的父母,有要求子女付给赡养费的权利。子女应当尊重、关心和照料老年人,履行对老年人经济上供养、生活上照料和精神上慰藉的义务。赡养人还应当使患病的老年人及时得到治疗和护理,对经济困难的老年人,应当提供医疗费用。继父或者继母和受其抚养教育的继子女间的权利义务关系,适用《民法典》关于父母子女关系的规定。本案中,潘某1、潘某2于2005年随母亲隆某到李某2家与李某2生活,而李某1此时约10岁,2010年李某2与隆某登记结婚时,李某1约15周岁,也属未成年。据此可以认定,隆某与李某1形成扶养关系,隆某对李某1履行了一定的抚养义务。现隆某已年满58周岁,且身患疾病,没有劳动能力,其请求李某1给付赡养费,于法有据,法院予以支持。

【律师观点】

子女对父母的赡养义务,不因父母的婚姻关系变化而终止。子女的赡养义务不仅指的是子女对亲生父母的赡养义务,还包括养子女对养父母的赡养义务、形成扶养关系的继子女对继父母的赡养义务。父母离婚后子女随一方生活的,对于另一方也仍有赡养义务;继母因抚养继子女与继子女形成扶养关系,即使在继子女成年后继母与父亲离婚或者父亲去世,继子女都仍需要对继母履行赡养义务。养子女对养父母的赡养义务,也不因养父母任何一方离婚或再婚而终止。需要注意的是,本案隆某与李某2离婚时,李某1已经成年,但如果继母与父亲离婚时,继子女还未成年,而继母也没有继续履行抚养继子的义务,司法实践中可以根据抚养时间长短等因素,认定继母与继子扶养关系解除,继子不再负有赡养继母的义务。

实操指南

生活中不乏子女干涉父母离婚、再婚及婚后生活的实例,该条规定子女应当尊重父母的婚姻权利,不得干涉父母离婚、再婚以及婚后的生活,如出现这种情况,法院即可根据此条要求子女停止干涉父母的婚姻自由的行为。子女干涉父母婚姻自由常用的手段就是不再履行赡养义务,因此该条也特别强调,子女对父母的赡养义务,不因父母的婚姻关系变化而终止,无论父母离婚或再婚,子女均需依法赡养父母。值得关注的是,有扶养关系的继子女有义务赡养继父母,这一赡养义务同样不因继父母婚姻关系的变化而终止。如果父母双方离婚,未直接抚养子女的一方与他人再婚,并与继子女形成扶养关系的,继子女有赡养继父母的义务,同时亲生子女也仍有赡养父母的义务。在有多个子女的情况下,如需分担父母的赡养费,法院也会参考父母对子女的抚养情况等因素确定,一般情况下,一直由父母抚养成年的亲生子女较再婚后形成扶养关系的继子女给付抚养费的数额会更高。

第一千零七十条 【关于父母和子女相互之间有继承权的规定】

父母和子女有相互继承遗产的权利。

法条释义

父母去世后,如无特殊情况,子女有权继承父母的遗产;子女去世后,如无特殊情况,父母有权继承子女的遗产。子女是父母第一顺序的法定继承人,父母也是子女第一顺序的法定继承人,如存在遗嘱继承或遗赠,则需要先根据被继承人的遗嘱来进行遗嘱继承或遗赠,此时父母不一定能继承子女的遗产,子女也不一定能够继承父母的遗产。因此,该条属于父母与子女之间继承权的概括规定,且只适用于法定继承,实践中的继承情况还需根据《民法典》继承编的具体规定及实际情况确定。

该条规定的有相互继承遗产权利的父母子女应当包括以下情形:

(1)生父母子女

父母与其亲生子女之间有相互继承遗产的权利。需要注意的是,这里的亲生子女既包括婚生子女,也包括非婚生子女。婚生子女指的是父母婚姻关系存续期间受孕或生育的子女,无论是儿子或女儿,也无论父母是否直接抚养子女。对于非婚生子女,其父母虽然没有合法的婚姻关系,但对于父母的遗产,其享有与婚生子女同等的法定继承权。对此,《民法典》第 1071 条第 1 款也规定,非婚生子女享有与婚生子女同等的权利,任何组织或者个人不得加以危害和歧视。但是,《民法典》第 1111 条规定,自收养关系成立之日起,养父母与养子女间的权利义务关系,适用本法关于父母子女关系的规定;养子女与养父母的近亲属间的权利义务关系,适用本法关于子女与父母的近亲属关系的规定。养子女与生父母以及其他近亲属间的权利义务关系,因收养关系的成立而消除。换言之,当亲生子女被他人收养后,其与亲生父母之间即不再有相互继承遗产的权利。

(2)养父母子女

养父母子女关系指的是根据收养关系而形成的养父母与养子女之间的拟制血亲关系。收养关系成立后,养父母与养子女之间的权利义务关系与亲生子女之间的权利义务关系并无二致,同时,如孩子被他人收养,则其与亲生父母之间就不再有相互的继承遗产的权利。与亲生父母子女关系不同的是,收养关系可以解除,在收养关系解除之后,养父母子女之间不再相互享有遗产的继承权。

(3)有扶养关系的继父母子女

与生父母子女、养父母子女之间具有法定的相互继承遗产的权利不同,继父母子女之间,只有形成扶养关系才能够相互继承遗产。需要注意的是,因为亲生父母与子女间的天然血亲关系并不因父母离婚而消灭,因此,有抚养和赡养关系的继子女在继承继父母遗产的同时,仍然有权继承自己生父母的遗产。如继父母子女之间的扶养关系解除,则继父母子女之间不再相互继承遗产。

▎案例分析▎

杨某 5 诉韩某等法定继承纠纷案

【案号】一审:上海市金山区人民法院(2022)沪 0116 民初 9778 号

【基本案情】

吴某 1 与任某某婚内育有一子原名吴某,职工登记表载明双方于 1962 年 9 月解除婚姻关系。之后,吴某随母在四川生活,任某某于1963年1月与案外人申请结婚登记获审查通过,吴某后随继父姓氏,改名为韩某。

吴某1与顾某某共同生活时,顾某某已育有两女两子,为杨某1、杨某2、杨某3、杨某4,双方未生育子女。顾某某于1999年1月26日死亡。户口登记表记载,杨某1职业为练习生,服务(求学)单位和住处为豆面业合作商店,注销户口日期1972年8月25日,原因分户,注销后地址123弄1号;杨某2职业为停学,注销户口日期1969年10月11日,原因出嫁,注销后地址太仓县;杨某3职业为求学,注销户口日期1966年9月16日,原因支边,注销后地址阿克苏农场;杨某4职业为求学,注销户口日期1971年11月13日,原因支边,注销后地址云南建设兵团。吴某1与颜某2于1999年11月20日登记结婚,此时颜某某已育一子杨某5,已成年,居住地为四川省成都市。双方未生育子女。颜某某于2020年10月2日死亡。2021年11月12日,吴某1被法院宣布为无民事行为能力人,2022年2月18日吴某1死亡。

【争议焦点】

吴某1的第一顺序法定继承人有谁?

【裁判意见】

对于韩某(原名:吴某),系吴某1与任某某婚姻关系存续期间出生,属于二人婚生子,虽然在吴某1与任某某离婚后随任某某生活,且改姓其继父的姓氏韩,但其与吴某1之间的父母子女关系不因此变化,其仍是吴某1第一顺序的法定继承人。

对于杨某1、杨某2、杨某3、杨某4、杨某5与吴某1是否形成扶养关系:1965年9月底吴某1与四人的母亲开始共同生活,当时杨某1自1961年开始就已做学徒工,一个月15元;杨某2未成年去了江苏;杨某3也未成年,于1966年10月去新疆支边;杨某4也未成年,于1971年12月去云南支边。故吴某1与顾某某共同生活时,杨某1已成年且有收入来源;杨某2、杨某3虽均未成年,但均因种种原因,在与吴某1共同生活不久后,远赴外地生活工作,之间并未具有持续、较为稳定的共同生活经历。据此,不宜认定吴某1与杨某1、杨某2、杨某3形成扶养关系,宜认定吴某1与杨某4形成扶养关系。

对于杨某5,吴某1与颜某某结婚时,杨某5已成年,吴某1未对杨某5进行事实上的抚养和教育,故双方未形成扶养关系,杨某5不属于吴某1的法定继承人。但是,继承人以外的对被继承人扶养较多的人,可以分给适当的遗产。杨某5在吴某1年老入院后,尤其是颜某某去世后,在吴某1医疗费用、护理费的支付等相应的事务上进行了扶助,也负责处理了丧葬事务,故其具有酌分遗产的权利。

【律师观点】

父母和子女有相互继承遗产的权利,父母和子女互为第一顺序的法定继承人。该条所指父母子女关系包括生父母子女关系,这一关系不因父母婚姻关系、姓氏等的变化而变化,如本案中的韩某与吴某1即为此种情况。此外,《民法典》第1070条还包括有扶养关系的继父母子女之间相互继承遗产的权利,这种情况下,实践中最重要的是确定是否形成"扶养关系",如结婚时继子女已经成年,则不需要继父母抚养,一般不认为会形成扶养关系,本案杨某5即为此种情况。如结婚时继子女尚未成年,则需要考虑实际生活情况等因素确定是否形成扶养关系,如本案的杨某1、杨某2和杨某3与吴某1共同生活时间较短且未依靠吴某1提供生活来源,因此不宜认定形成扶养关系。对于杨某4,法院认定形成扶养关系。需要注意的是,如形成扶养关系,即使在成年后生父母死亡或者与继父母离婚,这一扶养关系仍旧存在,依然属于《民法典》第1070条所指的相互有继承权的父母子女。

▍实操指南

该条属于原则性规定,且仅适用于法定继承的情形,实践中该条基本上与《民法典》继承编的相关条文结合适用,以确定父母是否能够继承子女遗产,或子女是否能够继承父母遗产。

第一千零七十一条 【关于非婚生子女的法律地位的规定】

非婚生子女享有与婚生子女同等的权利,任何组织或者个人不得加以危害和歧视。

不直接抚养非婚生子女的生父或者生母,应当负担未成年子女或者不能独立生活的成年子女的抚养费。

《婚姻家庭编解释(一)》

第四十九条 抚养费的数额,可以根据子女的实际需要、父母双方的负担能力和当地的实际生活水平确定。

> 有固定收入的,抚养费一般可以按其月总收入的百分之二十至三十的比例给付。负担两个以上子女抚养费的,比例可以适当提高,但一般不得超过月总收入的百分之五十。
>
> 无固定收入的,抚养费的数额可以依据当年总收入或者同行业平均收入,参照上述比例确定。
>
> 有特殊情况的,可以适当提高或者降低上述比例。

法条释义

非婚生子女是与婚生子女相对应的概念。父母不存在婚姻关系时,如未婚男女所生子女、已婚男女和第三方所生子女、被确认无效或被撤销婚姻的双方所生的子女,均属于非婚生子女。非婚生子女与婚生子女的相同之处在于他们都与父母存在血缘关系,二者从自然属性来看并无不同。《民法典》颁布之前,2001年《婚姻法》第25条也规定,非婚生子女享有与婚生子女同等的权利,任何人不得加以危害和歧视。不直接抚养非婚生子女的生父或生母,应当负担子女的生活费和教育费,直至子女能独立生活为止。所以,法律上,非婚生子女与父母的关系与婚生子女与父母的关系别无二致,非婚生子女与婚生子女有相同的法律地位。

虽然婚生子女与非婚生子女的法律地位相同,但从社会属性来说,非婚生子女的父母没有合法的婚姻关系,在人们的日常生活观念中,非婚生子女有时会被歧视。这一歧视可能来自其父母,如父母拒绝承认与非婚生子女具有父母子女关系;也可能来自家庭外的其他人,如其他人因其为非婚生子女而给予负面的社会评价。因此,该条特别强调任何组织或个人不得歧视非婚生子女。

基于婚生子女与婚生子女相同的法律地位,且为保护未成年及没有独立生活能力的非婚生子女的正常生活,该条第2款规定,不直接抚养非婚生子女的生父或者生母,应当负担未成年子女及不能独立生活的成年子女的抚养费。关于非婚生子女抚养费的支付标准,基于婚生子女与非婚生子女相同的法律地位,应当根据《婚姻家庭编解释(一)》第49条的规定确定。

案例分析

王某与于某抚养纠纷案

【案号】 河北省临西县人民法院（2024）冀 0535 民初 1554 号

【基本案情】

王某与于某经媒人介绍，于 2018 年 6 月订婚，2019 年 6 月举行结婚仪式开始共同生活，之后未办理结婚登记。后生育儿子王某赫。由于双方逐渐产生矛盾，2021 年 10 月于某离开原告家庭，双方分居。儿子王某赫一直由王某和王某母亲抚养至今。

【争议焦点】

被告于某是否应当支付王某的抚养费？

【裁判意见】

男女双方未经结婚登记，现双方已经自行解除同居关系，法院不予干涉。但同居期间所生子女与婚生子女享有同等权利。原告王某与被告于某共同生育了儿子王某赫，应当共同抚养。原、被告分居后王某赫一直跟随父亲王某和奶奶生活，已经适应了原有的生活学习环境，应当由王某继续抚养。原告所述家庭困难，不能成为推诿抚养孩子的理由。被告于某依法应当承担王某赫相应的抚养费用。

原告王某与被告于某均系农村居民，原告也未提交证据证明于某是否有持续稳定的工作和经济收入，故抚养费的给付可参照河北省上一年度农村居民年人均可支配收入标准的 25% 确定，直至王某赫年满 18 周岁止。

【律师观点】

本案中，虽然王某与于某并未办理结婚登记，但是王某赫是双方的非婚生子女，基于非婚生子女与婚生子女享有同等的权利，于某自王某赫出生之日起至其年满 18 周岁，应支付抚养费。同时考虑到双方长期分居，一方无法举证另一方的工作和经济收入情况，法院会参考居民人均可支配收入作为一方收入的标准。

实操指南

法律上，婚生子女与非婚生子女有同等的权利，在司法实践中，因为非婚生子女的父母之间无合法婚姻关系，会出现是否有血缘关系的争议，往往需要借助亲子鉴定，先确定父母子女关系。此外，应当注意的是，父母对非婚生子女的抚养费应自子女出生而非知晓或确定亲子关系之日计算,抚养费的支付标准与婚生子女一致,对于欠付的抚养费,仍应当支付。

非婚生子女抚养权、变更扶养关系等的标准与婚生子女一致。实践中较为常见的是母亲代非婚生子女要求确认与生父的亲子关系并要求生父支抚养费的情形。但值得注意的是,非婚生子女并非一定由其母亲直接抚养,父母对于非婚生子女可以协商确定由谁直接抚养,无法协商确定的,可以要求法院就非婚生子女的抚养权进行判决,法院也将根据最有利于非婚生子女健康成长的原则,确定非婚生子女跟随父亲或者母亲共同生活。在这种情况下,如非婚生子女父母未同居,子女跟随其中一方共同生活的,为维持子女稳定的生活环境,如无特殊情况,法院一般会认定由与子女共同生活一方继续直接抚养子女,另一方支付抚养费;如父母已经同居但没结婚的,在解除同居关系的同时需要确定子女由谁直接抚养,对此可以提起"同居关系子女抚养纠纷",由法院确定由谁直接抚养非婚生子女。

除抚养权外,还需注意非婚生子女的探望权。《民法典》仅对父母离婚后未直接抚养子女一方的探望权进行规定,而未直接规定非婚生子女的探望权。但是,基于非婚生子女与婚生子女的同等地位,司法实践中大多法院认可探望权的对象包括非婚生子女,不直接抚养子女一方探望子女的时间、方式等可以由父母双方协商确定,也可以由法院根据未成年子女利益最大化原则进行判决。

与婚生子女相同,非婚生子女的父母是无民事行为能力、限制民事行为能力的非婚生子女的监护人,当与子女共同生活的父母一方去世后,非婚生子女一般应由另一方进行抚养和监护,父母不得拒绝对非婚生子女履行抚养或监护的义务。

第一千零七十二条 【关于继父母和继子女之间的权利义务的规定】

继父母与继子女间,不得虐待或者歧视。

继父或者继母和受其抚养教育的继子女间的权利义务关系,适用本法关于父母子女关系的规定。

《婚姻家庭编解释(一)》

第五十四条 生父与继母离婚或者生母与继父离婚时,对曾受其抚养教育的继子女,继父或者继母不同意继续抚养的,仍应由生父或者生母抚养。

> **《婚姻家庭编解释(二)》**
>
> **第十八条** 对民法典第一千零七十二条中继子女受继父或者继母抚养教育的事实,人民法院应当以共同生活时间长短为基础,综合考虑共同生活期间继父母是否实际进行生活照料、是否履行家庭教育职责、是否承担抚养费等因素予以认定。

法条释义

继子女指的是父或母结婚之前其配偶已经生育的子女,包括配偶与前妻或前夫所生子女,也包括配偶此前的非婚生子女,系因父亲或母亲再婚产生的姻亲关系。根据《民法典》的规定,继父母与继子女之间根据是否形成扶养关系,可以区分为有扶养关系的继父母子女和没有扶养关系的继父母子女。没有形成扶养关系的继父母子女之间,无法定的抚养、赡养、继承等权利义务关系。有扶养关系的继父母子女之间的权利义务关系与亲生父母子女关系相同,形成扶养关系的继父母有抚养继子女的义务,继子女有赡养继父母的义务,且继父母与继子女之间有相互继承遗产的权利。因此,在判断继父母子女之间的权利义务关系时,是否形成扶养关系就是一个重要的判断标准。

根据《民法典》第 1072 条第 2 款的规定,受到继父母教育和抚育的继子女,可以认为与继父母之间形成扶养关系。因大多情况下继父母主要对未成年的继子女进行教育、抚育,成年继子女可以独立生活,无须继父母的教育或抚育,因此基于继父母对继子女的教育、抚育所形成的扶养关系大多发生在继父母与未成年的继子女之间。对于扶养关系的认定,《婚姻家庭编解释(二)》第 18 条确定了几个认定标准,即共同生活时间长短、继父母是否承担抚养费用、是否进行生活上的照顾抚育、是否履行家庭教育职责,在判断是否形成扶养关系时需要结合这几个标准根据实际情况进行综合判断。根据其前后顺序,继子女与继父母是否共同生活以及共同生活的时间长短是判断是否形成扶养关系的最重要的标准。

未形成抚养关系的继子女,其与继父母的关系,因生父母与继父母之间的婚姻关系终止而终止,形成扶养关系的继父母子女之间的权利义务关系与亲生父母相同,且这种抚养关系不因继父母的婚姻状态发生变化,所以在继父母与生父母离婚时,继父母也可以主张由其直接抚养继子女,如继父母提出主张则由继父母与生父母协商或者由法院根据最有利于未成年子女的原则判决由谁直接抚养;如继父母未提出抚养的主张,则仍由亲生父母抚养。

| 案例分析 |

董某与宗某赡养费纠纷案

【案号】北京市大兴区人民法院(2023)京 0115 民初 30205 号

【基本案情】

2001 年 9 月 8 日董某与宗某 1 结婚,双方均系再婚。宗某 1 与前夫育有一女宗某,董某与前妻育有一子董某 1。婚后董某与宗某 1 共同抚养宗某。宗某 1 于 2022 年 1 月 11 日去世。原被告双方对于宗某是否应给予董某赡养费产生了争议。董某主张其现在每月有 5500 元的退休金,但因在外租房屋居住,每月产生房屋租金约 1200 元,吃药和生活支出每月产生花费约 4000 元。宗某主张其现在在国外求学,没有经济能力支付过高的赡养费。董某每个月 5000 元的赡养费标准明显超出其生活必须的程度,也超出宗某目前的经济能力,也没有考虑到其有退休费且有其他赡养义务人的情况。经询问,董某认可离婚后向董某 1 支付了抚养费,但其未向董某 1 主张过赡养费。

【争议焦点】

被告宗某是否应当支付董某的赡养费?

【裁判意见】

《民法典》第 1067 条第 2 款规定:"成年子女不履行赡养义务的,缺乏劳动能力或者生活困难的父母,有要求成年子女给付赡养费的权利。"第 1072 条第 2 款规定:"继父或者继母和受其抚养教育的继子女间的权利义务关系,适用本法关于父母子女关系的规定。"成年子女对父母的赡养义务,是亲属权的重要内容。赡养父母不仅是社会普遍认可的道德准则,更是一项基本的法定义务,是成年子女必须履行的义务,特别是对于缺乏劳动能力或生活困难的父母,成年子女必须承担赡养义务。赡养义务不得附加任何条件,更不能随意免除。本案中,董某与宗某形成继父女关系,宗某由董某与宗某 1 共同抚养长大,现董某年迈,丧失劳动能力,有权要求宗某支付赡养费。宗某主张其没有能力支付赡养费,与其实际年龄不符且不能免除其赡养的义务,故法院不予采信。关于赡养费的金额,法院综合考虑董某的收入情况、花销情况以及董某还有另一位赡养人的情况,酌情支持宗某每月向董某给付600元赡养费。

【律师观点】

继父或者继母和受其抚养教育的继子女间的权利义务关系,适用《民法典》关于父母子女关系的规定。继子女赡养继父母需要以继父母与继子女之间成立抚养教育关系为前提。本案中宗某从小接受董某的抚养,因此宗某负有赡养董某的义务。

实操指南

实践中,继父母与未形成扶养关系的继子女之间的权利义务关系随着继父母与生父母的婚姻关系终止而终止,且即使在继父母与生父母的婚姻关系存续期间,继父母也只是有不得虐待和歧视继子女的义务。但是如果继父母与继子女之间已经形成了扶养关系,则二者之间的权利义务关系就与生父母子女之间的权利义务关系相同,就会涉及抚养、赡养、继承等方面的权利义务。司法实践中,判断"扶养关系"是否形成是前提也是争议最大的问题,此前一些地方法院规定了判断"扶养关系"的标准,一般认为未成年继子女与继父母共同生活时间越长,则法院越倾向于认为已经形成扶养关系,这一标准对于无独立生活能力的成年继子女同样适用。《婚姻家庭编解释(二)》则首次提出了四个判断是否形成扶养关系的标准,即是否共同生活、继父母是否实际进行生活照料、是否履行家庭教育职责和是否承担抚养费用,且应当结合这四个标准进行综合判断。

此外,应当注意的是,继父母子女之间形成的是"扶养关系",既包括继父母对未成年或无独立生活能力的继子女的抚养,也包括成年继子女对继父母的赡养。该条未规定成年继子女对继父母进行赡养形成扶养关系的情形,是因为成年继子女赡养继父母主要涉及的是继承的问题,因此规定在《民法典》继承编第1127条。

关于继父母与生父母离婚时已经形成抚养关系但未继续直接抚养继子女的继父母是否有支付抚养费的义务,司法实践中有不同的看法。一般情况下,生父母离婚时未直接抚养子女一方有法定的支付抚养费的义务,子女基于生父及生母履行抚养义务已经足以生活,此时不宜认定离婚后继父母仍应支付继子女抚养费,但如出现生父母去世、无抚养能力等情况时,继子女起诉要求已经离婚但形成扶养关系的继父母给付抚养费的,根据《民法典》第 1072 条条 2 款"继父或者继母和受其抚养教育的继子女间的权利义务关系,适用本法关于父母子女关系的规定"的规定,应当予以支持。

第一千零七十三条 【关于亲子关系异议之诉的规定】

对亲子关系有异议且有正当理由的,父或者母可以向人民法院提起诉讼,请求确认或者否认亲子关系。

对亲子关系有异议且有正当理由的,成年子女可以向人民法院提起诉讼,请求确认亲子关系。

《婚姻家庭编解释(一)》

第三十九条 父或者母向人民法院起诉请求否认亲子关系,并已提供必要证据予以证明,另一方没有相反证据又拒绝做亲子鉴定的,人民法院可以认定否认亲子关系一方的主张成立。

父或者母以及成年子女起诉请求确认亲子关系,并提供必要证据予以证明,另一方没有相反证据又拒绝做亲子鉴定的,人民法院可以认定确认亲子关系一方的主张成立。

法条释义

该条属于《民法典》新增的内容,但吸收修改了《最高人民法院关于适用〈中华人民共和国婚姻法〉若干问题的解释(三)》(以下简称《婚姻法司法解释(三)》)(已失效,下同)第 2 条的内容。亲子关系确认制度涉及亲子身份关系的推定与否认,其与继承权、抚养义务等身份性权利义务息息相关,直接影响着自然人民事主体的人身、财产权益。[1] 因此《民法典》新增了该条规定,确定了亲子关系异议制度,以完善亲子关系确认及否认体系。

亲子关系分为自然血亲和法律拟制血亲,自然血亲形成于血缘和生物学意义上的父母子女之间,拟制血亲则是基于法律的规定而设立。在我国,虽然没有法律规定婚生子女的推定制度,但是在司法实践中婚姻关系存续期间出生的子女一般

---

[1] 刘娟、彭璇:《否认亲子关系推定规则的适用》,载《人民法院案例选》2022 年第 11 辑。

推定为婚生子女。因此,该条亲子关系规则针对的是自然血亲关系的确认和否认,当事人可请求确认为非婚生子女的生父或生母、请求否认为婚生子女的生父或生母,而拟制血亲成立与否则需要根据是否符合法律规定的要求进行判断。

该条与《婚姻法司法解释(三)》相比,调整了亲子关系诉讼的主体及请求内容,父或母有权提起确认或否认亲子关系之诉,成年子女仅有权提起亲子关系确认之诉,不能提起诉讼否认与某人的亲子关系,对成年子女诉讼权利的限制主要是为了防止出现成年子女拒绝履行对原抚养父母的赡养义务。法律制定过程考虑到家庭和社会的安定性问题,暂不允许子女法律意义上的父或母之外的第三人作为原告提起诉讼①。

当事人提起亲子关系确认或否认之诉需要有正当理由,不能仅是当事人的猜测或臆想。人民法院在审理相关案件时,也需要对当事人提交的证据材料进行严格审核,对案件事实进行审慎认定,最终结合自由心证、运用逻辑推理和日常生活经验作出裁判。

亲子关系诉讼的核心证据是亲子鉴定,但亲子鉴定必须经当事人同意才可以进行,法院不得强行取证采样。若诉讼中双方当事人均同意做亲子鉴定,法院应予同意并按照司法鉴定流程进行。亲子鉴定结果并非唯一,法院应当和案件中的其他证据材料相结合,综合分析判断案件情况,确定亲子关系存在与否。若诉讼中,当事人拒绝进行亲子鉴定,依据《最高人民法院关于民事诉讼证据的若干规定》第95条"一方当事人控制证据无正当理由拒不提交,对待证事实负有举证责任的当事人主张该证据的内容不利于控制人的,人民法院可以认定该主张成立"的规定,拒绝鉴定的一方应承担举证不利的法律后果。因此,《婚姻家庭编解释(一)》第39条,对当事人一方拒绝做亲子鉴定的处理方式进行了规定,法院会综合案件的其他证据及情况认定是否具有亲子关系。

最有利于未成年子女的原则是人民法院审理涉及亲子关系案件所遵循的基本原则。在确定真实血缘关系的基础上,法院审理此类案件还应当考虑婚姻家庭的稳定性以及亲子关系对未成年子女成长的影响,维护未成年人的合法权益。《民法典》第19条规定,8周岁以上的未成年人为限制民事行为能力人,可以独立实施与

---

① 最高人民法院民事审判第一庭编著:《最高人民法院民法典婚姻家庭编司法解释(一)理解与适用》,人民法院出版社2021年版,第371页。

其年龄、智力相适应的民事法律行为。因此,对于8周岁以上的未成年人在此类案件审理中是否需要以及如何配合亲子鉴定,法院不能强行要求,需要由监护人做好解释和保护工作,尽量减少案件审理对未成年人造成的心理伤害。

亲子关系否认后,原法律意义上的父母对未成年子女没有法律上的抚养义务,其非未成年子女生物学意义上的父或母,会要求另一方赔偿欺诈性抚养和精神损害赔偿。但目前法律并未直接规定该类案件的请求权,理论上包括侵权责任、无因管理和不当得利,司法实践中法院多以侵权责任纠纷为案由,欺诈性抚养不仅侵害无抚养义务一方的经济利益,更侵害其人格权益,还会造成一定的精神损害。

| 案例分析 |

高某诉小郭否认亲子关系纠纷案

【基本案情】

高某与郭某是夫妻关系,二人育有一女。"全面二胎"开放后,夫妻俩想再生一个孩子,却因为身体、年龄等原因始终未果。2018年,丈夫郭某在妻子不知情的情况下,与他人通过代孕私自生下儿子小郭,并在小郭出生证明上写明母亲是高某。"被当妈"的高某称,其不知道代孕的事情,也没见过孩子,直到2019年才知道孩子小郭的存在。

高某将小郭起诉至法院,请求判令高某和小郭之间不存在亲子关系,取消其对小郭的监护权以及小郭对其财产的继承权。[1]

【争议焦点】

1. 高某与小郭是否具有亲子关系?
2. 高某与小郭是否有抚养、赡养、继承关系?

【裁判意见】

本案中,原告高某提交了2018年3月的医院诊断证明、住院许可证等证据,材料显示高某被诊断为孕6周胎停育,而小郭的出生时间为2018年7月,可证明高某与小郭不可能存在血缘上的亲子关系。高某与郭某皆认可小郭不是双方进行人

---

[1] 张莉:《丈夫找代孕生子,妻子可否要求否认亲子关系?》,载中国法院网,https://www.chinacourt.org/article/detail/2021/08/id/6208378.shtml。

工授精所生之子,故小郭无法被视为高某与郭某的婚生子女,高某与小郭的关系无法适用《民法典》关于父母子女间的权利义务关系。郭某表示同意高某的诉讼请求。

最终,法院支持了高某的诉讼请求,确认其与小郭不存在亲子关系。

【律师观点】

《民法典》实施前,高某欲解决与小郭之间的抚养、赡养、继承等问题,曾想过向法院起诉,但当时的法律针对此类情况并没有直接规定,法院也没有合适的受理案由。《民法典》新增了亲子关系之诉,让高某的诉求有法可依。

具体到案件中,虽然出生医学证明及户口本上均显示高某系小郭之母,但高某提交的相关证明表明高某与郭某不存在血缘上的亲子关系,高某具有《民法典》否认亲子关系的"正当理由",再加之,高某及郭某均认可小郭不是双方进行人工授精所生之子,郭某没有相反证据。因此,小郭无法依据《婚姻家庭编解释(一)》第40条之规定被视为双方婚生子,小郭系郭某的非婚生子女,与高某不具有亲子关系,法院最终判决否认高某与小郭的亲子关系。若在案件审理中,郭某拒绝同意小郭和高某进行亲子鉴定或阻碍亲子鉴定的推进,则法院可以适用《婚姻家庭编解释(一)》的亲子关系否认推定制度,由郭某承担不能举证的法律责任,法院推定否认高某和小郭之间的亲子关系。

亲子关系被否认后,当事人之间不具有法律上的父母子女权利与义务关系,即父母无须承担孩子的抚养义务,孩子无须赡养父母,孩子和父母也无法作为对方的法定继承人继承遗产。

实操指南

亲子关系确认和否认通常发生在以下几种案件中:1. 离婚诉讼中,当事人通过事实上的亲子关系请求未成年子女的抚养权;2. 离婚诉讼中,当事人一方请求不承担未成年子女的抚养义务,并要求另一方支付欺诈性抚养的费用和精神损害赔偿;3. 继承案件中,因确认继承人资格所引发的亲子关系问题;4. 非婚生子女要求支付抚养费,提起确认亲子关系之诉;5. 单独提起的否认亲子关系之诉。

当事人一方有正当理由的可以提起亲子关系诉讼,正当理由通常需要证据材料进行支撑,常见的证据有:1. 女方在受孕期间,夫妻双方不存在共同生活的事实,例如:分居证明、异地工作证明、行程单、证人证言。2. 夫妻一方有生育缺陷(常见为丈夫)或没有生育能力,例如:医院诊断证明。3.子女和自己不具有血缘关系或子女和其他人具有血缘关系的证据,例如:亲子关系鉴定、证人证言。

亲子关系鉴定是此类案件中最重要的证据,实践中,个人通常会委托具有资质的鉴定机构进行鉴定,出具的鉴定结果可用于户籍登记或其他行政用途。从保护儿童最大利益原则出发,案件审理中,法院也不会强制再次通过司法鉴定进行亲子关系确认,可能会结合案件的其他证据材料进行综合判断。

目前国内对于辅助生殖技术有严格规定和限制,国家禁止代孕,更是禁止海外代孕。当事人就代孕所引发的亲子关系纠纷也同样可以适用该条规则进行亲子关系的确认或否认。

第一千零七十四条 【关于祖孙之间抚养、赡养义务的规定】

有负担能力的祖父母、外祖父母,对于父母已经死亡或者父母无力抚养的未成年孙子女、外孙子女,有抚养的义务。

有负担能力的孙子女、外孙子女,对于子女已经死亡或者子女无力赡养的祖父母、外祖父母,有赡养的义务。

法条释义

法律规定了父母和子女之间的基本权利义务关系。《宪法》第49条第3款规定"父母有抚养教育未成年子女的义务,成年子女有赡养扶助父母的义务"。《民法典》第26条规定"父母对未成年子女负有抚养、教育和保护的义务。成年子女对父母负有赡养、扶助和保护的义务"。由此可见,父母对未成年子女的抚养教育义务是法定义务,不能免除,成年子女对父母的赡养义务也是如此。

祖父母、外祖父母与孙子女、外孙子女之间的关系不同于父母子女之间的亲子关系,属于隔代直系血亲,祖孙之间没有法定的抚养或赡养义务。但是基于国内大多家庭的现实生活情况、传统习俗等原因,1980年《婚姻法》第22条规定,在特定情况下,祖孙之间有抚养或赡养义务,即"有负担能力的祖父母、外祖父母,对于父母已经死亡的未成年的孙子女、外孙子女,有抚养的义务。有负担能力的孙子女、外孙子女,对于子女已经死亡的祖父母、外祖父母,有赡养的义务"。经过多年实践,为进一步保障未成年人和老年人的基本生活,2001年《婚姻法》第28条对1980

年《婚姻法》第 22 条进行相应调整，即"有负担能力的祖父母、外祖父母，对于父母已经死亡或父母无力抚养的未成年的孙子女、外孙子女，有抚养的义务。有负担能力的孙子女、外孙子女，对于子女已经死亡或子女无力赡养的祖父母、外祖父母，有赡养的义务"。《民法典》第 1074 条规定是对 2001 年《婚姻法》第 28 条的延续。

祖父母、外祖父母需要同时满足以下条件才对孙子女、外孙子女具有抚养义务：

1. 孙子女、外孙子女为不满 18 周岁的未成年人。若孙子女、外孙子女虽已成年但不能独立生活的，祖父母、外祖父母也没有抚养义务，例如，19 岁的孙子在读大学，爷爷奶奶没有给孙子学费和生活费的义务。但《民法典》第 1067 条规定前种情况下，子女不能独立生活的，父母对子女仍有抚养义务。

2. 孙子女、外孙子女的父母已经死亡或者无力抚养。父母死亡包括自然死亡和宣告死亡。无力抚养是指父母的收入不能满足子女的正常生活、教育、医疗费用开销。例如，父亲去世，母亲丧失劳动能力没有收入，孙子 8 岁正在读小学，爷爷奶奶退休且有较高的养老金，在此种情况下，祖父母对孙子有法定的抚养义务。

3. 祖父母、外祖父母有负担能力。有负担能力，是指以自己的劳动收入和其他收入满足自己和第一顺序扶养权人（配偶、子女和父母）的合理生活、教育、医疗等需求后仍有剩余。[①] 若爷爷奶奶已退休，养老金不高，爷爷的父亲生病住院，爷爷还有一个成年但是智力低下的孩子需要抚养，家庭入不敷出。此种情况下，爷爷奶奶没有多余的负担能力，对未成年的孙子没有法定的抚养义务。

孙子女、外孙子女需要同时满足以下条件才对祖父母、外祖父母具有赡养义务：

1. 祖父母、外祖父母需要被子女赡养。《民法典》第 1067 条第 2 款规定，成年子女不履行赡养义务的，缺乏劳动能力或者生活困难的父母，有要求成年子女给付赡养费的权利。父母在缺乏劳动能力或者生活困难的情况下，需要子女进行赡养。孙子女、外孙子女对祖父母、外祖父母的赡养义务亦是如此，只有祖父母、外祖父母在缺乏劳动能力或者生活困难的情况下，才有权向孙子女、外孙子女要求履行赡养义务。

2. 祖父母、外祖父母的子女已经死亡或子女无力赡养。子女死亡包括自然死亡和宣告死亡。无力赡养是指祖父母、外祖父母的全部子女的收入不能满足自身

[①] 最高人民法院民法典贯彻实施工作领导小组主编：《中华人民共和国民法典婚姻家庭编继承编理解与适用》，人民法院出版社 2020 年版，第 229 页。

家庭的正常生活、教育、医疗费用开销。例如，夫妻双方有一儿一女，女儿去世，儿子收入尚可，夫妻无法要求女儿的孩子履行赡养义务。

3. 孙子女、外孙子女有负担能力。有负担能力，是指以自己的劳动收入和其他收入满足自己和第一顺序扶养权人（配偶、子女和父母）的合理生活、教育、医疗等需求后仍有剩余。① 如果多个孙子女、外孙子女都有负担能力，应当根据经济情况共同负担。

┃ 案例分析 ┃

小康诉张某变更抚养关系纠纷案

【基本案情】

小康的父亲张某与母亲汪某于 2013 年 10 月经法院调解离婚，小康随汪某共同生活。2018 年 8 月，汪某不幸因心脏病猝死，此后小康一直随外婆吕某共同生活。但吕某年事已高，没有经济能力负担小康的生活、学习费用，且小康正值叛逆期，也不服吕某管教。因此吕某作为小康的实际抚养人提起了变更抚养关系诉讼，要求小康随张某共同生活。②

【争议焦点】

吕某是否对小康有法定抚养义务？

【裁判意见】

审理中，张某并不愿意接受小康随自己共同生活，对吕某曾帮助女儿争夺小康抚养权心存怨气，且小康与父亲关系疏离，若直接判决小康随张某共同生活势必不利于小康的健康成长。基于此，静安区人民法院邀请家事调解员、青少年事务社工对小康就读的学校以及吕某和小康的居住地进行实地调查，并与小康深入交流，开展心理疏导。在充分调查后通知双方到庭调解，经情绪安抚、分别谈话和法律讲解，小康的外婆和父亲解开心结，达成小康父亲每月给付小康抚养费 1500 元，由吕某再照顾小康 6 个月作为过渡期后，由张某将小康接去共同生活的调解方案，吕某

---

① 最高人民法院民法典贯彻实施工作领导小组主编：《中华人民共和国民法典婚姻家庭编继承编理解与适用》，人民法院出版社 2020 年版，第 230 页。

② 范婷婷：《聚焦隔代养育现状，人民法院发布审判白皮书＋典型案例》，载微信公众号"上海高院"2023 年 5 月 31 日，https://mp.weixin.qq.com/s/fDw0qX9uQzdWRfnmJ-EuRg。

自愿撤回起诉。

【律师观点】

父母是未成年子女的法定监护人,父母有教育、保护未成年子女的权利和义务。《民法典》第1084条规定,父母与子女间的关系,不因父母离婚而消除。离婚后,子女无论由父或者母直接抚养,仍是父母双方的子女。离婚后,父母对于子女仍有抚养、教育、保护的权利和义务。本案中,张某与汪某分别是小康的父亲和母亲,双方离婚,小康随汪某共同生活,张某虽不与小康共同生活,但也应履行对小康的抚养义务,例如,支付抚养费。现汪某去世,张某理应继续担任小康的法定监护人,履行监护和抚养未成年小康的义务。

《民法典》第1074条对祖孙之间抚养义务进行规定,有负担能力的外祖父母,对于父母已经死亡或者父母无力抚养的未成年外孙子女,有抚养的义务。本案中,吕某系小康的外祖母,小康母亲汪某去世,但父亲张某仍在世并具有抚养能力,现吕某年事已高,没有经济能力负担小康的学习生活,因此吕某和小康之间的关系不符合前述法律规定祖孙之间具有抚养关系的情况,因此吕某对小康不具有法定抚养义务。

实操指南

现实生活中,祖父母、外祖父母帮着带孩子的情形实为常见,尤其是在农村地区,大量父母外出打工,子女由祖父母、外祖父母照顾抚养,此种情况不符合《民法典》中该条之规定,祖父母、外祖父母对孙子女、外孙子女没有法定的抚养义务。祖父母、外祖父母仅仅是出于亲情照顾孙子女、外孙子女,其有权要求父母履行抚养义务并返还或支付孩子的抚养费。

基于地方习俗和历史传统的原因,父母、孩子通常会和祖父母或外祖父母共同生活。父母离婚时,依据《民法典》第1084条及《婚姻家庭编解释(一)》第47条之规定,父母抚养子女的条件基本相同时,法院在判决未成年子女抚养权归属时会考虑祖父母、外祖父母的抚养能力,包括未成年子女是否随同祖父母、外祖父母生活过,老人的年龄、教育程度、身体及心理健康情况,是否有固定的住所、稳定的经济收入,有无不良嗜好等。此时,祖父母、外祖父母为协助抚养,不具有抚养孩子的法定义务。

父母离婚,孩子归父或母一方抚养后,直接抚养孩子的一方去世,非直接抚养孩子的一方理应承担起照顾抚养孩子的义务。但实践中,因父母家庭的感情纠葛和矛盾,父母离婚后,非直接抚养孩子的一方与孩子感情淡薄,孩子可能继续由去世一方的祖父母或外祖父母抚养。一旦孩子回归在世一方家中,由在世一方抚养,去世一方的祖父母或外祖父母因与对方存在矛盾,可能无法再看望孙子女、外孙子女。因此,为解决祖孙之间的隔代探望问题,《第八次全国法院民事商事审判工作会议(民事部分)纪要》从最有利于未成年子女原则出发,规定祖父母、外祖父母对父母已经死亡或父母无力抚养的未成年孙子女、外孙子女尽了抚养义务,其定期探望孙子女、外孙子女的权利应当得到尊重,并有权通过诉讼方式获得司法保护。

第一千零七十五条 【关于兄弟姐妹之间扶养关系的规定】

有负担能力的兄、姐,对于父母已经死亡或者父母无力抚养的未成年弟、妹,有扶养的义务。

由兄、姐扶养长大的有负担能力的弟、妹,对于缺乏劳动能力又缺乏生活来源的兄、姐,有扶养的义务。

法条释义

该条系对2001年《婚姻法》第29条[①]的延续,条款内容没有实质性变更。

该条所规定的主体是具有血缘关系的同胞兄弟姐妹以及法律拟制的兄弟姐妹。具有血缘关系的同胞兄弟姐妹包括同父同母、同父异母、同母异父关系的兄弟姐妹。法律拟制的兄弟姐妹包括养兄弟姐妹及继兄弟姐妹。生活中常见的表兄弟姐妹、姻亲关系产生的兄弟姐妹不属于该条规定主体,相互之间不会产生法定的扶养义务。

该条规定的兄弟姐妹之间的扶养义务是法定义务,并非道德义务,若当事人拒绝履行扶养义务,被扶养人可以寻求司法救济。根据扶养人拒绝履行扶养义务的行为严重程度,扶养人需要承担不同的法律责任:若当事人拒绝履行扶养义务,被

---

① 2001年《婚姻法》第29条:有负担能力的兄、姐,对于父母已经死亡或父母无力抚养的未成年的弟、妹,有扶养的义务。由兄、姐扶养长大的有负担能力的弟、妹,对于缺乏劳动能力又缺乏生活来源的兄、姐,有扶养的义务。

扶养人可以向人民法院起诉,要求当事人强制履行民事扶养义务,例如,支付扶养费用。若扶养人拒绝履行扶养义务的行为情节严重、恶劣,该行为符合《刑法》第261条①规定的遗弃行为,扶养义务人会被依法追究刑事责任。

该条规定的兄弟姐妹之间的扶养义务,具有补位性,并非必然发生的。依据《民法典》第26条②、第27条③、第28条④及第1067条⑤之规定,未成年人的法定监护人是父母,父母需首先履行抚养未成年子女的法定义务。祖父母、外祖父母和该条规定的兄弟姐妹承担补位的抚养或扶养责任。

兄、姐需要同时满足以下条件才对未成年弟、妹具有扶养义务:

1. 弟、妹为不满18周岁的未成年人。若弟、妹符合《民法典》第18条⑥的规定,已满16周岁不满18周岁,以个人的劳动收入作为自己的主要生活来源,兄、姐不需要对其扶养。

2. 父母已经死亡或者父母无力抚养。死亡包括自然死亡和宣告死亡。无力抚养系指父母双方丧失劳动能力、没有生活来源或有生活来源无法覆盖基本生活。只要父母一方具有抚养能力,兄、姐不需要承担扶养义务。

3. 兄、姐有负担能力。兄、姐应为完全民事行为能力人,且兄、姐自己的劳动收入和其他收入在满足自己和第一顺序扶养权人(配偶、子女和父母)的合理生活、教育、医疗等需求后仍有剩余。

弟、妹需要同时满足以下条件才对兄、姐具有扶养义务:

---

① 《刑法》第261条:【遗弃罪】对于年老、年幼、患病或者其他没有独立生活能力的人,负有扶养义务而拒绝扶养,情节恶劣的,处五年以下有期徒刑、拘役或者管制。

② 《民法典》第26条:父母对未成年子女负有抚养、教育和保护的义务。成年子女对父母负有赡养、扶助和保护的义务。

③ 《民法典》第27条:父母是未成年子女的监护人。未成年人的父母已经死亡或者没有监护能力的,由下列有监护能力的人按顺序担任监护人:(一)祖父母、外祖父母;(二)兄、姐;(三)其他愿意担任监护人的个人或者组织,但是须经未成年人住所地的居民委员会、村民委员会或者民政部门同意。

④ 《民法典》第28条:无民事行为能力或者限制民事行为能力的成年人,由下列有监护能力的人按顺序担任监护人:(一)配偶;(二)父母、子女;(三)其他近亲属;(四)其他愿意担任监护人的个人或者组织,但是须经被监护人住所地的居民委员会、村民委员会或者民政部门同意。

⑤ 《民法典》第1067条:父母不履行抚养义务的,未成年子女或者不能独立生活的成年子女,有要求父母给付抚养费的权利。成年子女不履行赡养义务的,缺乏劳动能力或者生活困难的父母,有要求成年子女给付赡养费的权利。

⑥ 《民法典》第18条:成年人为完全民事行为能力人,可以独立实施民事法律行为。十六周岁以上的未成年人,以自己的劳动收入为主要生活来源的,视为完全民事行为能力人。

1. 兄、姐缺乏劳动能力。"缺乏劳动能力"主要是指兄、姐无法以技术、脑力、体力从事工作,获取相应报酬。[1]

2. 兄、姐缺乏生活来源。"缺乏生活来源"主要是指经济上没有足够维持生活的收入和积蓄。[2] 生活中常见的兄、姐因为年老原因不具有劳动能力,但其退休前已有足额积蓄或者在退休后有稳定的退休金,此种情况下,弟、妹不需要承担扶养义务。

3. 兄、姐无第一顺序的扶养义务人,或第一顺序的扶养义务人不具有抚养能力。兄、姐没有配偶、子女,或兄、姐的配偶、子女已经死亡或者配偶、子女没有扶养能力,此时弟、妹应承担扶养义务。

4. 弟、妹由兄、姐扶养长大且具有负担能力。弟、妹需在未成年阶段由兄、姐扶养,弟、妹现已成年,为完全民事行为能力人,且弟、妹自己的劳动收入和其他收入在满足自己和第一顺序扶养权人(配偶、子女和父母)的合理生活、教育、医疗等需求后仍有剩余。

| 案例分析 |

唐某元诉唐某理扶养纠纷案

【案号】一审:四川省巴中市中级人民法院(2018)川 19 民终 1006 号

【基本案情】

唐某元与唐某理系同胞兄弟关系。父亲唐某隆因病于 1972 年农历腊月初六去世,母亲聂某珍体弱多病于 1991 年去世。从 1977 年开始,母亲聂某珍就跟随长兄唐某银一起生活,而唐某理从 10 岁开始就与唐某元一起居住生活,唐某理结婚后一年便与唐某元分开生活。唐某元 1988 年与艾某良结婚,婚后生育一儿一女,儿子叫唐某善,现在厦门务工,已结婚并育有两个小孩,在巴中市巴州区莲花小区购买房屋一套用于自己居住。女儿叫艾某岑,现在四川省绵阳水电技术学院读书。

---

[1] 最高人民法院民法典贯彻实施工作领导小组主编:《中华人民共和国民法典婚姻家庭编继承编理解与适用》,人民法院出版社 2020 年版,第 235 页。

[2] 最高人民法院民法典贯彻实施工作领导小组主编:《中华人民共和国民法典婚姻家庭编继承编理解与适用》,人民法院出版社 2020 年版,第 235 页。

唐某元曾进行脾破裂手术,现无人照料,没有劳动能力,故向人民法院起诉唐某理要求按月支付扶养费1000元至身故时止。

【争议焦点】

唐某理是否应对唐某元承担法定扶养义务?

【裁判意见】

一审法院认为,唐某理自10岁开始一直与其兄唐某元居住生活,由于二人父亲去世后,母亲随唐某银一起生活,唐某理由唐某元扶养长大。但唐某元在递交的证据中不能证明其缺乏劳动能力,所以唐某元起诉要求唐某理承担扶养义务给付扶养费的诉讼请求,一审法院不予支持。

二审法院认为,唐某元在一审、二审中递交的证据均不能证明自己已丧失劳动能力。唐某元膝下有一儿一女,儿子唐某善在巴中市巴州区莲花小区购买房屋一套用于居住,且在外务工有固定的收入,根据2001年《婚姻法》第21条第1款"父母对子女有抚养教育的义务;子女对父母有赡养扶助的义务"的规定,唐某元之子女赡养父母是其法定义务,因此不能认定唐某元没有生活来源,二审维持原判。

【律师观点】

本案中,判断唐某理是否应对唐某元承担法定扶养义务,需结合法律规定进行分析,可拆分为唐某理是否由唐某元扶养长大、唐某元是否缺乏劳动能力又缺乏生活来源两个问题。根据唐某理与唐某元所述,两人父亲死亡后,在父母无力抚养的情况下,唐某理由唐某元照顾、扶养长大。唐某元虽然曾做手术,丧失一定的劳动能力,但是其儿子有经济收入,依法应履行赡养义务,唐某元可从其儿子处获得经济支持,其不属于无生活来源之情况。现唐某理有一定的经济收入和负担能力,对唐某元的扶养义务属于补位,唐某元不能越过第一顺序赡养人即其儿子,直接请求第二顺序扶养人唐某理履行扶养义务。

实操指南

该条规定有负担能力的兄、姐,对于父母已经死亡或者父母无力抚养的未成年弟、妹,有扶养的义务。实践中,部分法官认为兄、姐扶养弟、妹有着较牢固的文化习俗基础和社会心理支撑,符合我国扶老育幼的传统美德,符合社会主义核心价值观,且可保障不能独立生活的成年弟、妹的生存权、健康权等人身权利,因此有负担能力的兄、姐可有条件地对无配偶、无子女、父母双亡又不能独立生活的成年弟、妹承担扶养义务。① 部分法院也持相同意见,例如,天津市第一中级人民法院在(2018)津01民终8477号沈某玲、沈某辉扶养费纠纷案中认为"本案原告虽已成年,但因其系一级精神残疾,丧失劳动能力,加之原告父母已去世,原告之兄姐应对原告有扶养的义务,二被告及原告监护人均应承担扶养责任"。

不同于父母对子女抚养义务的抚养费支付标准由司法解释明确规定,该条扶养费的计算标准法律或司法解释并未规定。实践中,法官会结合当事人的家庭情况、经济收入情况进行综合判断,以满足被扶养人的基本生活。被扶养人如何获取扶养义务人的经济收入情况是司法案件中的难点,依据《民事诉讼法》第67条②、《最高人民法院关于适用〈中华人民共和国民事诉讼法〉的解释》第94条③之规定,当事人可在案件审理过程中,申请法院调取或法院可依职权调取当事人名下银行流水或工资收入,以查明当事人经济情况和其他案件事实,酌定抚养费金额。

---

① 王凡:《浅析兄、姐对成年弟、妹的扶养义务》,载《人民法院报》2022年7月7日,第7版。

② 《民事诉讼法》第67条:当事人对自己提出的主张,有责任提供证据。当事人及其诉讼代理人因客观原因不能自行收集的证据,或者人民法院认为审理案件需要的证据,人民法院应当调查收集。人民法院应当按照法定程序,全面地、客观地审查核实证据。

③ 《最高人民法院关于适用〈中华人民共和国民事诉讼法〉的解释》第94条:民事诉讼法第六十七条第二款规定的当事人及其诉讼代理人因客观原因不能自行收集的证据包括:(一)证据由国家有关部门保存,当事人及其诉讼代理人无权查阅调取的;(二)涉及国家秘密、商业秘密或者个人隐私的;(三)当事人及其诉讼代理人因客观原因不能自行收集的其他证据。

当事人及其诉讼代理人因客观原因不能自行收集的证据,可以在举证期限届满前书面申请人民法院调查收集。

第四章 离 婚

第一千零七十六条 【关于登记离婚程序和条件的规定】

夫妻双方自愿离婚的,应当签订书面离婚协议,并亲自到婚姻登记机关申请离婚登记。

离婚协议应当载明双方自愿离婚的意思表示和对子女抚养、财产以及债务处理等事项协商一致的意见。

《婚姻家庭编解释(一)》

第六十九条 当事人达成的以协议离婚或者到人民法院调解离婚为条件的财产以及债务处理协议,如果双方离婚未成,一方在离婚诉讼中反悔的,人民法院应当认定该财产以及债务处理协议没有生效,并根据实际情况依照民法典第一千零八十七条和第一千零八十九条的规定判决。

当事人依照民法典第一千零七十六条签订的离婚协议中关于财产以及债务处理的条款,对男女双方具有法律约束力。登记离婚后当事人因履行上述协议发生纠纷提起诉讼的,人民法院应当受理。

第七十条 夫妻双方协议离婚后就财产分割问题反悔,请求撤销财产分割协议的,人民法院应当受理。

人民法院审理后,未发现订立财产分割协议时存在欺诈、胁迫等情形的,应当依法驳回当事人的诉讼请求。

《婚姻家庭编解释(二)》

第二条 夫妻登记离婚后,一方以双方意思表示虚假为由请求确认离婚无效的,人民法院不予支持。

法条释义

《民法典》第 1076 条系对 2001 年《婚姻法》第 31 条[①]修改而来,将离婚登记的条件和程序进行完善,明确离婚协议是夫妻双方申请登记离婚的必备要件。

夫妻双方申请登记离婚,需满足以下条件:

1. 当事人之间必须具有合法婚姻关系,且双方均为完全民事行为能力人。非婚同居、未进行婚姻登记、有配偶者与他人同居的,不具有合法婚姻关系。当事人为无民事行为能力或限制民事行为能力人的,代理人可通过诉讼离婚,为当事人解除婚姻关系。

2. 当事人均系自愿离婚。我国宪法赋予公民婚姻自由,夫妻双方可以达成离婚的一致意愿,办理离婚登记。任何一方当事人不应因受欺诈、胁迫或产生重大误解而离婚。婚姻登记机关在审查当事人离婚意愿时会单独询问离婚意愿及具体情况并记入笔录。

3. 当事人需要就离婚后的子女抚养、财产以及债务处理等事项协商一致并签署书面协议。子女抚养系指对未成年子女和无法独立生活的成年子女的安排,一般包括子女和谁共同生活,子女抚养费的支付方式和标准,子女探望权的行使等。财产分割系指对夫妻共同财产或个人财产进行分割。《民法典》新增的劳务补偿和对生活困难一方的经济帮助可以在此一并处理。债务分割系指对夫妻共同债务或个人债务的分割,该债务分割意见仅对夫妻内部有效,不必然对债权人发生法律效力。

4. 当事人需共同亲自前往婚姻登记机关办理。任何一方不愿意亲自前往婚姻登记机关办理的,则无法登记离婚,仅能通过诉讼离婚方式解除婚姻关系。

在不符合前述登记条件的情况下,夫妻一方或双方恶意采取不正当手段提起离婚登记申请并办理离婚登记手续,若当事人对此有争议,可通过行政诉讼要求撤销离婚证或确定离婚登记行为无效。

离婚协议不同于夫妻双方在婚内签署的财产分割协议,本质是附条件的民事法律行为。离婚协议只有在夫妻双方离婚的情况下生效,无论是当事人之间协议

---

① 《婚姻法》第 31 条:男女双方自愿离婚的,准予离婚。双方必须到婚姻登记机关申请离婚。婚姻登记机关查明双方确实是自愿并对子女和财产问题已有适当处理时,发给离婚证。

离婚抑或是法院调解离婚。夫妻双方在协议离婚期间达成的一致协议,若最终未办理离婚登记,该协议不生效。夫妻双方在诉讼离婚中达成的一致意见,若最终调解离婚没有成功,该一致意见不生效,法院需依法审理并分割夫妻共同财产。

当事人办理离婚登记时签署的离婚协议,对夫妻双方具有法律约束力,双方应自觉诚信履行。离婚协议并不当然可由法院强制执行,因为离婚协议本质上是一份民事协议。若任何一方不履行离婚协议,守约方可以提起离婚后财产纠纷诉讼要求违约方履行并承担违约责任。

实践中,对于离婚协议中的财产分割意见,夫妻双方反悔的情况有两种:一种情况是双方无实际解除婚姻关系的意思,即常见的"假离婚",例如:(1)为了获得买房资格、规避购房政策、减少应税收入等虚假离婚;(2)为了逃避债务,当事人约定全部债务归夫妻一方承担,全部财产归夫妻另一方所有;(3)为了符合拆迁政策,获取更大的拆迁利益。另一种情况是当事人为了离婚而达成离婚协议,离婚后认为子女抚养、财产分割和债务处理不公平而反悔。

前述第一种情况下的"假离婚",无论当事人离婚时出于什么原因,一旦当事人进行离婚登记,婚姻关系即告解除,双方订立的离婚协议,法院通常会结合夫妻双方的真实意思、离婚协议约定的内容进行综合考虑,界定协议效力。《婚姻家庭编解释(二)》对此进行了明确规定:夫妻登记离婚后,一方以双方意思表示虚假为由请求确认离婚无效的,人民法院不予支持。《婚姻家庭编解释(二)》从根源遏制不诚信的夫妻同谋虚假行为,维护了婚姻登记的权威性。前述第二种情况下,当事人离婚后对协议反悔,法院会审核签订离婚协议的背景,是否存在欺诈、胁迫等情形,如果没有,离婚协议有效,当事人撤销离婚协议的请求不能得到支持。

| 案例分析 |

王某与林某离婚纠纷案

【基本案情】

王某与林某于 1985 年登记结婚,婚后生育一女、一子,现均已成年。王某、林某于 2016 年签署《说明》,内容如下:王某、林某去办理离婚手续是为了方便北京海淀区某小区 201 号房子的出售,二人名下的其他财产不做分割,是共同财产。次日,双方签订《协议书》,内容如下:北京海淀区某小区 201 号房屋为王某、林某共同财产。新购朝阳区某小区 506 号房屋也为王某、林某共同所有。签订该《协议书》当日,双方登记离婚。离婚后,男方王某不同意复婚,并提出分割夫妻共同财产,林某坚决要求复婚,多次协商未果后,王某提起离婚后财产纠纷之诉,主张此前在民政局的离婚协议是假,要求重新分割夫妻共同财产。

王某、林某在民政局协议离婚时登记备案的《离婚协议书》约定:位于海淀区某小区 201 号楼房一处归女方林某所有,归男方王某所有的共同财产为"无";债权债务为"无"。王某主张双方离婚是为了在出售海淀区房屋时规避税费,实际上并未分割共同财产,出售海淀区房屋的款项和新购买的朝阳区房屋均是夫妻共同财产。林某认为,《离婚协议书》的形成时间晚于《说明》,其效力也高于《说明》,因此海淀区房屋应为林某离婚后的个人财产,不应重新进行分割。[①]

【争议焦点】

1. 王某与林某的婚姻关系是否解除?
2. 离婚协议中对财产分割条款的效力如何?

【裁判意见】

法院生效判决认定:双方在民政部门办理了离婚登记,婚姻关系已经解除。但就共同财产而言,在双方办理离婚登记的当日,又签订《协议书》明确约定海淀区房屋、朝阳区房屋均是二人共同财产。且在离婚前一日二人曾签订《说明》,解释双方办理离婚手续是为了方便出售海淀区房屋,二人名下的其他财产不做分割。结合海淀区房屋出售、朝阳区房屋购买的时间,可以认定二人离婚的真实意图系为了获得离婚带来的经济利益,规避国家的管控政策。故法院最终认定海淀区房屋是二人婚姻存续期间的共同财产,以该房屋售房款购得的朝阳区房屋以及盈余房款均属于双方共同财产,应予分割,具体分割比例结合双方在婚姻期间的贡献及过错程度等因素酌予确定。

【律师观点】

《民法典》第 1080 条规定,完成离婚登记,或者离婚判决书、调解书生效,即解除婚姻关系。本案中,王某与林某已办理完毕离婚登记,双方合法婚姻关系已解

[①] 刘凡:《"假"离婚变为真分手,财产分割约定还有效吗?》,载中国法院网,https://www.chinacourt.org/article/detail/2022/08/id/6827764.shtml。

除。双方虽然是"假离婚",实际还在共同生活,但是其两人对于离婚的意愿是真实的,旨在通过离婚来达到规避政府政策的目的,双方系自愿解除婚姻关系。

王某与林某"假离婚"导致人身关系即婚姻关系解除,与财产关系相关联的离婚协议效力在司法实践中存在争议。有些法官会将身份关系和财产关系一并处理,对离婚协议中的财产分割条款也进行认定。有些法官会将身份关系与财产关系分开处理,虽然已对当事人协议离婚的身份关系进行认定,但依然会对当事人所签署离婚协议中财产处分的真实意愿进行审查。本案中,林某与王某在离婚前一天签订《说明》,在离婚当日又签订《协议书》,两份文件均能看出双方为新购房产而离婚,离婚协议所约定的财产分割并非双方真实自愿。再加之,案涉两套房产均购置于双方婚姻关系存续期间内,离婚协议中财产范围与实际不符,且约定明显不符合常理,违背了权利义务相一致的原则。因此,王某与林某所签署的离婚协议中对财产分割条款并非双方的真实意愿,应按照双方真实意思处理财产。

实操指南

《离婚协议书》

甲方:_____,男,汉族,_____年____月____日出生,住_____,身份证号码:_____电话:_____。

乙方:_____,女,汉族,_____年____月____日出生,住_____,身份证号码:_____电话:_____。

甲乙双方于_____年____月____日在_____区婚姻登记部门登记结婚,婚后于_____年____月____日生育一子(女),名_____。因夫妻双方感情确已破裂,已无和好可能,现经夫妻双方自愿协商达成一致意见,按照《民法典》及相关司法解释的规定订立离婚协议如下:

一、甲乙双方自愿离婚

1. 双方自愿解除婚姻关系,自愿签订本离婚协议。

2. 签订本离婚协议时双方明确知晓本协议的权利义务内容,自愿接受本协议内容约束。

3. 双方签订本协议时,无智力及精神异常,意思表示真实、合法、有效;无强迫、威胁等违法行为与情形存在。

二、子女抚养权、抚养费及探望权

1.婚生子(女)某某(出生日期:××年××月××日;身份证号:×××××
×)由甲方抚养,抚养费由甲乙双方分摊。乙方须在每月的×号前向甲方账户支付抚养费××元至某某年满18周岁止。

甲方银行账户:××××;

户名:×××;

开户行:××××。

2.乙方每月享有×次探望权。在不影响孩子学习、生活的情况下,在每月的单周五,在双方协议地点探望子女。遇有特殊情况,探望时间、方式等可由双方另行协商,但须保证乙方每月×次的探望权。

三、夫妻共同财产的处理

1.不动产

夫妻共同所有的位于×××的房产(不动产权证号:××××)所有权归甲方所有,剩余贷款××元由甲方偿还,与乙方无关。甲方需就该房屋向乙方分××期(或一次性)支付补偿款××元(大写:×××)。甲方应于××前将房屋补偿款支付至乙方指定账号。

乙方银行账号:××××;

户名:××××;

开户行:××××。

2.机动车及车牌

夫妻共同所有的××××(车辆信息)(车牌号:××××××)车及车牌号归甲方所有,甲方须在××日前向乙方一次性支付补偿款×××元(大写:×××)。

3.存款

婚姻关系存续期间,甲方名下银行卡账号×××××,开户名×××,开户行×××××,存款数额为××元(大写:×××)由双方共同所有。甲方应在××前向乙方一次性支付存款金额的一半,即××元(大写:×××)。

4.其他财产

甲乙双方其他各自名下财产、私人生活用品及首饰归各自所有。

四、夫妻共同债权、债务的处理

双方确认在婚姻关系存续期间没有发生任何共同债权债务,任何一方如对外负有债务的,由负债方自行承担。如任何一方对外负有债权的,无论何时发现,另一方均有权平分。

五、一方隐瞒、转移夫妻共同财产的责任

甲乙双方确认夫妻共同财产在上述第三条中已作出明确列明。除上述列明财产外,并无其他财产,任何一方应保证以上所列婚内全部共同财产的真实性。

本协议书财产分割基于上述财产为基础。任何一方不得隐瞒、虚报、转移婚内共同财产或婚前财产。如任何一方有隐瞒、虚报除上述所列财产外的财产,或在签订本协议之前二年内有转移、抽逃财产的,另一方发现后有权取得对方所隐瞒、虚报、转移的财产的全部份额,并追究其隐瞒、虚报、转移财产的法律责任,虚报、转移、隐瞒方无权分割该财产。

六、经济帮助及精神损害赔偿

因甲/乙方生活困难,甲/乙方同意一次性支付经济补偿金××元(大写:×××)给甲/乙方。

七、其他

1. 双方离婚后,一方不得干扰另一方的生活,不得向第三方泄露另一方的个人隐私和商业秘密,不得损害另一方的名誉,否则应承担违约金×××元(大写:×××)。

2. 上述协议事项是双方商议后慎重考虑的结果,为双方的真实意思表示,协议内容无欺骗、隐瞒的情况。

八、协议生效

本协议一式三份,自婚姻登记机关颁发《离婚证》之日起生效,甲、乙双方各执一份,婚姻登记机关存档一份。

甲方: 乙方:

　　年　月　日　　　　　年　月　日

第一千零七十七条 【关于登记离婚中离婚冷静期的规定】

自婚姻登记机关收到离婚登记申请之日起三十日内,任何一方不愿意离婚的,可以向婚姻登记机关撤回离婚登记申请。

> 前款规定期限届满后三十日内,双方应当亲自到婚姻登记机关申请发给离婚证;未申请的,视为撤回离婚登记申请。

法条释义

该条属于《民法典》新增的内容,系对2001年《婚姻法》第31条①的补充,对登记离婚程序进行限制。

生活中,冲动、轻率离婚情况不断增多,不利于婚姻家庭及社会稳定,因此为维护婚姻家庭和谐稳定,保护未成年人及妇女权益,《民法典》对登记离婚制度进行完善,新增离婚冷静期制度。离婚冷静期,是指立法在坚持离婚自由原则下,为避免夫妻当事人轻率离婚,而在离婚程序中设置的夫妻任何一方都可在婚姻登记机关收到离婚申请后一定时间内撤回申请,终结登记离婚程序的冷静思考期间。②

离婚冷静期有以下4个法律特征③:1.离婚冷静期的前提是尊重离婚自由原则。《宪法》赋予公民婚姻自由,但自由不是绝对的,是法定范围内的自由,因此该条新增的离婚冷静期并非限制离婚自由,而是在尊重公民离婚意愿的基础上,为夫妻双方增加冷静思考的时间,避免冲动离婚。2.离婚冷静期适用于登记离婚,不适用于诉讼离婚。夫妻双方就解除婚姻关系、子女抚养和财产分割达成一致,可申请协议离婚,离婚冷静期则是为双方提供缓冲期。若夫妻一方不同意离婚,或者双方存在子女抚养、财产争议,则一方需要向法院起诉离婚,由法院依法裁判,此时便不存在离婚冷静的问题。3.离婚冷静期的基本作用,是设置一个时间门槛,促使自愿申请登记离婚的当事人冷静思考。4.离婚冷静期的结果,是确定当事人的离婚意愿是否真实,决定是否继续或者终结离婚登记程序。若夫妻双方均在冷静思考后,仍自愿离婚,则婚姻管理部门会依法办理离婚登记程序。

---

① 《婚姻法》第31条:男女双方自愿离婚的,准予离婚。双方必须到婚姻登记机关申请离婚。婚姻登记机关查明双方确实是自愿并对子女和财产问题已有适当处理时,发给离婚证。

② 最高人民法院民法典贯彻实施工作领导小组主编:《中华人民共和国民法典婚姻家庭编继承编理解与适用》,人民法院出版社2020年版,第244页。

③ 杨立新、蒋晓华:《对民法典婚姻家庭编草案规定离婚冷静期的立法评估》,载《河南社会科学》2019年第6期。

该条共规定了两个时间期限,第 1 款规定的 30 日为不变期间,属于典型的离婚冷静期,第 2 款规定的 30 日为可变期间。在该条第 1 款规定的 30 日内,婚姻登记机关不会办理离婚登记手续,夫妻任何一方均可以向婚姻登记机关撤回离婚申请,这意味着冷静期内当事人不能离婚,可以"反悔"。在该条第 2 款规定的 30 日内,婚姻登记机关可以办理离婚登记手续,但需要夫妻双方共同到婚姻登记机关现场办理,若双方逾期办理,则被视为撤回离婚登记申请,如若离婚,需重新申请,还需要再等待一次 30 日冷静期。

| 案例分析 |

张某与王某离婚纠纷案

【基本案情】

2021 年,丈夫张某与妻子王某因感情破裂协议离婚并签署《自愿离婚协议书》,因女儿随王某生活,二人约定张某自愿向王某支付 100 万元的抚育补偿款。二人离婚后,张某迟迟未向王某支付该款项,王某遂向法院提起离婚后财产纠纷诉讼。庭审过程中,王某从张某的陈述中意外得知,张某母亲在两人离婚冷静期内去世,并遗留有一套房产,张某与其他继承人办理了遗产公证,并将上述房屋出卖。王某认为,张母去世发生在离婚冷静期内,当时原、被告仍处于婚姻关系存续期间,因此张某继承的房屋份额应属于张某和王某的夫妻共同财产,要求分割张某出卖房屋取得的售房款。对于前妻的诉讼请求,张某认为毫无道理,他认为,一方面二人已经分居十余年,其间王某从未看望过婆婆,其作为儿媳没有尽到赡养义务,而张某平时尽到了较多赡养义务,所以张母在临终前立有遗嘱,分给张某较多遗产份额。另一方面二人离婚时,王某明知其没有能力支付 100 万元的补偿款,需要继承张母遗产后才有能力支付,因此,王某事实上已经同意以售房款来支付补偿款,不应当再要求分割售房款。①

【争议焦点】

1. 张某在离婚冷静期内继承的财产是否属于夫妻共同财产?

---

① 田婧、栾杰:《离婚冷静期,新增财产怎么分?》,载《人民法院报》2023 年 2 月 28 日,第 6 版。

2. 王某是否有权在离婚后主张分割该财产？

【裁判意见】

北京市西城区人民法院经审理认为，本案中张母去世时张某与王某仍处于婚姻关系存续期间，且张母的自书遗嘱中并未明确写明张某继承取得的房产份额属于张某个人所有或者不属于夫妻共同财产。虽然根据双方的离婚协议，张某自愿支付王某 100 万元补偿款，但《自愿离婚协议书》中并未提到张某从张母处继承取得的房产份额应当如何分割，也未明确约定售房所得款项是张某基于继承取得房产而给予王某的补偿款。法院认为，张某陈述，王某明知 100 万元补偿款只能通过出售继承房屋进行支付，但补偿款如何支付与补偿款本身的性质并非同一概念，张某变卖继承房产按份额所分得的售房款属于一项新增的、并未进行分割的夫妻共同财产，与此前约定的补偿款无关。因此，张某继承的房产份额属于夫妻共同财产，归张某与王某共有，王某有权主张分割张某变卖房产按继承份额分得的售房款。对张某所述王某未尽到对婆婆的赡养义务而无权分得售房款的主张，法院认为，王某要求分割售房款是基于无明确约定情况下，婚姻存续期间继承取得的财产属于夫妻共同财产，故该项抗辩意见，法院不予采信。最终法院判决张某支付王某继承取得的房屋售房款 218 万余元。

【律师观点】

《民法典》第 1080 条规定，完成离婚登记，即解除婚姻关系。因此在张某和王某申请离婚登记的"离婚冷静期"内，双方未完成离婚登记，仍处于夫妻关系存续期间。

王某和张某在婚姻关系存续期间未签订任何婚内财产约定，依据《民法典》第 1062 条之规定，夫妻在婚姻关系存续期间继承所得的财产属于夫妻共同财产，归夫妻共同所有，除非该继承所得财产符合《民法典》第 1063 条第 3 款规定的遗嘱中确定只归一方的财产。本案中，张某母亲去世时留有遗嘱，遗嘱内容写明由张某多分财产，但未注明只归张某所有，该种情况不符合《民法典》第 1063 条第 3 款所规定属于夫妻一方个人财产之情况，因此张某继承所得财产应属张某和王某的夫妻共同财产。

王某和张某离婚时，王某对张某继承所得房产不知情，因此在离婚时并未进行分割。依据《婚姻家庭编解释(一)》第 83 条①之规定,该房产属于离婚时未涉及的夫妻共同财产,王某有权主张分割。

实操指南

男女双方在"离婚冷静期"内仍是夫妻关系。离婚冷静期制度是对离婚登记制度的限制,因此双方申请离婚登记但还未办理完毕离婚登记期间,仍属于夫妻关系存续期间,任何一方不得在离婚冷静期内和他人办理结婚登记,否则属于重婚。

男女双方在申请离婚登记时所提交的离婚协议效力需根据双方最终是否解除婚姻关系进行判断,若双方最终未办理完毕离婚登记,则该协议不发生法律效力;若双方最终办理完毕离婚登记,离婚登记办理完毕时提交的离婚协议与之前申请离婚时所提交的一致,则该离婚协议有效;若双方最终办理完毕离婚登记,但离婚登记办理完毕时所提交的离婚协议与之前申请离婚时所提交的不一致,则申请离婚时所提交的离婚协议不生效,最终办理离婚登记时提交的离婚协议具有法律效力,对男女双方具有法律约束力。

离婚冷静期内,男女双方新增的财产不必然属于或不属于夫妻共同财产,对新增财产的认定,需要结合法律规定(如《民法典》第 1062 条、第 1063 条)、财产性质、财产来源、双方有无约定等综合界定。夫妻一方在此期间转移或挥霍财产,另一方可以依据《民法典》第 1066 条,请求分割。

以下为男女双方办理离婚登记的流程,以北京市西城区为例:

管辖:男女双方中一方的常住户口所在地为北京市西城区。

申请离婚登记:男女双方本人亲自到婚姻登记机关申请离婚,需携带双方身份证原件、双方户口本原件(本人页婚姻情况应为已婚,与身份证上的基本信息一致)、双方结婚证原件、双方各 2 张 2 寸单人近期照片(底色应一致,可均为红色、白色或蓝色)、A4 纸打印离婚协议一式三份(包含子女抚养、财产和债务处理意见,现场无须签署)。

离婚登记申请受理:男女双方的离婚申请被受理后,婚姻登记机关会发给当事

---

① 《婚姻家庭编解释(一)》第 83 条:离婚后,一方以尚有夫妻共同财产未处理为由向人民法院起诉请求分割的,经审查该财产确属离婚时未涉及的夫妻共同财产,人民法院应当依法予以分割。

人离婚受理回执单,回执单上会写明冷静期届满后可以进行离婚登记的时间段。自男女双方申请被受理后的 30 日内,任何一方不愿意离婚的,可以亲自携带离婚回执单前往婚姻登记机关撤回离婚登记申请。

申领离婚证:冷静期届满后 30 日内,男女双方本人应亲自到婚姻登记机关申请发给离婚证,携带材料同前离婚初审材料,此时的离婚协议需就子女抚养、财产及债务分割等达成一致并现场签署。若冷静期届满后 30 日内,男女双方未前往婚姻登记机构申请发给离婚证,视为双方撤回离婚登记申请,双方未离婚。

第一千零七十八条 【关于登记离婚审查、登记条件的规定】
婚姻登记机关查明双方确实是自愿离婚,并已经对子女抚养、财产以及债务处理等事项协商一致的,予以登记,发给离婚证。

法条释义

该条系对 2001 年《婚姻法》第 31 条①修改而来,是当事人协议离婚前往婚姻登记机构办理离婚登记时,登记机关进行离婚审查并办理登记程序的规定。

《婚姻登记条例》对居民离婚登记程序进行了详细规定,根据居民身份不同,婚姻登记机构办理离婚登记审查文件也有所不同。

1. 当事人均为内地居民的,双方当事人应当共同到婚姻登记机关办理离婚登记。办理离婚登记需要携带双方本人的身份证、结婚证、共同签署的离婚协议书及 2 张 2 寸单人近期半身免冠照片。

2. 当事人中一方为我国内地(大陆)居民,另一方为外国人或者我国香港居民、澳门居民、台湾居民或华侨的,双方当事人应当共同到省、自治区、直辖市人民政府民政部门或者省、自治区、直辖市人民政府民政部门确定的机关办理离婚登记。办理离婚登记时,内地(大陆)居民一方需要携带本人的身份证、结婚证,非内地(大陆)居民一方需要根据个人身份情况携带不同证件,若为我国香港居民、澳门居民、台湾居民,需携带本人有效通行证/身份证,若为华侨、外国人需携带有效护照/其

---

① 《婚姻法》第 31 条:男女双方自愿离婚的,准予离婚。双方必须到婚姻登记机关申请离婚。婚姻登记机关查明双方确实是自愿并对子女和财产问题已有适当处理时,发给离婚证。

他有效国际旅行证件。双方需要共同携带自愿签署的离婚协议书及2张2寸单人近期半身免冠照片。

前述当事人离婚时需要携带的证明材料并非固化，根据实际情况可以进行调整：

1. 身份证：当事人无法提交本人在有效期内的身份证，婚姻登记机构也可以根据有效临时身份证进行办理。但当事人户口簿与身份证"姓名""性别""出生日期"内容不一致的，当事人需变更身份证、户口簿为实际情况后再办理离婚登记。

2. 结婚证：当事人无法提供两个结婚证，其中一方当事人的结婚证丢失的，婚姻登记机关可以根据另一方当事人提供的另一本结婚证办理离婚登记。当事人两本结婚证均丢失，无法提供的，当事人可以提供结婚登记档案或结婚登记记录证明等证明材料办理离婚登记。婚姻登记机构依法办理离婚登记的，当事人需要就结婚证丢失情况作出书面说明，该说明存档至婚姻登记机关。当事人提供的结婚证上的姓名、出生日期、身份证号与身份证、户口簿不一致的，当事人应书面说明不一致的原因。

当事人携带前述证件及证明文件办理离婚登记时，婚姻登记机关会审查：

1. 当事人的民事行为能力。只有双方当事人均具有完全民事行为能力，婚姻登记机构才会受理离婚登记。当事人中一方属于无民事行为能力人或者限制民事行为能力人的，婚姻登记机关不受理该离婚登记申请。限制民事行为能力人或无民事行为能力人可以通过代理人以诉讼离婚的方式解除婚姻关系。

2. 当事人的婚姻缔结情况。只有双方当事人的结婚登记是在中国内地办理的，婚姻登记机构才会受理离婚登记，否则不予受理。对于社会生活中未婚同居、仅办理结婚仪式未办理婚姻登记、有配偶者与他人同居等情况，因双方当事人自始不存在婚姻关系，婚姻登记机构不予受理其离婚登记申请。若同居者就财产分割、子女关系存在争议，可以依据《婚姻家庭编解释（一）》第3条[①]的规定，起诉至人民法院。

3. 当事人是否达成离婚协议。离婚协议书需要载明双方当事人自愿离婚的意

[①] 《婚姻家庭编解释（一）》第3条：当事人提起诉讼仅请求解除同居关系的，人民法院不予受理；已经受理的，裁定驳回起诉。当事人因同居期间财产分割或者子女抚养纠纷提起诉讼的，人民法院应当受理。

思表示以及对子女抚养、财产及债务处理等事项协商一致的意见。当事人在首次申请离婚时，需要达成离婚意愿，但婚姻登记机关在申请、冷静阶段不要求当事人对离婚协议进行确定。当事人冷静期届满后，需共同签署离婚协议以申请进行离婚登记。

| 案例分析 |

梁某某诉徐州市云龙区民政局离婚登记行政确认案

【案号】一审：江苏省徐州市中级人民法院（2018）苏03行初139号

二审：江苏省高级人民法院（2018）苏行终1715号

【基本案情】

原告梁某某与第三人黄某某于1985年11月2日登记结婚，2007年3月，黄某某取得新加坡国籍。梁某某与黄某某因感情破裂，双方自愿协议离婚，并于2015年8月10日持中国居民身份证、户口簿等至被告徐州市云龙区民政局办理离婚手续。2018年2月，云龙区民政局发现黄某某隐瞒国籍与梁某某办理离婚登记的事实。2018年3月5日，云龙区民政局作出了《关于黄某某隐瞒国籍与梁某某办理离婚登记的情况说明》（以下简称《情况说明》），记载：梁某某，国籍中国，黄某某，国籍新加坡。2015年8月10日，黄某某隐瞒新加坡国籍，持有未注销的中国内地户口簿、居民身份证，与梁某某在婚姻登记处办理了离婚登记。根据《婚姻登记条例》第2条、《婚姻登记工作规范》第5条第2款的规定，婚姻登记处无权办理涉外婚姻登记，双方当事人于上述时间办理的离婚登记应为无效登记，双方如未在指定的涉外婚姻登记机关或法院办理离婚登记手续，仍系夫妻关系，由此产生的相关法律责任应由当事人承担。

梁某某认为《情况说明》是对其人身权有直接重大影响的具体行政行为，云龙区民政局作出的该行为程序严重违法，请求法院判决确认云龙区民政局于2018年3月5日作出的《情况说明》中记载的确认其与黄某某在2015年8月10日办理的离婚登记无效的行为无效。

【争议焦点】

1. 云龙区民政局对离婚登记是否具有管辖权？

2.云龙区民政局自行纠正作出的《情况说明》是否无效？

【裁判意见】

徐州市中级人民法院一审认为云龙区民政局婚姻登记处办理梁某某、黄某某的离婚登记属于事实清楚超越职权的无效行政行为，云龙区民政局可依职权或依申请自行纠正原离婚登记行为。云龙区民政局作出的《情况说明》证据确凿，适用法律、法规正确，不违反法定程序，不存在超越职权、滥用职权、明显不当情形，原告梁某某的诉讼请求不能成立，不予支持。

江苏省高级人民法院二审认为极少数特定的行政越权行为，若以确认无效或撤销的形式予以纠正，会给国家利益、社会公共利益及相关法律秩序带来重大损害，且该损害客观上难以得到有效恢复与补救，则该类行政越权行为应当作为行政越权无效的例外情形，不应确认无效或予以撤销。本案婚姻登记机关对婚姻当事人越权作出的案涉离婚登记即为例外情形之一。云龙区民政局作出《情况说明》，确认案涉离婚登记应为无效登记及由此形成的相关后果缺乏法律依据，原审法院关于云龙区民政局以确认无效方式纠正原违法离婚登记行为并无不当的认定错误，应予纠正。二审法院判决撤销一审判决，确认《情况说明》无效。

【律师观点】

我国不承认双重国籍。本案中，依据《国籍法》第 3 条①及第 9 条②的规定，自 2007 年 3 月起黄某某自动丧失中国国籍，2015 年 8 月 10 日进行离婚登记时为外国人。根据《婚姻登记条例》第 2 条第 2 款③、《婚姻登记工作规范》第 5 条第 1

---

① 《国籍法》第 3 条：中华人民共和国不承认中国公民具有双重国籍。
② 《国籍法》第 9 条：定居外国的中国公民，自愿加入或取得外国国籍的，即自动丧失中国国籍。
③ 《婚姻登记条例》第 2 条：内地居民办理婚姻登记的机关是县级人民政府民政部门或者省、自治区、直辖市人民政府按照便民原则确定的乡（镇）人民政府。中国公民同外国人，内地居民同香港特别行政区居民（以下简称香港居民）、澳门特别行政区居民（以下简称澳门居民）、台湾地区居民（以下简称台湾居民）、华侨办理婚姻登记的机关是省、自治区、直辖市人民政府民政部门或者省、自治区、直辖市人民政府民政部门确定的机关。

款第 2 项①、《江苏省婚姻登记工作规范》(已失效)第 3 条②的规定,江苏省民政厅设置婚姻登记处,负责办理全省涉外、涉港澳台居民、华侨、出国人员的婚姻登记,因此本案中梁某某和黄某某应当前往省民政厅办理离婚登记,云龙区民政局确实无职权办理梁某某与黄某某的离婚登记。

当事人完成离婚登记,发给离婚证,即解除婚姻关系。当事人婚姻关系解除对外产生效力,具有社会公信力。若不具有级别管辖权的婚姻登记机关为符合离婚实质要件的涉外婚姻当事人进行离婚登记,之后,婚姻登记机关又以自身无管辖权为由,自行纠正确认离婚登记行为无效,这会导致当事人的人身法律关系处于不稳定状态,更会导致社会公众对婚姻登记机关的公权力行为产生不信任感。若已办理完毕离婚登记的当事人,在婚姻登记机关自行纠正确认离婚登记行为无效期间,与他人办理结婚登记,会产生当事人"重婚"的现实效果,破坏了当事人和社会关系稳定。因此,法院对于本案中婚姻登记机关自行纠正的行政行为,不予支持。

实操指南

我国不承认双重国籍,定居外国的当事人,自愿加入或取得外国国籍的,即自动丧失中国国籍。实践中,部分当事人会隐瞒个人国籍情况,使用内地未注销的身份证及户口本办理离婚登记,此时当事人在国外是否符合解除婚姻关系存在一定争议。为避免争议,当事人办理离婚登记应如实告知婚姻登记机关个人身份情况,依法依规办理。

婚姻登记机关对当事人离婚意愿不仅仅是形式审查,还需承担审慎审查职责。根据《婚姻登记工作规范》第 56 条第 1 项的规定,婚姻登记机关在离婚登记中会分

---

① 《婚姻登记工作规范》第 5 条:婚姻登记机关职能划分。(一)县、不设区的市、市辖区人民政府民政部门办理内地居民之间的婚姻登记。省级人民政府可以按照便民原则确定乡(镇)人民政府办理内地居民之间的婚姻登记。(二)省级人民政府民政部门或者其确定的机关,办理涉外和涉香港、澳门、台湾居民以及华侨的婚姻登记。经济技术开发区、高新技术开发区等特别区域办理内地居民婚姻登记的机关由省级人民政府民政部门提出意见报同级人民政府确定。婚姻登记机关不得违反上述规定办理婚姻登记。

② 《江苏省婚姻登记工作规范》(2005 年,已失效)第 3 条:婚姻登记机关的设置(一)婚姻登记机关是依法履行婚姻登记行政职能的机关,必须依法设立。(二)省民政厅设置婚姻登记处,负责办理全省涉外、涉港澳台居民、华侨、出国人员的婚姻登记;各县(市、区)民政部门设置婚姻登记处,负责集中办理双方或一方常住户口在本辖区居民的婚姻登记。开发区、国营农场,按属地管理原则,由本辖区的县级民政局委托相应的政府机构办理婚姻登记。

开询问当事人的离婚意愿,以及对离婚协议内容的意愿,并进行笔录,笔录当事人阅后签名。因此,实践中不存在"假离婚",当事人因其他原因办理离婚登记,双方离婚意愿经审查是真实的,办理登记离婚后则解除婚姻关系。

> **第一千零七十九条　【关于诉讼外调解离婚和诉讼离婚的规定】**
> 夫妻一方要求离婚的,可以由有关组织进行调解或者直接向人民法院提起离婚诉讼。
> 人民法院审理离婚案件,应当进行调解;如果感情确已破裂,调解无效的,应当准予离婚。
> 有下列情形之一,调解无效的,应当准予离婚:
> (一)重婚或者与他人同居;
> (二)实施家庭暴力或者虐待、遗弃家庭成员;
> (三)有赌博、吸毒等恶习屡教不改;
> (四)因感情不和分居满二年;
> (五)其他导致夫妻感情破裂的情形。
> 一方被宣告失踪,另一方提起离婚诉讼的,应当准予离婚。
> 经人民法院判决不准离婚后,双方又分居满一年,一方再次提起离婚诉讼的,应当准予离婚。
>
> **《婚姻家庭编解释(一)》**
> 第六十三条　人民法院审理离婚案件,符合民法典第一千零七十九条第三款规定"应当准予离婚"情形的,不应当因当事人有过错而判决不准离婚。

法条释义

《民法典》第 1079 条沿袭了 2001 年《婚姻法》第 32 条的规定,明确了调解是离婚案件的必经程序,规定了应当准予离婚的法定情形,新增了第 5 款,即"经人民法院判决不准离婚后,双方又分居满一年,一方再次提起离婚诉讼的,应当准予离婚"。

一、诉讼外调解离婚

《民法典》第 1079 条第 1 款规定,夫妻一方要求离婚的,可以由有关组织进行调解。这里的调解区别于诉讼调解,指的是诉讼外调解,是一种民间性的调解,也并非离婚的必经程序。这里的"有关部门"是指人民法院以外的有关部门,包括当事人所在单位、群众团体、基层调解组织和行政主管部门等。由这些部门组织调解,便于了解当事人婚姻事实,做好思想工作,缓解夫妻间矛盾,有利于妥善及时地解决婚姻问题。

诉讼外调解结果之一,即通过民间调解,有效化解夫妻间的矛盾,使夫妻和好;结果之二,夫妻间就离婚意愿、抚养孩子和财产分割达成一致;结果之三,双方矛盾激烈,调解未成功,双方可能最终选择诉讼解决。可见,诉讼外的调解仅仅是民间性的,不具有法律效力,即便调解成功,协商一致,也最终需要到民政部门申请登记离婚,取得离婚证,才能具有法律效力。

二、诉讼离婚

诉讼离婚是婚姻当事人向人民法院提起诉讼,通过法院调解或审理判决而解除双方婚姻关系的一种离婚方式。

(一)调解是诉讼离婚的必经程序

《民法典》第1079条第2款规定:人民法院审理离婚案件,应当进行调解。可见调解是诉讼离婚的必经程序,也是先行程序。即调解程序由人民法院依法主动启动,不需要当事人申请,也不需要经当事人同意。这是因为婚姻家庭纠纷涉及较多的社会和家庭伦理道德内容,且夹杂着生活和感情方面的复杂因素,如果单纯依照法律条文机械执法、简单下判,不利于纠纷的处理和积怨的化解。因此对于离婚案件的处理,一般并不考虑当事人是否自愿,而应当先行调解,这也是从维护家庭这一社会细胞稳定的角度来考量的。[①]

调解和好的离婚案件,根据《民事诉讼法》第101条的规定,人民法院可以不制作调解书,但应当记入笔录,由双方当事人、审判人员、书记员签名或者盖章后,即具有法律效力。

如果双方同意离婚且就财产分割及子女抚养等有关离婚的事项达成一致,则根据《民事诉讼法》第100条的规定,人民法院按照达成一致的内容制作调解书,调解书由审判人员、书记员署名,加盖人民法院印章,送达双方当事人。调解书经双

---

① 最高人民法院民法典贯彻实施工作领导小组主编:《中华人民共和国民法典婚姻家庭编继承编理解与适用》,人民法院出版社2020年版,第260页。

方当事人签收后,即具有法律效力。

如果双方当事人经调解无法和好,也无法就离婚的有关事项达成一致,则不应久调不决,人民法院应当依法审理,如果感情确已破裂,应当准予离婚;如果未达到感情破裂的程度,则应判决不准离婚。

需要注意的是,调解虽是诉讼离婚的先行程序,但并不意味着先行调解未达成后,在法院审理阶段就不再调解或不能调解。基于婚姻家庭案件的复杂性和特殊性,在离婚案件审理过程中,如果当事人在审理阶段就抚养孩子、财产分割等离婚相关事项的全部或某一部分达成一致,法院通常都会优先尊重当事人的意愿,再就双方有分歧的部分进行审理判决。

(二)判决离婚的法定情形

众所周知,感情破裂是判决离婚的基本标准。感情是婚姻的基础,如果感情已经破裂,婚姻就形同虚设,名存实亡。人民法院审理离婚案件,通常会从婚姻基础、婚后感情、离婚原因、夫妻关系的现状和有无和好的可能等方面综合分析,来判断夫妻感情是否确已破裂。自1980年《婚姻法》至今,关于感情破裂的认定标准,均有相关的意见和规定,《民法典》第1079条重申了2001年《婚姻法》第32条规定的应准予离婚的情形,并新增关于离婚诉讼后双方又分居满一年,一方再次起诉,应当准予离婚的规定。

1. 重婚或者与他人同居。重婚,是指有配偶者又与他人结婚的违法行为,其表现为法律上的重婚和事实上的重婚。法律上的重婚是指有配偶又与他人登记结婚,事实上的重婚是指有配偶者与他人虽未登记结婚,但以夫妻名义同居生活。与他人同居,是指有配偶的人与他人不以夫妻名义,持续、稳定地共同生活。事实重婚和与他人同居的相同之处在于,已婚者都与他人持续稳定共同生活,不同之处在于事实重婚是以夫妻名义共同生活,而与他人同居则不以夫妻名义共同生活。与他人同居也不同于出轨,出轨指的是有配偶者与他人发生不正当两性关系,但并未持续稳定地共同生活。重婚、与他人同居、出轨均属于违背夫妻忠诚义务的行为,其中重婚和与他人同居性质更为严重,不仅严重伤害夫妻感情,还破坏了我国一夫一妻制的基本原则。

2. 实施家庭暴力或者虐待、遗弃家庭成员。家庭暴力和虐待,是指发生在家庭成员之间,以殴打、捆绑、残害身体、禁闭、冻饿、凌辱人格、精神恐吓、性暴虐等手段,对家庭成员从肉体上、精神上进行伤害、摧残、折磨的行为。遗弃,是指对于需要扶养的家庭成员负有扶养义务而拒绝扶养的行为,表现为经济上不供养,生活上不照顾,使被扶养人的正常生活不能维持,甚至生命和健康得不到保障。

3. 有赌博、吸毒等恶习屡教不改。夫妻一方有赌博、吸毒等恶习屡教不改,不但容易引发家庭暴力,消耗家庭的经济积蓄,也使正常的家庭生活无法继续。因此,对于恶习难改,一贯不履行家庭义务,夫妻感情难以重建,夫妻难以共同生活的,经调解无效,应准予离婚。

4. 因感情不和分居满二年。夫妻生活的一个重要部分就是共同生活。分居,是夫妻间不再共同生活,不再互相履行夫妻义务,包括停止性生活,经济上不再合作,生活上不再互相关心、互相扶助等。对于因工作、学业等客观原因分居两地,或者一时怄气分开居住的,不构成本项规定的离婚法定事由。按照本项规定,夫妻因感情不和分居满二年,构成夫妻感情破裂的事实证明。

5. 其他导致夫妻感情破裂的情形。这是一个兜底性规定,导致夫妻感情破裂的原因很复杂,法律不可能对所有的情形一一列明。[①]

6. 一方被宣告失踪,另一方提起离婚诉讼的,应当准予离婚。《民事诉讼法》第190条规定,公民下落不明满二年,利害关系人可以申请宣告其失踪。被宣告失踪的,事实上夫妻双方已经终止了夫妻共同生活,且一方处于失踪状态,也无法继续共同生活,提出申请的一方也对婚姻生活不再抱有希望,应当准予离婚。同时需要注意的是,申请宣告失踪和离婚诉讼是两个不同的法律程序,应当分别进行。

7. 经人民法院判决不准离婚后,双方又分居满一年,一方再次提起离婚诉讼的,应当准予离婚。在以往的司法实践中,如果没有上述法定的离婚情形,人民法院本着维护婚姻家庭稳定的原则,通常会不准予离婚。但对再次起诉申请离婚的当事人而言,一次起诉后,分居满一年,足以见得夫妻关系没有改善,感情已经无法挽回,也没有继续共同生活的可能性,当事人离婚的态度非常坚决,在这种情形之下,法院应当判决离婚,尊重当事人的婚姻自由。

(三)符合法定离婚情形,不得以当事人有过错而判决不准离婚

在现实生活中,部分社会公众从弘扬正气、抑制道德败坏角度出发认为,为了

[①] 最高人民法院民法典贯彻实施工作领导小组主编:《中华人民共和国民法典婚姻家庭编继承编理解与适用》,人民法院出版社2020年版,第262~263页。

惩罚过错方,当过错者一方提出离婚诉讼请求且符合法定离婚情形时,对方(无过错方)不同意离婚的,应予以驳回,不准予离婚,从而对有过错方的离婚予以一定的限制。《婚姻家庭编解释(一)》第63条对此作了纠偏和解释,即符合法定离婚情形,不得以当事人有过错而判决不准离婚。

在司法实践中,对于有过错一方要求离婚,而另一方不同意的,人民法院依然应当遵照判断感情是否已破裂的认定标准,经审理作出是否准予离婚的判决。而对于无过错方的利益,则可通过《民法典》第1087条关于财产分割,照顾子女、女方和无过错方利益的原则,以及第1091条的离婚过错赔偿制度进行维护。

| 案例分析 |

刘某与祝某离婚纠纷案

【基本案情】

刘某与祝某2005年登记结婚,双方均系再婚,婚后未生育子女。双方婚后因拆迁利益分配产生矛盾并分居,刘某2019年4月向法院起诉请求离婚被驳回,2020年10月刘某再次起诉要求离婚,主张双方自2015年6月起分居,祝某对其缺少关心和照顾,不履行夫妻义务,第一次起诉离婚被判驳回后,双方仍然处于分居状态,关系并未改善,再次起诉坚决要求离婚。祝某不同意离婚,但未提供充分的证据。[①]

【争议焦点】

刘某与祝某感情是否破裂?

【裁判意见】

一审法院经审理后认为:双方均系再婚,对于家庭生活中产生的问题应相互信任、相互理解、加强沟通,在互谅互让的基础上理性解决。只要双方各自检讨自身存在的问题,加强沟通和交流,双方的婚姻关系还有改善可能,本案不足以认定夫妻感情确已破裂,故判决驳回刘某的诉讼请求。

---

① 方硕:《一中院适用民法典新规定审结首例婚姻关系解除案件》,载北京法院网,https://bjgy.bjcourt.gov.cn/article/detail/2021/01/id/5715861.shtml。

二审法院经审理后认为:适用《民法典》第1079条第5款"经人民法院判决不准离婚后,双方又分居满一年,一方再次提起离婚诉讼的,应当准予离婚"新规定及《最高人民法院关于适用〈中华人民共和国民法典〉时间效力的若干规定》第1条第3款、第22条的规定,法院于2019年5月判决双方不准离婚后,双方又分居至今,已满一年,现刘某再次起诉要求离婚,应当准予,故改判支持刘某关于离婚的诉讼请求。

【律师观点】

本案是北京一中院适用《民法典》新规定审结的首例婚姻关系解除案件。涉案的离婚诉讼双方均系再婚,自2010年起因拆迁利益处置产生矛盾,致使感情出现裂痕;后分居,彼此未充分尽到夫妻义务,夫妻感情已濒临破裂;2019年起诉离婚经人民法院判决驳回后,仍处于持续分居状态,双方关系未有明显缓和或改善,且一方想要解除婚姻关系意志坚决,应认为夫妻感情破裂。本案二审之时《民法典》已正式施行,故本案二审适用《民法典》关于解除婚姻关系的新规定。

/ 实操指南

在司法实践中,初次起诉离婚,如果不能满足法律规定的应当判决离婚的法定情形,则通常为维护社会稳定,给夫妻双方以及家庭修复感情的机会,第一次起诉离婚不被判离的可能性是非常大的。判决被驳回的夫妻经过冷静和沟通,确有部分未再诉讼离婚;但仍有部分夫妻之后再行起诉,且解除婚姻关系的态度坚决。故《民法典》增加"经人民法院判决不准离婚后,双方又分居满一年,一方再次提起离婚诉讼的,应当准予离婚"这一新规定,一方面尊重婚姻自由,另一方面也为"久调不决"的司法困境提供了"判离"的法律依据。

第一千零八十条 【关于婚姻关系解除的规定】

完成离婚登记,或者离婚判决书、调解书生效,即解除婚姻关系。

《婚姻家庭编解释(二)》

第二条 夫妻登记离婚后,一方以双方意思表示虚假为由请求确认离婚无效的,人民法院不予支持。

第四章 离 婚

法条释义

该条是《民法典》的新增条款,明确规定了完成离婚登记,即领取民政部门颁发的离婚证,或者收到法院生效的离婚判决书和调解书,男女双方的婚姻关系即合法解除,男女双方间的夫妻权利义务即终止。民政部门颁发的离婚证、离婚判决书或调解书,在解除婚姻关系方面具有同等的法律效力。《婚姻家庭编解释(二)》更是对"假离婚"的效力作了回应,保持了我国对婚姻登记采取外观主义的一贯立场,切记法律上没有"假离婚"。

离婚判决书或调解书上除涉及当事人双方婚姻关系解除外,还可能涉及个人信息、子女抚养以及夫妻共同财产分割等隐私信息。在处理户口变更、房屋买卖、银行贷款、再次登记结婚等事项时往往需要证明婚姻状况,此时离婚判决书和调解书使用起来,多有不便。为解决当事人的烦恼,近年来在司法实践的基础上,《最高人民法院关于进一步深化家事审判方式和工作机制改革的意见(试行)》第41条规定,人民法院判决或者调解离婚的案件,根据当事人的申请,人民法院可以为当事人出具离婚证明书。即人民法院依当事人的申请可以出具离婚证明书,离婚证明书上仅记载双方的姓名、身份、案号及案件生效日期,隐去了判决书和调解书中的其他涉及子女、财产分割等事实,很好地保护了当事人的个人隐私;法院出具的离婚证明书,与离婚判决书、调解书、离婚证具有同等的法律效力。

区别于其他民事判决和调解书,对解除婚姻关系的判决、调解书不得申请再审。《民事诉讼法》第213条规定,当事人对已经发生法律效力的解除婚姻关系的判决、调解书,不得申请再审。一方面,从程序上看,法律要求离婚案件的当事人必须到庭,法院应充分听取当事人本人的意愿,同时审理离婚案件必须先行调解;从实体上看,法院对判决离婚有严格详细的认定标准和法律规定,经法院查明事实作出的判决,可以充分尊重和保障当事人的婚姻自由。另一方面,法院作出解除婚姻关系的判决,说明已确认双方的感情已经破裂,无法共同生活;如果夫妻一方认为他们之间的感情仍未破裂,可以共同生活,则可以到民政部门重新进行结婚登记,无须通过再审程序请求法院撤销或者变更已经生效的法律文书。解除婚姻关系后,一方即可以重新开始新的婚姻生活,如果允许解除关系的判决或调解书申请再审,则会给新的社会秩序和家庭关系带来冲击,因此,当事人对已经生效的解除婚姻关系的判决、调解书申请再审时,法院不予受理。

当然，无论是通过民政部门登记离婚解除婚姻关系，还是经法院审理领取离婚判决书或调解书解除婚姻关系，就子女抚养权属变更、抚养费支付、夫妻财产分割等相关纠纷，符合法律规定的条件的，当事人依旧可以依法提起诉讼，人民法院应当受理。

| 案例分析 |

史某诉隋某离婚后财产纠纷案

【案号】北京市顺义区人民法院（2023）京0113民初3843号

【基本案情】

史某（原告）与隋某（被告）于2000年8月9日在顺义区民政局登记结婚，2011年11月21日办理离婚登记，并签署离婚协议书，载明：婚后无共同财产。无债权债务。2011年11月29日，隋某（买受人）与北京市顺义大龙城乡建设开发总公司签订《北京市商品房现房买卖合同（经济适用住房）》，房屋坐落于顺义区×号楼×单元×号（以下简称×房产）。2011年12月27日，申请人为隋某，办理北京住房公积金贷款，贷款额度为16万元整，贷款期限为27年。2012年1月6日，隋某（甲方，借款人）与中国建设银行股份有限公司北京顺义支行（乙方，贷款人）、北京市住房贷款担保中心（丙方，担保人）签订《住房公积金贷款借款合同》，约定借款数额为人民币16万元整，借款期限为27年，借款用途仅限于甲方购买坐落于北京市顺义区×号楼×单元×号住房。2013年4月11日，隋某为×房产办理产权登记，登记房屋所有权人为隋某。2013年9月11日，该房屋设立抵押登记。

庭审中，史某主张，为了买经济适用房时贷款能更多一些，才与隋某签订离婚协议，办理离婚手续，双方系假离婚，离婚协议内容不是原告真实意愿。史某请求依法分割×房产，确认一半份额归原告史某所有。

【争议焦点】

离婚协议书是否合法有效？

案涉×房产是否属于夫妻共同财产？

【裁判意见】

法院认为,当事人对自己提出的主张,有责任提供证据。没有证据或者证据不足以证明当事人的事实主张的,由负有举证责任的当事人承担不利后果。本案中,史某与隋某于2011年11月21日办理离婚登记,并签署离婚协议书,该协议合法有效。史某主张其与隋某为假离婚,但未提供相关证据予以证明,法院难以采信。×房产为隋某离婚后购买,《北京市商品房现房买卖合同(经济适用住房)》和《住房公积金贷款借款合同》均为隋某一人签订,×房产房屋所有权人登记为隋某,应认定×房产为隋某个人财产。对于原告史某的全部诉讼请求,法院不予支持。

【律师观点】

鉴于婚姻当事人双方均有完全民事行为能力,对自己实施的民事法律行为应当承担相应的后果,即双方对签署离婚协议书、办理离婚登记将产生婚姻关系解除的法律后果是明知的。双方在离婚后,将不再具有互为配偶的身份,也不再享有配偶的权利和义务。

因此,在日常生活中,试图通过"假离婚",规避购房政策、贷款政策等是不可取的,以免被"假离婚"套路,导致人财两空。就法律层面而言,不存在"假离婚"的概念。一旦夫妻双方完成了离婚登记,领取了离婚证,婚姻关系就解除了。"假离婚"期间的法律风险不容忽视,比如,"假离婚"期间的收入不再属于夫妻共同财产,"假离婚"后一方购置的房屋可能属于个人财产;"假离婚"期间无须履行夫妻之间的忠实义务,即不排除和其他异性交往但无法认定为婚姻过错的不利情形;为"假离婚"签署的离婚财产分割协议等也可能导致自身财产利益的重大损失;"假离婚"期间发生继承事实的,一方也不能依据配偶身份主张继承或分割。

实操指南

进行离婚登记时,对离婚协议书的相关内容务必要谨慎重视,必要时,可以请专业的家事律师协助起草,对于孩子抚养、财产分割、债权债务等进行明确的约定,以免未来再陷"离婚后财产纠纷"的诉讼风险中。

在工作中,还经常会遇到客户的咨询,如领取离婚判决书或调解书后,是否还需要去换取离婚证?如前所述,离婚判决书、调解书和离婚证在解除婚姻关系方面具有同等的法律效力。通俗地讲,离婚判决书或调解书就等同于离婚证,无须再换取离婚证。

> **第一千零八十一条 【关于限制现役军人配偶离婚请求权的规定】**
>
> 现役军人的配偶要求离婚,应当征得军人同意,但是军人一方有重大过错的除外。
>
> **《婚姻家庭编解释(一)》**
>
> 第六十四条 民法典第一千零八十一条所称的"军人一方有重大过错",可以依据民法典第一千零七十九条第三款前三项规定及军人有其他重大过错导致夫妻感情破裂的情形予以判断。

法条释义

对军人婚姻实行特殊保护是我国婚姻制度的一个特色。我国婚姻法历来都有保护军婚的相关规定。1980年《婚姻法》规定,现役军人的配偶要求离婚须征得军人同意。这一规定在实践中遇到了一些问题,比如,不符合婚姻自由原则;军人一方有家暴行为、遗弃行为等重大过错时,非军人一方提出离婚,军人一方拒不同意,将对非军人一方造成极大的伤害。因此,立法机关综合各方面的意见,在2001年《婚姻法》第33条"现役军人的配偶要求离婚,须得军人同意"之后增加"但军人一方有重大过错的除外"。《民法典》第1081条仍然沿袭了2001年《婚姻法》第33条的规定。

一、现役军人的范围

该条规定适用的主体是现役军人和现役军人的配偶(非军人一方)。《军人地位和权益保障法》第2条规定:本法所称军人,是指在中国人民解放军服现役的军官、军士、义务兵等人员。第69条规定:中国人民武装警察部队服现役的警官、警士和义务兵等人员,适用本法。《兵役法》第6条规定:兵役分为现役和预备役。在中国人民解放军服现役的称军人;预编到现役部队或者编入预备役部队服预备役的,称预备役人员。第25条规定:现役士兵包括义务兵役制士兵和志愿兵役制士兵,义务兵役制士兵称义务兵,志愿兵役制士兵称军士。一般来说,现役军人不包括以下几类人员:一是在军事单位中未取得军籍的职工;二是退役军人,包括复员军人、转业军人、退休军人、离休军人以及退役的革命伤残军人;三是在地方担任某种军事职务的人员,如不属于军队编制的在武装部工作的干部、编入民兵组织或者经过登记的预备役士兵。[1]

二、军人一方重大过错的情形

我国对军人婚姻实行特别保护是维护军队稳定的需要,符合我国的国情和军情。它既体现在军人择偶必须遵守国家和军队的有关规定,军人配偶享受国家和社会给予军婚家庭的优待和照顾,同时在军人离婚时,也有特殊规定。一般婚姻离婚时以"感情破裂"为认定标准,但军人配偶(非军人一方)要求离婚需以"重大过错"为标准,基于特殊法优先一般法的原则,即"现役军人配偶要求离婚,应征得军人同意"。简言之,只要军人不存在重大过错,则无论夫妻感情是否确已破裂,军人配偶要求离婚的,需征得军人一方的同意。但如果军人一方存在重大过错,则非军人配偶无须征得军人同意,即使军人一方不同意离婚,法院也可以判决离婚。

关于重大过错的情形,《婚姻家庭编解释(一)》第 64 条给出了具体解释,即军人重大过错的 4 种情形:(1)重婚或者与他人同居;(2)实施家庭暴力或者虐待、遗弃家庭成员;(3)有赌博、吸毒等恶习屡教不改;(4)军人有其他重大过错。前 3 种情形参考前文所述,第 4 种情形作为一种兜底规定,主要是指其他严重违背社会公德,并对夫妻感情造成严重伤害的行为,比如,强奸妇女、奸淫幼女、嫖娼等违法犯罪行为等,可以认定为重大过错行为。[2]

三、不适用该条的情形

1. 如果双方均为现役军人,则不适用该条

该条是关于限制现役军人配偶离婚请求权的规定,其意图是为了维护军人一方的意愿,是对军人婚姻的特殊保护。如果双方都是现役军人,则无论是谁先提出离婚,都不受该条规定的约束。《军队贯彻实施〈中华人民共和国婚姻法〉若干问题的规定》第 11 条第 2 款规定:双方均为现役军人,双方自愿离婚或一方要求离婚的,当事人所在部队领导或政治机关应当进行调解;调解无效,并符合《婚姻法》规定的离婚条件的,由政治机关出具证明后,方可到婚姻登记机关申请离婚或向法院

---

[1] 最高人民法院民法典贯彻实施工作领导小组主编:《中华人民共和国民法典婚姻家庭编继承编理解与适用》,人民法院出版社 2020 年版,第 272 页。

[2] 最高人民法院民法典贯彻实施工作领导小组主编:《中华人民共和国民法典婚姻家庭编继承编理解与适用》,人民法院出版社 2020 年版,第 273 页。

提出离婚诉讼。

2.现役军人向非军人方主动提出离婚的,按照一般离婚处理,不适用该条

《军队贯彻实施〈中华人民共和国婚姻法〉若干问题的规定》第 11 条第 3 款规定:配偶是地方人员,军人一方要求离婚的,所在部队政治机关领导应当视情况进行调解;符合《婚姻法》规定的离婚条件,并经对方同意,政治机关方可出具证明同意离婚;如军人一方坚持离婚,对方坚决不同意离婚的,部队可商请对方所在单位或地方有关部门进行调解,调解无效的,政治机关出具证明,由当事人向法院提出离婚诉讼。

| 案例分析 |

冯某诉刘某 1 离婚纠纷案

【案号】一审:河南省郏县人民法院(2021)豫 0425 民初 2140 号

【基本案情】

冯某和刘某 1 经人介绍认识,两人于×年×月×日在郏县民政局登记结婚。婚后于×年×月×日生育女儿刘某 2,×年×月×日生育儿子刘某 3。刘某 1 提交的士官证显示,发证日期为 2019 年 9 月 1 日,有效期至 2021 年 6 月 30 日。原告冯某认为双方婚后因家庭琐事,经常吵架,矛盾不断,现夫妻感情已彻底破裂,请求解除婚姻关系。刘某 1 辩称,双方感情基础深厚,婚后生育了两个孩子;刘某 1 是军人,非常珍惜当下的生活,也感激冯某在家操持家务、照顾孩子的艰辛和不易,愿意在以后的生活中多多弥补冯某,给予更多的温暖和关心,双方夫妻感情尚有和好的可能,刘某 1 坚决不同意离婚。

【争议焦点】

夫妻感情是否破裂?

【裁判意见】

法院认为,冯某、刘某 1 认识时间较长感情基础较好,结婚后两人生育两个子女,证明婚后感情尚可。刘某 1 系军人,因工作性质原因双方未能长期共同生活,冯某起诉时刘某 1 仍系现役军人,且刘某 1 表示愿意和好,不同意离婚,故双方感情并未完全破裂,只要双方能相互理解、沟通,念及夫妻情分和家庭责任,理智处

生活中的矛盾,相互扶持,夫妻感情仍能维持,对冯某的离婚诉请予以驳回。

【律师观点】

本案中,刘某1作为现役军人一方,如果始终不同意离婚,怎么办?虽然我国法律针对军婚实施特别保护,但是如有证据证明军人存在上述"重大过错"的,无论军人是否同意,军队是否出具同意离婚的证明,军嫂均可以直接向地方法院起诉要求离婚,由人民法院来判断是否存在"重大过错"。如果夫妻双方婚姻基础和婚后感情都比较好,人民法院应配合现役军人所在单位对军人的配偶进行说服教育,劝其珍惜与军人的婚姻关系,正确对待婚姻问题,尽量调解和好或判决不予离婚。非军人一方要求离婚的请求被法院驳回后,如非军人一方长年诉讼要求离婚,而军人一方始终不同意离婚的,应综合衡量立法本意,人民法院应当通过军人所在单位的政治机关加强沟通,相互配合,向军人做好思想工作,经其同意后,应准予离婚。

实操指南

实践中,大家对军婚的诉讼管辖一直存在误区,军婚离婚诉讼并非一定归军事法院管辖。《最高人民法院关于军事法院管辖民事案件若干问题的规定》第2条规定,下列民事案件,有关军事法院和地方人民法院都有权管辖,地方当事人向军事法院提起诉讼的,军事法院应当受理:……(二)当事人一方为军人的婚姻家庭纠纷案件;……可见,地方当事人就离婚案件向军事法院提起诉讼的,由军人所在单位的军事法院管辖。但是当事人选择向地方法院提起诉讼的,地方法院也可以受理。军人一方提起离婚诉讼的,参照《民事诉讼法》第22条关于管辖的基本规定,对公民提起的民事诉讼,由被告住所地人民法院管辖;被告住所地与经常居住地不一致的,由经常居住地人民法院管辖。

第一千零八十二条 【关于男方离婚请求权行使时间的限制性规定】

女方在怀孕期间、分娩后一年内或者终止妊娠后六个月内,男方不得提出离婚;但是,女方提出离婚或者人民法院认为确有必要受理男方离婚请求的除外。

法条释义

众所周知,怀孕、生育对妇女来说,无论是生理上,还是精神上都是一段相对比较特殊的时期,妇女在这段时间不仅需要承受身体负担以及由此带来的不便,同时妇女在怀孕、分娩、终止妊娠期间,尚需承受心理上的煎熬,在这段特殊期间,极其需要男方及家人的照料、帮助、理解、关心和抚慰,男方必须在这段时间履行对女方的扶助义务。同时,在女方怀孕或分娩后不久,胎儿、幼儿正处在生长发育的关键阶段,女方的身体和精神状况也尚未恢复到良好状态,如果男方在此阶段提出离婚,不仅可能给女方的精神带来打击,也会危及胎儿、幼儿的健康生长发育。因此该条延续了2001年《婚姻法》第34条的规定,根据保护妇女和儿童的合法权益原则,对怀孕期间、分娩或终止妊娠后的妇女进行特殊保护,旨在充分保护孕产妇和终止妊娠后的妇女的身心健康,以及胎儿、幼儿的发育成长。

一、限制男方离婚请求权的时间

1."怀孕期间"的释义:通常意义上是指夫妻双方发生性关系使女方怀孕的期间。同时还包括女方在婚前与他人、婚后与他人发生性关系后怀孕的期间。

2."分娩后一年内"的释义:是指胎儿脱离母体作为独自存在的个体的一年内。只要女方有分娩的事实,无论是顺产还是剖宫产,也无论婴儿娩出时是否死亡,分娩后一年内男方均不得提出离婚。即女方早产或产后幼儿死亡的,均应适用该条规定。

3."终止妊娠后六个月内"的释义:终止妊娠,即结束怀孕,是指母体承受胎儿在其体内发育成长的过程的终止,胎儿及其附属物胎盘、胎膜自母体内排出是妊娠的终止。包括自然终止妊娠和人工终止妊娠,自然终止妊娠主要指胎儿患有严重疾病停止发育等,人工终止妊娠则指的是因意外怀孕、孕妇患有妊娠期疾病或者其他原因引起的胎儿发育异常等需要人工终止妊娠。在医学上,人工终止妊娠时,如胎儿已经发育成熟,可能成活。但结合前后文,该条规定的"终止妊娠后六个月内"不包括胎儿成活的情形,如提前人工终止妊娠后胎儿成活,则应当认定为"女方分娩",该条规定的终止妊娠仅指自然流产或人工流产。终止妊娠,对妇女的身心健康会有很大的影响,妇女在此期间应受到法律的特别保护。[1]

---

[1] 最高人民法院民法典贯彻实施工作领导小组主编:《中华人民共和国民法典婚姻家庭编继承编理解与适用》,人民法院出版社2020年版,第277~278页。

上述对男方离婚诉讼请求权的限制也仅是对特殊时期的离婚请求权的限制,只是对权利行使的延时,并非剥夺也并未违反离婚自由的原则;特殊时期过后,男方依然可以通过诉讼行使离婚请求权。当然,如果男女双方在上述特殊期间,协商一致,双方协议离婚,则不受该条限制。

二、女方在上述期间行使离婚请求权不受限

该条在特殊时期限制男方离婚请求权的行使,是对妇女、胎儿、幼儿的身心健康进行的特殊保护。但根据该条规定,如果在怀孕期间、分娩后 1 年内或者终止妊娠后 6 个月内,女方提出离婚,则不受上述时间限制,可以随时行使离婚请求权。原因在于如果女方在此期间提出离婚,往往是出于某种紧迫、无法忍受的原因,且本人对离婚及离婚后的后果均已做好思想准备,如果不及时受理,相反会给女方带来身体或精神上的压力,不利于对孕产妇、胎儿、幼儿的利益保护。

三、限制男方行使离婚请求权的除外情形

该条还规定人民法院认为确有必要受理男方离婚请求的除外。此处的"确有必要"一般是指女方存在过错,或者未尽对婴幼儿的抚养义务,严重破坏了夫妻关系,导致夫妻感情破裂的情形。在这种情况下,人民法院受理男方的离婚请求,既符合婚姻自由的原则也符合婚姻的本质。即便存在女方不同意离婚的情况,人民法院也可以依据感情确已破裂依法作出准予离婚的判决。

根据司法审判实践,除外情形通常包括以下几种:(1)女方怀孕、分娩或终止妊娠是因为婚前或婚内与他人发生性关系而导致;(2)女方对男方有虐待、遗弃或家庭暴力行为等;(3)女方对幼儿有虐待遗弃行为的;(4)女方可能威胁男方生命安全;(5)双方确有不能继续共同生活的重大、急迫的情形。出现上述情形,从保护儿童的身心健康的角度出发,人民法院应当准许男方提出离婚。

┃ 案例分析 ┃

刘某诉杨某离婚纠纷案

【案号】一审:山东省滨州市沾化区人民法院(2023)鲁 1603 民初 1029 号
【基本案情】
2016 年 2 月 1 日,原告刘某与被告杨某在滨州市沾化区民政局登记结婚,杨某

于 2022 年 12 月 19 日生育两婚生子。婚后双方经常争吵,根本无法正常生活;被告于 2023 年 3 月 15 日离家出走,至今未归。刘某于 2023 年 5 月 5 日起诉立案,诉请解除与杨某的婚姻关系。

【争议焦点】

刘某是否有离婚请求权?

【裁判意见】

法院经审查认为,杨某于 2022 年 12 月 19 日生育两婚生子,依据《民法典》第 1082 条的规定,女方在怀孕期间、分娩后 1 年内或者终止妊娠后 6 个月内,男方不得提出离婚;但是,女方提出离婚或者人民法院认为确有必要受理男方离婚请求的除外。本案中,现杨某分娩后不足 1 年,刘某不得提出离婚,故驳回原告刘某的起诉。

【律师观点】

在本案中,因存在限制男方离婚诉讼请求权的情形之一,即在女方分娩 1 年内,因此男方的诉讼请求未获支持。但如果在女方分娩 1 年后或者终止妊娠 6 个月后,男方依然可依法提起离婚诉讼,法院则会审理认定夫妻是否感情确已破裂,以此判决是否应当离婚。若在此"限制期限"内,出现了"除外情形"且男方有充分证据予以证实,则不受"怀孕期间、分娩后 1 年内或者终止妊娠后 6 个月内,男方不得提出离婚"的限制。

▍实操指南

在司法实践中,如果一审法院审理案件时未发现女方怀孕而判决离婚,后女方发现怀孕而上诉的,经查明属实后,二审法院应当撤销原判决,驳回原告起诉。

另外应当注意的是,该条规定只适用于合法婚姻关系的当事人,不适用于同居关系。同居关系和合法婚姻关系的性质不同,当事人选择同居,而不是结婚,表明其没有寻求法律对合法婚姻的保护。因此同居关系中面对此类情形,男女一方主张解除同居关系的诉讼请求,法院不予受理。对于同居关系中涉及财产分割、子女抚养问题,法院可以参照析产、离婚等相关法律规定进行处理。

> **第一千零八十三条　【关于离婚后男女双方自愿恢复婚姻关系重新进行结婚登记的程序规定】**
>
> 离婚后,男女双方自愿恢复婚姻关系的,应当到婚姻登记机关重新进行结婚登记。

法条释义

2001年《婚姻法》第35条规定:离婚后,男女双方自愿恢复夫妻关系的,必须到婚姻登记机关进行复婚登记。相较之下,《民法典》第1083条将"自愿恢复夫妻关系"修改为"自愿恢复婚姻关系",将"必须到婚姻登记机关进行复婚登记"修改为"应当到婚姻登记机关重新进行结婚登记"。其中,将"必须"修改为"应当",用语更加规范;而将"复婚登记"修改为"重新进行结婚登记",则表明了结婚登记的规范性和严肃性。

复婚,是指合法解除婚姻关系后的男女双方自愿恢复夫妻关系,到婚姻登记机关办理登记手续,重新确立婚姻关系。复婚本质上是一种结婚行为,但在结婚主体上有其特殊性,即离婚的原配偶双方,因而其既具有结婚的一般特点,适用关于结婚的一般规定,也具有不同于一般结婚的特殊性。

一、复婚遵循我国婚姻制度中的基本原则

婚姻自由是《宪法》赋予公民的权利,旨在保障公民在法律的规定范围内,不受外力干预和强制,自主决定自己的婚姻意愿。同时《民法典》第1041条规定,实行婚姻自由、一夫一妻、男女平等的婚姻制度。第1042条规定,禁止包办、买卖婚姻和其他干涉婚姻自由的行为。复婚同样也要遵循上述相关原则,主要体现在以下两方面:

(一)复婚体现婚姻自由的原则

由男女双方自愿决定是否恢复婚姻关系,即复婚男女双方均具有结婚的真实意思表示。包含三层含义:第一,必须是男女双方共同的意愿,而不是单方意思表示,并且是以双方自愿为前提,排除一方对他方的强迫。第二,必须是本人的自愿,而非第三人的意愿。法律禁止任何他人干涉婚姻自由,禁止当事人以外的任何人强迫婚姻、包办婚姻。第三,必须是完全真正的自愿,而非勉强的附加条件的同意,即不能将复婚作为谋取利益的手段或跳板。

(二)复婚应符合一夫一妻制的原则

男女双方在复婚时,必须处在无配偶状态,比如,离婚后还未再婚、再婚后又已经离婚、再婚后配偶死亡、再婚后配偶宣告死亡的;有配偶者不得向婚姻登记机关进行复婚登记,如果一方或双方与他人缔结了合法的婚姻而又进行复婚登记的,则一方或双方构成重婚罪,这样的结婚登记也应被宣告无效。①

二、重新登记结婚的程序

(一)当事人向婚姻登记机关申请

当事人重新进行婚姻登记的,应当由双方亲自而不能由别人代理去办理结婚登记。应当由双方向婚姻登记机关申请而不是向人民法院诉请恢复婚姻关系。

结婚登记应去有管辖权的婚姻登记部门进行申请。根据《婚姻登记条例》第7条②的规定,内地居民结婚,男女双方应当亲自到婚姻登记机关办理结婚登记。中国公民同外国人在中国内地结婚的,内地居民同香港居民、澳门居民、台湾居民、华侨在中国内地结婚的,男女双方应当共同到规定的婚姻登记机关办理结婚登记。

近年来,随着我国的城市化进程和人口流动的加快,越来越多的人跨省或跨区域结婚。为了方便人民群众,国家推出了居民婚姻登记跨省通办政策,并进一步扩大试点范围。自2023年6月1日起,北京、天津、河北、内蒙古、辽宁、上海、江苏、浙江、安徽、福建、江西、山东、河南、湖北、广东、广西、海南、重庆、四川、陕西、宁夏等21个省(区、市)实施内地居民结婚登记和离婚登记"跨省通办"试点。试点地区婚姻登记机关统一受理婚姻登记"跨省通办"事项,能够基本满足异地办理婚姻登记的需求。

(二)婚姻登记机关对当事人的重新结婚申请进行审查

这是婚姻登记程序的中心环节。主要查明当事人的复婚是否符合婚姻法规定的准予登记的条件以及其携带的证明和证件是否齐全。当事人对婚姻登记机关的

---

① 最高人民法院民法典贯彻实施工作领导小组主编:《中华人民共和国民法典婚姻家庭编继承编理解与适用》,人民法院出版社2020年版,第282~283页。

② 《婚姻登记条例》第7条:内地居民结婚,男女双方应当亲自到婚姻登记机关共同申请结婚登记。中国公民同外国人在中国内地结婚的,内地居民同香港居民、澳门居民、台湾居民、华侨在中国内地结婚的,男女双方应当亲自到本条例第二条第二款规定的婚姻登记机关共同申请结婚登记。婚姻登记机关可以结合实际为结婚登记当事人提供预约、颁证仪式等服务。鼓励当事人邀请双方父母等参加颁证仪式。

有关询问、了解应如实回答,必要时可以进行调查或进行有关医学鉴定。①

其中,对于复婚双方婚姻状态的审查,男女双方应当向婚姻登记机关提交能够证明其声明真实性的离婚证、加盖查档专用章的离婚登记档案复印件、人民法院生效离婚判决书(一审判决书同时提供生效证明)或者调解书等材料。离婚证件系外国登记离婚证书的,应当经驻在国公证机关公证、驻在国外交部或外交部授权的机关认证,并经中华人民共和国驻外使、领馆认证。离婚证件系外国法院的离婚调解书的,应当经我国法院裁定承认。

(三)重新结婚登记

婚姻登记机关对经审查符合结婚条件的当事人应当发给结婚证书,同时将原离婚证书予以缴销或注销,这样可以避免当事人在复婚后以离婚证或离婚协议书在外招摇撞骗、蒙骗他人,与他人再行结婚。②

案例分析

凌某诉张某离婚纠纷案

【案号】 一审:上海市浦东新区人民法院(2023)沪 0115 民初 102523 号

【基本案情】

凌某与张某曾于 2006 年 5 月 17 日登记结婚,2006 年 6 月 16 日生育一子名为张小某。2009 年,张某为避免经营风险及保护凌某和儿子的生活,与凌某办理离婚手续,双方于 2009 年 8 月 24 日经上海市浦东新区人民法院调解离婚。之后,双方一直以夫妻名义共同居住生活,后双方于 2012 年 8 月 22 日以结婚证遗失为由至民政部门补领了结婚证。补领结婚证后,凌某得知张某与其他异性有不正当关系,张某甚至对凌某实施家庭暴力。2021 年 9 月,双方因感情不和开始分居,此后双方关系未曾改善,感情彻底破裂,凌某起诉张某要求离婚。

---

① 最高人民法院民法典贯彻实施工作领导小组主编:《中华人民共和国民法典婚姻家庭编继承编理解与适用》,人民法院出版社 2020 年版,第 284 页。

② 最高人民法院民法典贯彻实施工作领导小组主编:《中华人民共和国民法典婚姻家庭编继承编理解与适用》,人民法院出版社 2020 年版,第 284 页。

【争议焦点】

双方的婚姻关系是否合法存在?

【裁判意见】

法院经审查认为,张某曾于 2009 年向法院起诉,要求与凌某离婚,双方于同年 8 月 24 日经法院调解离婚,案号为:(2009)汇民一(民)初字第 5948 号。后双方于 2012 年 8 月 22 日以结婚证遗失为由至民政部门补领了结婚证。由此可见,凌某与张某的婚姻关系已于 2009 年 8 月 24 日经法院调解解除,双方虽于 2012 年 8 月 22 日补领了结婚证,但该行为并非复婚登记,故双方的婚姻关系仍处于解除状态。依照《最高人民法院关于适用〈中华人民共和国民事诉讼法〉的解释》第 247 条的规定,现凌某再次起诉离婚构成重复起诉,应不予受理。

【律师观点】

复婚是一种法律行为,如果男女双方离婚后又自愿要求恢复夫妻关系的,说明双方的感情并未完全破裂,或造成离婚的原因已被消除。在这种情况下,法律允许双方重新确立婚姻关系,即重新进行结婚登记,男女双方自结婚登记之日起,即为合法有效的婚姻关系,男女双方的财产关系、子女抚养等受到婚姻法相关法律的保护。

本案中,男女双方于 2009 年 8 月 24 日经上海市浦东新区人民法院调解离婚,此时双方的婚姻关系已经解除。之后两人未进行复婚登记而选择同居生活在一起,双方的同居关系并不等于婚姻关系,二人之间并不存在合法有效的婚姻关系,凌某无法基于此诉请解除婚姻关系。当然对于同居期间的财产纠纷,凌某可通过同居析产进行解决。

实操指南

结婚、离婚都是法律行为,复婚亦然。我国的婚姻管理采取登记主义,结婚、离婚都需要到婚姻登记机关办理登记手续。事实上,男女恢复婚姻关系进行婚姻登记取得的是结婚证,并没有复婚证一说。但在现实生活中,有部分离婚的男女选择继续生活在一起,而不重新办理结婚登记,这样就形成了同居关系;男女双方若没有重新履行结婚登记的法定程序,则双方之间并不是合法有效的婚姻关系,男女双方不能取得合法的夫妻身份,也就无法得到法律对婚姻关系的保护。因此建议,决定重新复合的原配偶,为维护自身的合法权益,务必及时到民政部门进行结婚登记。

第四章 离 婚

第一千零八十四条 【关于离婚后子女的抚养】

父母与子女间的关系,不因父母离婚而消除。离婚后,子女无论由父或者母直接抚养,仍是父母双方的子女。

离婚后,父母对于子女仍有抚养、教育、保护的权利和义务。

离婚后,不满两周岁的子女,以由母亲直接抚养为原则。已满两周岁的子女,父母双方对抚养问题协议不成的,由人民法院根据双方的具体情况,按照最有利于未成年子女的原则判决。子女已满八周岁的,应当尊重其真实意愿。

《婚姻家庭编解释(一)》

第四十四条 离婚案件涉及未成年子女抚养的,对不满两周岁的子女,按照民法典第一千零八十四条第三款规定的原则处理。母亲有下列情形之一,父亲请求直接抚养的,人民法院应予支持:(一)患有久治不愈的传染性疾病或者其他严重疾病,子女不宜与其共同生活;(二)有抚养条件不尽抚养义务,而父亲要求子女随其生活;(三)因其他原因,子女确不宜随母亲生活。

第四十五条 父母双方协议不满两周岁子女由父亲直接抚养,并对子女健康成长无不利影响的,人民法院应予支持。

第四十六条 对已满两周岁的未成年子女,父母均要求直接抚养,一方有下列情形之一的,可予优先考虑:(一)已做绝育手术或者因其他原因丧失生育能力;(二)子女随其生活时间较长,改变生活环境对子女健康成长明显不利;(三)无其他子女,而另一方有其他子女;(四)子女随其生活,对子女成长有利,而另一方患有久治不愈的传染性疾病或者其他严重疾病,或者有其他不利于子女身心健康的情形,不宜与子女共同生活。

第四十七条 父母抚养子女的条件基本相同,双方均要求直接抚养子女,但子女单独随祖父母或者外祖父母共同生活多年,且祖父母或者外祖父母要求并且有能力帮助子女照顾孙子女或者外孙子女的,可以作为父或者母直接抚养子女的优先条件予以考虑。

第四十八条 在有利于保护子女利益的前提下,父母双方协议轮流直接抚养子女的,人民法院应予支持。

> **《婚姻家庭编解释(二)》**
>
> 第十四条 离婚诉讼中,父母均要求直接抚养已满两周岁的未成年子女,一方有下列情形之一的,人民法院应当按照最有利于未成年子女的原则,优先考虑由另一方直接抚养:(一)实施家庭暴力或者虐待、遗弃家庭成员;(二)有赌博、吸毒等恶习;(三)重婚、与他人同居或者其他严重违反夫妻忠实义务情形;(四)抢夺、藏匿未成年子女且另一方不存在本条第一项或者第二项等严重侵害未成年子女合法权益情形;(五)其他不利于未成年子女身心健康的情形。

法条释义

《民法典》第1084条是关于离婚后父母子女关系、父母对子女的权利义务以及子女抚养权归属问题的规定。《婚姻家庭编解释(一)》第44条、第45条规定了"不满两周岁的子女由其母亲抚养"的例外。《婚姻家庭编解释(一)》第46条、第47条规定了双方均要求直接抚养已满两周岁未成年子女时对其中一方可优先考虑的因素。《婚姻家庭编解释(二)》第14条,增加了离婚诉讼中两周岁以上子女优先由另一方直接抚养的情形。

父母子女关系是基于子女出生形成的自然血亲关系,不会因父母婚姻关系的消灭而受到影响。因此,离婚后,子女不论是由父亲抚养还是母亲抚养,仍是父母双方的子女。《民法典》第1084条规定的子女,不仅包括婚生子女,也包括非婚生子女,还包括人工生育子女、养子女、有抚养关系的继子女。[1] 离婚后父母对子女抚养、教育、保护的权利义务不因离婚而消除。但离婚后,继父母不同意抚养继子女,继子女由其生父母带走抚养的,继父母子女关系自然解除。

父母离婚后,按照"最有利于未成年子女的原则"确定子女抚养权的归属,主要分为以下几点:

第一,两周岁以下的子女,原则上由母亲直接抚养,但母亲有下列情形之一的,可由父亲直接抚养:患有久治不愈的传染性疾病或者其他严重疾病,子女不宜与其共同生活;有抚养条件不尽抚养义务,而父亲要求子女随其生活;因其他原因,子女

---

[1] 最高人民法院民法典贯彻实施工作领导小组主编:《中华人民共和国民法典婚姻家庭编继承编理解与适用》,人民法院出版社2020年版,第286页。

确不宜随母亲生活。

第二,如父母双方协商一致,两周岁以下子女由父亲直接抚养,并对子女健康无不利影响的,可予准许。

第三,对两周岁以上未成年子女,父亲和母亲均要求由其直接抚养,一方有下列情形之一的,可予优先考虑:已做绝育手术或因其他原因丧失生育能力的;子女随其生活时间较长,改变生活环境对子女健康成长明显不利的;无其他子女,而另一方有其他子女的;子女随其生活,对子女成长有利,而另一方患有久治不愈的传染性疾病或其他严重疾病,或者有其他不利于子女身心健康的情形,不宜与子女共同生活的。

第四,父亲与母亲抚养子女的条件基本相同,双方均要求子女与其共同生活,但子女单独随祖父母或外祖父母共同生活多年,且祖父母或外祖父母要求并且有能力帮助子女照顾孙子女或外孙子女的,可作为子女随父或母生活的优先条件予以考虑。

第五,父母双方对8周岁以上的未成年子女随父或随母生活意见不一致的,应当尊重子女的意见。因已满8周岁的子女已有一定的自主意识和认知能力,抚养权的确定与其权益密切相关,为更有利于未成年人的健康成长,应当尊重他们的真实意愿。

第六,在有利于保护子女利益的前提下,父母双方协议轮流抚养子女的,可以准许。①

第七,《婚姻家庭编解释(二)》新增了两周岁以上未成年子女优先由另一方直接抚养的情形,即一方实施家庭暴力或者虐待、遗弃家庭成员;有赌博、吸毒等恶习;重婚、与他人同居或者其他严重违反夫妻忠实义务情形;抢夺、藏匿未成年子女且另一方不存在严重侵害未成年子女合法权益情形;有其他不利于未成年子女身心健康的情形的,应当按照最有利于未成年子女的原则,优先考虑由另一方直接抚养。

---

① 最高人民法院民法典贯彻实施工作领导小组主编:《中华人民共和国民法典婚姻家庭编继承编理解与适用》,人民法院出版社2020年版,第289~290页。

案例分析

刘某某与王某某离婚纠纷案

【基本案情】

刘某某(女)和王某某系夫妻关系,双方生育一子一女。婚后,因王某某存在家暴行为,刘某某报警8次,其中一次经派出所调解,双方达成"王某某搬离共同住房,不得再伤害刘某某"的协议。刘某某曾向人民法院申请人身安全保护令。现因王某某实施家暴等行为,夫妻感情破裂,刘某某诉至人民法院,请求离婚并由刘某某直接抚养子女,王某某支付抚养费等。诉讼中,王某某主张同意女儿由刘某某抚养,儿子由王某某抚养。儿子已年满8周岁,但其在书写意见时表示愿意和妈妈一起生活,在王某某录制的视频和法院的询问笔录中又表示愿意和爸爸一起生活,其回答存在反复。

【裁判意见】

人民法院经审理认为,双方均确认夫妻感情已破裂,符合法定的离婚条件,准予离婚。双方对儿子抚养权存在争议。根据《民法典》第1084条的规定,人民法院应当按照最有利于未成年子女的原则处理抚养纠纷。本案中,9岁的儿子虽然具有一定的辨识能力,但其表达的意见存在反复,因此,应当全面客观看待其出具的不同意见。王某某存在家暴行为,说明其不能理性、客观地处理亲密关系人之间的矛盾,在日常生活中该行为对未成年人健康成长存在不利影响;同时,两个孩子从小一起生活,若由刘某某抚养,能够使兄妹俩在今后的学习、生活中相伴彼此、共同成长;刘某某照顾陪伴两个孩子较多,较了解学习、生活习惯,有利于孩子的身心健康成长。判决:1.准予刘某某与王某某离婚;2.婚生儿子、女儿均由刘某某抚养,王某某向刘某某支付儿子、女儿抚养费直至孩子年满18周岁止。[①]

【典型意义】

离婚纠纷中,对于已满8周岁的子女,在确定由哪一方直接抚养时,应当尊重其个人真实意愿。但考虑到未成年人年龄及智力发育尚不完全,基于情感、经济依

[①] 最高人民法院:《切勿以爱之名对未成年人实施家庭暴力最高法发布人民法院反家庭暴力典型案例(第二批)》,载最高人民法院官网2023年11月27日,https://www.court.gov.cn/zixun/xiangqing/418612.html。

赖等因素,其表达的意愿可能会受到成年人一定程度的影响,因此,应当全面考察未成年人的生活状况,深入了解其真实意愿,并按照最有利于未成年人的原则确定子女的抚养权归哪一方。本案中,孩子虽满8周岁,但其表达的意见存在反复且矛盾之处,说明其对于和哪一方共同生活以及该生活对自己后续身心健康的影响尚无清晰认识。因此,人民法院在判决过程中慎重考虑王某某的家暴因素,坚持最有利于未成年子女的原则,判决孩子由最有利于其成长的母亲直接抚养,也表明了对婚姻家庭中施暴方在法律上予以否定性评价的立场。

实操指南

抚养权是父母抚养子女的法定权利,是父母双方对其子女的一项人身权利,无论父母双方的婚姻是何状态,均有抚养子女的权利和义务。只是当父母的婚姻关系解除时,其与子女一起生活的状态发生变化。人民法院判决确定子女由父母一方直接抚养的,仅是确定了父母某一方与子女一起生活的权利,可称为直接抚养权。此时,不直接抚养子女的一方并未失去监护权,也有权要求探视、关心子女的成长。[1]

子女抚养权的问题是离婚诉讼审理中的重点问题之一,其抚养权的归属交织着父母子女的情感因素,更是直接关系到未成年子女的切身利益。在司法实践中,在父母双方对子女由哪一方直接抚养无法达成协议时,可由人民法院予以确定。法院根据未成年子女所处的年龄段,结合其他有利于未成年子女健康成长的因素,确定子女的抚养权归属基本原则。第一,对于不满两周岁的子女,以母亲直接抚养为原则。但母亲存在《婚姻家庭编解释(一)》第44条规定的情形的,父亲要求抚养的,可以支持由父亲抚养。第二,对于两周岁以上但不满8周岁的子女,由法院根据双方的具体情况,按照最有利于未成年人子女的原则判决。如子女在父母离婚后一直随一方生活,一般不宜变更,应维持子女稳定的生活环境。第三,对于8周岁以上的子女,应尊重未成年人的真实意愿。

在具体个案中确定直接抚养权归属时,不仅要依照法定的基本规则,还要综合案件的具体情况,结合下列酌定因素予以确定,比如,父母的抚养意愿、与子女共同

---

[1] 俞俊俊:《子女抚养的常见法律问题丨法通识》,载微信公众号"上海一中院"2023年5月29日, https://mp.weixin.qq.com/s/xRUjDMixnKWitsqostGd8w。

生活的情况、父母的抚养能力(既包括物质方面的抚养,如有稳定的收入、固定的居所等子女成长所需的物质保障;还包括精神抚养的能力,如有无教育子女的能力、陪伴子女的时间等)以及能否为孩子提供稳定的生活成长环境等。如父母抚养子女的条件基本相同,双方均要求直接抚养子女,但子女单独随祖父母或者外祖父母共同生活多年,且祖父母或者外祖父母要求并且有能力帮助子女照顾孙子女或者外孙子女的,可以作为父或者母直接抚养子女的优先条件予以考虑。

第一千零八十五条 【关于离婚后子女抚养费的负担】

离婚后,子女由一方直接抚养的,另一方应当负担部分或者全部抚养费。负担费用的多少和期限的长短,由双方协议;协议不成的,由人民法院判决。

前款规定的协议或者判决,不妨碍子女在必要时向父母任何一方提出超过协议或者判决原定数额的合理要求。

《婚姻家庭编解释(一)》

第四十九条 抚养费的数额,可以根据子女的实际需要、父母双方的负担能力和当地的实际生活水平确定。

有固定收入的,抚养费一般可以按其月总收入的百分之二十至三十的比例给付。负担两个以上子女抚养费的,比例可以适当提高,但一般不得超过月总收入的百分之五十。

无固定收入的,抚养费的数额可以依据当年总收入或者同行业平均收入,参照上述比例确定。

有特殊情况的,可以适当提高或者降低上述比例。

第五十条 抚养费应当定期给付,有条件的可以一次性给付。

第五十二条 父母双方可以协议由一方直接抚养子女并由直接抚养方负担子女全部抚养费。但是,直接抚养方的抚养能力明显不能保障子女所需费用,影响子女健康成长的,人民法院不予支持。

第五十三条 抚养费的给付期限,一般至子女十八周岁为止。

十六周岁以上不满十八周岁,以其劳动收入为主要生活来源,并能维持当地一般生活水平的,父母可以停止给付抚养费。

第五十六条　具有下列情形之一,父母一方要求变更子女抚养关系的,人民法院应予支持:

(一)与子女共同生活的一方因患严重疾病或者因伤残无力继续抚养子女;

(二)与子女共同生活的一方不尽抚养义务或有虐待子女行为,或者其与子女共同生活对子女身心健康确有不利影响;

(三)已满八周岁的子女,愿随另一方生活,该方又有抚养能力;

(四)有其他正当理由需要变更。

《婚姻家庭编解释(二)》

第十六条　离婚协议中关于一方直接抚养未成年子女或者不能独立生活的成年子女、另一方不负担抚养费的约定,对双方具有法律约束力。但是,离婚后,直接抚养子女一方经济状况发生变化导致原生活水平显著降低或者子女生活、教育、医疗等必要合理费用确有显著增加,未成年子女或者不能独立生活的成年子女请求另一方支付抚养费的,人民法院依法予以支持,并综合考虑离婚协议整体约定、子女实际需要、另一方的负担能力、当地生活水平等因素,确定抚养费的数额。

前款但书规定情形下,另一方以直接抚养子女一方无抚养能力为由请求变更抚养关系的,人民法院依照民法典第一千零八十四条规定处理。

第十七条　离婚后,不直接抚养子女一方未按照离婚协议约定或者以其他方式作出的承诺给付抚养费,未成年子女或者不能独立生活的成年子女请求其支付欠付的抚养费的,人民法院应予支持。

前款规定情形下,如果子女已经成年并能够独立生活,直接抚养子女一方请求另一方支付欠付的费用的,人民法院依法予以支持。

法条释义

《民法典》第1085条是关于父母离婚后子女抚养费负担问题的规定。《婚姻家庭编解释(一)》第49条、第50条、第52条、第53条分别是关于抚养费数额的确定方法、抚养费给付方式、父母协议免除一方负担抚养费以及抚养费给付期限的规定。《婚姻家庭编解释(二)》第16条是关于不负担抚养费约定的效力的规定,第17条是关于成年子女抚养费请求权的问题。

根据《民法典》第1084条的规定,父母对子女的抚养义务不能因离婚而得以免除,该条之所以对离婚后父母对子女的抚养费分担予以特别规定,是因为一般情况下,在夫妻双方婚姻关系存续期间,对子女的抚养由夫妻双方共同进行,尤其在我国以夫妻共同财产制为原则,以夫妻分别财产制为例外的制度下,大部分家庭对抚养费的分担并不做明显区分,离婚后,直接对子女进行抚养、教育、保护的义务由父或母一方承担,另一方则对子女的抚养义务多直接表现为抚养费的支付。父母离婚时,双方可通过协商或者法院判决的方式对子女抚养费明确分担义务,这对保障未成年子女健康成长或者不能独立生活子女的生存权具有重要意义。

对子女抚养费数额的确定,在《婚姻家庭编解释(一)》第49条进行了规定,可根据子女的实际需要、父母双方的负担能力和当地的实际生活水平确定。如不直接抚养子女的一方有固定收入的,抚养费一般可按其月总收入的20%~30%给付。负担两个以上子女抚养费的,比例可适当提高,但一般不得超过月总收入的50%。无固定收入的,抚养费的数额可依据当年总收入或同行业平均收入,参照上述比例确定。有特殊情况的,可适当提高或降低比例。当然父母双方协商一致的,可以免除不直接抚养子女的一方负担抚养费的义务。但是当直接抚养子女一方的抚养能力明显不能保障子女所需的费用,影响子女健康成长的,则根据《婚姻家庭编解释(一)》第52条,人民法院将不予支持。

《婚姻家庭编解释(一)》第50条及第53条规定,抚养费应当定期给付,如不直接抚养子女的夫或妻一方有条件的,也可以一次性支付。抚养费给付期限一般至子女18周岁为止。16周岁以上不满18周岁,如果子女有劳动收入且作为其主要生活来源,并能维持当地一般生活水平的,父母可停止给付抚养费。值得注意的是,父母向子女停止支付抚养费的,并未免除父母对子女的抚养义务。父母对子女的抚养义务,应当包括精神与物质两个方面,对子女尽养育和照顾之责,给付抚养费主要体现的是物质保障,未满18周岁的子女被视为成年人而父母停止给付抚养费的,仍应当对子女尽到必要的关心与照顾。①

离婚后子女抚养费的负担方案是基于当时的社会经济水平、父母的负担能力、子女的需求等因素而作出的,随着社会经济的发展、物价水平的变化、子女个体情

---

① 最高人民法院民法典贯彻实施工作领导小组主编:《中华人民共和国民法典婚姻家庭编继承编理解与适用》,人民法院出版社2020年版,第471页。

况的变化、父母收入水平等的变化,原抚养费数额、给付方式、给付期限等均有可能发生不再适应子女的需求或父母的负担能力的情况。尤其是当直接抚养子女一方的经济水平不足以维持子女的基本生活、教育、医疗等方面的需求时,此时,应当允许子女提出超过协议或者判决原定数额的合理要求。

在离婚协议中也经常出现由一方直接抚养未成年子女或者不能独立生活的成年子女、另一方不负担抚养费的约定,该约定对男女双方具有法律约束力。但是离婚后,直接抚养子女一方经济状况发生变化,不足以维持当地实际生活水平或者子女生活、教育、医疗等必要合理费用确有显著增加的,此时,未成年子女或者不能独立生活的成年子女起诉请求另一方支付抚养费的,人民法院应予支持。但另一方以此为由请求变更抚养关系的,该抚养关系的归属还应按照《民法典》第1084条的规定处理。

《婚姻家庭编解释(二)》第17条明确了直接抚养子女的一方垫付另一方应支付的抚养子女的费用后的救济途径。离婚后,不直接抚养子女一方未按照离婚协议约定或者以其他方式作出的承诺给付抚养费,未成年子女或者不能独立生活的成年子女请求其支付欠付的抚养费的,人民法院应予支持。前款规定情形下,如果子女已经成年并能够独立生活,直接抚养子女一方请求另一方支付欠付的费用的,人民法院依法予以支持。因此,即使子女已经成年,直接抚养子女的一方仍有权向另一方追偿其在子女未成年或不能独立生活期间垫付的抚养费,这有效地保护了直接抚养子女一方在抚养照顾子女期间的付出。

| 案例分析 |

刘某1与刘某2抚养费纠纷案

【案号】一审:北京市朝阳区人民法院(2021)京0105民初72910号

【基本案情】

丁某瑶出生于2007年6月,与丁某系父女关系。2008年11月,丁某瑶的父母协议离婚。离婚协议约定:丁某瑶随同母亲生活,丁某瑶所有费用由父母共同承担。丁某每月支付生活费人民币(以下币种均为人民币)1000元,丁某瑶的教育费、医疗费等其他费用由双方各承担50%(含无发票的费用),每月按实结算一次,男方应在给付生活费的同时将此款一起给付女方等。

2012年5月,丁某瑶曾就抚养费纠纷向法院提起诉讼,法院作出判决:丁某补付丁某瑶2009年1月至2011年12月的生活费39600元(每月按1100元计算);丁某给付丁某瑶医疗费5622.30元、教育费1730元。2013年12月,丁某瑶再次诉至法院,要求丁某自2012年1月起将每月生活费标准调整为1200元,并支付2012年2月至2013年9月的医疗费450.65元及2012年2月至2013年12月的教育费9416.50元。

另查明,自上述判决后至本案起诉时,丁某已每月给付生活费1100元。2012年2月至2013年9月产生医疗费901.30元。2012年4月至2013年12月产生教育、培训费用17461元。

【裁判意见】

一审判决:一、丁某补付丁某瑶2013年1月至12月的生活费1200元(每月按1200元计算);二、自2014年1月起,丁某每月给付丁某瑶生活费1200元,至丁某瑶18周岁止;三、丁某给付丁某瑶医疗费450.65元、教育费8730.50元;四、丁某瑶的其他诉讼请求,不予支持。一审判决之后,丁某瑶上诉。

上海市第二中级人民法院少年庭经审理,认为双方虽存在教育费各半负担的协议,但教育费已经客观发生,应从据实结算教育费的绝对数额与当事人意思自治平衡出发来考虑。故补充指出,据实结算教育费并不能绝对化,应当兼顾当事人的实际负担能力及未成年子女的身心健康、实际教育需求。对涉及丁某瑶以后的教育费用,丁某瑶的父母应当事先沟通,以求达成一致意见,为丁某瑶今后的生活和学习提供一个良好的环境。最终二审判决:一、准许上诉人丁某瑶撤回上诉;二、驳回上诉人丁某的上诉,维持原判。

【律师观点】

随着知识经济的发展,父母都不想让孩子输在"起跑线"上,对子女的教育越来越重视,由此投入在孩子教育上的费用越来越多,进而以此为由增加不直接抚养子女的一方的抚养费。《民法典》婚姻家庭编及相关司法解释对于增加抚养费的情形设置了"合理要求"的规则,即(1)原定抚养费数额不足以维持当地实际生活水平;(2)因子女患病、上学实际需要已超过原定数额的;(3)有其他正当理由应当增加的。

本案丁某瑶父母在离婚时约定"据实结算"丁某瑶的教育费,然而丁某瑶之母在一年多时间内,让学龄前儿童丁某瑶参加了数种教育培训班,产生了17000余元的教育费,是否应据实结算教育费成为丁某瑶父母双方争议的主要焦点。法院从据实结算教育费的绝对数额与当事人意思自治平衡出发作出判决,通过平衡未成年子女实际教育需要与父母负担能力,最终支持了丁某瑶变更抚养费的诉讼请求,实现未成年人合法权益保护最大化。

实操指南

抚养教育子女是父母应尽的法定义务,但抚养费的实际给付,应以维护子女最大利益为原则,夫妻双方可以协商确定具体的抚养费金额,如夫妻双方无法通过自行协商确定子女抚养费的分担,需要借助司法权确定抚养费的给付时,人民法院对抚养费分担的裁判、抚养费具体金额的确定需考量以下因素:(1)满足子女的生活、教育、医疗等方面的需要;(2)符合当地的实际生活水平;(3)父母双方根据各自实际负担能力合理分担。审判实践中,人民法院可能会遇到父母双方经济条件相差较大,离婚后子女的生活环境、生活条件将发生较大变化的情况。此时,人民法院应当在尽量保护子女利益的基础上,尽可能使抚养费既能满足子女的实际需要,又不至给父母双方造成过重负担或使抚养费成为变相的财产分割手段,使父母双方得以适当、均衡负担。

对于子女抚养费的给付方式,一般父母双方可协商确定,这主要是因为,经当事人协商并同意执行的给付方式,既可以减少因不按时给付抚养费对子女生活成长产生的不良影响,还可以减少因不能按时给付抚养费而产生的诉讼。就抚养费给付方式等问题所达成的明确、具体的协议,人民法院仍然具有审查义务。一方面,人民法院应当审查双方达成协议是否符合双方真实意思表示,是否违反法律、行政法规的强制性规定。另一方面,由于抚养费协议关系到下一代的健康成长,父母虽已达成一致,但协议约定抚养费的给付方式明显不利于保护子女的合法权益的,鉴于未成年子女才是抚养费请求权的权利主体,人民法院可不予认可。

受生活水平提高、物价上涨等因素影响,法院原先所判决、调解的抚养费的基础不存在或发生很大变化,依据当时的条件和标准支付抚养费,已经不能满足未成年人或者不能独立生活的成年子女基本生活要求的,即便父母一方按照约定或法院判决给付了抚养费,未成年子女或者不能独立生活的成年子女仍有权基于法定情形,向其提出超过协议或判决原定数额的合理抚养费。

第一千零八十六条 【关于探望子女权利的规定】

离婚后,不直接抚养子女的父或者母,有探望子女的权利,另一方有协助的义务。

行使探望权利的方式、时间由当事人协议;协议不成的,由人民法院判决。

父或者母探望子女,不利于子女身心健康的,由人民法院依法中止探望;中止的事由消失后,应当恢复探望。

《婚姻家庭编解释(一)》

第六十五条 人民法院作出的生效的离婚判决中未涉及探望权,当事人就探望权问题单独提起诉讼的,人民法院应予受理。

第六十六条 当事人在履行生效判决、裁定或者调解书的过程中,一方请求中止探望的,人民法院在征询双方当事人意见后,认为需要中止探望的,依法作出裁定;中止探望的情形消失后,人民法院应当根据当事人的请求书面通知其恢复探望。

第六十七条 未成年子女、直接抚养子女的父或者母以及其他对未成年女负担抚养、教育、保护义务的法定监护人,有权向人民法院提出中止探望的请求。

第六十八条 对于拒不协助另一方行使探望权的有关个人或者组织,可以由人民法院依法采取拘留、罚款等强制措施,但是不能对子女的人身、探望行为进行强制执行。

法条释义

《民法典》第1086条是关于夫妻双方离婚对子女探望权的规定。《婚姻家庭编解释(一)》对于子女探望权相关问题,进行了详细规定,其中第65条是关于当事人单独就探望权提起诉讼,人民法院应否受理的问题;第66条是关于中止探望、恢复探望的程序等问题的规定;第67条是关于有权提出中止探望请求的主体的规定;第68条是对拒不协助一方行使探望权的主体实施强制执行措施具体内容的规定。下面从三个方面就子女探望的问题进行详细阐述:

一、探望权的行使

探望权是亲权的重要组成部分。夫妻婚姻关系存续期间,父母共同对子女进行抚养教育,离婚后,不直接抚养子女的一方,只能通过支付抚养费和定期或不定期对子女进行探望的方式,对子女的生活、教育等予以关注,弥补非探望期间对子女陪伴的缺失。探望权的行使应以子女的利益为中心,因父母对子女的生活、学习、健康等方面的状况最为了解,因此首先由父母双方协商确定不直接抚养子女的一方在何时、何地,通过何种方式探望子女等事项。当父母双方就探望权的行使无法达成一致意见的,则需要由法院在遵循子女利益最大化原则的基础上以裁判的方式确定探望权的行使。因此法院对探望权进行裁判时,应以子女本位为出发点,具体可以考量以下几项因素:(1)有利于子女健康成长,法院在确定探望权的行使方式、时间时,应以子女便利为先,结合父母双方的实际情况确定;(2)尊重子女本人的意愿,探望权的立法目的即保证子女健康成长,子女的意愿可以作为法院作出裁判的重要参考因素。尤其在当子女年龄或认识能力足以使其清晰、真实表达自己意愿时,征求子女的意愿则更为必要;(3)不直接抚养子女的一方行使探望权的便利性,探望权的行使虽以子女利益为首要考虑因素,但也不能因此忽略对父母行使探望权便利性的考虑,否则将可能导致判决确定的探望权无法顺利行使。另外在判决离婚的情况下,如法院的生效判决未对探望权作出处理的,根据《婚姻家庭编解释(一)》第65条,当事人仍可以就探望权的问题单独向法院提起诉讼,以行使自己的探望权。

二、探望的中止

当有"不利于子女身心健康的"情形发生时,未成年子女、直接抚养子女的父或母及其他对未成年子女负担抚养、教育义务的法定监护人,有权向人民法院提出中止探望权的请求,法院在征询双方当事人意见后,认为需要中止行使探望权的,依法作出裁定。那么,什么情况属于不利于子女身心健康呢?对此需要根据具体案件加以判断。比如,探望方患有严重的传染性疾病可能影响子女身体健康的、对子女实施暴力行为的、有不良嗜好或者教唆子女从事非法活动的等。2020年修订后的《预防未成年人犯罪法》第三章就对不良行为的干预进行了专章规定,其中第28条列举了几种主要的不良行为,包括吸烟、饮酒、旷课、逃学、无故夜不归宿、离家出走、沉迷网络、与社会上具有不良习性的人交往、进入法律法规规定未成年人不宜进入的场所、参与赌博或其他不利于未成年人身心健康成长的行为。如果行使探望权的一方以探望子女为由,胁迫、教唆未成年子女实施这些行为的,都可以认为属于不利于子女身心健康的情形,人民法院应当根据当事人的申请,裁定中止探望。①

三、探望权的恢复

当不直接抚养子女一方存在或造成的不利于子女身心健康的情况消失后,人民法院应当根据当事人的申请,依法恢复探望权人对探望权的行使。由于中止探望的事由是出现了不利于未成年子女身心健康的情形,那么待相关的不利情形消失后,人民法院应当对当事人探望权的行使予以恢复。②

四、探望权的强制执行

探望权的执行是一个长期持续的问题,在子女成年以前,非直接抚养子女的一方都有探望的权利。但是探望权的执行却在实践中存在执行难的情况,具体表现为被执行人不配合、被探望的子女不配合以及案外人的阻挠。对此《婚姻家庭编解释(一)》第68条,规定了对探望权相关主体实施强制执行措施的具体内容,需要注意的是,对于探望权的执行,应慎用强制措施,在子女有独立判断能力并不愿意接受探望时,人民法院不能违背其意愿强制执行。如果负责抚养子女的一方故意隐匿子女,在法院下达裁定书后仍拒不履行协助义务的,可以按照拒不执行判决、裁定的法律规定处理。对拒不履行已生效的判决,拒绝申请执行人行使探望权的,人民法院可对其进行拘留、罚款。

|案例分析|

曹某1与陈某某探望权纠纷案

【案号】一审:上海市虹口区人民法院(2020)沪0109民初11395号

【基本案情】

原、被告原系夫妻关系,于2014年9月15日生育一子名为曹某2。原、被告于2017年7月经上海市黄浦区人民法院判决离婚,曹某2随被告共同生活。2018年2月,原告因探望纠纷起诉至法院,经法院主持调解达成(2018)沪0109民初2901

---

① 最高人民法院民事审判第一庭编著:《最高人民法院民法典婚姻家庭编司法解释(一)理解与适用》,人民法院出版社2020年版,第577~578页。

② 最高人民法院民事审判第一庭编著:《最高人民法院民法典婚姻家庭编司法解释(一)理解与适用》,人民法院出版社2020年版,第578页。

号民事调解书,约定原告曹某1自2018年2月起每月探视孩子两次,探视安排为每月第二、第四周周六上午九时至被告陈某某之住处接出儿子曹某2,并于当天下午五时前将曹某2送回被告处,被告陈某某应协助原告曹某1行使探望权。2018年11月,原告再次起诉至法院,要求变更孩子抚养,但当庭撤回起诉。2018年3月12日、4月2日、5月15日、9月11日、9月12日、10月12日、10月16日,2019年10月14日、11月11日,2020年4月3日、4月26日、5月12日、5月25日、7月14日,原告均就(2018)沪0109民初2901号案向法院申请执行。2020年2月至5月23日,被告因疫情原因未配合原告行使探望权。2020年6月27日,曹某2至儿科医院就医,原告在曹某2就医后12时许接走曹某2。2020年7月11日,曹某2至口腔医院就医,原告因曹某2结束就医较晚未探望。

【裁判意见】

法院认为:离婚后,不直接抚养子女的父或母,有探望子女的权利,另一方有协助的义务。原、被告就婚生子曹某2的探望纠纷,已有法院(2018)沪0109民初2901号生效民事调解书作出明确约定,双方均应遵守。现孩子的学习、生活节奏未发生明显变化,调解书中约定的探望方案仍然可行。原告现以被告不配合其行使探望故而要求增加探望时间以弥补之前探望的缺损,系生效调解书的具体执行内容,双方可协商解决,而非另诉确认。原告主张原调解书未考虑法定节假日调休、孩子上学、就医需求,要求在文书中增加探望的变通调整。探望权实质上是一种见面交往权,是法律赋予不直接抚养子女的父母享有的与未成年子女探望、联系、见面、交往、短暂相处的权利。但该权利并非绝对权或支配权,行使探望权可以有多种方式,终极目的是对孩子进行陪伴和共处。行使探望权也需要尊重孩子的生活作息规律,满足孩子的学习、就医需求,判决书或调解书无法将探望权的行使及变通方式一一罗列。结合本案,遇到法定假期休假时间调整、孩子生病就医、疫情影响等,需要灵活调整探视时间及探视方式,原告可以通过协商方式与被告沟通解决,也可通过陪同就医、接送培训、视频聊天等方式行使探望权。如苛求于调解书中约定具体的时间点,一味按照己方要求的探望方式行使权利,不顾及孩子正常的学习、娱乐、就医需求,不考虑法定节假日的调休、社会公共政策的影响,不经妥善沟通便再三申请强制执行或提起诉讼,并不利于与孩子感情的培养,也无助于孩子的健康成长。

【律师观点】

探望权的根本宗旨是实现未成年利益最大化，探望权的设立是以有利于未成年子女的身心发展和健康成长为出发点和落脚点，使未成年子女和不直接抚养自己的父或母保持交流互动、传递亲情，竭力消除和弥补因父母离婚带给未成年子女的不利影响，使未成年子女能够继续享受亲生父母给予的完整亲情。法律规定的探望权，赋予了不直接抚养子女的父或母一方探望子女的法定权利，为其履行抚养教育子女义务提供机会；也对直接抚养子女的另一方父或母设定协助的义务。在探望权履行过程中，直接抚养子女的一方父或母有协助义务，以实现另一方对子女的探望权。当该方不履行协助义务时，则不直接抚养子女的一方有权申请法院强制执行，对拒不协助另一方行使探望权的有关个人或组织，法院可以采取拘留、罚款等强制措施。但需要注意的是，不能对子女的人身及探望行为进行强制执行。因此，在司法实践中，法院一般先督促直接抚养子女的父或母履行协助义务，如仍拒不协助的，则可依法采取拘留、罚款等强制措施。

实操指南

抚养教育子女是父母应尽的法定义务，夫妻关系存续期间，父母双方对子女共同抚养教育。但夫妻离婚后，不直接抚养子女的一方，只能通过支付抚养费和对子女探望的方式，对子女的生活、教育、健康等予以关注，增进与子女的情感交流。因此，不直接抚养子女的一方对子女的探望成为其实现亲权的重要方式。在司法实践中，对于不直接抚养子女的一方对子女的探望，首先应该由夫妻双方协商解决，从有利于子女成长的角度出发，对探望的时间、方式等具体问题进行协商确定，只有当双方当事人最终无法达成一致意见时，才由人民法院根据有利于子女健康成长的原则，综合考虑子女本身的意愿以及不直接抚养子女一方探望子女便利性等因素，结合各方当事人的实际情况，灵活确定探望权的行使。如果在生效的离婚判决书中未对探望权作出处理的，当事人仍可以就探望权的问题单独提起诉讼。

设置探望权的目的是保障子女的健康成长，但是在探望权的履行过程中，当发生不利于子女身心健康的情形时，人民法院可以依法决定中止探望。在此需要注意的是，离婚过错方的过错并非导致中止探望的法定事由，即使离婚是因为夫妻一方的重大过错所导致，也应当在夫妻关系之间追究责任，而不应影响该当事人作为父母一方依法享有的探望权，但是其过错严重危及子女身心健康的除外。如探望权被中止,当事人申请恢复探望的,人民法院应当根据当事人的申请,并对未成年人生活和成长的现实条件和状况进行核实,确认探望该子女的父或者母已经确实不再存在此前不利于子女健康成长的因素后,再作出决定,并依法以适当的方式通知当事人依法恢复探望权人对探望权的行使。

此外,享有探望权的一方,往往也有支付子女抚养费的义务,需要强调的是,探望权的行使不以父母一方给付抚养费为前提,与父母是否再婚、是否再生育其他子女均没有联系。实践中,常常发生直接抚养子女的一方阻挠、拒绝对方探望子女或者不为对方探望子女提供协助和方便的情形,探望权人在此情况下往往采用拒付抚养费的方式予以对抗。事实上,探望权与抚养费的给付并无直接联系,无论是否给付抚养费,探望权的权利人仍享有探望子女的法定权利;同时,中止探望也不意味着免除给付抚养费的法定义务。当探望权人不履行给付抚养费的义务,或者与子女共同生活的一方拒绝对方探望子女时,权利人可以依法请求人民法院强制执行,而不是二者直接相互抵消。

第一千零八十七条 【关于夫妻离婚后,夫妻共同财产的处理的基本方式和原则的规定】

离婚时,夫妻的共同财产由双方协议处理;协议不成的,由人民法院根据财产的具体情况,按照照顾子女、女方和无过错方权益的原则判决。

对夫或者妻在家庭土地承包经营中享有的权益等,应当依法予以保护。

法条释义

《民法典》第1087条,对夫妻离婚后,双方共同财产处理的基本方式和原则进行了规定。

夫妻共同财产的分割问题是双方离婚时解决的重要问题之一,也是司法实践中离婚案件处理过程中的热点问题和难点问题。下面通过夫妻共同财产的分割方式、夫妻共同财产的范围以及夫妻共同财产的分割原则三个层次,对夫妻离婚时,双方共同财产的分割问题进行详细的阐述。

一、夫妻共同财产的分割方式

夫妻共同财产的分割方式包括协议分割和判决分割两种。在离婚时,对于夫妻共同财产的分割，以双方协商确定的分割方案为先，最大限度地尊重双方对私权事务的意思自治。《婚姻家庭编解释（一）》第69条规定，当事人依照《民法典》第1076条签订的离婚协议中关于财产以及债务处理的条款，对男女双方具有法律约束力。登记离婚后当事人因履行上述协议发生纠纷提起诉讼的，人民法院应当受理。因此，夫妻双方在离婚时以协议的方式作出的财产分割协议对双方具有约束力，双方应根据约定予以履行。协议约定生效后，如任何一方未按协议约定的内容履行的，另一方均有权向人民法院提起诉讼，维护自己的合法权益。需要注意的是，双方通过协议的方式分割夫妻共同财产的，应均是双方真实意思的体现，如在协议过程中存在欺诈、胁迫等情形的，当事人有权在知道或者应当知道该情形之日起一年内，就变更或撤销财产分割协议提起诉讼。此处的一年是除斥期间，不适用中止、中断、延长等规定。

如双方无法通过协议方式解决共同财产分割的问题时，则由人民法院根据照顾子女、女方和无过错方权益的原则进行分割。

二、夫妻共同财产的范围

夫妻财产制是男女双方缔结法律上的婚姻关系之后，对双方财产发生一定的效力的制度。自1980年《婚姻法》以来，我国增加了对约定财产制的规定，形成了多年来以夫妻共同财产制作为法定财产制，辅之以约定财产制，共同调整夫妻之间的财产关系的格局。从现实情况看，我国绝大部分家庭中的夫妻采取的是法定的共同财产制，即婚姻关系存续期间，夫妻双方对财产共同共有，不分份额。那么，哪些财产为夫妻共同财产呢？《民法典》第1062条对此作出了明确的规定，即夫妻在婚姻关系存续期间所得的下列财产，为夫妻的共同财产，归夫妻共同所有：(1)工资、奖金、劳务报酬；(2)生产、经营、投资的收益；(3)知识产权的收益；(4)继承或者受赠的财产，但是本法第1063条第3项规定的除外；(5)其他应当归共同所有的财产。同时《民法典》第1063条对属于夫妻一方的个人财产也作出了规定，即下列财产为夫妻一方的个人财产：(1)一方的婚前财产；(2)一方因受到人身损害获得的赔偿或者补偿；(3)遗嘱或者赠与合同中确定只归一方的财产；(4)一方专用的生活用品；(5)其他应当归一方的财产。在夫妻共同财产制下，除符合法律规定的个人财产之外的财产，属于夫妻共同财产，可以在离婚中由双方当事人协商或由法院判决进行分割。

另外，在此需要注意的是，对夫或妻在家庭承包经营中享有的权益的分割问题,司法实践中,在以务农为主的农村家庭中是普遍存在较大争议的问题。《农村土地承包法》第 16 条规定,家庭承包的承包方是本集体经济组织的农户。农户内家庭成员依法平等享有承包土地的各项权益。农村土地承包经营权的直接主体是农户,实际主体却是农户内的家庭成员,各家庭成员平等地享有土地承包经营权利。长期以来,对以务农为主的许多农村家庭来说,土地承包经营权是重要的家庭财产,离婚后,双方在土地承包经营上获得的权益自然也必须平等保护[①],即根据《民法典》第 1087 条的原则和方式进行分割。

三、夫妻共同财产的分割原则

根据《民法典》夫妻共同财产制的规定,因夫妻财产共同共有本身的特性,在对其进行财产分割时,以均等分割为原则。当然在双方对财产分割协商一致的情形下,可以协商结果为准。

人民法院通过判决的方式进行分割时,应以照顾子女、女方以及无过错方原则进行判决。联合国《儿童权利公约》确立的儿童最大利益原则已经成为包括我国在内的世界许多国家和地区的共识,英国、美国、澳大利亚、加拿大等英美法系国家,以及德国、日本等采用大陆法系的国家,在各自的相关规定中均明确了若干有关儿童最大利益的衡量因素,我国也早在 1991 年就批准了《儿童权利公约》。在处理涉及未成年子女利益的民事案件时人民法院必须将子女利益最大化作为首要原则,可根据子女生活和学习的需要,给直接抚养子女一方适当多分财产,以司法手段为促进子女健康成长提供良好条件。[②] 此外,在大多数家庭中,女性可能相较于男性对家庭投入了更多的精力,导致女性在职场自我发展以及获得更多经济收入等方面的投入变少。基于此,在离婚财产分割时给予女性一定的倾斜和照顾,更符合公平原则以及社会伦理道德。

[①] 最高人民法院民法典贯彻实施工作领导小组主编:《中华人民共和国民法典婚姻家庭编继承编理解与适用》,人民法院出版社 2020 年版,第 309 页。

[②] 最高人民法院民法典贯彻实施工作领导小组主编:《中华人民共和国民法典婚姻家庭编继承编理解与适用》,人民法院出版社 2020 年版,第 310 页。

案例分析

张某1与张某2离婚后财产纠纷案

【案号】一审：北京市房山区人民法院（2022）京0111民初16651号

【基本案情】

张某1与张某2曾系夫妻关系。因张某2存在赌博恶习，且持续多年，张某1据此主张双方感情破裂，2022年6月21日，法院出具（2021）京0111民初×××号民事判决书，判决2人离婚。就张某2名下的相关存款、复员费、住房公积金及住房补贴，根据照顾女方、无过错方的原则，法院在该案中确认张某1分得60%，判决张某2给付张某1各项折价款共计70946元。就张某2、张某1名下坐落于丰台区××1104号的房屋（以下简称1104号房屋），张某1在该案中要求依据双方签订的《婚内财产协议书》的约定确认该房屋归其所有。《婚内财产协议书》形成于双方协商离婚事宜期间，内容为以离婚为条件的财产处理协议，因双方未据此达成离婚，故该案中认定该财产协议并未生效。张某1的主张未得到支持，因双方在该案中未就1104号房屋的现值达成一致意见，且经法院释明，张某1拒绝就该房屋提起价格评估，故该案中未就1104号房屋的分割进行处理。张某1不服该判决，依法向北京市第二中级人民法院提起上诉。2022年10月28日，北京市第二中级人民法院出具民事裁定书，裁定准许张某1撤回上诉，明确一审判决自裁定书送达之日起发生法律效力。

诉讼过程中，张某1、张某2均同意1104号房屋归张某2所有，由张某2给付张某1房屋折价款，但双方就房屋折价款的具体金额未能达成一致意见。1104号房屋系公积金、商业贷款组合按揭购买，公积金每月还款金额为5524.83元，商业贷款每月还款金额为3469.01元。经当庭核实，截至法庭辩论终结之日，案涉房屋商业贷款未还金额为481350.99元，公积金贷款未还金额为875102.63元；张某2与张某1离婚后张某2独自偿还公积金贷款22283.21元，独自偿还商业贷款13978.04元。经法院询问，双方均认可张某2父母为购买该房屋出资100万元，该房屋现值为290万元，均同意按照290万元作为房屋分割的计算基数。

【争议焦点】

1. 涉案1104号房屋是否属于夫妻共同财产？

第四章 离 婚

2. 夫妻双方离婚时应如何分割1104号房屋？

【裁判意见】

法院认为，案涉1104号房屋购买于双方婚姻关系存续期间，虽由张某2父母出具大部分首付款，但双方均未提交证据证实存在对房屋所有权另有约定的情形，该房屋登记于张某2、张某1名下，该房屋应被认定为夫妻共同财产。现张某1要求分割夫妻关系存续期间共有财产的诉求成立，应予支持。就案涉房屋的分割方式，双方均同意1104号房屋归张某2所有，由张某2给付张某1房屋折价款，法院对此不持异议。案涉房屋归张某2所有，后续所有房屋贷款由张某2自行偿还。法院在综合考虑案涉房屋购买时的出资构成、案涉房屋尚未偿还的贷款金额以及双方婚姻关系解除后张某2自行偿还的贷款金额等因素的基础上，本着照顾女方及无过错方的原则，酌情确认张某2支付张某1房屋折价款30万元。

【律师观点】

目前房产在大部分普通家庭中仍是主要的财产，甚至是价值最大的财产，进而也导致了，在夫妻离婚时，对于财产的分割问题成为司法实践中的热点问题，也是律师在当事人咨询过程中遇到的高频问题。根据我国实施的以夫妻共同财产制为原则，夫妻分别财产制为例外的规定，在婚姻关系存续期间购买的动产及不动产，除双方存在特别的约定以及按照《民法典》第1063条应认定为夫妻一方个人财产外，为夫妻共同财产。本案中，案涉的1104号房屋系双方在婚姻关系存续期间购买，登记在张某2、张某1名下，且双方并未对该房屋的所有权另行约定，因此该房屋属于夫妻共同财产，应在离婚时予以分割。因张某2父母为购买该房屋出资100万元，因此，在对于支付张某1房屋折价款的问题上，法院根据《婚姻家庭编解释（一）》第29条的规定，并结合案涉房屋购买时的出资构成、房屋尚未偿还的贷款金额以及双方婚姻关系解除后张某2自行偿还的贷款金额等因素，本着照顾女方及无过错方的原则酌情进行确定，符合法律规定及情理上的公平原则。

／实操指南

1. 夫妻共同财产优先以双方协商确定的方案进行分割，即男女双方在离婚协议中达成财产分割的条款或者当事人因离婚就财产分割达成的协议，该协议对夫妻双方具有法律约束力，此处需要注意的是该法律约束力只是针对身为协议当事人的夫妻双方而言，该协议是双方之间的内部协议。如夫妻双方就夫妻共同财产的分割无法达成协议的,法院在进行财产分割时,首先应根据《民法典》第1062条及第1063条的规定,确定哪些属于夫妻共同财产、哪些属于个人财产,并按照照顾子女、女方和无过错方权益的原则判决。

2. 在以务农为主的农村家庭中,夫妻双方离婚后,双方在家庭承包经营中享有的权益应平等保护。

3. 人民法院在处理离婚财产分割问题时,除遵守照顾子女、女方和无过错方权益的原则之外,还要根据待分割财产的具体状态、性质和用途等属性,尽量使财产在双方间的分配有利于当事人的生产经营和生活,不损害财产的效用和经济价值。①

> **第一千零八十八条 【关于离婚经济补偿的规定】**
>
> 夫妻一方因抚育子女、照料老年人、协助另一方工作等负担较多义务的,离婚时有权向另一方请求补偿,另一方应当给予补偿。具体办法由双方协议;协议不成的,由人民法院判决。
>
> **《婚姻家庭编解释(二)》**
>
> 第二十一条 离婚诉讼中,夫妻一方有证据证明在婚姻关系存续期间因抚育子女、照料老年人、协助另一方工作等负担较多义务,依据民法典第一千零八十八条规定请求另一方给予补偿的,人民法院可以综合考虑负担相应义务投入的时间、精力和对双方的影响以及给付方负担能力、当地居民人均可支配收入等因素,确定补偿数额。

法条释义

《民法典》第1088条是关于离婚经济补偿的规定,《婚姻家庭编解释(二)》第21条是关于确定离婚经济补偿时法院裁判需要参考的因素的规定。

在现实生活中,夫妻中在照料老人、子女或者配偶,以及为家庭生活提供服务和便利等方面付出更多的一方,将其更多的时间和精力投入无偿家务劳动中的利

---

① 最高人民法院民法典贯彻实施工作领导小组主编:《中华人民共和国民法典婚姻家庭编继承编理解与适用》,人民法院出版社2020年版,第311页。

他行为,使包括配偶在内的家庭成员均有受益。根据民法权利义务相一致的原则,负担更多家庭义务的一方,应当享有获得相应经济补偿的权利。尤其是,在现实生活中,常常存在一方因负担较多的家庭义务,导致其投入在自我发展、自我实现上的时间和精力被大量压缩,甚至完全牺牲自我发展机会,全力投入家务劳动中的情况。当夫妻双方离婚,负担了更多的家庭义务,给另一方提供了更多无形支持的一方反而会因自身经济能力弱或缺乏经济能力而面临权益不能得到保障的困境,显然有悖公平。因此,《民法典》第1088条规定,夫妻一方因抚育子女、照料老年人、协助另一方工作等负担较多义务的,离婚时有权向另一方请求补偿,另一方应当给予补偿。同时,在世界范围内,家务劳动价值也得到了很多国家的认可。《瑞士民法典》规定,在协助配偶他方从事职业或经验事业中,配偶一方的付出显著超出其为抚养家庭作出的贡献的,其有权请求为此得到合理的补偿金。《德国民法典》规定,在离异的婚姻一方因照料或教育共同的子女而不可能期待其就业的情形下以及在此种情形持续期间,该方可以向另一方要求生活费。[1]那么,离婚经济补偿的适用应符合什么条件?

第一,离婚经济补偿不区分夫妻财产所有制类型,无论是夫妻共同财产制,还是约定财产制,如果一方在婚姻中相比另一方对家庭负担了更多的义务,则有权在离婚时请求补偿。

第二,经济补偿请求以负担了较多家庭义务为前提。《民法典》第1088条列举了抚育子女、照料老年人、协助另一方工作等作为承担较多义务的一方可提出经济补偿的情形。当然,离婚经济补偿的适用情形并不局限于以上三个方面,为家庭利益而负担的义务均应在此之列,主要表现为家务劳动。判断一方是否承担了较多义务,应结合一方在家庭义务上付出的时间成本、精力成本以及获得的效益等多方面因素,综合进行衡量。

第三,离婚经济补偿需一方主动提出,法院不得主动适用。即经济补偿以负担较多义务一方提起补偿请求为前提,法院在当事人未提出经济补偿请求的情形下,不得径行就经济补偿作出判决。但是,当存在经济补偿的情形时,法院可以向当事人释明其经济补偿请求权,是否行使,由当事人自行决定。

---

[1] 最高人民法院民法典贯彻实施工作领导小组主编:《中华人民共和国民法典婚姻家庭编继承编理解与适用》,人民法院出版社2020年版,第313页。

第四，经济补偿请求须在离婚时提出。负担较多家庭义务的一方请求经济补偿时，仅限在协议离婚或诉讼离婚过程中提出。如该方在婚姻关系存续期间或者离婚后提出经济补偿的，则法院不予受理。

对于经济补偿的方式，以当事人的意思自治为先。当双方无法通过协商就经济补偿达成一致意见时，才由法院根据案件实际情况依法判决。根据《婚姻家庭编解释（二）》第 21 条，人民法院可以综合考虑负担相应义务投入的时间、精力和对双方的影响以及给付方负担能力、当地居民人均可支配收入等因素，依法确定负担较多义务的一方的经济补偿金额。

┃案例分析┃

林某与谭某离婚纠纷案

【基本案情】

林某（男）与谭某（女）于 2010 年登记结婚，并育有一女。婚后，双方购买房山区某处房屋一套。因双方一直处于分居状态，夫妻感情已破裂无和好可能，林某向法院提起诉讼，并要求判令离婚，女儿由其抚养，并依法分割共同财产。

谭某认为，夫妻双方的感情已经破裂，无和好可能，同意解除与林某的婚姻关系。因林某在婚姻期间考研、读博，自己用婚前积蓄及工资养育女儿、负担家庭日常开支，并承担家庭饮食起居、衣食住行、养育女儿等所有家务劳动。林某攻读硕士及博士研究生，自己从财产及人力上予以支持，现林某完成学业，未来的工作及收入均是产值最高期，林某要求离婚，应该给付其补偿。因此，请求法院判令，女儿由其抚养，林某每月支付抚养费；依法分割共同购买的房屋一套及共同存款 15 万元，并给付家务劳动补偿 10 万元。

法院经审理查明，林某与谭某于 2010 年登记结婚，2011 年至 2016 年，林某就读在职研究生、博士。夫妻双方目前已分居，女儿随谭某共同生活。双方工资收入均在 10000 元。

【裁判意见】

法院判决认为，婚姻关系的存续应以夫妻感情为基础，现林某要求与谭某离婚，谭某表示同意，法院予以确认。

关于子女抚养，根据法律规定，父母对子女有抚养教育的义务，父母不履行抚养义务时，未成年或不能独立生活的子女，有要求父母给付抚养费的权利。离婚后，一方抚养子女的，另一方应负担必要的生活费和教育费的一部分或全部，负担费用的多少和期限的长短，由双方协议；协议不成时，由人民法院判决。本案中，二人之女年岁尚小，日常生活中多由谭某照顾，现林某同意女儿由谭某抚养，法院予以确认，林某支付抚养费。

关于共同财产分割，婚姻期间购买的房屋，根据房屋现有价值、夫妻关系存续期间及偿还贷款金额等情况，从林某工作地为京外、出于照顾女方及子女权益等角度出发，法院认定房屋归谭某所有，谭某支付林某房屋折价款30万余元。存款15万元，应属夫妻共同财产，予以平均分割。

关于谭某主张的经济补偿款，法院认为林某在与谭某婚姻存续期间，多半时间在完成个人学业进修，谭某为抚育女儿、协助林某工作及读书承担了较多义务，现谭某主张经济补偿10万元，于法有据。

最终，法院判决，准予林某与谭某离婚；女儿由谭某抚养，林某每月负担子女抚养费至18岁；婚姻存续期间购买的房屋归谭某所有，谭某支付林某房屋折价款30余万元；共同存款15万元双方平均分割；林某给付谭某经济补偿款10万元。

林某不服一审判决，提出上诉；二审法院认为一审法院认定事实清楚，适用法律正确，驳回上诉，维持原判。[①]

【律师观点】

家务劳动所创造的价值是无形的。一方在婚姻期间获得的学历学位、职业发展前景、职业资格、专业职称等产生的无形财产利益，一定程度上是基于家庭劳务付出较多一方提供的良好家庭服务及后盾。一方在抚育子女、照料老人、协助另一方工作中付出较多精力和时间，在离婚时，该方应当获得另一方给付的经济补偿。

本案中，林某在婚姻期间，多半时间用于完成学业、提升自我，最终获得事业发展，是有赖于谭某在照顾子女、家庭劳动中付出较多时间、精力，提供家庭生活保障而获得的。现双方离婚，林某应该给付谭某家务劳动经济补偿。

《民法典》第1088条明确肯定家务劳动所创造的社会价值和经济价值，并以此

[①] 曾慧：《已婚男考研读博毕业后起诉离婚 妻子因承担较多家务劳动主张经济补偿获支持》，载中国法院网，https://www.chinacourt.org/article/detail/2022/03/id/6593743.shtml。

为婚姻关系存续期间付出较多的一方获得经济补偿提供法律途径,旨在倡导公众对家务劳动的认可和肯定,推动家庭内部合理分工,促进社会和谐。

实操指南

离婚经济补偿的主要功能在于在夫妻共同财产分割的基础上,对家庭义务承担较多一方的权利给予救济。无论是夫妻共同财产制,还是约定财产制,如果一方在婚姻中相比另一方对家庭负担了更多的义务,则有权在离婚时请求补偿。所谓负担了较多的家庭义务,不仅局限于抚育子女、照料老年人、协助另一方工作三个方面,为家庭利益而负担的义务均包含在此列,如为自己和家人所进行的准备食物、清理住所环境、整理衣物、购物等无酬家务劳动以及对家庭成员和家庭以外人员提供的无酬照料与帮助活动等遍布生活方方面面的家庭事务。需要注意的是,离婚经济补偿必须是在离婚时,由当事人明确提出请求,如在婚姻关系存续期间或者离婚后,一方提出的,人民法院将不予受理。且在法院审理过程中,法官不得依职权为当事人主动进行经济补偿的裁判,法官只有释明的权利,具体是否提出经济补偿的请求取决于当事人自己。

另外,关于离婚经济补偿金额的确定,应以当事人意思自治为先,在双方当事人无法达成一致的情况下,法院才依法进行裁判。《婚姻家庭编解释(二)》对经济补偿金数额的确定需参考的因素进行了明确,为司法裁判提供了明确的指引。即人民法院可以综合考虑负担相应义务投入的时间、精力和对双方的影响以及给付方负担能力、当地居民人均可支配收入等因素,依法确定给予较多负担义务的一方的经济补偿金额。

经济补偿的确定,以夫妻共同财产分割的确定为基础,补偿金应当从承担支付义务一方的个人财产或分得的共同财产中支取。不能采取在夫妻共同财产分割前先扣除经济补偿,再对剩余共同财产进行分割的做法,否则,离婚经济补偿的救济功能将失去意义。①

---

① 最高人民法院民法典贯彻实施工作领导小组主编:《中华人民共和国民法典婚姻家庭编继承编理解与适用》,人民法院出版社 2020 年版,第 317 页。

第四章 离 婚

第一千零八十九条 【关于离婚后,原婚姻关系存续期间形成的夫妻共同债务应当如何偿还的规定】

离婚时,夫妻共同债务应当共同偿还。共同财产不足清偿或者财产归各自所有的,由双方协议清偿;协议不成的,由人民法院判决。

《婚姻家庭编解释(一)》

第三十五条 当事人的离婚协议或者人民法院生效判决、裁定、调解书已经对夫妻财产分割问题作出处理的,债权人仍有权就夫妻共同债务向男女双方主张权利。

一方就夫妻共同债务承担清偿责任后,主张由另一方按照离婚协议或者人民法院的法律文书承担相应债务的,人民法院应予支持。

法条释义

《民法典》第1089条是对关于离婚后,原婚姻关系存续期间形成的夫妻共同债务应当如何偿还的规定。《婚姻家庭编解释(一)》第35条是关于夫妻双方对共同债务不因婚姻关系解除而免除清偿责任的规定。

《民法典》第1064条对夫妻共同债务作出了明确规定,即夫妻双方共同签名或者夫妻一方事后追认等共同意思表示所负的债务,以及夫妻一方在婚姻关系存续期间以个人名义为家庭日常生活需要所负的债务,属于夫妻共同债务。夫妻一方在婚姻关系存续期间以个人名义超出家庭日常生活需要所负的债务,不属于夫妻共同债务;但是,债权人能够证明该债务用于夫妻共同生活、共同生产经营或者基于夫妻双方共同意思表示的除外。

夫妻共同债务的形成,或基于夫妻双方的共同意思表示,或用于夫妻共同生活或共同生产经营活动,其在形成、使用等方面与夫妻双方作为一个对外整体从事民事活动存在密不可分的联系。因此,对于夫妻关系存续期间形成的夫妻共同债务,双方应负连带清偿责任,且该责任不因夫妻双方婚姻关系存续状态的变化而改变,双方因婚姻关系的解除而分割夫妻共同财产,仅解决双方间的财产关系,对债权人等其他第三人并不产生法律约束力,双方仍应当以其财产对债务承担偿还责任,但是,该种偿还责任的履行需要按照一定的顺序进行:

第一,夫妻共同债务,首先应当以夫妻共同财产偿还。夫妻共同债务应由夫妻双方共同承担,在有共同财产的情况下,自然首先以共同财产进行偿还。否则,直接要求一方以个人财产偿还夫妻共同债务后,再向另一方追偿,使双方间财产关系更加复杂化,在一定意义上,将产生对偿还一方课以超出其应承担范围的义务的后果,有违公平原则。故而,夫妻共同债务首先应当以夫妻共同财产进行清偿,共同债务可被全部清偿的,剩余共同财产由夫妻双方协商或由法院判决进行分割;共同财产数额无法覆盖全部共同债务的,由双方以其个人财产部分偿还。

第二,当夫妻共同财产不足以清偿夫妻共同债务,或者夫妻双方原本就采用分别财产制,不存在夫妻共同财产的情况下,夫妻双方应当以其个人财产偿还共同债务。与以共同财产进行清偿不同,以个人财产偿还夫妻共同债务时,需要注意双方对债务的承担比例问题。具体的清偿方案、承担比例等,由双方通过协议确定,协议对双方均具有法律约束力。双方无法通过协议确定偿还比例的,则由人民法院根据案件的实际情况依法判决。

需要注意的是,一方面,夫妻双方对夫妻共同债务清偿比例的确定,不能产生消灭双方对债权人负有的连带清偿责任的结果。《婚姻家庭编解释(一)》第35条第1款规定,当事人的离婚协议或者人民法院生效判决、裁定、调解书已经对夫妻财产分割问题作出处理的,债权人仍有权就夫妻共同债务向男女双方主张权利。即双方就共同债务的偿还比例作出的协议或人民法院的裁判确定的夫妻共同债务偿还比例,仅对男女双方具有对内的效力,对男女双方以外的债权人,并不具有当然的约束力。对债权人来说,男女双方对共同债务仍然承担连带偿还责任,债权人既可以要求双方按各自的比例偿还,也可以仅对其中一方提出偿还要求,还可以另行提出偿还比例要求双方履行。另一方面,根据《婚姻家庭编解释(一)》第35条第2款,一方就夫妻共同债务承担清偿责任后,主张由另一方按照离婚协议或者人民法院的法律文书承担相应债务的,人民法院应予支持。《民法典》总则编中的第178条第1款规定,二人以上依法承担连带责任的,权利人有权请求部分或者全部连带责任人承担责任。当债权人要求男女双方中的一方承担超过其应当承担份额的偿还责任时,该方不能以协议或判决确定的偿还份额为抗辩理由,拒绝债权人的偿还请求。但是,承担了超过其应当偿还数额的一方,有权向另一方追偿,追偿的数额以实际偿还数额与应当偿还数额之差计。

关于夫妻共同债务,双方的偿还比例应当依据法律规定和案件实际情况综合确定。《民法典》第1087条第1款规定,离婚时,夫妻的共同财产由双方协议处理;

协议不成的,由人民法院根据财产的具体情况,按照照顾子女、女方和无过错方权益的原则判决。夫妻共同债务,也可以说是夫妻共同的消极财产,人民法院在确定共同债务的分担比例时,也应当遵循照顾子女、女方和无过错方权益的财产分配原则。同时,还应当根据案件的实际情况,将双方的经济能力,对债务形成、支配或收益的参与情况等因素纳入考虑范围,合理确定男女双方对夫妻共同债务的分担比例,不得对当事人的生存权利造成不良影响。

案例分析

冯某与王某追偿权纠纷案

【案号】一审:北京市西城区人民法院(2022)京0102民初25063号

【基本案情】

2022年1月18日,西城法院作出(2021)京0102民初4316号民事判决,该判决认定张某某与王某之间已经形成民间借贷关系,且确认王某向张某某的借款最终用于购买位于北京市西城区月坛北小街甲7号院1层12门2号房屋,王某对张某某的借款应认定为王某与冯某的夫妻共同债务,判决王某、冯某于判决生效之日起10日内偿还张某某借款本金330万元及利息(以330万元为基数,自2017年11月1日至2020年8月19日止,按照年利率17.5%计算;自2020年8月20日起至实际付清之日止,按照年利率15.4%计算)。案件受理费47027.50元,由王某、冯某负担。冯某不服该判决,提起上诉。北京市二中院于2022年6月30日作出(2022)京02民终5193号民事判决,驳回冯某的上诉,维持原判。判决生效后,冯某于2022年7月28日向西城法院自动缴纳案款532万元;于次日向西城法院自动缴纳案款567073.70元、诉讼费47027.50元。

另查,冯某和王某于2008年9月8日登记结婚。2019年9月30日,王某向朝阳法院提起诉讼。

【裁判意见】

法院认为,生效判决已经确认王某对张某某的借款应认定为王某与冯某的夫妻共同债务,离婚时,夫妻共同债务应当共同偿还。故王某、冯某应当按照判决指定期间共同偿还张某某借款本金330万元及利息。现冯某已向西城法院自动缴纳案款及诉讼费,结合离婚诉讼中对于借款对应房产的分割情况,法院认为冯某要求王某负担其中一半的主张,理由正当,故法院对冯某要求王某返还代为垫付的夫妻共同债务2943536.85元及案件受理费23513.75元的诉讼请求,予以支持。因本案实质上属于夫妻共同债务的分割,故法院对冯某要求王某支付利息损失的诉讼请求,不予支持。王某要求减少自身承担夫妻共同债务的金额,降低自身承担夫妻共同债务的比例的抗辩意见,缺乏事实依据和法律依据,法院不予采信。

【律师观点】

《民法典》第1064条对夫妻共同债务的构成要件进行了明确的规定,即夫妻双方有共同举债合意的,债务用于日常生活以及用于夫妻共同生活或共同经营的,均属于夫妻共同债务。在本案中,王某向张某某的借款最终用于购买位于北京市西城区月坛北小街甲7号院1层12门2号房屋,该房屋又系王某和冯某的夫妻共同财产,因此法院认定该债务为王某与冯某的夫妻共同债务,王某和冯某应共同对该借款的本金及利息承担连带责任。根据《婚姻家庭编解释(一)》第35条,夫妻共同债务不因夫妻双方婚姻关系存续状态的变化而改变,双方因婚姻关系的解除而分割夫妻共同财产,仅解决男女双方间的财产关系,对债权人等其他第三人并不产生法律约束力,双方仍应当以其财产对债务承担偿还责任。因此,在本案中,即使王某和冯某已经离婚,但仍要对其共同债务承担连带责任。一方就夫妻共同债务承担清偿责任后,主张由另一方按照离婚协议或者人民法院的法律文书承担相应债务的,人民法院应予支持。就本案而言,在冯某一人已经承担清偿责任后,因双方已经离婚,且就夫妻共同财产已经分割完毕,因此其有权向王某进行追偿。

实操指南

在司法实践中,经常存在夫妻双方以离婚的方式,将共同财产约定为一方所有,另一方承担全部债务,以逃避债务的情况。但是需要注意的是,婚姻关系的解除及财产的分割,对债权人不产生法律效力,不应以夫妻关系的解除而阻碍债权人向夫妻二人主张连带责任的路径。如一方就夫妻共同债务承担清偿责任后,主张由另一方按照双方离婚协议或者人民法院的法律文书承担相应债务的,人民法院应予支持。

实践中,还可能存在债权人基于某些特殊原因,仅向男女双方中的一方请求履行夫妻共同债务的偿还义务的情况。人民法院应当仔细审查债权人的请求内容,注意区分只向一方行使债权请求权和放弃要求另一方承担偿还责任的情况。前者,男女双方均有义务向债权人承担全部偿还责任;后者,根据《民法典》合同编第520条第2款的规定,部分连带债务人的债务被债权人免除的,在该连带债务人应当承担的份额范围内,其他债务人对债权人的债务消灭,即另一方的偿还责任仅以协议或判决确定其应当承担的份额为限。

同时,在夫妻以个人名义所欠债务被确认为夫妻共同债务的情况下,债权人的权利常常因债务人的行为而受到侵害,此时,债权人可以通过撤销权来保护自己的合法权利。在下列情形下,债权人可以请求人民法院撤销债务人的行为:如放弃到期债权、无偿转让财产、非正常压价出售财产、对部分未到期的债务未经其他债权人准许提前清偿等。因债务人怠于行使到期债权,对债权人造成损害的,债权人还可以向人民法院请求以自己的名义代位行使债务人的债权,但该债权专属于债务人自身的除外。总之,债权人行使撤销权和代位权的范围应当以债权人的债权为限,债权人行使撤销权和代位权的必要费用也由债务人承担。①

> **第一千零九十条 【关于离婚经济帮助制度的规定】**
> 离婚时,如一方生活困难,有负担能力的另一方应当给予适当帮助。具体办法由双方协议;协议不成的,由人民法院判决。
>
> **《婚姻家庭编解释(二)》**
> 第二十二条 离婚诉讼中,一方存在年老、残疾、重病等生活困难情形,依据民法典第一千零九十条规定请求有负担能力的另一方给予适当帮助的,人民法院可以根据当事人请求,结合另一方财产状况,依法予以支持。

法条释义

该条基本沿袭了2001年《婚姻法》第42条的规定,但将"应从其住房等个人财产中给予适当帮助"改为"应当给予适当帮助",取消了对承担经济帮助义务的责任财产的限制。但《婚姻家庭编解释(二)》的出台,又进一步缩小了该制度的适用

---

① 最高人民法院民事审判第一庭编著:《最高人民法院民法典婚姻家庭编司法解释(一)理解与适用》,人民法院出版社2020年版,第333页。

范围,使其与家务劳动补偿制度区隔开。

离婚经济帮助制度,与家务劳动补偿制度和离婚损害赔偿制度并称为我国三大离婚救济制度。离婚经济帮助是指当存在离婚后一方因患重大疾病、残疾、年老等原因使生活陷入困难的情况时,由具备负担能力的另一方对其给予适当的帮助,以保护困难的一方的基本生存利益不受损害。在婚姻关系存续期间,夫妻有互相扶养的义务,一方不履行扶养义务时,需要扶养的一方有要求对方付给扶养费的权利。当婚姻关系解除时,配偶双方各自开始新的生活,原有的扶养义务自然归于消灭。《民法典》规定原本不承担义务的具有负担能力的一方在离婚之时对生活困难的另一方应当给予适当的帮助,原因在于,婚姻关系属于一种特殊的社会关系,婚姻关系存续期间男女双方建立互相信赖、互相扶持的婚姻共同体,并为维持婚姻共同体做出努力和牺牲。在离婚之时,一方因患重大疾病、残疾、年老等客观原因,作为本应具有扶养义务且有支付能力的另一方对生活困难的一方也应尽到扶助的责任,将道德义务上升为特殊情形下的法律义务是其应有之义。离婚经济帮助制度由于承担着保证离婚时生活困难一方的基本生存利益的重要功能,可以说是离婚救济体系中的兜底条款,人民法院在审判实践认定时较为审慎且应和其他救济制度做好区分。

首先,需一方生活困难。《最高人民法院关于适用〈中华人民共和国婚姻法〉若干问题的解释(一)》(以下简称《婚姻法司法解释(一)》)(已失效,下同)规定依靠个人财产和离婚时分得的财产无法维持当地基本生活水平或者一方离婚后没有住处的属于生活困难。关于生活困难的认定标准无论是学术界还是实务界一直存有"绝对困难标准"和"相对困难标准"两种争议。[1] 绝对困难标准强调只有在以社会一般认知判断,离婚后一方将陷入生活困难的境地时,才可以给予经济帮助。相对困难标准是指将离婚配偶在离婚后生活水平与婚姻关系存续期间生活水平进行比较,离婚后一方即使能够维持自己的生活,但生活水平比婚姻关系存续期间大幅下降的,也可视为生活困难。《婚姻家庭编解释(二)》将陷入生活困难限定为年老、残疾、重病等,这显然是采取了绝对困难的标准。相对困难标准实际上对应的解决制度是离婚经济补偿制度。夫妻一方为了家庭的需要而放弃了个人的发展机会导致在离婚后的生活水平显著下降,此时可以通过离婚经济补偿制度即家务劳

---

[1] 冉克平:《〈民法典〉离婚救济制度的体系化阐释》,载《政法论丛》2021 年第 5 期。

动补偿制度来获取救济。离婚经济帮助制度的背后逻辑是婚姻家庭属于命运共同体,男女双方系以共同生活的目的而形成配偶间权利和义务的结合。男女双方离婚,在一方已经出现劳动能力明显下降以至于生活出现困难且另一方明显具有负担能力的情况下对一方进行补偿符合公平的原则。

其次,离婚经济帮助仅可在离婚时提出,且提供经济帮助的一方必须有负担能力。[①] 生活困难的认定,需以离婚时的实际情况为准。对于一方离婚时不存在生活困难现象,离婚后出现生活困难的情况,另一方不负有给予经济帮助的义务。这就意味着患重大疾病、残疾、年老以及无房居住的情形只有出现在离婚时才有权要求有负担能力的另一方予以救济。若是离婚后才患有重大疾病或者无房居住,另一方并无义务予以帮助。离婚经济帮助的时间限制性还意味着经济帮助只能是一次性帮助。即在离婚时一次性确定经济帮助的标准、数额及方式等,双方据此提供或接受帮助,不得反复。离婚经济帮助要求另一方有负担能力。离婚经济帮助制度的功能在于保障因离婚而生活困难的一方的基本生存权益。若另一方在给予经济帮助之后反而陷入生活困难,这与离婚经济帮助制度的目的严重相悖。因此,承担经济帮助义务的一方必须具有足够的负担能力。

最后,离婚经济帮助的标准和方式需要明确。《民法典》赋予了当事人根据自身情况协商选择经济帮助的形式,这充分尊重了个体的差异性。《婚姻家庭编解释(二)》也未就具体的帮助方式作出明确规定,需要法官结合具体案例事实予以灵活适用。

| 案例分析 |

徐某与王某离婚纠纷案

【基本案情】

徐某(女)与王某(男)于2009年登记结婚,生育一女王某某。2013年8月,徐某发生交通事故,其多处损伤分别构成二级、四级、十级伤残。事故后,徐某父母与王某就徐某的治疗问题发生激烈矛盾。2013年12月,徐某父母将徐某带回自己家

[①] 最高人民法院民法典贯彻实施工作领导小组主编:《中华人民共和国民法典婚姻家庭编继承编理解与适用》,人民法院出版社2020年版,第167~168页。

中照料至今。2015年3月,徐某被评定为智力残疾一级。2017年4月,徐某父亲徐某某向法院申请变更徐某的监护人,后法院确认徐某的监护人由王某变更为徐某某。2017年12月,徐某提起扶养费纠纷诉讼,要求王某每月支付扶养费5000元。后法院判决王某每月支付徐某扶养费400元。王某于2017年7月、2019年1月两次诉至法院,要求与徐某离婚,法院均判决不准许双方离婚。2019年10月,王某再次诉至法院,要求与徐某离婚。①

【裁判意见】

法院经审理认为,双方在法院多次判决不准许离婚后,仍未能修复感情,结合徐某在发生交通事故后,被父母接回家中生活至今,双方互不往来等情形,认定双方感情确已破裂。鉴于徐某在婚姻关系存续期间因事故致残,生活不能自理,其依法有获得经济帮助的权利。经过承办法官与家事调解员的多次调解,徐某某最终同意徐某与王某离婚。法院判决准许双方离婚、王某某由王某自行抚养、王某每月支付徐某500元。判决作出后,王某及时支付了费用。

【律师观点】

在离婚诉讼中,夫妻感情确已破裂是法院判决准予离婚的法定事由。婚姻关系中,夫妻双方负有互相扶助的义务,应在共同生活过程中,患难与共,彼此扶持。在赞扬不离不弃的鲜活案例的同时,我们也不应剥夺夫妻感情确已破裂情况下一方要求结束婚姻关系的权利。本案中,女方伤残且构成智力残疾、男方多次诉请离婚、女方变更监护人且被父母接回家中,此等种种,已经可以认定夫妻感情确已破裂。

通过承办法官和家事调解员的劝导,作为女方的监护人,徐某某也做出了理性的决定。当然,法律和道德都不赞同婚姻关系终结后,一方对弱势一方的漠视。《民法典》第1090条规定,离婚时,如一方生活困难,有负担能力的另一方应当给予适当帮助。具体办法由双方协议;协议不成的,由人民法院判决。本案中,女方的遭遇令人同情,今后的生活存在一定的困难,法院判决由男方给予女方一定的经济帮助符合人情和法理,也使司法更有温度。

---

① 江苏省高级人民法院:《2019年度江苏法院婚姻家庭十大典型案例》,载江苏法院网2020年3月10日,http://www.jsfy.gov.cn/article/91593.html。

实操指南

从司法实践来看,我国的离婚经济帮助措施呈现出寻求帮助者比例低、实际受助者比例低、经济帮助数额低的三低状态。结合《婚姻家庭编解释(二)》最新规定,在适用该条时需要重点关注以下几点。

首先,善用离婚双方约定。《民法典》第1090条优先适用双方协议的情形,一方面体现了对离婚双方当事人意思自治的尊重,另一方面也体现法律对婚姻家庭中弱势一方利益的保护,以及鼓励夫妻双方在婚姻存续时共同为维持婚姻共同体做出努力和牺牲。在不违反合同有效性的基础上,法院会首先尊重当事人双方的合意。因此,应充分利用协议时的灵活性,就帮助形式和帮助程度作出协商。

其次,在当事人存在分歧的情况下,注意关于"生活困难"标准的转变。法院在审判时审判要点一般包含以下要件:(1)离婚时一方是否存在重大疾病、残疾和年老等劳动能力降低或者无房居住的特殊情形;(2)上述特殊情形是否实际会导致该方在离婚后生活水平的降低;(3)另一方配偶是否具有支付能力;(4)权衡双方利益状况,拒绝对一方给予离婚经济帮助显失公平。在"生活困难"标准的适用方面应当综合考虑被帮助一方的自主职业活动能力、婚姻存续时期对于家庭生活的贡献程度以及离婚后生活水平受影响程度等因素。

再次,具体承担形式的确立。从司法实践来看,根据当事人实际情况的不同,法院通常会采取货币帮助、劳务帮助、实物帮助等形式,也可以采取一次性帮助、定期帮助或住房帮助等形式。

最后,长期帮助约定中的变量因素。经济帮助制度的初衷在于原夫妻双方之间利益的衡平,并不是对婚姻存续期间夫妻扶助义务的延伸。制度涉及的预期结果还是能让离婚双方尽早实现自主独立。但是在一些需要长期性帮助的特殊情形下,还应当考虑帮助与受助双方的实际生活条件变化与支付能力。因此,无论是约定还是法院判定,当事人应当将未来的变化纳入考量中,灵活设计帮助内容。

第一千零九十一条 【关于离婚损害赔偿制度的规定】

有下列情形之一,导致离婚的,无过错方有权请求损害赔偿:

(一)重婚;

(二)与他人同居;

(三)实施家庭暴力；

(四)虐待、遗弃家庭成员；

(五)有其他重大过错。

《婚姻家庭编解释(一)》

第一条 持续性、经常性的家庭暴力，可以认定为民法典第一千零四十二条、第一千零七十九条、第一千零九十一条所称的"虐待"。

第二条 民法典第一千零四十二条、第一千零七十九条、第一千零九十一条规定的"与他人同居"的情形，是指有配偶者与婚外异性，不以夫妻名义，持续、稳定地共同居住。

第八十六条 民法典第一千零九十一条规定的"损害赔偿"，包括物质损害赔偿和精神损害赔偿。涉及精神损害赔偿的，适用《最高人民法院关于确定民事侵权精神损害赔偿责任若干问题的解释》的有关规定。

第八十七条 承担民法典第一千零九十一条规定的损害赔偿责任的主体，为离婚诉讼当事人中无过错方的配偶。

人民法院判决不准离婚的案件，对于当事人基于民法典第一千零九十一条提出的损害赔偿请求，不予支持。

在婚姻关系存续期间，当事人不起诉离婚而单独依据民法典第一千零九十一条提起损害赔偿请求的，人民法院不予受理。

第八十八条 人民法院受理离婚案件时，应当将民法典第一千零九十一条等规定中当事人的有关权利义务，书面告知当事人。在适用民法典第一千零九十一条时，应当区分以下不同情况：

(一)符合民法典第一千零九十一条规定的无过错方作为原告基于该条规定向人民法院提起损害赔偿请求的，必须在离婚诉讼的同时提出。

(二)符合民法典第一千零九十一条规定的无过错方作为被告的离婚诉讼案件，如果被告不同意离婚也不基于该条规定提起损害赔偿请求的，可以就此单独提起诉讼。

(三)无过错方作为被告的离婚诉讼案件，一审时被告未基于民法典第一千零九十一条规定提出损害赔偿请求，二审期间提出的，人民法院应当进行调解；调解不成的，告知当事人另行起诉。双方当事人同意由第二审人民法院一并审

第四章 离　婚

理的,第二审人民法院可以一并裁判。

第八十九条　当事人在婚姻登记机关办理离婚登记手续后,以民法典第一千零九十一条规定为由向人民法院提出损害赔偿请求的,人民法院应当受理。但当事人在协议离婚时已经明确表示放弃该项请求的,人民法院不予支持。

第九十条　夫妻双方均有民法典第一千零九十一条规定的过错情形,一方或者双方向对方提出离婚损害赔偿请求的,人民法院不予支持。

法条释义

《民法典》第1091条基本沿袭了2001年《婚姻法》第46条的规定,增加第5项"(五)有其他重大过错",扩大了离婚损害赔偿制度的适用范围。离婚损害赔偿制度是指因夫妻一方的重大过错致使婚姻关系破裂的,过错方应对无过错方的损失予以赔偿的法律制度。离婚损害赔偿制度实际上是侵权责任在婚姻领域的体现。夫妻双方相互享有配偶权等人身和财产上的权利义务。婚姻关系存续期间,夫妻任何一方对该种义务的违反,势必构成对另一方配偶权的侵犯,使对方蒙受物质、精神上的双重损害。因此,有必要使过错方因其损害行为得到惩罚,使无过错方被损害的权利得到补偿和救济。在具体适用本项制度时,采用的逻辑和侵权责任认定的逻辑一致,具体如下。

首先,一方对离婚存在过错,另一方没有过错。离婚损害赔偿制度的适用,以夫妻中的一方对离婚存在过错为前提,这里包含两层意思:一是离婚损害赔偿要求行为人主观上存在过错;二是该种过错必须是导致离婚的原因。夫妻双方中,只有不存在该条规定中导致离婚事实的过错的一方,才有权请求离婚损害赔偿,享有离婚损害赔偿请求权。夫妻双方均有《民法典》第1091条规定的过错情形,一方或者双方向对方提出离婚损害赔偿请求的,人民法院不予支持。[①]

其次,过错方实施了妨害婚姻家庭关系的违法行为。根据该条规定,离婚损害赔偿的过错行为包括重婚、与他人同居、实施家庭暴力、虐待和(或)遗弃家庭成员、有其他重大过错。有其他重大过错是本次新增的情形,实践中当一方存在通奸、卖淫、嫖娼、赌博、吸毒等其他过错行为,若非过错方不能通过离婚损害赔偿制度得到

[①] 参见《婚姻家庭编解释(一)》第90条。

相应的补偿,则有失公平。该条以概括式规定作为兜底,人民法院应当根据具体案件情况,结合过错情节、伤害后果等因素,对过错方是否存在重大过错进行认定。①

再次,过错方的损害行为造成了损害后果。《婚姻家庭编解释(一)》第86条规定,损害赔偿包括物质损害赔偿和精神损害赔偿。涉及精神损害赔偿的,适用《最高人民法院关于确定民事侵权精神损害赔偿责任若干问题的解释》的有关规定。物质损害赔偿主要是指过错方给无过错方造成的财产损失,这种损失不以损害行为直接作用于财产为条件,只要过错行为导致了财产损失的损害后果即可。精神损害赔偿指因过错方对受害人的人身进行伤害导致的精神损害及纯粹因过错方的行为导致的精神创伤、精神痛苦等,无过错方均可请求赔偿。

最后,过错行为和损害后果之间存在因果关系。损害结果必须是因过错方损害行为导致的,这符合侵权责任认定的一般逻辑。

案例分析

纪某与王某离婚纠纷案

【基本案情】

纪某在与妻子王某婚姻关系存续期间与他人生育一女。纪某先后两次向人民法院起诉离婚,王某最终同意离婚,但主张纪某具有重大过错,要求纪某支付损害赔偿金20万元,同时主张自己在家庭日常生活中付出较多,要求纪某补偿10万元。②

【裁判意见】

人民法院经审理认为,纪某违反夫妻间的忠实义务,给妻子造成严重精神伤害,对导致离婚具有重大过错,王某作为无过错方请求损害赔偿应予支持。王某在日常生活中对抚育子女负担较多义务,有权请求家事补偿,判决准予双方离婚,并判令纪某向王某支付损害赔偿金10万元、家事补偿金5万元。

---

① 最高人民法院民法典贯彻实施工作领导小组主编:《中华人民共和国民法典婚姻家庭编继承编理解与适用》,人民法院出版社2020年版,第331~332页。

② 山东省高级人民法院:《山东法院家事审判典型案例》,载微信公众号"山东高法"2023年7月21日,https://mp.weixin.qq.com/s/Xp15zxDLvtrIXgfsYI7hBw。

第四章 离 婚

【典型意义】

《民法典》第1088条、第1091条分别规定了离婚家务补偿制度和离婚损害赔偿制度。纪某严重违反夫妻间的忠实义务,给王某造成严重的精神伤害,依法应当承担损害赔偿责任。王某对抚育子女、照料家庭付出较多,依法应当获得相应补偿。人民法院充分保护无过错方的权利,依法支持了王某关于损害赔偿及家事补偿的主张,抚慰受害方,惩罚过错方,发挥了家事审判明辨是非、伸张正义的规范警示和预防作用。

实操指南

离婚损害赔偿制度是《民法典》规定的旨在保护离婚无过错方的一项权利救济制度。

对于物质损害赔偿数额,以产生多少损失,赔偿多少损失为一项基本原则。无过错方需要就对方的过错行为给其造成的损失承担举证责任。一般而言,法院在确定过错方应当承担的物质损害赔偿数额时,都会考虑以下几个方面:(1)过错方的主观过错程度;(2)无过错方受到的实际损失;(3)双方的经济水平、经济能力及实际生活需要;(4)双方的年龄及健康状况;(5)当地经济发展水平等。对于精神损害赔偿额,要考虑以下几个方面:(1)婚姻关系的持续时间;(2)过错程度,还应当考虑过错是一次性还是反复发生;(3)赔偿数额首先应当足以弥补无过错方遭受的心理创伤和精神痛苦。

离婚损害赔偿诉讼需要在离婚诉讼中一并提起,不起诉离婚仅起诉离婚损害赔偿,人民法院不予受理。对于人民法院判决不予离婚的案件,当事人一并提起的离婚损害赔偿请求也不予支持。但也存在一种例外情形,即无过错方作为被告的离婚诉讼案件,被告方不同意离婚也不基于该条规定提起损害赔偿请求的,可以就此单独提起诉讼。若无过错方在一审未提出损害赔偿请求,二审时提出的,人民法院首先会进行调解;调解不成的应当另行起诉,但是若双方均同意二审法院一并审理的,二审法院可以一并裁判。

对于登记离婚后再提出损害赔偿请求的,法院应当受理,但是若离婚协议中明示放弃该项请求的,人民法院将不予受理。需要注意的是,有权在登记离婚后再提出损害赔偿请求的主体只能是无过错方。离婚损害赔偿虽然本质上也属于侵权损害赔偿,但其与一般的侵权损害赔偿存在许多区别。

> **第一千零九十二条　【关于一方侵害夫妻共同财产的法律后果】**
>
> 夫妻一方隐藏、转移、变卖、毁损、挥霍夫妻共同财产,或者伪造夫妻共同债务企图侵占另一方财产的,在离婚分割夫妻共同财产时,对该方可以少分或者不分。离婚后,另一方发现有上述行为的,可以向人民法院提起诉讼,请求再次分割夫妻共同财产。
>
> **《婚姻家庭编解释(一)》**
>
> 第八十四条　当事人依据民法典第一千零九十二条的规定向人民法院提起诉讼,请求再次分割夫妻共同财产的诉讼时效期间为三年,从当事人发现之日起计算。

法条释义

该条基本沿袭了2001年《婚姻法》第47条的规定,在"毁损"后添加"挥霍"。夫妻中的一方有隐藏、转移、变卖、毁损、挥霍夫妻共同财产,或者伪造夫妻共同债务企图侵占另一方财产行为的,既违背了民法基本的诚信原则,也侵犯了配偶对共同财产享有的权利,实施违法行为的一方应当承担相应的法律后果。

一、违法行为侵犯的对象是夫妻共同财产

夫妻共同财产主要指夫妻双方在婚姻关系存续期间所得的财产,即从登记结婚之日起,到夫妻离婚或配偶一方死亡时止,于这一特定期间内夫妻所得的财产。

夫妻共同财产是共同财产中一种特殊的形式,仅适用于婚姻关系中的配偶。《民法典》第1062条沿袭2001年《婚姻法》第17条的规定,将夫妻共同所有的财产修订为"(一)工资、奖金、劳务报酬;(二)生产、经营、投资的收益;(三)知识产权的收益;(四)继承或者受赠的财产,但本法第一千零六十三条第三项规定的除外;(五)其他应当归共同所有的财产"。当然,法律规定了夫妻可以约定婚姻关系存续期间所得的财产以及婚前财产归夫妻共同所有。

二、夫妻对共同所有的财产有平等的处理权

夫妻共同财产从性质上说,属于共同共有。在婚姻关系存续期间,无论各自收入的数量多少,夫妻作为共同生活的伴侣,对共同财产享有平等的所有权。对共同财产,夫妻双方均有依法占有、使用、收益和处分的权利。在共有关系消灭之前,财产权利是一个整体,只有在婚姻关系消灭(离婚或一方死亡)或双方有特别约定

时,才能对共同财产进行分割。

所谓平等的处理权,依照民法中关于共同共有的原理,是指夫妻在处分共同财产时,应当平等协商,取得一致意见,任何一方不得违背他方的意志,擅自处理。在共同共有关系存续期间,部分共有人擅自处分共有财产的,一般认定无效。如果对其他共有人造成损失,由擅自处分共有财产的人赔偿。因此,离婚时隐藏、转移、变卖、毁损、挥霍夫妻共同财产,或伪造债务企图侵占另一方财产的行为,是一种侵犯共同财产所有权的民事侵权行为。

三、侵犯夫妻共同财产权只能是故意

隐藏、转移、变卖、毁损、挥霍夫妻共同财产,或伪造债务是客观表现。隐藏是指将财产藏匿起来,不让他人发现,使另一方无法获知财产的所在从而无法控制。转移是指私自将财产移往他处,或将资金取出移往其他账户,脱离另一方的掌握。变卖是指将财产折价卖给他人。毁损是指毁坏、损坏财产,破坏其完整性。挥霍是指超出实际需求使用财产。伪造债务是指制造内容虚假的债务凭证,包括合同、欠条等,并将所涉共同财产据为己有。

上述行为,在主观上只能是故意,不包括过失行为,如因不慎将某些共同财产毁坏,只要没有故意,不属于该条之列。另外,必须以侵占另一方财产为目的。一方实施上述行为,就是要将本应属于夫妻共同财产的这部分财产据为己有。

四、本规定同分割共同财产应照顾子女和女方的原则不矛盾

关于离婚时夫妻共同财产的分割,由于共同财产属于共同共有的性质,依照民法理论,原则上应均等分割。该款中所指可以少分或者不分的夫妻共同财产主要是指被隐藏、转移、变卖、毁损、挥霍的或者伪造的债务侵占的那一部分财产,而不是夫妻共同财产的全部。法律并没有明确规定少分的具体份额或比例以及在何种情况下可以不分,只是规定了"可以"少分或者不分。法院在审判实践中,应当根据违法行为的情节和案件的具体情况作出处理。就弱者权益保护而言,既要维护婚姻家庭的稳定,又要注重夫妻间的实质平等,在财产问题上更是如此。[①] 因此,本规定同分割共同财产应照顾子女和女方的原则并行不悖。

五、离婚财产分割的时间延长且可离婚后再次分割

在司法实践中,离婚后,一方以尚有夫妻共同财产未处理为由向人民法院起诉

[①] 张洁:《离婚制度中弱者财产权益保护问题研究——基于女性为视角的分析》,福建师范大学2020年硕士学位论文,第2页。

请求分割的,经审查该财产确属离婚时未涉及的夫妻共同财产,人民法院应当依法予以分割。①

　　法律对离婚后,即离婚案件已审理终结,人民法院有关财产分割的调解书、判决书已发生法律效力后,又发现有隐藏、转移、变卖、毁损、挥霍夫妻共同财产或伪造债务侵占另一方财产行为的处理作了规定。在离婚案件审理过程中,这部分共同财产由于被一方隐藏、转移、变卖、毁损、挥霍,或伪造债务所侵占而未能发现,因而法院也未能将其作为夫妻共同财产予以分割。离婚后,另一方可以依据该条,向人民法院起诉,请求对这一部分财产进行再次分割。

案例分析

雷某某诉宋某某离婚纠纷案

【基本案情】

　　原告雷某某(女)和被告宋某某于2003年5月19日登记结婚,双方均系再婚,婚后未生育子女。双方婚后因琐事感情失和,于2013年上半年产生矛盾,并于2014年2月分居。雷某某曾于2014年3月起诉要求与宋某某离婚,经法院驳回后,双方感情未见好转。2015年1月,雷某某再次诉至法院要求离婚,并依法分割夫妻共同财产。宋某某认为夫妻感情并未破裂、不同意离婚。②

　　雷某某称宋某某名下的中国邮政储蓄银行账户内有共同存款37万元,并提交存取款凭单、转账凭单作为证据。宋某某称该37万元,来源于婚前房屋拆迁补偿款及养老金,现尚剩余20万元左右(含养老金14322.48元),并提交账户记录、判决书、案款收据等证据。

　　宋某某称雷某某名下有共同存款25万元,要求依法分割。雷某某对此不予认可,一审庭审中其提交中国工商银行尾号为4179账户自2014年1月26日起的交易明细,显示至2014年12月21日该账户余额为262.37元。二审审理期间,应宋某某的申请,法院调取了雷某某上述中国工商银行账号自2012年11月26日开户

---

① 参见《婚姻家庭编解释(一)》第83条。
② 《指导案例66号:雷某某诉宋某某离婚纠纷案》,载最高人民法院官网2016年9月30日,https://www.court.gov.cn/shenpan/xiangqing/27821.html。

后的银行流水明细,显示雷某某于2013年4月30日通过ATM转账及卡取的方式将该账户内的195000元转至案外人雷某齐名下。宋某某认为该存款是其婚前房屋出租所得,应归双方共同所有,雷某某在离婚之前即将夫妻共同存款转移。雷某某提出该笔存款是其经营饭店所得收益,开始称该笔款已用于夫妻共同开销,后又称用于偿还其外甥女的借款,但雷某某对其主张均未提供相应证据证明。另外,雷某某在庭审中曾同意各自名下存款归各自所有,其另行支付宋某某10万元存款,后雷某某反悔,不同意支付。

【争议焦点】

雷某某是否转移夫妻共同财产以及夫妻双方名下的存款应如何分割?

【裁判意见】

北京市朝阳区人民法院于2015年4月16日作出(2015)朝民初字第04854号民事判决:准予雷某某与宋某某离婚;雷某某名下中国工商银行尾号为4179账户内的存款归雷某某所有,宋某某名下中国邮政储蓄银行尾号为7101、9389及1156账户内的存款归宋某某所有,并对其他财产和债务问题进行了处理。宣判后,宋某某提出上诉,提出对夫妻共同财产雷某某名下存款进行分割等请求。北京市第三中级人民法院于2015年10月19日作出(2015)三中民终字第08205号民事判决:维持一审判决其他判项,撤销一审判决第三项,改判雷某某名下中国工商银行尾号为4179账户内的存款归雷某某所有,宋某某名下中国邮政储蓄银行尾号为7101、9389及1156账户内的存款归宋某某所有,雷某某于本判决生效之日起7日内支付宋某某12万元。

法院生效裁判认为:婚姻关系以夫妻感情为基础。宋某某、雷某某共同生活过程中因琐事产生矛盾,在法院判决不准离婚后,双方感情仍未好转,经法院调解不能和好,双方夫妻感情确已破裂,应当判决准予双方离婚。

2001年《婚姻法》第17条第2款规定,夫妻对共同所有的财产,有平等的处理权。第47条第1款规定,离婚时,一方隐藏、转移、变卖、毁损夫妻共同财产,或伪造债务企图侵占另一方财产的,分割夫妻共同财产时,对隐藏、转移、变卖、毁损夫妻共同财产或伪造债务的一方,可以少分或不分。离婚后,另一方发现有上述行为的,可以向人民法院提起诉讼,请求再次分割夫妻共同财产。这就是说,一方在离婚诉讼期间或离婚诉讼前,隐藏、转移、变卖、毁损夫妻共同财产,或伪造债务企图侵占另一方财产的,侵害了夫妻对共同财产的平等处理权,离婚分割夫妻共同财产时,应当依照《婚姻法》第 47 条的规定少分或不分财产。

本案中,关于双方名下存款的分割,结合相关证据,宋某某婚前房屋拆迁款转化的存款,应归宋某某个人所有,宋某某婚后所得养老保险金,应属夫妻共同财产。雷某某名下中国工商银行尾号为 4179 账户内的存款为夫妻关系存续期间的收入,应作为夫妻共同财产予以分割。雷某某于 2013 年 4 月 30 日通过 ATM 转账及卡取的方式,将尾号为 4179 账户内的 195000 元转至案外人名下。雷某某始称该款用于家庭开销,后又称用于偿还外债,前后陈述明显矛盾,对其主张亦未提供证据证明,对钱款的去向不能作出合理的解释和说明。结合案件事实及相关证据,认定雷某某存在转移、隐藏夫妻共同财产的情节。根据上述法律规定,对雷某某名下中国工商银行尾号 4179 账户内的存款,雷某某可以少分。宋某某主张对雷某某名下存款进行分割,符合法律规定,予以支持。故法院判决宋某某婚后养老保险金 14322.48 元归宋某某所有,对于雷某某转移的 19.5 万元存款,由雷某某补偿宋某某 12 万元。

【律师观点】

本案法律关系较为简单,关键在于雷某某是否存在转移、隐藏夫妻共同财产的情节。一审法院查明,雷某某提交的中国工商银行尾号为 4179 账户自 2014 年 1 月 26 日起的交易明细,显示至 2014 年 12 月 21 日该账户余额为 262.37 元;二审法院查明雷某某于 2013 年 4 月 30 日通过 ATM 转账及卡取的方式将该账户内的 195000 元转至案外人雷某齐名下。对于尾号为 4179 账户内款项的去向及用途,终审法院认为雷某某陈述前后明显矛盾,对钱款的去向不能作出合理的解释和说明。因此法院认为雷某某转移、隐藏夫妻共同财产。

《民法典》第 1092 条已经把"离婚时"为前提的规定删去,意味着无论是婚姻关系存续期间,还是双方进入离婚诉讼时,只要夫妻中的一方有隐藏、转移、变卖、毁损、挥霍夫妻共同财产,或者伪造夫妻共同债务企图侵占另一方财产的行为,离婚分割夫妻共同财产时,均可以对其少分或不分。本案裁判有利于惩戒夫妻一方擅自处分夫妻共同财产、侵害共同财产的非法行为,保护夫妻双方处理共同财产的平等协商权,维护家庭成员的合法财产权益。

实操指南

《民法典》第 1092 条规定的适用,不以侵犯夫妻共同财产的行为发生于离婚时为必要。该条删去了 2001 年《婚姻法》第 47 条中以"离婚时"为前提的规定,无论是婚姻关系存续期间,还是双方已经进入离婚诉讼,只要夫妻中的一方有该条规定的行为,离婚分割夫妻共同财产时,均可以对其少分或不分。

可以少分或不分的财产范围,主要是指隐藏、转移、变卖、毁损、挥霍,或伪造的夫妻共同债务范围内的夫妻共同财产,而非全部夫妻共同财产均可以少分或不分。一般离婚案件中恶意转移财产的情形有:转移已有存款;收入不存入夫妻名下的存折;私自出售夫妻共同财产;私自无偿转让或赠与夫妻共同财产等。恶意负债的情形一般有:制作虚假的欠条;虚报开支;在法院打虚假债务官司;利用关联企业负债等。还需要注意的是,根据《最高人民法院关于适用〈中华人民共和国民事诉讼法〉的解释》第 90 条的规定,当事人对自己提出的诉讼请求所依据的事实或者反驳对方诉讼请求所依据的事实,应当提供证据加以证明,但法律另有规定的除外。在作出判决前,当事人未能提供证据或者证据不足以证明其事实主张的,由负有举证证明责任的当事人承担不利的后果。转移夫妻共同财产的举证责任由主张方即被侵权人举证证明,但恶意转移夫妻财产的行为往往具有隐蔽性,这无疑会加大被侵权人维权的成本。

离婚后,财产权受到侵犯的一方再次提起分割请求的期限受诉讼时效的约束,自该方知道或者应当知道权利受到损害之日起计算。

第五章 收 养

第一节 收养关系的成立

> **第一千零九十三条　【关于被收养人的范围的规定】**
> 下列未成年人，可以被收养：
> （一）丧失父母的孤儿；
> （二）查找不到生父母的未成年人；
> （三）生父母有特殊困难无力抚养的子女。

法条释义

该条规定源于《收养法》（已失效，下同）第4条，《民法典》对该条规定的被收养人的条件做了两处修改：一是将被收养人的年龄范围由不满14周岁扩大至不满18周岁；二是将查找不到生父母的"弃婴和儿童"修改为"未成年人"，查找不到生父母的原因不再限于生父母的主动遗弃，因被拐卖导致脱离生父母监护的未成年人也符合被收养的条件。这两处修改使得更多的未成年人符合被收养的条件，体现了未成年人的利益最大化原则。

一、收养的法律概念

收养，系指自然人领养他人的子女为己之子女，依法创设拟制血亲的亲子关系的民事法律行为。[①] 在法律上，收养关系一旦确立即具有视同婚生子女的一种身份契约关系。由于收养会将本无真实血缘联络之人间拟制为具有与亲子关系一样的父母子女法律关系，因此收养者与被收养者间又称为法定血亲或拟制血亲。

---

① 杨大文主编：《亲属法》（第五版），法律出版社2012年版，第244页。

收养者称为养父或养母,被收养者则称为养子或养女;被收养者之生父母称为本生父母,而对本生父母而言,被收养者称为出养子女。子女出养后,本生父母之亲权即处于暂时停止之状态。

收养行为是设定和变更民事权利、义务的法律行为。收养既涉及对未成年人的抚养教育,也涉及以后对老年人的赡养扶助以及当事人死后的财产继承等一系列民事法律关系。

收养这一法律行为的目的在于使没有父母子女关系的人们之间产生拟制的法律上的父母子女关系。收养制度作为《民法典》中身份法的重要组成部分,内含浓厚的伦理性。①

二、被收养人的范围

(一)丧失父母的孤儿

生父母被宣告死亡的未成年人应视为已丧失生父母。《民政部关于在办理收养登记中严格区分孤儿与查找不到生父母的弃婴的通知》第1条规定,我国《收养法》中所称的孤儿是指其父母死亡或人民法院宣告其父母死亡的不满14周岁的未成年人。按照上述通知的规定,丧失生父母包括生父母死亡和被宣告死亡两种情形。被宣告死亡与自然死亡具有相同的法律效果,属于法律拟制、推定的死亡,即使未实际死亡,长期下落不明的状态导致事实上无法履行对未成年人的抚养照顾义务和监护职责。因此,生父母被宣告死亡的未成年人应视为已丧失生父母。

孤儿是指生父母已经死亡或被宣告死亡的未满18周岁的未成年人。《国务院办公厅关于加强孤儿保障工作的意见》规定,孤儿是指失去父母、查找不到生父母的未满18周岁的未成年人,由地方县级以上民政部门依据有关规定和条件认定。

《国务院办公厅关于加强孤儿保障工作的意见》是为健全孤儿保障体系,保护孤儿权益而制定。为了将更多需要帮助的未成年人纳入保障体制,意见中规定的孤儿范围较为宽泛。该意见将孤儿的年龄限定为18周岁以下,将失去生父母的未成年人均纳入孤儿的保障范围,与《民法典》第1093条修改被收养人的年龄范围的

---

① 季虹:《民间送养下收养制度的现实困境与制度完善》,载《河北北方学院学报(社会科学版)》2022年第1期。

意旨相同。意见中规定的孤儿既包括失去生父母的未成年人,也包括查找不到生父母的未成年人。此处与第 1093 条规定的孤儿范围有所不同,第 1093 条将查找不到生父母的未成年人与丧失父母的孤儿区分开,单独列为第 2 项,说明第 1093 条中规定的孤儿并不包括查找不到生父母的未成年人。综合以上分析,第 1093 条所列被收养人的条件第 1 项中"丧失父母的孤儿"应理解为生父母已经死亡或被宣告死亡的未满 18 周岁的未成年人。

(二)查找不到生父母的未成年人

非生父母主动遗弃的未成年人也可以成为被收养人。《收养法》规定的第二类被收养人为查找不到生父母的弃婴和儿童。弃婴是指被生父母遗弃的婴儿,即生父母主观上具有遗弃婴儿的意愿,客观上实施了遗弃婴儿的行为。《收养法》规定的查找不到生父母的儿童虽然未限定是否由生父母主动遗弃,但结合该条语境及《中国公民收养子女登记办法》第 6 条关于收养弃婴、儿童应提交公安机关出具的捡拾证明的规定可见,儿童也指被生父母遗弃的儿童。对于非因生父母意愿脱离监护的未成年人,例如,被拐获救的未成年人,则不在《收养法》规定的被收养人范围之列。《民法典》第 1093 条将《收养法》规定的"查找不到生父母的弃婴和儿童"修改为"查找不到生父母的未成年人",取消了对生父母遗弃未成年人的主观意愿的限定,将被拐获救未成年人纳入被收养人的范围。

(三)生父母有特殊困难无力抚养的未成年人

《民政部婚姻司对〈收养法〉的解答》中对生父母有特殊困难的具体情形作出了说明,该解答第 5 条规定,有特殊困难无力抚养的子女,是指有生父母或生父母一方死亡,但其生父母或生父、生母有特殊困难不能抚养教育的未满 14 周岁的子女。如生父母重病、重残,无力抚养教育的子女或由于自然灾害等原因造成其生父母无力抚养的子女,以及非婚生子女等。按照该解答的说明,生父母有特殊困难无力抚养的未成年人指生父母因身体健康原因、经济原因无力抚养的子女,包括以下三种:第一,生父母双方均生存,但均因重病、重残或经济原因无力抚养的子女;第二,生父母一方死亡或被宣告死亡,另一方重病、重残或经济原因无力抚养的子女;第三,非婚生子女。解答中对非婚生子女专门予以说明,对非婚生子女的收养不以生父母重病、重残或存在经济困难为条件,非婚生的情形即表明符合被收养的条件。

| 案例分析 |

简某 2 与简某 1、韦某解除收养关系纠纷案

【案号】一审：重庆市南川区人民法院(2021)渝 0119 民初 1088 号

【基本案情】

1991 年 1 月 2 日，简某 1 与简某 2 签订《简某 1 抱子协议》，载明"根据四川省计划生育条例之规定可抱一个孩子，经凫族戚邻友说合抱养双溪乡邓某为子，双方协议如下：1. 邓某变更姓名为简某 2；2. 从抱养之日起，简某 1 有抚养、教育的权利和义务；3. 简某 2 有赡养简某 1 双亲的义务，有继承简某 1 遗产的权利；4. 今后简某 1 若有亲生子与简某 2 享受同等继承权；5. 简某 2 若不尽赡养义务就无继承权利"。协议签订后，简某 2 与二被告共同生活。共同生活期间，双方为居住的位于南川区××镇××村一社的房屋分别办理了房地产权证，原告简某 2 名下房地产权证号为丁×××房地证×××字第××××××号，被告简某 1 名下房地产权证号为丁×××房地证×××字第××××××号。现因简某 2 生活困难，无力赡养二被告，引发本诉。

【裁判意见】

法院认为，收养是为了保障未成年人的权利，使未成年人能够更加健康的成长。因此，被收养人只能是未成年人。《简某 1 抱子协议》的签订时间为 1991 年 1 月 2 日，当时简某 2 已年满 19 周岁，系成年人，不符合收养的条件。因此，《简某 1 抱子协议》只是双方为家庭延续等目的签订的共同生活、扶养的协议，双方并不存在法律上的收养关系。现被告简某 1 名下有一套房屋，该房屋能够满足二被告居住需求，因此，二被告的住房已有保障，无须另寻住房。但根据原、被告实际情况，签订协议后，双方共同生活，简某 1、韦某为简某 2 的成长、家庭付出了几十年的努力，现二被告年事已高，尽管协议无效，出于仁义，原告在今后生活中应当尽可能扶持二老的晚年生活。法院判决原告简某 2 与被告简某 1、韦某之间的收养关系不成立。

【律师观点】

收养作为身份行为无疑是能够直接引起亲属身份关系产生的法律行为。[①] 收

[①] 莫春阳：《身份行为效力瑕疵制度研究》，河北经贸大学 2019 年硕士学位论文，第 9 页。

养是为了保障未成年人的权利,使未成年人能够更加健康的成长。因此,被收养人只能是未成年人。有鉴于此,本案中,简某2非未成年人,不符合被收养人的条件,故法院判决,原被告间的收养关系无效。

实操指南

合理处理收养关系和监护制度之间的关系。生父母主动遗弃未成年人时视为生父母放弃了对未成年人的监护权。收养制度与监护制度具有密切的关系,结合《民法典》对于送养人的规定可见,送养人为被收养人的监护人或对其行使监护职责的机构。对于被生父母故意遗弃的未成年人,生父母虽为其法定监护人,享有监护权,有权决定对未成年人的送养,但由于生父母主动遗弃了未成年人,以实际行动表明不再履行对未成年人的监督职责,应视为生父母放弃了对未成年人的监护权。

生父母对于被拐卖的未成年人仍然享有监护权。被拐获救未成年人与上述情况不同,其生父母主观上并无放弃子女监护权的意愿,是因犯罪分子的拐卖行为导致生父母与子女的分离,生父母虽在事实上无法行使监护权,但在法律意义上仍然享有子女的监护权。对被拐获救未成年人的收养需解决与生父母监护权的冲突问题。

第一千零九十四条 【关于送养人的范围的规定】

下列个人、组织可以作送养人:

(一)孤儿的监护人;

(二)儿童福利机构;

(三)有特殊困难无力抚养子女的生父母。

法条释义

该条规定了三种民事主体可以送养未成年人,明确了送养人主体的范围和所对应的被收养人,有利于规范收养关系的建立,保护被收养人的合法权益。

该条源于《收养法》第5条,内容无实质修改,只在文字表述上进行细节方面的调整。因"公民"与"组织"并非相互对应的概念,将"公民"修改为"个人",与"组织"相互对应,表明自然人与组织机构均可成为送养人。因部分"社会福利机构"

并非儿童福利部门,不承担代民政部门履行监护未成年人的职能,应将此类社会福利机构排除在送养人范围之外,把"社会福利机构"修改为"儿童福利机构",对送养人范围的界定更加准确。①

一、孤儿的监护人作为送养人

孤儿,是指生父母已经死亡或被宣告死亡的不满18周岁的未成年人。孤儿无法得到妥善的照顾养育,具有被家庭收养的客观需要。孤儿生父母已经去世或被宣告死亡,被家庭收养既不存在生父母亲权的法律障碍,也不会产生收养人与被收养人生父母的纠纷。因此,孤儿是主要的被收养群体。

监护制度是为保障无民事行为能力人和限制民事行为能力人的合法权益而设立的一种民事法律制度。监护,是指依照法律规定,对特定自然人的人身权益和财产权益进行监督和保护的法律制度。根据《民法典》第27条的规定,父母是未成年子女的监护人。未成年人的父母已经死亡或者没有监护能力的,由有监护能力的未成年人的祖父母、外祖父母、兄、姐以及经未成年人住所地的居民委员会、村民委员会或者民政部门同意的其他愿意担任监护人的个人或者组织按顺序担任监护人。孤儿的监护人是对孤儿具有法定监护职责的个人或组织,根据《民法典》第34条的规定,监护人的职责是代理被监护人实施民事法律行为,保护被监护人的人身权利、财产权利以及其他合法权益等。监护制度可以弥补被监护人行为能力的欠缺,使被监护人能够参与到民事活动中。《民法典》中规定的有监护资格的主体除孤儿的祖父母、外祖父母、兄、姐之外,还包括居民委员会、村民委员会和民政部门等组织机构。监护制度虽然可以在一定程度上对被监护人进行监督和保护,但并不能必然确保孤儿得到充分的情感关怀和稳定的家庭环境,而这些因素对孤儿的健康成长尤为重要。监护制度的目的重在对被监护人的监督、保护,并不一定是解决孤儿抚养、教育问题的最佳方案。允许孤儿的监护人将孤儿送养他人,让孤儿在正常的家庭环境中健康成长,得到亲人的关爱、妥善的抚养教育,才最有利于保障孤儿的利益。监护人应当为被监护人利益考虑,谨慎决定孤儿的送养并选择收养人。②

---

① 最高人民法院民法典贯彻实施工作领导小组主编:《中华人民共和国民法典婚姻家庭编继承编理解与适用》,人民法院出版社2020年版,第351页。

② 最高人民法院民法典贯彻实施工作领导小组主编:《中华人民共和国民法典婚姻家庭编继承编理解与适用》,人民法院出版社2020年版,第351~352页。

二、儿童福利机构作为送养人

儿童福利机构是代替民政部门具体履行对特定儿童的监护职责的事业单位法人。根据《儿童福利机构管理办法》第2条的规定,儿童福利机构是指民政部门设立的,主要收留抚养由民政部门担任监护人的未满18周岁儿童的机构。儿童福利机构包括按照事业单位法人登记的儿童福利院、设有儿童部的社会福利院等。根据《儿童福利机构管理办法》第9条的规定,儿童福利机构应当收留抚养的儿童包括以下几类:一是无法查明父母或者其他监护人的儿童;二是父母死亡或者宣告失踪且没有其他依法具有监护资格的人的儿童;三是父母没有监护能力且没有其他依法具有监护资格的人的儿童;四是人民法院指定由民政部门担任监护人的儿童;五是法律规定应当由民政部门担任监护人的其他儿童。

结合《民法典》第1093条关于被收养人的规定,儿童福利机构并非对上述五类儿童均有权送养。首先,儿童福利机构送养由其收留抚养的儿童应符合被收养人的条件,不符合被收养人条件的儿童不能被送养。其次,对于由儿童福利机构收留抚养且符合被收养人条件的儿童,也应按照法律规定确定送养人。由于该条第3项规定了有特殊困难无力抚养子女的生父母可作为送养人,因此对于生父母有特殊困难无力抚养的未成年人,除非法律另有规定,应由其生父母作为送养人。即使由于生父母有特殊困难无力抚养,民政部门将未成年人安置在儿童福利机构收留抚养,儿童福利机构也不能自行决定将此类未成年人送养。儿童福利机构有权送养由其收留抚养的下列两类未成年人:一是无法查明父母或者其他监护人的儿童;二是父母死亡或者宣告失踪且没有其他依法具有监护资格的人的儿童。这两类未成年人共同的特点是监护缺失。

三、有特殊困难无力抚养子女的生父母作为送养人

抚养教育未成年子女是父母应当承担的法定义务,不得随意推诿,但是对于确有特殊困难无力抚养子女的生父母,如坚持要求其履行监护职责,将对生父母构成较大的负担,子女也无法得到妥善的照料。因此,应当允许生父母对子女进行送养,以保障子女切身的利益,同时解决生父母面临的生存困境。特殊困难包括身体的疾病或残疾、经济的困顿等不利于其履行抚养义务的情况。

案例分析

郭某1与郭某2收养关系纠纷案

【案号】一审：重庆市江津区人民法院(2022)渝0116民初4273号

【基本案情】

被告郭某2未婚无子女,系双目失明的残疾人。原告郭某1是案外人李某与秦某夫妻于1991年4月6日生育的女儿。郭某1出生后,李某与秦某夫妻为躲避当年的计划生育处罚,将郭某1送给郭某2作养女。郭某1的户籍登记在郭某2户口本上,在相关的档案资料方面,郭某1与郭某2是父女关系,但郭某1未与郭某2共同生活,郭某1实际由其亲生父母抚养成人。虽然郭某1与郭某2在户籍登记等信息上显示为父女关系,但郭某2未对郭某1进行过抚养教育,双方既未办理收养登记,亦无收养事实。

原告郭某1向法院提出诉讼请求:确认原告与被告之间的收养关系不成立。

【裁判意见】

法院认为:被收养人应当符合法律规定的条件。收养应当向县级以上人民政府民政部门登记。收养关系自登记之日起成立。本案中,郭某1的生父母为了躲避当年的计划生育处罚,才将郭某1送给郭某2作养女,因此,郭某1本身不符合作为被收养人的条件,其生父母亦不符合作为送养人的条件。郭某1未与郭某2共同生活,郭某1实际是由其生父母抚养成人。郭某1与郭某2虽然在户籍登记等信息上显示为父女关系,但并未依法办理收养登记,也未建立起事实上的收养关系。故郭某1与郭某2之间并无收养事实,双方之间未成立收养关系。

收养关系的登记确认机关是县级以上人民政府民政部门,并非户籍管理机关,单凭户籍登记尚不产生收养的法律效力。因此,原告郭某1的诉讼请求,有事实和法律依据,予以支持。

【律师观点】

本案中,郭某1的父母李某与秦某属《民法典》第1094条第3项生父母送养的情形,但躲避计划生育处罚并非本项规定的因特殊困难无力抚养子女,不符合送养人的条件。

实操指南

《民法典》第1094条规定了孤儿的监护人可作为送养人,但应注意与《民法典》第1096条的衔接,该条规定了监护人送养孤儿,应当征得有抚养义务的人同意。这表明监护人应与对孤儿有抚养义务的人共同决定送养孤儿,如果有抚养义务的人不同意送养,监护人不能单独决定送养。监护人不愿意继续履行监护职责的,可以另行确定监护人。

根据《民法典》第1094条第3项规定内容的文义,只有在生父母有特殊困难无力抚养子女时才能将子女送养,除此之外,子女的养父母、继父母即使有特殊困难无力抚养子女,也无权作为送养人将子女送养。养父母在收养后面临特殊困难无力继续抚养养子女的,可以与养子女的生父母协商解除收养关系,由生父母继续抚养子女或再行送养。

送养人条件在司法实践中适用的尺度较为严苛,原因在于保护儿童利益、保障亲生父母的亲权和打击拐卖儿童犯罪。再加上适用该条的送养事实较多发生在20世纪末和21世纪初,因此司法实践中对于不符合该条送养人条件的送养大多持否定态度,尤其是第3项的生父母直接送养情形。

第一千零九十五条　【关于父母危害未成年人时监护人的送养的规定】

未成年人的父母均不具备完全民事行为能力且可能严重危害该未成年人的,该未成年人的监护人可以将其送养。

法条释义

《民法典》第1095条规定了父母在世时监护人对未成年人的送养须同时符合父母双方均不具备完全民事行为能力和可能严重危害未成年人两项条件。

该条源于《收养法》第12条,在条文顺序和条文内容上都作出了修改,体现在两个方面:第一,条文体系位置的变化。《收养法》将该条置于收养的各项条件规定之后,确立了监护人不得送养父母均无完全民事行为能力的未成年人的一般原则和例外性规定。而《民法典》将该条文位置提前,置于送养人条件的规定之后,将特定情形下监护人的送养作为对生父母送养的补充,淡化了监护人不得送养无完全民事行为能力人的子女这一规定的原则性。第二,条文内容的变化。《收养法》以监护人不得送养父母均无完全民事行为能力的未成年人为一般原则,以父母对未成年人有严重危害可能时,监护人将其送养为例外,用此种"原则+例外"的立法模式对监护人送养未成年人的情形进行了严格的限制。除非父母均无完全民事行为能力且有可能严重危害子女,否则监护人不得将未成年人送养。而《民法典》第1095条则采取赋权性规定方式,肯定了在父母均无完全民事行为能力且有可能严重危害子女利益时,监护人有权决定送养未成年人,而并未一律排除在父母对未成年子女有其他不利行为时,监护人送养未成年人的权限,为将来扩大监护人送养被监护人的权限预留了制度空间。虽然从目前来看,两种表述方式的效果尚不具有实质性的差异,但体现出立法机关对收养制度指导思想的转变和对监护人送养被监护人规定的细微变化[①]。

同样地,父母均不具备完全民事行为能力时,不能作出意思表示,为保护未成年子女的利益,可以免除父母的收养同意权,该条规定是免除父母收养同意权的情形之一。但在父母一方或双方对子女未尽保护教育之义务或有其他显然不利于子女之事而拒绝同意,或事实上不能为意思表示之情形时,得例外免除其同意,以保护被收养人之权利。

案例分析

隆某诉杨某变更抚养权纠纷案

【案号】一审:湖南省花垣县人民法院(2015)花民初字第725号

【基本案情】

2013年3月18日,龙某、杨某在某某县某某镇卫生院生育一名男婴,随后杨某的父亲杨某1把男婴送给杨某的表姐隆某家抚养。2013年10月28日,隆某家为男婴在某某县公安局某某派出所登记入户,与隆某登记为一户,户主为隆某父亲隆某1,登记监护人父亲为隆某1,监护人母亲为隆某2,为男婴取名隆某3。龙某于1997年10月24日出生,杨某于1998年4月29日出生,两人生育隆某3时均未成

[①] 最高人民法院民法典贯彻实施工作领导小组主编:《中华人民共和国民法典婚姻家庭编继承编理解与适用》,人民法院出版社2020年版,第356~357页。

年。另外,隆某3出生前,龙某家人给予杨某两次经济扶助,一次3000元,另一次9000元。杨某1将隆某3交予隆某母亲抚养,未告知龙某及其家人。隆某2抚养隆某3至今未依法办理收养手续。隆某2以无力继续代为抚养隆某3、龙某等人拒不领回隆某3为由,向法院起诉要求四被告领回隆某3。

【争议焦点】

1.杨某的监护人杨某1是否有权将隆某3送养,隆某2与隆某3的收养关系是否成立?

2.隆某3应当由谁抚养?

【裁判意见】

法院认为:一、隆某2与隆某3的收养关系是否成立。《民法典》第1105条规定,收养应当向县级以上人民政府民政部门登记。收养关系自登记之日起成立。第1095条规定,未成年人的父母均不具备完全民事行为能力且可能严重危害该未成年人的,该未成年人的监护人可以将其送养。本案中,龙某、杨某生育隆某3时均系未成年人,不具备完全民事行为能力,未被证实存在严重危害隆某3的可能,其任意一方监护人均不得擅自将隆某3送养,且送养未经县级人民政府部门登记,隆某2与隆某3的收养关系不成立。

二、隆某3应当由谁抚养。《民法典》第27条规定,未成年人的父母是未成年人的监护人。未成年人的父母已经死亡或者没有监护能力的,可由祖父母、外祖父母担任监护人。因杨某尚未成年,由其父母杨某1、龙某1代为抚养,龙某已成年,监护责任由龙某自行履行。

据此,判决非婚生子隆某3由被告龙某、杨某1、龙某1共同抚养。

【律师观点】

未成年人的监护人将其送养须同时满足两个条件:一是未成年人的父母均不具备完全民事行为能力;二是该父母可能严重危害该未成年人。如果未成年的父母仅满足上述条件中的任何一项,未成年人的监护人都无权将未成年人送养。该条对监护人送养所作的限制性规定,是出于保护不具备完全民事行为能力的父母权益的需要,也是出于保护未成年子女权益的需要。本案中,龙某、杨某生育隆某3时均未成年,不具备完全民事行为能力。隆某3的监护人是祖父母或外祖父母,故杨某的父亲杨某1是隆某3的合法监护人。但是,现有证据不能证实龙某、杨某存在严重危害隆某3的可能,其任意一方监护人均不得擅自将隆某3送养。因此,杨某1无权将隆某3送养。

实操指南

《民法典》第1095条并未将未成年人的父母限定为生父母,还包括未成年的养父母、继父母,如上述人员均不具备或者丧失完全民事行为能力且有危害未成年人的情形的,准许未成年的监护人将其送养来保障未成年人得到家庭的温暖与关怀。该条中的"危害"可以表现为对未成年人身体侵害和精神上的伤害,虽然不需要父母已对未成年子女造成现实的伤害,但危害需要达到严重的程度。

未成年人的父母均不具备完全民事行为能力时,根据《民法典》第27条的规定,应在有监护资格和监护能力的人或组织中确定监护人。对于监护人的确定有争议时,应首先按法定程序指定监护人,依法确定的监护人才有权利决定送养。只具有监护资格,但未被确定为监护人的个人或组织,无权决定送养未成年人。

第一千零九十六条　【关于监护人送养孤儿的规定】

监护人送养孤儿的,应当征得有抚养义务的人同意。有抚养义务的人不同意送养、监护人不愿意继续履行监护职责的,应当依照本法第一编的规定另行确定监护人。

法条释义

该条规定的监护人送养孤儿,以有抚养义务的人的同意为条件,未征得有抚养义务人的同意,监护人不得将孤儿送养,如监护人不愿意继续履行监护职责的,可以另行确定监护人。

收养同意权是指同意或拒绝收养的权利。孤儿的监护人是对孤儿履行监护、监督、保护义务的人,根据《民法典》第1094条第1项的规定,孤儿的监护人可以作为孤儿的送养人,行使对孤儿的收养同意权。根据《民法典》第1096条,孤儿的监护人行使收养同意权,须受到抚养义务人意识的限制,由孤儿的监护人与抚养义务人共同行使收养同意权的制度设计,具有以下三点意义:第一,可以防止监护人为推卸监护责任,随意将孤儿送养,损害孤儿的合法权益。第二,抚养义务人抚养孤儿具有现实的可能性。第三,保护抚养义务人的合法权益。收养会引起包括抚养关系在内一系列家庭关系的重大变化,孤儿与祖父母、外祖父母等近亲属关系会基于收养而消除,对孤儿的收养应尊重抚养义务人的意愿,如果抚养义务人有抚养的能力并且愿意继续抚养孤儿,孤儿的基本生活和教育则能够得到保障。此时不宜轻易改变原有的家庭关系和抚养关系,强行将孤儿送养。

根据《民法典》第1096条的规定,关于监护人送养孤儿有以下几点重要内容:监护人送养孤儿需征得抚养义务人同意。如果没有得到抚养义务人的同意,监护人不能将孤儿送养。抚养义务人通常是指孤儿的有负担能力的祖父母、外祖父母。如果父母已经去世或无力抚养,祖父母、外祖父母成为法定的抚养义务人。此外,有负担能力的兄、姐对于父母已经去世或无力抚养的未成年弟、妹也负有扶养义务。孤儿的监护人和抚养义务人须共同行使收养同意权,这意味着,在决定是否将孤儿送养时,应充分考虑和尊重抚养义务人的意愿,这一制度设计旨在防止监护人随意送养孤儿,保护孤儿的合法权益。

如果监护人不愿意继续履行监护职责,但又因抚养义务人不同意而无法将孤儿送养,可以依照法律规定另行确定监护人。这涉及监护人的变更,需要考虑监护人的利益和意愿,同时确保最有利于未成年人的权益。《民法典》第30条和第31条规定了确定监护人的两种方式:一是有监护资格的人协议确定监护人;二是由居民委员会、村民委员会、民政部门或者人民法院指定监护人。两种确定监护人的方式应有顺位的先后,按照民法意思自治原则,首先应尊重有监护资格的人的意愿和被监护人的意愿,有监护资格的人能够通过协商达成一致意见,且不违背被监护人的意愿时,应按照协商意见确定监护人。只有在对监护人的确定有争议时,才可由居民委员会、村民委员会、民政部门或者人民法院指定监护人。法定抚养义务人同时也是具有监护资格的人,人民法院在指定监护时,应按照最有利于未成年人的原则综合考虑法定抚养义务人和其他具有监护资格的人的监护能力和意愿确定监护人。

┃案例分析┃

孙某4与吴某1收养案

【基本案情】

吴某1,女,1992年7月8日生,现住黑龙江省哈尔滨市某区。

吴某2,女,1998年6月23日生,现住黑龙江省哈尔滨市某区。

吴某1和吴某2是亲姐妹,她们的母亲孙某1于2003年8月13日因病去世,她们的父亲在2002年11月7日的一场交通事故中死亡。吴某1的父母去世后,其暂时和70多岁的爷爷奶奶在黑龙江生活。除爷爷奶奶外,吴某1的外公孙某2已经80多岁,和吴某1的姨妈孙某3在新疆生活。由于爷爷奶奶年纪大,没有能力照顾吴某1姐妹俩,家住北京的吴某1的舅舅孙某4提出将吴某1过继过来抚养。孙某4已经有一个19岁的儿子。吴某1的爷爷奶奶也同意将吴某1过继给孙某4抚养。吴某1的舅舅孙某4咨询:自己已经有一个孩子,过继吴某1是否合法?①

【争议焦点】

1. 吴某1的爷爷奶奶是否可以将吴某1送养?
2. 孙某4是否能合法收养吴某1?

【法律分析】

孙某4是吴某1的亲舅舅,可以收养三代以内同辈旁系血亲——亲妹妹的子女。如果孙某4有抚养教育吴某1的能力,且孙某4未患有医学上认为不应当收养子女的疾病,则孙某4可以收养吴某1,但具体还要满足孙某4可以收养、吴某1的监护人即吴某1的爷爷奶奶同意送养、孙某4爱人同意收养、吴某1的外祖父同意送养、吴某1本人同意被收养等条件。

【律师观点】

对于未成年人的监护,首先应当由其父母或者其他法定监护人负责。如果父母去世或者无法履行监护职责,那么应当由其他法定顺序的监护人,如祖父母、外祖父母、成年兄姐等承担监护责任。如果这些人都无法承担监护责任,那么应当由未成年人的近亲属或者愿意担任监护人的个人或者组织担任监护人,但须得到未成年人住所地的居民委员会、村民委员会或者民政部门的同意。

在送养方面,如果监护人想要将孤儿送养,必须确保有抚养义务的人同意。如果存在有抚养义务的人不同意送养,且监护人不愿意或者不能继续履行监护职责,那么应当根据《民法典》的相关规定,由人民法院或者其他有关机关依照法定程序确定新的监护人。

---

① 《每天学一"典"》收养案案例分析》,载微信公众号"九龙司法"2022年9月15日,https://mp.weixin.qq.com/s/h-CiwpEe77dy3d5AymoLLw。

需要注意的是,法律对于未成年人的权益保护非常重视,任何关于未成年人监护和送养的决策都需要谨慎处理,确保未成年人的最佳利益。

实操指南

一、孤儿的兄姐不享有收养同意权

《民法典》第1075条第1款规定,有负担能力的兄、姐,对于父母已经死亡或者父母无力抚养的未成年弟、妹有扶养的义务。按照该条规定,有负担能力的孤儿的兄、姐对孤儿承担的义务为扶养义务,而非抚养义务。我国民法典采用狭义的抚养的概念。其中,长辈对晚辈的供养辅助义务为抚养,晚辈对长辈的供养辅助义务为赡养,平辈亲属间的抚养辅助义务为扶养。抚养义务和扶养义务的含义和适用对象并不相同,故兄姐并非抚养义务人,不享有对孤儿的收养同意权。

二、抚养义务人均享有收养同意权

孤儿的生父母均已死亡时,孤儿的祖父母、外祖父母均生存且有抚养能力的,其祖父母、外祖父母均为孤儿的抚养义务人,均享有收养同意权。在监护人不履行监护职责时,各抚养义务人均同意送养孤儿时,监护人才可将孤儿送养。

第一千零九十七条 【关于生父母共同送养的规定】

生父母送养子女,应当双方共同送养。生父母一方不明或者查找不到的,可以单方送养。

法条释义

该条规定了生父母共同送养子女的原则和例外。生父母共同享有对子女的收养同意权,收养应当经生父母双方协商一致同意;当生父母一方不明或者查找不到时,免除一方的收养同意权,另一方可单独行使收养同意权。

一、生父母的收养同意权

未成年人的父母是其法定代理人和监护人。父母双方对未成年子女享有平等的监护权。父母双方应平等享有收养同意权,协商确定是否送养子女,未经协商或协商未达成一致意见,父母一方不得单独送养子女。《民法典》第1097条规定由生父母共同行使收养同意权,并不限于生父母为夫妻的情形。生父母虽非夫妻,子女为非婚生子女的,对子女的收养仍需生父母共同决定。该条文中规定的送养人为生父母双方,按文意解释不包括养父母、继父母等。如生父母一方与他人结婚,子女随身父母一方和继父母共同生活,对子女的收养仍需征得生父母双方的同意,无须征得继父母的同意。

二、免除生父母一方的收养同意权

收养同意权为生父母双方固有的权利,但并非不可免除。当父母一方既无法履行对子女的抚养教育和保护的义务,又无法做出是否同意收养的意思表示,而这种境况对子女明显不利,导致子女无法得到适当的照料和教育时,可免除该父母一方的收养同意权。该条规定的免除生父或生母一方收养同意权的一种适用情形,即生父母一方不明或查找不到。当生父母一方不明或查找不到时,其无法行使对子女的收养同意权。相较上述生父母对子女的亲权,子女的利益应得到优先的考虑和保护。生父母一方难以单独抚养子女时,应允许其单独送养子女①。

| 案例分析 |

汪某诉李某、李某1解除收养关系纠纷案

【案号】一审:福建省厦门市湖里区人民法院(2010)闽0206民初568号
　　　　二审:福建省厦门市中级人民法院(2010)闽02民终987号

【基本案情】

汪某是陈某前妻,李某、李某1系夫妻关系。汪某于2010年6月11日生育一女汪某1,3日后,汪某未经丈夫陈某同意将女儿汪某1送李某、李某1抚养。至今未到澧县民政局办理收养登记。汪某1随李某、李某1生活后更名为李某2。2011年11月17日,李某、李某1生育一女李某4。原告汪某以李某、李某1抚养两个子女经济拮据且收养违法为由诉请解除收养关系。

【争议焦点】

汪某未经丈夫陈某同意,将女儿送养,是否发生法律效力?

---

① 最高人民法院民法典贯彻实施工作领导小组主编:《中华人民共和国民法典婚姻家庭编继承编理解与适用》,人民法院出版社2020年版,第368~369页。

【裁判意见】

法院认为：生父母送养子女，须双方共同送养。生父母一方不明或者查找不到的可以单方送养。收养应当向县级以上人民政府民政部门登记。收养关系当事人应当亲自到收养登记机关办理成立收养关系的登记手续。夫妻共同收养子女的，应当共同到收养登记机关办理登记手续。收养关系自登记之日起成立。本案原告汪某将女儿汪某1（后更名为李某2）送二被告李某、李某1抚养，未经其生父陈某同意，且至今未办理收养登记，不符合收养的实质要件与形式要件，故二被告李某、李某1收养李某2的行为无效，收养关系不成立。只有合法的收养关系才能依法解除，而本案收养关系不成立，故对原告的诉讼请求不予支持。

【律师观点】

送养未成年子女，生父母应当协商，共同决定，即使生父母离婚，直接抚养未成年子女的一方也应当经另一方同意后再送养，否则送养行为不发生法律效力。但因客观因素导致生父母无法共同送养时，可以单方送养。可以单方送养的情况仅有两种：一是生父母一方不明，如非婚生子女的生父无法确定；二是查找不到生父母，如一方失踪或死亡等。本案中，汪某1的生母汪某未经其生父陈某的同意，将汪某1送养给李某、李某1。汪某送养汪某1时，汪某1的生父陈某不存在身份不明或查找不到的情形，汪某不符合法律规定的单独送养的情形。因此，即使汪某和陈某离婚，汪某送养之前也应当经过陈某的同意，在双方协商一致后，共同送养汪某1。故汪某单独送养汪某1的法律行为不发生法律效力。

实操指南

一、生父母一方死亡或不具备完全民事行为能力时是否可单方送养

《民法典》第1108条对生父母一方死亡，另一方送养子女作出了规定，即配偶一方死亡，另一方送养未成年子女的，死亡一方的父母有优先抚养的权利。该条规定一方面肯定了配偶一方死亡时，另一方可以送养未成年人，另一方面赋予死亡一方的父母享有优先抚养权，作为对生存的生父或生母一方行使收养同意权的限制。生父母中生存一方送养未成年子女的，应当征得死亡一方的父母（未成年子女的祖父母或外祖父母）的同意，否则死亡一方的父母可主张优先抚养权，要求解除收养关系。抚养义务人均享有收养同意权。

二、生父母身份确定或重新出现对收养效力的影响

由于身份不明或查找不到的生父母一方的收养同意权已经依法免除，另一方

单独享有收养同意权,另一方送养子女,符合收养的成立要件。收养关系一经登记确立即受法律保护,未经法定程序不得撤销和变更。收养产生的法律效果也不因单方送养而有所区别,收养关系引起子女与生父母权利义务关系的消除、子女与养父母权利义务关系的建立。生父母一方不明或查找不到,并不表示其已经死亡。参照《民法典》第52条关于"被宣告死亡的人在被宣告死亡期间,其子女被他人依法收养的,在死亡宣告被撤销后,不得以未经本人同意为由主张收养行为无效"的规定,当生父母一方身份被查明或重新出现之后,该方不得以未经本人同意为由主张收养无效。

三、生父母离婚后的收养同意权

《民法典》中并未排除不直接抚养子女一方的父或母的收养同意权,离婚也不是免除父母收养同意权的法定情形。离婚后,无论是否直接抚养子女,父或母仍然平等享有收养同意权。父母应从最有利于子女的角度考虑,协商确定子女的收养,协商不成,不能将子女送养。如果直接抚养子女的父或母一方有特殊困难希望将子女送养,而不直接抚养子女的另一方不同意送养的,双方可以协商或诉讼变更直接抚养人。

第一千零九十八条 【关于收养人的条件的规定】

收养人应当同时具备下列条件:

(一)无子女或者只有一名子女;

(二)有抚养、教育和保护被收养人的能力;

(三)未患有在医学上认为不应当收养子女的疾病;

(四)无不利于被收养人健康成长的违法犯罪记录;

(五)年满三十周岁。

法条释义

该条规定列举了收养人收养子女需符合的五项条件,收养人同时符合该五项条件时才可收养子女。

一、无子女或者只有一名子女

为与计划生育政策的调整相协调,《民法典》将《收养法》中规定的收养人"无子女"的条件修改为收养人"无子女或者只有一名子女"。

二、有抚养、教育和保护被收养人的能力

收养同时具有拟制和解销效力,收养生效后,生父母不再承担对子女的抚养教育和保护义务,子女无法从生父母处获得照顾和生活来源。养父母成为子女的法定代理人和监护人,全面承担起父母对子女的监护义务。因此,养父母必须具有抚养、教育和保护养子女的能力。具体包括以下几个方面:第一,养父母必须具有稳定的住所和收入来源,能够负担起养育子女所需支付的各项费用,包括基本生活费用和教育费用等;第二,养父母应具有高尚的道德情操,有利于培养教育养子女形成健全的人格;第三,养父母应从情感上能够给予养子女关心与爱护,使养子女在温暖的家庭环境中健康成长。

三、未患有在医学上认为不应当收养子女的疾病

《中国公民收养子女登记办法》第 6 条规定:收养人应当向收养登记机关提交的证明材料中包括县级以上医疗机构出具的未患有在医学上认为不应当收养子女的疾病的身体健康检查证明。

四、无不利于被收养人健康成长的违法犯罪记录

本项条件是《民法典》对收养人的条件新增加的一项内容。《收养法》中缺少对收养人道德修养、法律意识层面的素质要求,而无不利于被收养人健康成长的违法犯罪记录是对收养人最基本的要求,表明收养人行为规范、品德良好,值得信赖。《民法典》中增加的这项要求将收养人收养子女的条件提高,对于保护被收养人的利益具有重要意义。对于有违法犯罪记录的收养人,虽该记录并不表明其必然对养子女实施侵害行为或不利于养子女的成长,但有违法犯罪记录表明其法律意识淡薄,有不受法律约束的可能。收养人的人格、品行直接关系到收养的效果和被收养人的切身利益,对被收养人的健康成长有重大影响。

五、年满三十周岁

收养人的年龄条件应综合考虑婚姻制度、人类生育规律和收养效果进行确定。我国《民法典》中仅对收养人的最低年龄作出规定,除异性收养的年龄差距外,未对收养人与被收养人的年龄差距作出一般性的要求。收养人年满 30 周岁,通常已结婚数年,如未能孕育子女,则有收养子女并长期养育子女的真实意愿;30 周岁以上的收养人身体和心理均已相对成熟,能够承担起养育子女的责任;30 周岁以上的收养人通常已完成全部学业,有劳动技能和较为稳定的收入来源,经济上能够负担起养育子女的支出。因此,《民法典》继续沿用《收养法》规定的收养人需年满 30

周岁的条件。夫妻双方共同收养子女时，双方均应年满30周岁。夫妻一方年满30周岁，另一方不满30周岁的，不符合收养子女的条件①。

案例分析

王某1与王某2确认收养关系案

【案号】一审：北京市海淀区人民法院（2021）京0108民初29219号

【基本案情】

徐某与王某1系父子关系。2001年12月21日，王某1申请收养"非社会福利机构抚养的弃婴"王某2为养子，在北京市海淀区民政局办理了收养手续，取得《收养登记证》。2020年5月6日，徐某申请认定王某1为限制行为能力人并指定监护人。审理中，北京市海淀区人民法院委托首都医科大学附属北京安定医院精神疾病司法鉴定科对王某1的民事行为能力进行鉴定。2020年6月22日，鉴定机关出具精神疾病司法鉴定意见书，鉴定意见：被鉴定人王某1诊断为精神分裂症，受疾病影响，辨认能力削弱，评定为限制民事行为能力。2020年7月3日，法院作出（2020）京0108民特221号民事判决书，认定王某1为限制民事行为能力人，指定徐某为王某1的监护人。审理中，王某1之法定代理人徐某表示王某1患有精神分裂症，不具备完全民事行为能力及收养条件，王某1与王某2没有共同生活过，收养文件资料不符合事实情况，王某2不是弃婴，是其女儿徐某1的亲生子女，一直与徐某1共同生活，要求确认二人的收养关系无效。

【争议焦点】

1. 王某1是否是限制民事行为能力人？
2. 王某1与王某2的收养关系是否成立？

【裁判意见】

法院认为，收养人应当同时具备抚养、教育和保护被收养人的能力，未患有在医学上认为不应当收养子女的疾病等条件。被送养人的条件为丧失父母的孤儿、查找不到生父母的未成年人或生父母有特殊困难无力抚养的子女。收养应当向县

---

① 最高人民法院民法典贯彻实施工作领导小组主编：《中华人民共和国民法典婚姻家庭编继承编理解与适用》，人民法院出版社2020年版，第370~372页。

级以上人民政府民政部门登记。根据王某1的法定代理人徐某提交的病历,王某1在收养王某2之前即患有精神分裂症且未治愈,不符合收养人的条件。且根据双方及证人自述,王某2系王某1之姐徐某1的亲生子,并非收养登记档案中所记载的弃婴,王某1存在向收养登记部门进行虚假陈述的行为,王某2不符合被收养人的条件。综上所述,王某1的法定代理人徐某要求确认王某1与王某2的收养关系无效,具有事实与法律依据,法院予以支持。

【律师观点】

对收养人的最低年龄限制,是根据我国的自然条件、社会因素和人的成熟性以及是否有利于家庭稳定团结等方面决定的。《收养法》规定了收养人应当没有子女,这是符合当时计划生育政策的需要。后来随着国家对生育的鼓励,法律放宽了对收养人子女的限制,收养人只有一名子女,符合其他收养条件的,也可以成为收养人。

实操指南

一、排除《民法典》第1098条适用的情形

《民法典》第1098条为收养人收养子女的一般性规定。《民法典》第1099条、第1100条、第1103条关于近亲属间收养、收养孤儿以及残疾未成年人和查找不到生父母的未成年人、继父母收养继子女的规定,均排除了第1098条第1项关于收养人无子女或只有一名子女的限制。

二、不利于被收养人健康成长的违法犯罪记录的范围

实践中应注意防止对"不利于被收养人健康成长的违法犯罪记录"作出扩大解释,将有任何类型和程度的违法犯罪记录均视为不符合收养人的条件。有与抚养教育子女无关的轻微、过失违法犯罪记录,不应一律视为收养人不适格。收养登记机关或法院应结合收养人的行为记录、日常表现、社会评价和与被收养人感情的亲密程度等指标全面评估收养人的适格性。

第一千零九十九条 【关于亲属间收养的规定】

收养三代以内旁系同辈血亲的子女,可以不受本法第一千零九十三条第三项、第一千零九十四条第三项和第一千一百零二条规定的限制。

华侨收养三代以内旁系同辈血亲的子女,还可以不受本法第一千零九十八条第一项规定的限制。

法条释义

《民法典》第 1099 条是关于收养三代以内旁系同辈血亲子女的规定。这一规定源于《收养法》第 7 条的规定,内容没有实质修改。文字表述上将"同辈旁系血亲"修改为"旁系同辈血亲",表明对血亲间应首先区分直系与旁系,再区分辈分,这一修改使表述更加准确。

三代以内旁系血亲是相对于直系血亲而言的概念,它是指在血缘上和自己同出于三代以内的亲属。根据法律定义,三代以内旁系血亲是指同源于祖父母、外祖父母的旁系血亲,无论辈分是否相同,只要同源于祖父母、外祖父母的旁系血亲,都是三代以内的旁系血亲。三代以内旁系同辈血亲,是指在三代以内旁系血亲关系中,与自己同辈的兄弟姐妹等。三代以内旁系同辈血亲的子女与自己没有直接的直系血缘关系,而是通过旁系血亲关系与自己相关联。亲兄弟姐妹也属于旁系同辈血亲。简单来说,收养三代以内旁系同辈血亲的子女就是收养兄弟姐妹、堂兄弟姐妹、表兄弟姐妹的子女。

亲属间的收养有感情基础,因为收养人和被收养人之间原本存在血缘关系或亲属关系,这种关系使双方更容易建立起信任和情感联系,从而形成稳定和长久的家庭关系。所以《民法典》该条对亲属间的收养较一般收养限制条件作了例外规定。一是对被收养人的限制规定例外。对于被收养人,即使其生父母并非有特殊困难无力抚养子女,鉴于其与收养人的亲属关系,为了被收养人的利益也可以进行收养。二是对送养人的限制规定例外。对于送养人,作为被收养人的生父母,即使其并非有特殊困难无力抚养子女,也可以为了子女的利益而将子女送养至其亲属处。三是对收养人和被收养人双方年龄差距的限制规定例外。因为亲属关系本身就具有较亲密的情感纽带,且收养目的往往是改善被收养人的生活环境和家庭状况,所以在年龄差距方面可以不受"无配偶者收养异性子女的,收养人与被收养人年龄应当相差四十周岁以上"的限制。

华侨是指在国外定居的具有中国国籍的自然人。他们是中国公民,依法享有中国公民应有的权利,并履行相应的义务。对于华侨收养三代以内旁系同辈血亲的子女,除不受上述三项条件的限制外,还不受收养人无子女或者只有一名子女的限制。但若华侨收养的子女并非其三代以内旁系同辈血亲的子女,因法律并未作出特别的除外规定,对子女人数的限制仍应适用。

需要注意的是,虽然这些限制条件可以放宽,但收养人仍需满足一定的条件,例如应当具备抚养、教育和保护被收养人的能力,未患有在医学上认为不应当收养孩子的疾病等。此外,收养三代以内旁系同辈血亲的子女也需要遵循一定的程序,包括申请、审查、公告和收养登记等步骤。①

| 案例分析 |

苏某丽与被告任某、金某、苏某解除收养关系纠纷案

【案号】一审:四川省成都市新津区人民法院(2016)川0132民初字第175号

【基本案情】

原告苏某丽是被告任某母亲的妹妹,原告与前夫离婚后独自生活,身边无子女。1998年被告任某、金某的二女儿苏某出生后,被告任某、金某便与原告苏某丽协商达成合意,将二女儿送与原告抚养。后原告将苏某的户口迁入其家庭户中,登记为母女关系。苏某随原告苏某丽一起生活,其学费、生活费均由苏某丽负责。自苏某进入中学学习起,苏某的学费、生活费均由被告任某、金某承担,原告苏某丽未再向苏某支付过任何费用。原告于2015年被诊断患有脑梗塞、脑萎缩等多种疾病,且没有固定收入,生活困难。因此,原告诉至人民法院,要求解除与苏某的收养关系。

【争议焦点】

原告与苏某之间是否存在收养关系?

【裁判意见】

法院认为:原告苏某丽与被告任某系亲属关系,原告系被告任某的姨妈,根据《收养法》第7条关于收养三代以内同辈旁系血亲的子女,可以不受本法第4条第3项、第5条第3项、第9条和被收养人不满14周岁的限制的规定,原告与被告任某、金某系姨侄关系。因此,原告不符合《收养法》规定的收养人条件。《收养法》第15条规定,收养应当向县级以上人民政府民政部门登记。收养关系自登记之日起成立。虽然苏某已落户到原告家庭户并登记为母女关系,但原告收养被告苏某

---

① 最高人民法院民法典贯彻实施工作领导小组主编:《中华人民共和国民法典婚姻家庭编继承编理解与适用》,人民法院出版社2020年版,第375~376页。

并未向当地县级以上人民政府民政部门进行登记。因此,原告与被告苏某之间不具备收养生效的法律要件,且苏某从进入初中学习开始其生活费、教育费均由被告任某、金某负担,客观上已回到亲生父母身边生活。故原告与被告苏某之间并未建立起有效的收养关系。据此,依照《收养法》第7条、第15条的规定,判决原告苏某丽与被告苏某的收养关系不成立。

【律师观点】

亲属间的收养,尤其收养人对三代以内旁系同辈血亲子女的收养,作为一种特殊的收养形式,具有深远的意义。一是这种收养行为有助于维护家庭的和谐与稳定。当某些家庭成员由于各种原因无法或不适宜抚养子女时,其他有能力的亲属可以通过收养来承担抚养责任,避免家庭结构的破裂。二是传递亲情与关爱。亲属间的收养不仅是法律上的行为,更是传递亲情与关爱的重要方式。被收养的子女可以在熟悉的家庭环境中成长,得到与生父母相似的关爱和照顾。三是减轻社会负担。亲属间的收养有助于减轻社会的负担。在某些情况下,如果没有亲属愿意收养,国家可能需要承担更多的社会福利责任。四是保护儿童权益。亲属间的收养通常会在家庭成员之间进行严格的筛选和评估,确保被收养的子女能够在健康、安全、稳定的环境中成长。这种收养行为有助于保护儿童的权益,避免他们受到虐待或忽视。

鉴于亲属间收养的上述积极意义,《民法典》第1099条均对亲属间收养较一般收养的限制条件作了例外规定,从收养对象条件、送养人条件及双方年龄差距等方面放宽了对亲属间收养的限制。但亲属间的收养仍然需要遵循一定的法律程序和规定,确保收养行为的合法性和有效性。如本案中,收养人苏某丽与被收养人苏某虽系三代以内旁系血亲,但苏某并非原告苏某丽同辈姐姐之子女,而是其同辈姐姐之孙女,即苏某实际应为苏某丽之姨孙女。根据《民法典》第1099条的规定,原告苏某丽与被告苏某并不符合双方作为亲属间收养的收养条件。同时虽然苏某已落户到苏某丽的家庭户并登记为母女关系,但原告并未向当地县级以上人民政府民政部门进行登记。所以,苏某丽与苏某的收养关系并未有效成立。

另外,本案还涉及隔代收养的问题。我国《收养法》与《民法典》均未对隔代收养作出具体规定。实际上隔代收养与一般收养并不矛盾,仅是收养人与被收养人在称呼上与一般收养有所不同,因此从法理上来说,对于隔代收养没有理由不予承认。当然隔代收养同样要符合收养的实质要件,并办理合法的收养手续。作为被收养人的"养孙子女"与作为收养人的"养祖父母"之间,应适用父母子女间的相关法律规定。

实操指南

亲属间的收养是一项复杂而重要的法律行为,需要注意以下几个重要事项,才能确保收养行为的合法性和有效性,维护收养双方的权益和利益。

一是要深入了解相关的收养法律法规。首先,收养、送养双方均需要详细了解关于亲属间收养的法律法规,特别是关于收养三代以内旁系同辈血亲子女的相关规定。这些规定可能涉及收养人的资格、被收养人的身份、收养程序、收养后的权利义务等方面。

二是要咨询专业律师。在收养过程中,建议咨询专业律师,他们可以针对具体情况提出更有效的法律建议和指导,确保收养行为符合法律要求。

三是要评估自身条件。收养是一项长期的责任,收养人需要认真评估自己的经济能力、健康状况、家庭环境等是否适合收养一个孩子。同时,也需要考虑自己是否有足够的时间和精力来照顾和教育被收养的孩子。

四是要与被收养人建立关系。在收养前,收养人需要与被收养人建立一定的关系,了解他们的性格、生活习惯、兴趣爱好等,以便在收养后更好地相处和沟通。

五是要遵循收养程序。收养是一项严格的法律行为,需要遵循相关的收养程序,包括申请、审查、批准、登记等环节。在这个过程中,双方需要提供必要的证件和资料,配合相关部门的调查和评估。

六是要做好收养后的准备。收养后,收养人需要为被收养的孩子提供稳定的生活环境和良好的教育。同时也需要与被收养人的其他亲属保持联系和沟通,共同关注孩子的成长和发展。

第一千一百条 【关于收养子女人数的规定】

无子女的收养人可以收养两名子女;有子女的收养人只能收养一名子女。

收养孤儿、残疾未成年人或者儿童福利机构抚养的查找不到生父母的未成年人,可以不受前款和本法第一千零九十八条第一项规定的限制。

第五章 收养

法条释义

《民法典》第1100条源于《收养法》第8条，并根据我国计划生育相关政策的调整而对收养子女的人数进行了修改，由原来的只能收养一名子女，修改为无子女的收养人可以收养两名子女，有子女的收养人只能收养一名子女。关于收养子女人数的规定，体现了我国的收养制度在平衡收养人和被收养人利益时的深思熟虑。这一条款的核心在于对收养人收养子女数量的限制，并针对不同情况作出了灵活调整。

首先，对于无子女的收养人，法律允许他们收养两名子女。这一规定反映了我国法律对我国人口逐渐出现的老龄化、少子化现象和计划生育政策变化的因应对策，同时也体现了法律对于无子女家庭的一种关怀，通过允许收养两名子女，使这些家庭能够在法律框架内获得更多的家庭温暖和亲情支持。

其次，对于有子女的收养人，法律则限制他们只能收养一名子女。这一规定主要是为了保护收养人现有子女的利益，防止因为收养过多子女而导致家庭资源的过度分配，影响现有子女的成长和教育。

最后，法律也考虑到了特殊情况下的收养需求。对于收养人收养孤儿、残疾未成年人或者儿童福利机构抚养的查找不到生父母的未成年人的情况，法律允许收养人不受上述收养数量规定的限制。这一规定体现了法律对于这些特殊群体的高度关注和保护，通过放宽收养条件，使更多需要关爱的孩子能够拥有温暖的家庭和稳定的生活环境。

在理解这一条款时，我们需要注意到法律在平衡各方利益时的微妙之处，也需要关注其背后的法律原则和社会价值。一方面要保护现有家庭和子女的利益，防止因为收养过多子女而导致家庭资源的过度分配；另一方面也要关注那些需要关爱和保护的特殊群体，通过放宽收养条件，使他们能够得到更多的帮助和支持。收养制度作为民事法律制度的重要组成部分，旨在通过法律手段为社会上的弱势儿童提供家庭支持和关爱。

| 案例分析 |

连某甲与连某乙确认收养关系纠纷案

【案号】一审：山东省济南市市中区人民法院(2015)市少民初字第41号

【基本案情】

2002年3月，原告连某甲在济南市某医院捡拾一名男婴即被告连某乙，随即向济南市公安局报警，后原告将被告抚养至本案起诉时，其间原、被告双方一直以母子相称。2005年，济南市民政部门刊登公告未查找到被告的亲生父母，后为原、被告办理了事实收养子女落户登记手续。2006年6月，济南市公安局为被告办理了落户手续，常住人口登记卡中载明原、被告为母子关系。2014年7月，济南市市中区民政局出具证明，证明原告于2005年6月在济南市市中区民政局办理事实收养子女落户登记手续，收养被告为养子。被告为听力残疾人，残疾等级为三级。原告曾于1998年收养一女孩，并于2005年在济南市市中区民政局办理了收养登记手续。原告现任某工程公司董事长，月均收入人民币21500元。

【争议焦点】

原告与被告之间是否存在收养关系？

【裁判意见】

法院认为：合法的收养关系受法律保护。《收养法》第8条规定，收养人只能收养一名子女。收养孤儿、残疾儿童或者社会福利机构抚养的查找不到生父母的弃婴和儿童，可以不受收养人无子女和收养一名的限制。该法第15条第1款和第2款规定，收养应当向县级以上人民政府民政部门登记。收养关系自登记之日起成立。收养查找不到生父母的弃婴和儿童的，办理登记的民政部门应当在登记前予以公告。另据2008年《民政部、公安部、司法部、卫生部人口计生委关于解决国内公民私自收养子女有关问题的通知》第1条第2项之规定："1999年4月1日，《收养法》修改决定施行后国内公民私自收养子女的，按照下列情况办理：1.收养人符合《收养法》规定的条件，私自收养非社会福利机构抚养的查找不到生父母的弃婴和儿童，捡拾证明不齐全的，由收养人提出申请，到弃婴和儿童发现地的县(市)人民政府民政部门领取并填写《捡拾弃婴(儿童)情况证明》，经收养人常住户口所在地的村(居)民委员会确认，乡(镇)人民政府、街道办事处审核并出具《子女情况证明》,发现地公安部门对捡拾人进行询问并出具《捡拾弃婴(儿童)报案证明》,收养人持上述证明及《中国公民收养子女登记办法》(以下简称《登记办法》)规定的其他证明材料到弃婴和儿童发现地的县(市)人民政府民政部门办理收养登记。"现通过原告提交的相关证据能够证实其收养被告的行为已在民政局办理了事实收养子女落户登记手续,且被告现身患残疾应不受《收养法》第8条第1款关于收养人只能收养一名子女的限制。依照《收养法》第8条、第15条、《民政部、公安部、司法部、卫生部人口计生委关于解决国内公民私自收养子女有关问题的通知》第1条第2项之规定,判决原告与被告事实收养关系成立。

【律师观点】

本案系在《民法典》实施前判决的案件,适用《收养法》第8条第2款的规定,即"收养孤儿、残疾儿童或者社会福利机构抚养的查找不到生父母的弃婴和儿童,可以不受收养人无子女和收养一名的限制"。被告系残疾儿童,且在收养时根据相关规定已经办理了有效的收养手续,符合收养关系的各个要件。故本案原告在已有子女的情况下仍收养弃婴并不违反法律规定,审理法院判决原告与被告间的收养关系依法成立。

我们在处理相关案件时,应当充分理解法条的精神和原则,结合具体的情况和证据进行判断。在保障收养人和被收养人合法权益的同时,也要考虑到社会的整体利益和公序良俗的要求。通过合理适用《民法典》第1100条,可以为需要关爱的孩子提供更多的帮助和支持,同时,也需要注意到这一条款在实际操作中可能涉及的具体问题。一是收养程序复杂烦琐。根据《中国公民收养子女登记办法》,收养孩子需要符合一系列条件,并准备相应的证明材料。这些程序在实际操作中往往耗时耗力,给有意愿收养的家庭带来一定困扰。同时,合法收养的高门槛也导致了一些家庭选择放弃通过正规途径收养孩子。二是弃婴身份认定困难。在收养弃婴的过程中,身份认定是一个关键问题。目前,弃婴身份认定的主要依据是弃婴情况调查表和报案证明,但公安部门往往只能出具捡拾弃婴并报案的证明,无法证明其亲生父母是否查找无果。这导致弃婴的身份无法真实确认,给收养工作带来困难。三是收养后抚育问题突出。一些收养家庭在收养孤儿及残疾儿童和弃婴后,可能存在重收留轻抚育的问题。这些家庭可能缺乏必要的抚育知识和经验,导致孩子在成长过程中面临诸多挑战。甚至在某些地区,可能仍然存在恶势力控制残疾儿童乞讨的现象,不仅侵犯了儿童的合法权益,也破坏了社会的和谐稳定。

实操指南

对于《民法典》第1100条第1款,收养人按照正常程序在不超过规定子女数量的情况下办理收养关系即可。但对第2款规定的收养孤儿及残疾儿童或者儿童福利机构抚养的查找不到生父母的未成年人,情况可能相对复杂一些。需要政府和社会各界共同努力才能更好地保障孤儿及残疾儿童和弃婴的权益,让他们在温暖的家庭环境中健康成长。一是要简化收养程序。政府应进一步简化收养程序,降低合法收养的门槛,为有意愿收养的家庭提供更多便利。同时,加强对收养家庭的指导和支持,确保他们具备必要的抚育条件和能力。二是要完善弃婴身份认定机制。建立更加完善的弃婴身份认定机制,明确公安、民政等部门的职责和协作方式。对于无法确认身份的弃婴,可以通过DNA检测等手段进行辅助认定。三是要加强收养后的抚育指导和监督。要建立专门的抚育指导和监督机制,为收养家庭提供必要的抚育知识和经验。同时加强对单方收养行为的规范和监管,确保孩子的身心健康得到保障。政府应加大对恶势力控制残疾儿童乞讨行为的打击力度,加强对乞讨儿童的救助和保护工作,确保他们的合法权益得到保障。

第一千一百零一条 【关于夫妻共同收养的规定】

有配偶者收养子女,应当夫妻共同收养。

法条释义

该条源于《收养法》第10条第2款①,体现了法律对家庭和谐与子女福利的双重关注。

根据收养人数量的不同,收养可以分为单独收养和共同收养。单独收养是指只有一个收养人参与的收养行为,收养人单独承担起抚养、教育和保护被收养人的责任。在这种情况下,收养人需要满足法律所规定的各项收养条件,包括年龄、健康状况、经济能力、家庭环境等。单独收养可以是单身人士的收养,也可以是已婚

---

① 《收养法》第10条:生父母送养子女,须双方共同送养。生父母一方不明或者查找不到的可以单方送养。有配偶者收养子女,须夫妻共同收养。

人士在配偶不同意或不符合收养条件的情况下的个人收养。夫妻共同收养是指夫妻双方就收养子女问题达成一致,共同作为收养人办理收养手续的行为。在夫妻共同收养的情况下,夫妻双方均与被收养子女建立起父母子女关系,并承担起父母对子女的抚养、教育和保护的义务。

根据该条,有配偶者收养子女,须夫妻共同收养。这是法律的强制性规定,夫妻双方不能通过协议来予以变更。如果配偶一方不同意收养,则不得单方收养。否则,如果允许夫妻单方收养,另一方从感情上、生活上不接纳被收养的子女,不仅对子女的成长不利,还有可能会影响夫妻关系的和睦。我国法律并没有明确规定同居关系的双方是否具备共同收养子女的资格。考虑到同居关系在我国法律中并不被承认为一种受保护的婚姻关系,这可能会对同居双方共同收养子女产生一定的法律障碍。在实际操作中,如果同居双方希望共同收养子女,他们可能需要通过其他方式,如结婚等方式来实现。

该条强调的是夫妻共同参与收养决策的重要性。收养是一个涉及家庭重大利益的行为,不仅改变了收养人的家庭结构,也影响了被收养人的命运。因此,法律要求有配偶者在收养子女时,夫妻双方应当共同参与到这一决策过程中,达成一致意见。这体现了法律对家庭内部平等、协商的倡导。同时该条也间接地规定了收养行为的合法性,只有符合夫妻共同收养条件的收养行为,才能被视为合法有效的收养。如果夫妻双方仅就收养子女的意愿达成一致,但在收养何人为子女的问题上存在分歧,那么这种收养行为就不能被视为符合夫妻共同收养的条件,从而可能被视为无效或可撤销的收养。

该条还隐含了对无夫妻关系的两人共同收养子女的限制。根据法律规定,无夫妻关系的两人不得共同收养子女,这是为了避免因收养行为而引发的伦理冲突和社会争议,这一限制体现了法律对社会公序良俗和道德伦理的维护。

此外,如果夫妻一方丧失民事行为能力不能表达意思,或者一方长期下落不明被宣告失踪,是否允许另一方单方收养?对此,我国《民法典》未作明确规定。在国外,目前多数国家是以夫妻共同收养为原则,而以特殊情况下允许夫妻一方单方收养为例外。例如,在德国,配偶一方单独收养子女,必须征得配偶另一方的允许,如果配偶另一方长期不能作出表示或者其居所长期不明,可以不经其允许;在俄罗斯,如果夫妻已终止家庭关系,未共同生活一年以上并且另一方配偶住所不明,则无须征得配偶一方对收养子女的同意。①

因此,在特定情况下,如果夫妻一方无完全民事行为能力不能表达,根据我国相关法律规定,则其通常为智力有缺陷的人或精神病人,本身即需要照顾和帮助,如果再收养未成年子女,可能会对被收养人造成伤害,不能保障给予被收养的未成年子女良好的家庭环境。如果配偶一方长期下落不明,被宣告死亡的话,则另一方可以单身身份收养子女。如果仅为失踪的话,最好也要经过法定期限,通过宣告死亡消灭婚姻,再进行单独收养。

案例分析

王某与王某甲、第三人董某收养关系纠纷案

【案号】一审:河南省濮阳县人民法院(2016)豫0928民初2506号

【基本案情】

原告王某与第三人董某于1990年结婚,2009年4月因感情不和办理了离婚登记。在原告与董某婚姻存续期间,董某的弟弟董某甲和弟媳孙某生育一子,出生后随董某生活,取名王某甲。2006年4月,董某将被告王某甲的户口落户至原告名下,常住人口登记表显示原告王某是被告王某甲的父亲。原告王某为了防止今后出现其他纠纷,诉至法院,请求依法确认原、被告之间不存在父子关系。另查明,2009年原告和董某离婚协议书上未显示王某甲的有关情况。

【争议焦点】

原告王某与被告王某甲之间的收养关系是否有效?

【裁判意见】

法院认为:被告王某甲并非原告王某与第三人董某所生育,而是他人所生,因此本案案由应为收养关系纠纷。根据《收养法》的相关规定,有配偶者收养子女,须夫妻共同收养。本案第三人董某收养被告王某甲,未到县级以上民政部门进行登记,且原告称不知道收养的情况,二人离婚时也未提到对王某甲的抚养问题,其收养不符合有关法律规定的收养条件和其他强制性规定,应视为收养关系无效。故

---

① 最高人民法院民法典贯彻实施工作领导小组主编:《中华人民共和国民法典婚姻家庭编继承编理解与适用》,人民法院出版社2020年版,第382~383页。

依照《收养法》第 6 条第 1 项、第 10 条第 2 款、第 15 条第 1 款及有关民事法律之规定,判决原告王某、第三人董某收养被告王某甲的行为无效。

【律师观点】

本案即夫妻双方有一方不同意收养,则夫妻共同收养行为无效的情况。夫妻在共同收养子女方面产生分歧的原因可能有很多,以下是一些常见的原因:一是个人价值观的差异。夫妻双方可能对收养子女持有不同的价值观和期望。例如,一方可能非常重视家庭和孩子的成长,另一方可能对收养持更为审慎或保留的态度。二是经济和财务考虑。收养子女可能涉及经济负担的增加,包括日常开销、教育费用等。夫妻双方可能在经济承受能力和财务规划上存在分歧,导致对收养产生不同的看法。三是家庭规划和目标的不一致。夫妻双方可能对未来的家庭规划和目标有不同的设想。例如,一方可能希望有更多的子女,另一方可能更注重事业发展或个人兴趣。四是对孩子成长和教育方式的分歧。夫妻双方可能对如何抚养和教育收养子女持有不同的看法。这些分歧可能涉及教育方式、生活习惯、家庭规则等方面。五是家庭动态和人际关系的复杂性。夫妻之间的家庭动态和人际关系可能对收养决策产生影响。例如,其他家庭成员(如祖父母、兄弟姐妹等)可能对收养持不同意见,从而导致夫妻之间的分歧。六是沟通和决策方式的差异。夫妻双方可能在沟通和决策方式上存在差异。如果双方不能有效地沟通、协商,就可能导致在收养子女方面产生分歧。七是法律和文化背景的不同。在某些情况下,夫妻双方可能有不同的法律和文化背景,对收养子女有不同的观念,这可能导致在收养过程中产生分歧。

实操指南

夫妻共同收养不仅是一个法律行为,更是一个涉及家庭伦理和社会道德的行为。在收养过程中,夫妻双方应当充分协商、共同决策,确保收养行为的合法性和有效性。同时,夫妻双方也应当充分了解收养行为的意义和法律效果,对收养会引起的身份地位和权利义务关系的变化应有充分的认识。只有这样,才能确保夫妻共同收养行为顺利进行,同时保障被收养子女的合法权益和家庭和谐稳定。夫妻双方需要明确自己的收养意愿和目的,确保双方对收养有共同的认知和期望,这有助于避免收养后出现分歧和矛盾。收养子女后,夫妻需要承担抚养、教育和保护被收养人的责任,关注被收养儿童的身心健康和成长需求,提供必要的关爱和支持。

如果夫妻中的一方不愿意共同收养子女,根据法律规定,收养关系可能无法成立。在这种情况下,夫妻之间需要进行充分的沟通和协商,尝试理解对方的立场和担忧,并寻求共识。如果沟通后仍然无法达成一致,那么可能需要考虑放弃收养计划,或者寻求其他解决方案,如寻找其他合适的收养家庭等。因此,在夫妻一方不同意共同收养的情况下,应当尊重对方的意愿,遵守法律规定,并寻求合法、合理的解决方案。同时,也可以考虑咨询专业的法律人士,以获取更具体的法律建议和指导。

第一千一百零二条　【关于异性收养的规定】

无配偶者收养异性子女的,收养人与被收养人的年龄应当相差四十周岁以上。

法条释义

《民法典》第1102条基本沿袭了《收养法》第9条的规定,只对其部分内容进行了调整。《收养法》第9条规定"无配偶的男性收养女性的,收养人与被收养人的年龄应当相差四十周岁以上"。《民法典》第1102条则调整为"无配偶者收养异性子女的,收养人与被收养人的年龄应当相差四十周岁以上"。显然收养法过去关注的是防止男性收养人对被收养女童的性侵害,旨在保障女性被收养人的合法权利。现在《民法典》关注的是两个方面,既关注女性被收养人,也关注男性被收养人;既考虑生活中可能存在的男性收养人性侵害女性,也考虑女性收养人性侵害男性。此次修改反映了法律对保护未成年人免受性侵害的关注和重视。通过规定收养人与被收养人之间必须存在较大的年龄差距,可以减少收养人与被收养人之间因年龄相近而产生的潜在性吸引力,从而降低性侵的可能性。此外,这一修改还有助于强化收养人的责任感和义务感,由于年龄差距的限制,收养人在决定收养异性子女时必须更加谨慎和慎重考虑自己的能力和责任,也有助于确保收养人能够承担起对被收养人的抚养、教育和保护责任,为被收养人提供一个安全、健康的成长环境。

许多国家和地区也对无配偶者收养异性子女时双方的年龄差距进行了规定。

所谓"无配偶者",在法律上是指那些没有与他人建立婚姻关系的人。这个概念涵盖了多种情况和身份,包括未婚人士、离婚人士以及丧偶人士。这些人的共同特点是他们当前没有法律上的配偶,也就是说,他们没有丈夫或妻子。但我们要明确"无配偶"并不意味着一个人一定是单身。单身状态通常指的是一个人没有恋爱关系或者伴侣,而无配偶状态则是指一个人没有法律上的婚姻关系。因此,一个人可能无配偶,但仍然处于恋爱关系中,或者选择独自生活。在现实社会中,不少人因为各种原因选择不结婚或不再婚,但他们却希望能收养子女,以释解孤独,并老有所养。该条是出于对被收养的未成年人人身权益特殊保护作出的特殊规定,但是对于无配偶者收养同性子女,《民法典》则未作限定,只要具备收养的一般性条件即可允许收养。

案例分析

郑某1与郑某2确认收养关系纠纷案

【案号】一审:重庆市南川区人民法院(2021)渝0119民初1833号

【基本案情】

原告郑某1、被告郑某2系重庆市南川区某组村民,常住人口登记卡显示郑某2系郑某1长女。郑某1出生于1959年6月4日,郑某2出生于1996年4月25日。原告郑某1未婚且无亲生子女,并于1996年4月25日收养郑某2,但未向重庆市南川区民政局办理收养登记。郑某2由郑某1及郑某1的母亲实际抚养成年。现郑某1要求确认其与郑某2的收养关系不成立。

【争议焦点】

原告郑某1与被告郑某2之间的收养关系是否成立?

【裁判意见】

法院认为:《收养法》第9条规定:无配偶的男性收养女性的,收养人与被收养人的年龄应当相差四十周岁以上。第15条第1款规定:收养应当向县级以上人民政府民政部门登记。收养关系自登记之日起成立。本案中,从当事人陈述意见来看,原告系未婚男性,于1996年实施收养行为时,原、被告年龄差不符合法律规定,且原告收养被告未按照法律规定办理收养登记。因此,原、被告之间的收养关系不成立。

【律师观点】

本案即为无配偶者收养异性子女不符合年龄差从而导致收养关系不成立的案例。在无配偶者单方收养异性子女诉讼中，收养人和被收养人应该注意以下几个问题。一是合法性。收养人和被收养人必须确保收养行为符合法律法规。收养过程需要遵循相关的收养程序，确保所有的文件、手续齐全并合法。任何违反法律的行为都可能导致收养无效或被撤销。二是年龄差距。如前所述，如果收养双方年龄差距不符合规定，可能会导致收养行为被质疑或被判定无效。三是证据收集。在诉讼中证据是至关重要的。收养人和被收养人应该注意收集并保存与收养行为相关的所有证据，如收养协议、收养证明、通讯记录等。这些证据在证明收养行为的合法性和正当性时可能起到关键作用。四是保护被收养人的利益。在任何情况下，被收养人的利益都应该得到优先考虑，收养人需要确保被收养人的基本生活、教育、医疗等权益得到保障，如果被收养人的权益受到侵害，收养人可能需要承担相应的法律责任。除此之外，无配偶者收养异性子女可能会产生其他法律、社会问题，比如社会偏见和歧视问题，这种偏见和歧视可能来自传统观念、文化习俗或宗教信仰等因素，它可能导致收养人面临社会压力和非议，进而影响被收养子女的心理健康和社会融入。

实操指南

无配偶者收养异性子女要避免相关的法律风险，可以从以下几个方面具体操作。首先，收养人应当充分了解并遵守收养法律法规，包括收养资格条件、年龄差距要求、收养程序等，并确保在整个收养过程中依法行事。其次，收养人应当与被收养人建立合适的亲子关系，并为被收养人提供良好的生活环境和教育机会，确保被收养人的基本权益得到保障，包括生活、教育、医疗等方面的需求，帮助被收养人融入家庭和社会。再次，收养人应当注意保留和完善收养相关的证据和文件，这包括收养协议、收养证明、通讯记录等，这些证据和文件可以证明收养行为的合法性和正当性，有助于避免收养纠纷和法律风险。最后，收养人需要时刻关注被收养人的心理健康和成长需求。收养人需要给予被收养人足够的关爱和支持，帮助他们适应新环境和新家庭。如果被收养人出现心理问题或成长困惑，收养人需要及时寻求专业的心理支持和帮助。

> **第一千一百零三条 【关于继父母收养继子女的规定】**
> 继父或者继母经继子女的生父母同意,可以收养继子女,并可以不受本法第一千零九十三条第三项、第一千零九十四条第三项、第一千零九十八条和第一千一百条第一款规定的限制。
>
> **《婚姻家庭编解释(一)》**
> 第五十四条 生父与继母离婚或者生母与继父离婚时,对曾受其抚养教育的继子女,继父或者继母不同意继续抚养的,仍应由生父或者生母抚养。

法条释义

《民法典》第1103条基本沿袭《收养法》第14条[①]的规定,内容没有实质性修改,但取消了继父母收养继子女不受被收养人不满14周岁的限制的规定,因为《民法典》已整体取消了对被收养人须不满14周岁的限制,在此也无须再作特殊规定。

根据《民法典》第1103条,继父母收养继子女首先要经过其生父母同意。我国《民法典》第1084条第1款和第2款规定,父母与子女间的关系,不因父母离婚而消除。离婚后,子女无论由父或者母直接抚养,仍是父母双方的子女。离婚后,父母对子女仍有抚养、教育、保护的权利和义务。生父母的收养同意权是基于生父母生育子女所享有的固有的权利,不受其离婚、再婚的影响。生父母离婚后,不直接抚养子女的一方,仍然享有对子女的收养同意权。这主要基于以下几个方面的考虑:一是尊重生父母的权益。生父母作为子女的亲生父母,拥有对子女的监护权和亲权,法律规定继父或继母收养继子女需要经过生父母同意,体现了对生父母权益的尊重。二是保护未成年人的利益。收养是一种法律行为,涉及未成年人的权益和福祉。规定继父或继母收养继子女需要经过生父母同意,可以确保收养行为符合未成年人的最大利益,避免出现损害未成年人权益的情况。三是维护家庭关系的和谐。收养行为不仅涉及收养人和被收养人之间的关系,还涉及其他家庭成员之间的关系。规定继父或继母收养继子女需要经过生父母同意,有助于维护家庭关系的和谐,减少收养行为给家庭关系带来的冲击和不稳定因素。同样地,如果生

[①] 《收养法》第14条:继父或者继母经继子女的生父母同意,可以收养继子女,并可以不受本法第四条第三项、第五条第三项、第六条和被收养人不满十四周岁以及收养一名的限制。

父母不同意继父或继母收养继子女,那么根据该条规定,收养行为将无法进行。因为生父母的同意是收养行为合法性的重要前提。

根据该条,继父母收养继子女可以不像一般收养中那样受到以下限制:"被收养人为生父母有特殊困难无力抚养的子女""送养人为有特殊困难无力抚养子女的生父母""无子女或者只有一名子女,有抚养、教育和保护被收养人的能力,收养人应当年满30周岁""无子女的收养人可以收养两名子女,有子女的收养人只能收养一名子女"等。

继父或继母收养继子女可以不受上述限制,主要基于以下几个原因。首先,继父或继母与继子女之间已经存在一种特殊的家庭关系。在继父母与继子女形成抚养关系后,他们之间的关系已经类似于亲生父母与子女之间的关系。因此,继父或继母收养继子女在某种程度上是对既成事实的确认,而不是像一般收养那样创建一个全新的家庭关系。其次,继父或继母收养继子女有助于维护家庭稳定和和谐。在继父或继母已经与继子女形成抚养关系的情况下,如果要求他们像一般收养那样满足诸多条件(如年龄差限制),可能会对既有的家庭关系造成不必要的冲击。因此,为了维护家庭稳定和和谐,法律允许继父或继母收养继子女时不受前述限制。最后,继父或继母收养继子女也符合社会道德和伦理观念。在传统的家庭观念中,继父或继母与继子女之间的关系被视为一种扩展的家庭关系,他们在很多方面已经类似于亲生父母与子女。因此,法律允许继父或继母收养继子女时不受一般收养的限制,体现了法律对社会道德和伦理观念的尊重。

需要注意的是,尽管继父或继母收养继子女可以不受一般收养的限制,但他们仍然需要满足一些基本条件,如善良品质、有抚养教育继子女的能力、未患有在医学上认为不应当收养子女的疾病等。此外,收养行为也需要遵循自愿原则,收养人和送养人应当达成收养协议,并到县级以上人民政府民政部门办理收养登记。

继子女被继父或继母收养后,其身份即由继子女变成继父或继母一方的养子女,其与再婚关系之外的一方生父或生母的权利义务即因收养关系的成立而解除。同时,继子女与再婚的婚姻关系内的生母或生父一方仍保留原直系血亲的母子或父子权利义务关系。

继父母子女关系与养父母子女关系有所区别。根据《婚姻家庭编解释(一)》第54条的规定,在继父母子女关系中,生父与继母或者生母与继父离婚时,继母或继父没有当然继续对继子女抚养的义务。而在养父母子女关系中,生父与继母或者生母与继父离婚时,养父母子女关系并非当然解除,继子女与再婚关系之外的一方生父或生母的权利义务并不因继父母的离婚而自然恢复。

| 案例分析 |

韩某1与韩某2收养关系纠纷案

【案号】一审:河南省郸城县人民法院(2018)豫1625民初3989号

【基本案情】

1989年2月,被告韩某2的生父去世,其生母带着被告嫁给了原告韩某1,原告和被告的母亲结婚后又生育了三个子女。原、被告在共同生活期间,尤其是在原告生病住院期间矛盾激烈。原告以被告照顾不周、无法继续共同生活为由诉至法院,要求依法解除原、被告之间的收养关系。

【争议焦点】

原告韩某1与被告韩某2之间的收养关系是否成立?

【裁判意见】

法院认为:根据《收养法》第14条的规定:继父或者继母经继子女的生父母同意,可以收养继子女,并不受本法第4条第3项、第5条第3项、第6条和被收养人不满14周岁以及收养一名的限制。本案中,被告的生父去世后,其生母带着被告嫁给了原告,因此原、被告之间的收养关系依法成立。根据《收养法》第27条的规定:养父母与成年子女关系恶化、无法共同生活的,可以协议解除收养关系。不能达成协议的,可以向人民法院起诉。本案中,原告坚持要求解除与被告(系成年子女)的收养关系,如果再继续共同生活对双方的正常生活确实不利,因此,原告要求与被告解除收养关系的诉讼请求应予以支持,遂根据《收养法》第14条、第27条的规定,判决准许解除原告韩某1与被告韩某2的收养关系。

【律师观点】

将继父母与子女的关系适用收养关系是规范继父母子女关系的解决方法。但继父母收养继子女必须经过其生父母同意。本案中韩某2的生父去世,其生母带着被告嫁给了韩某1。根据法律规定,韩某1在收养韩某2时应当经过韩某2生父的同意,但因其去世,故韩某1经过韩某2生母的单方同意即收养了韩某2,因此韩某1与韩某2之间是合法的收养关系,可以通过协商或法院判决予以解除。

在处理涉及《民法典》第1103条的纠纷案件时,可能会遇到以下几个常见问题。一是生父母同意权的证明问题。在实际操作中,可能会出现生父母同意权证明困难的情况。例如,生父母可能已经去世、失踪或者无法联系,导致无法获得他们的明确同意。在这种情况下,需要深入研究法律规定,寻找其他可能的证明方式,如公证、法院宣告等。二是收养程序合规性问题。收养行为需要遵循一定的程序和规定,包括达成收养协议、办理收养登记等。在诉讼中,可能会出现收养程序不合规的情况,如未办理收养登记、收养协议存在瑕疵等,这可能导致收养行为被认定为无效或可撤销,给收养双方带来不利后果。三是继子女权益保护问题。可能会出现继子女权益受到侵害的情况,例如,继父或继母未履行抚养义务,导致继子女生活困难或受到虐待。

实操指南

实务中,继父母收养继子女为避免各种风险,可以按照以下步骤进行操作。首先,确保生父母的同意,这是继父母收养继子女的前提条件,也是避免法律纠纷的关键。继父母应与生父母充分沟通,明确双方的意愿和期望,确保生父母对收养行为表示明确的同意。同时,建议继父母与生父母签订书面同意书,明确约定收养事项和相关责任,以便在后续争议解决过程中提供有力的法律证据。其次,遵循收养程序。尽管继父母收养继子女可以不受一般收养的限制,但仍需要按照法律规定进行收养登记等程序。继父母应前往县级以上人民政府民政部门办理收养登记手续,确保收养行为的合法性。最后,关注继子女的权益保障。收养行为涉及继子女的切身利益,继父母应确保继子女在收养过程中得到充分的关爱和照顾。继父母应与继子女建立亲密的亲子关系,为其提供稳定的生活环境和教育资源。同时,应尊重继子女的意愿和感受,关注其心理健康和成长需求,确保其在收养后得到良好的抚养和教育。

第一千一百零四条 【关于收养自愿原则的规定】

收养人收养与送养人送养,应当双方自愿。收养八周岁以上未成年人的,应当征得被收养人的同意。

法条释义

《民法典》第1104条是关于收养自愿的规定。这一规定体现了对收养关系中各方当事人意愿的尊重,确保收养行为是在各方充分理解、自愿接受的基础上进行的。这也是为了保护被收养人的权益,避免因为强迫、欺诈等原因导致收养关系不稳定、不和谐。该条规定直接来源于《收养法》第11条①,只是由于我国《民法总则》(已失效,下同)于2017年施行后,对自然人民事主体中限制民事行为能力年龄作出调整,由原来的10周岁更改为8周岁的新标准。所以,该调整直接体现在《民法典》该条规定中,更加有利于对未成年人权益的保护。

收养自愿原则具体体现在以下三个方面:

一、各方自愿

收养人和送养人都必须是自愿的,没有任何一方能够将自己的意志强加给另一方。这意味着收养人和送养人在收养关系建立的过程中地位平等,任何一方都不能强迫另一方作出决定。

二、经8周岁以上未成年人同意

如果被收养人是8周岁以上的未成年人,那么还必须征得被收养人本人的同意。8周岁以上的未成年人是限制民事行为能力人,具有一定的识别能力和民事行为能力,应当尊重其意愿,应当让其自己决定是否接受被收养以及被何人收养。

三、手续合法

收养人、送养人和被收养人需要按照法律规定办理相关收养手续,如办理收养登记、签订收养协议、进行收养公证等。这是为了确保收养关系的合法性和稳定性,保护被收养人及收养人的法律地位和收养关系建立后的各方权益。

我国《民法典》中规定的收养均为完全收养,被收养人是未成年人,一般为无民事行为能力人或者限制民事行为能力人。不论以上何种,均非完全民事行为能力人,其对事物的认知能力均有一定的局限性。收养行为对收养人至关重要,我国《民法典》中未规定被收养人同意收养应征得法定代理人的同意。但我国收养制度中的送养人往往与被收养人的监护人、法定代理人身份重合。我国收养制度要

---

① 《收养法》第11条:收养人收养与送养人送养,须双方自愿。收养年满十周岁以上未成年人的,应当征得被收养人的同意。

求收养人、送养人应当对收养达成合意,因此,被收养人的同意,事实上已经得到了其法定代理人的确认。①

| 案例分析 |

黎某洁诉杨某文解除收养关系纠纷案

【案号】二审:贵州省黔南布依族苗族自治州中级人民法院(2018)黔27民终2420号

【基本案情】

黎某洁与杨某荣夫妻二人未生育子女,1964年春节期间,收养了男孩杨某杰(1952年5月21日生)作为养子,1972年7月又收养了男孩杨某文为养子。收养两个小孩后,夫妻二人将两个小孩抚养成人,其二人都参加了工作,杨某杰在某市铁路局工作并已在当地成家另居,于5年前在工作单位退休。杨某文现在某市铁路局某车务段工作。2013年7月15日杨某荣去世,2016年8月之后,黎某洁与杨某文母子之间为家庭琐事产生矛盾,杨某文很少回家看望黎某洁,黎某洁认为,双方无法共同生活,2018年7月23日黎某洁向一审法院提起诉讼。现黎某洁生活来源为社保机构每月给付的费用1100元。

黎某洁的诉讼请求为:1.依法解除黎某洁与杨某文之间的收养关系;2.判令杨某文补偿黎某洁收养期间的生活费、教育费135000元(自1971年5月起至1993年4月止共22年,生活费按每年5000元计算;生病、结婚、教育费用共计25000元);3.判令杨某文每月给付黎某洁收养关系解除后的生活费1000元;4.本案诉讼费由杨某文承担。

【争议焦点】

1. 黎某洁与杨某文之间的收养关系是否应当解除?
2. 杨某文向黎某洁每月支付1000元生活费是否过高?

【裁判意见】

一审法院认为,黎某洁夫妻共同收养了杨某文,将杨某文抚养长大,双方已形

---

① 最高人民法院民法典贯彻实施工作领导小组主编:《中华人民共和国民法典婚姻家庭编继承编理解与适用》,人民法院出版社2020年版,第396页。

成了养父母与养子女关系。黎某洁丈夫杨某荣去世后,黎某洁与杨某文在共同生活中,因家庭琐事产生矛盾。黎某洁向法院提出解除与杨某文的收养关系,因养父母与成年养子女之间能否共同生活、能否维持收养关系,系双方自愿原则,不能以单方意愿强加于另一方。收养人黎某洁认为,双方无法共同生活,要求解除收养关系,符合解除条件,应予准许。关于黎某洁要求杨某文补偿收养期间的生活费、教育费135000元,根据法律规定,养子女成年后虐待、遗弃养父母而解除收养关系的,养父母可以要求养子女补偿收养期间支出的生活费和教育费,本案中,黎某洁未提供证据证实杨某文有虐待、遗弃的行为,故对其要求补偿收养期间的生活费、教育费,不予支持。黎某洁要求杨某文每月给付解除收养关系后的生活费1000元,因黎某洁现在的生活来源于社保机构每月给付的费用为1100元,并有养子杨某杰应当履行的赡养义务,按照黎某洁现在的生活环境与实际消费支出,酌情由杨某文每月给付黎某洁生活费800元,该费用从2018年10月起每月28日前支付一次。综上所述,判决:一、解除黎某洁与杨某文的收养关系;二、杨某文从2018年10月起每月28日前给付黎某洁的生活费八百元(¥800.00元);三、驳回黎某洁的其他诉讼请求。

二审查明事实与一审查明事实一致。

二审法院认为,争议的问题主要集中在一审认定的每月800元生活费是否过高的问题上。二审法院认为,一审认定的数额得当。理由如下:(1)杨某文有固定工资收入,其自述每月工资收入5000元,支付老人800元并未过高;(2)杨某文主张其子大学毕业待业在家,但该理由不是降低应支付生活费的正当理由;(3)黎某洁自杨某文3岁将其收养,含辛茹苦,抚养长大,支付该生活费用并不为过。二审法院最终维持一审判决。

【律师观点】

无论是《收养法》还是《民法典》中均规定,收养应当遵循自愿原则,自愿原则应当贯穿收养关系的始终,即建立收养关系,应当遵循收养自愿原则;能否维持收养关系、是否应当解除收养关系时,也应当遵循收养自愿原则。不能以单方意愿强加于另一方,同时,为了保护未成年人,还要求在未成年被收养人成年之前,不得随意解除收养关系。所以,在本案中,收养人黎某洁认为,双方无法共同生活,要求解除收养关系,符合解除条件,应予准许。

自愿原则并不等同于解除收养关系完全自由。按照黎某洁现在的生活环境与实际消费支出,法院酌情判定由杨某文每月给付黎某洁的生活费 800 元。所以,收养自愿原则并不等同于收养关系的任意解除,在收养人对被收养人尽到了抚养、教育义务,含辛茹苦将被抚养人抚育长大后,被收养人对收养人也应当进行一定的反馈,回报养育之恩。

/ 实操指南

收养关系建立和解除时的注意事项如下:

一、收养关系建立时

收养关系的建立必须是基于双方自愿,没有任何一方能够将自己的意志强加给另一方。这意味着收养人和送养人在收养问题上必须自愿达成一致意见,这是收养关系建立的基础。

收养人、送养人和被收养人都需要按照法律规定办理相关的收养手续,如收养登记、公证等。这些手续是为了确保收养关系的合法性和稳定性,保护被收养人的权益。

收养人需要了解被收养人的背景、家庭情况、健康状况等信息,确保被收养人符合自己的收养要求。同时,被收养人也应该了解自己的权利和义务,以及未来可能面临的情况。

二、收养关系解除时

如果收养关系出现问题或者需要解除收养关系,收养人、送养人和被收养人都应该协商解决,达成一致意见。这是为了保护各方的权益,避免因为一方不自愿或者被强迫而导致矛盾和纠纷。

在解除收养关系时,收养人可能需要向被收养人支付一定的补偿费用,具体数额需要根据实际情况进行协商。同时,如果被收养人在收养期间受到了虐待、遗弃等伤害,也可以向收养人要求赔偿。同样地,如果因为养子女成年后存在虐待、遗弃养父母等行为而解除收养关系的,养父母不但可以要求养子女支付赡养费,还可以要求其补偿收养期间支出的生活费和教育费。在解除收养关系时,也需要按照法律规定办理相关的手续,如解除收养登记等。

第一千一百零五条 【关于收养程序的规定】

收养应当向县级以上人民政府民政部门登记。收养关系自登记之日起成立。

第五章 收 养

> 收养查找不到生父母的未成年人的,办理登记的民政部门应当在登记前予以公告。
>
> 收养关系当事人愿意签订收养协议的,可以签订收养协议。
>
> 收养关系当事人各方或者一方要求办理收养公证的,应当办理收养公证。
>
> 县级以上人民政府民政部门应当依法进行收养评估。

法条释义

《民法典》第 1105 条是关于收养程序的规定。该条规定沿袭了《收养法》第 15 条[①],为了与《民法典》第 1093 条相吻合,第 1105 条将查找不到生父母的弃婴和儿童的表述,统一更改为"未成年人",保证体系上的一致。另外,该条新增了县级以上人民政府民政部门应当依法进行收养评估的规定。

收养登记制度是国家通过主管部门对申请建立收养关系的当事人,依照法律规定的收养条件进行审查,对符合法定收养条件的,准予登记,发放《收养证》后收养关系即成立的一项制度。收养登记的法律效力主要体现在以下方面:

一是养父母与养子女之间成立拟制的血亲关系。这种关系与亲生父母和子女之间的权利义务关系相同,包括养父母对养子女的抚养、教育、保护等义务,以及养子女对养父母的尊重、赡养等义务。

二是养子女与其亲生父母之间的权利义务关系被解除。这意味着收养关系成立后,养子女不再与其亲生父母保持法律上的联系,他们之间的权利和义务关系将不复存在。

三是在继承权方面,养子女对养父母及其亲属享有与婚生子女同样的继承权。然而,对于其亲生父母及其亲属,养子女不再享有继承权。

收养关系的成立需要依法登记,是法定要件,所以收养为要式法律行为。收养关系的解除可以通过协议或诉讼程序。如果收养关系被确认无效,那么收养登记的法律后果将自始不存在。所以,根据《民法典》所沿袭的《收养法》的有

---

① 《收养法》第 15 条:收养应当向县级以上人民政府民政部门登记。收养关系自登记之日起成立。收养查找不到生父母的弃婴和儿童的,办理登记的民政部门应当在登记前予以公告。收养关系当事人愿意订立收养协议的,可以订立收养协议。收养关系当事人各方或者一方要求办理收养公证的,应当办理收养公证。

关规定,收养关系的成立,必须具备收养的实质要件、形式要件及收养成立的合意。

收养查找不到生父母的未成年人的,登记之前应当公告。该要求是为了尽可能给被收养人的生父母或者其他监护人提供抉择的可能性,维护相关人权益,确认确实无法查到生父母的,才可以收养。

收养协议和收养公证均非收养关系成立的必要条件,我国以收养登记作为收养关系成立的法定要件。所以,收养协议是否签订、收养公证是否办理,对收养关系是否成立并没有影响,二者也不能替代收养登记的法定效力。

收养评估是办理收养登记时的必要事项。《中国公民收养子女登记办法》和《收养法》的规定中均采取了收养登记的形式审查主义,但是形式审查不能保障收养关系建立后的实际收养效果,所以,收养的形式审查主义具有一定的局限性。收养评估正是为了确保收养的实际效果,我国正逐渐将收养的实质审查纳入收养评估程序。

收养评估主要是针对以下三个方面:

一是收养人的收养能力。收养人在经济层面的收养能力决定了被收养人在被收养后的物质生活条件是否能够满足正常的生活、学习以及个人发展的需求,反映了收养人能提供给被收养人的基础物质条件。

二是收养人与被收养人之间关系的融洽度。收养人与被收养人之间在建立收养关系后,需要长期生活在一起,双方关系的融洽度是维系收养关系至关重要的因素。

三是收养效果的跟进。收养效果的跟进与前两者不同,前两者是保证收养行为符合收养条件,在收养登记完成前开展的评估。收养效果的跟进是保证收养关系的实质效果,在登记后进行的继续评估。

关于收养评估的程序,民政部门会进行信息配对与确认,并为收养申请人选派评估人员。评估人员确定后,评估人员会采取面谈、查阅资料、实地走访等多种方式进行评估,全面了解收养申请人的情况,包括对收养人的婚姻状况、家庭生活、经济收入、居住条件、受教育程度、人格品性、生育或者收养子女等情况进行实地调查,作出综合评判。最后,评估小组会根据评估情况出具评估报告,评估报告会作为收养登记机关决定是否予以登记的重要参考,民政部门会根据评估报告和有关规定,决定是否准予收养登记。收养评估制度的完善,加强了登记机关的责任,也强化了对收养效果的保障和公权力监督。

案例分析

邱某诉邱某1确认收养关系纠纷

【案号】一审：重庆市江津区人民法院(2022)渝0116民初2425号

【基本案情】

原告邱某是邱某江与罗某珍夫妻于1998年11月2日生育的儿子。当时为了躲避计划生育处罚，邱某江与罗某珍夫妻在邱某出生后将其户籍登记在邱某1户口本上。邱某1与邱某在相关计生档案资料上显示为父子关系，但未到民政部门办理收养登记手续。邱某事实上一直由邱某江与罗某珍直接抚养成人。邱某1并没有抚养邱某，双方未共同生活。原告邱某向法院提出诉讼请求，请求法院依法确认邱某与邱某1之间的收养关系不成立。

被告邱某1同意原告所述，原告是由其亲生父母即邱某江与罗某珍夫妻抚养成人。原告并未与被告生活，被告也未对原告有事实上的抚养教育，双方仅是户口登记在一个户口簿上。

【争议焦点】

邱某与邱某1之间的收养关系是否成立？

【裁判意见】

法院认为，收养应当向县级以上人民政府民政部门登记，收养关系自登记之日起成立。本案中，邱某的生父母为了躲避当时的计划生育处罚，将邱某的户口申报登记在未婚无子女的邱某1的户口簿上，并不符合送养和收养的法定条件。虽然邱某1与邱某在相关资料上显示为父子关系，但并未依法办理收养登记，且邱某1未与邱某生活，邱某实际是由其亲生父母抚养成人。邱某与邱某1之间既不符合送养和收养的法定条件，也无收养事实，更未依法办理收养登记，因此，邱某与邱某1之间未成立收养关系。另外，收养关系的登记确认机关是县级以上人民政府民政部门，并非户籍管理机关或其他机关。因此，原告的诉讼请求，有事实和法律依据。为保护当事人的合法权益，依照《民法典》第1105条第1款的规定，法院判决原告邱某与被告邱某1无收养关系。

【律师观点】

我国《民法典》规定向县级以上民政部门登记是收养关系成立的法定要件,除此之外的其他任何形式,均不能成立收养关系。所以,本案中以躲避计划生育处罚为目的,将户口关系登记到其他亲属的户口上,即便户口上显示的亲属关系为父子关系,也不能直接认定成立收养关系的法律效果,双方之间的收养关系并没有成立。

本案中的双方当事人,不但没有依法办理收养关系登记,而且双方并无事实的收养行为,邱某一直在亲生父母的养育和照料下生活、成长,所以,原告关于依法确认邱某与邱某1之间的收养关系不成立的诉讼请求,得到了人民法院的支持。

实操指南

有关收养协议签订的注意事项如下:

我国以收养登记作为收养关系成立的法定条件,所以,是否签订收养协议并不能影响收养关系的成立与生效。但该情况是一般情形,实践中有需要签订收养协议的情况,具体为如下几种。

1. 根据《社会福利机构涉外送养工作的若干规定》的要求,儿童福利机构进行涉外送养的,收养人和送养人应当签订书面的收养协议。

2. 按照《开展查找不到生父母的打拐解救儿童收养工作的通知》的要求,在办理收养登记之前,儿童福利机构应当与收养家庭签订收养协议。所以,收养被拐解救未成年人的,需要签订书面的收养协议。

3. 按照《外国人在中华人民共和国收养子女登记办法》的规定,外国人来华收养子女的,应当与送养人签订书面收养协议。

有关事实收养情况的处理方式如下:

事实收养是指在没有办理收养登记的前提下直接确认的事实收养关系,直接以父母子女的身份共同生活的情况属于事实收养。

我国1991年《收养法》于1992年4月1日正式施行,后于1998年11月4日进行修正。

根据《办理收养法实施前建立的事实收养关系公证的通知》及《关于解决国内公民私自收养子女有关问题的通知》的规定:当事人能够证实双方在1999年4月1日《收养法》修改决定实施之前共同生活多年,以父母子女相称,建立了事实的父母子女关系,且被收养人与其生父母的权利义务关系确已消除的,当事人可以向收养人住所地公证处申请办理事实收养公证。收养关系自当事人达成收养协议或因收养事实而共同生活时成立。对于在1999年4月1日之后发生的事实收养,则需根据具体情况分别认定。

第一千一百零六条 【关于被收养人户口登记的规定】

收养关系成立后,公安机关应当按照国家有关规定为被收养人办理户口登记。

法条释义

《民法典》第1106条是关于被收养人户口登记的规定。该条沿袭《收养法》第16条[1],在内容上无实质性修改,只将"公安部门"调整为"公安机关"。

从法律的角度来看,户口登记是一个重要的行政程序,它涉及公民的身份确认、权益保障和社会管理等多个方面。对被收养人来说,户口登记是他们融入新家庭、享受与普通公民同等待遇的必要条件。通过户口登记,被收养人可以合法地获得身份证明,享受教育、医疗、社会保障等公共服务,从而保障他们的基本权益。收养是一种特殊的家庭关系,它涉及被收养人、收养人以及可能存在的生父母等多个主体。法律通过规定收养关系成立后的户口登记程序,为这一特殊家庭关系的稳定提供了法律支持。所以本规定也体现了法律对收养关系的认可和保护。

收养关系成立后,公安机关应当按照国家有关规定为被收养人办理户口登记。如果被收养人原来有户籍,需要办理户口迁移手续;如果原来没有户籍,则直接办理户口登记。在1998年《收养法》之前的规定中并没有要求办理户口登记,所以,对于发生在1998年《收养法》实施前的收养关系应适用当时的有关规定。

---

[1] 《收养法》第16条:收养关系成立后,公安部门应当依照国家有关规定为被收养人办理户口登记。

案例分析

邹某莉诉北京市某分局确认行政行为违法案

【案号】 二审：北京市第二中级人民法院（2020）京02行终330号

【基本案情】

邹某莉夫妻无子女，于2016年收养了邹某莉弟弟之女邹某悦，并于2017年1月13日办理收养登记。为方便孩子生活需要，邹某莉多次前往东城公安分局户政大厅办理进京落户手续。但是，东城公安分局以邹某莉无法提供送养人有特殊困难无力抚养子女的证明为由拒绝办理。邹某莉认为，其办理了合法有效的收养手续，并且依据《收养法》第7条的规定，收养三代以内同辈旁系血亲的子女，可以不受送养人有特殊困难无力抚养子女的条件限制。东城公安分局拒绝为被收养人办理进京落户手续，与现行法律规定相悖，不符合行政合理原则。现请求法院判决东城公安分局拒绝办理被收养人进京落户手续的行为违法，并责令东城公安分局受理被收养人进京落户的申请。

东城公安分局认为，根据《北京市公安局关于印发户口审批工作规范的通知》（以下简称716号文）的规定，收养子女进京入户的受理条件分为收养人条件12项，送养人5项。收养人和送养人同时具备以上条件的，需持相关证明到东城公安分局户政大厅申请，东城公安分局审核后，北京市公安局批准办理。其中送养人条件中第1项为：有特殊困难无力抚养子女的生父母是指生父母有残疾、患严重疾病或者其他原因造成经济生活极度困难，没有能力抚养子女。办理时需要持的证明包括生父母单位人事部门、计划生育部门出具生父母婚姻、经济收入、有何种特殊困难无力抚养子女等情况证明。因邹某莉提交的材料中没有上述生父母有特殊困难无力抚养子女的情况证明，不符合收养子女进京入户受理条件中送养人的规定，故东城公安分局答复邹某莉其目前不符合收养子女进京落户的受理条件。综上所述，716号文与上位法不存在冲突，东城公安分局严格按照该文件审核邹某莉的材料，并依规对其进行答复，请求法院驳回邹某莉的诉讼请求。

【争议焦点】

1. 716号文是否违反上位法？
2. 被收养人邹某悦是否符合随收养人进京落户的条件？

【裁判意见】

一审法院认为,《收养法》第16条规定,收养关系成立后,公安部门应当依照国家有关规定为被收养人办理户口登记。《中国公民收养子女登记办法》第8条规定,收养关系成立后,需要为被收养人办理户口登记或者迁移手续的,收养人持收养登记证到户口登记机关按照国家有关规定办理。法律和规章明确了收养关系成立后,为被收养人办理户口登记的需按照国家有关规定办理。北京市公安局根据国务院及北京市的相关户籍政策规定、首都人口管理工作实际情况、社会发展的状况和综合承受能力,按照既要维护人民群众切身利益,又要严格控制首都城市人口规模的原则,制定716号文作为本市户口审批工作的依据。716号文件规定了关于收养子女进京落户的受理条件,其中送养人条件中的第1项为有特殊困难无力抚养子女的生父母是指有残疾、患严重疾病或者其他原因造成经济生活极度困难,没有能力抚养子女的生父母。申请人办理时需要持的证明包括生父母单位人事部门、计划生育部门出具生父母婚姻及子女情况、经济收入、有何种特殊困难无力抚养子女等情况证明。以上规定表明,送养人即被收养人的生父母属于有特殊困难无力抚养子女的情形,是被收养人办理进京户口登记的条件之一。本案中,收养人邹某莉于2019年7月12日向东城公安分局户政大厅申请办理被收养人邹某悦进京落户手续,但其未提供相关部门出具的送养人有何种特殊困难无力抚养子女等情况证明,因此,其不符合收养子女进京落户的受理条件。在此情况下东城公安分局未予受理,并无不当。邹某莉要求确认东城公安分局拒绝办理被收养人进京落户手续的行为违法,并责令东城公安分局受理被收养人进京落户申请的诉讼请求,缺乏事实根据及法律依据,一审法院判决驳回邹某莉的全部诉讼请求。

二审法院认为,收养子女与办理收养子女进京落户系两个不同的法律关系,应分别适用不同的法律规定。收养关系成立后,公安部门应当依照国家有关规定为被收养人办理户口登记。北京市公安局根据北京情况制定716号文作为本市户口审批工作的依据。716号文中关于收养子女进京落户的受理条件并不存在与上位法相矛盾的问题。本案中,邹某悦系邹某莉与林某从送养人邹某凯、汪某处收养,邹某莉作为收养人在为被收养人办理进京落户手续时,并未按照716号文的前述规定向东城公安分局提交相应材料证明送养人即邹某悦的生父母有何种特殊困难无力抚养子女。据此,邹某悦的进京落户申请不符合716号文规定的受理条件,东城公安分局未予受理并无不当。二审法院最终维持一审判决。

【律师观点】

户口登记是对收养行为完成后,被收养人在法律上正式成为收养人家庭成员的一种确认,也是保护被收养人合法权益的重要举措。

户口登记在中国是一个非常重要的制度,它关系到公民的基本权益,如教育、医疗、就业等。通过户口登记,国家可以统计人口数量,掌握人口流动情况,为社会管理和公共服务提供基础数据。同时,户口登记也是公民参与社会活动的必要条件,如办理身份证、结婚、购房等。在收养关系中,被收养人在成为收养人家庭成员后,也需要参与到这个制度中来。所以,要求公安机关在为被收养人办理户口登记时,应确保被收养人的户口登记信息准确无误。如此,被收养人就可以在法律上正式成为收养人的家庭成员,享受到与收养人家庭成员相同的权益和待遇。本案体现了716号文中关于收养子女进京落户的受理条件是否存在与上位法相矛盾问题的处理原则。

实操指南

实践中要特别注意办理户口登记的条件。

根据《民法典》第1106条的规定,收养人应当在收养登记办理完毕后,持收养登记证到公安机关办理户口登记。所以,一般情况下,持收养协议或收养公证是不能办理被收养人的户口登记的。1998年《收养法》实施前,则根据当时的规定进行处理。对于部分省市关于收养子女办理登记的规定,在不违背上位法的前提下,需要严格遵守。

第一千一百零七条 【关于生父母亲友抚养的规定】

孤儿或者生父母无力抚养的子女,可以由生父母的亲属、朋友抚养;抚养人与被抚养人的关系不适用本章规定。

法条释义

《民法典》第1107条是关于生父母亲友抚养的规定。

一、被抚养对象的明确

该条所指的被抚养对象,主要是孤儿或因生父母无力抚养的子女。这意味着,只有当生父母无法或无力承担抚养义务时,其他亲属、朋友才有可能承担抚养责任,担任抚养人。具体来说,存在两种情形:一是当生父母因各种原因无力抚养子女时;二是当子女失去双亲,即成为孤儿时。在这两种情况下,生父母的亲友在自愿的前提下,可以承担对被抚养人的抚养责任。

二、抚养人范围的界定

抚养人可以是生父母的亲属、朋友。这个范围非常广泛,并不限于法定的抚养义务人。尽管这些人没有法定的抚养责任,但他们基于亲情、友情等的义务和情感,可以选择自愿承担抚养责任。《民法典》第1074条及第1075条,规定了有负担能力的祖父母、外祖父母及有负担能力的兄、姐,对于父母已经死亡或者父母无力抚养的未成年孙子女、外孙子女或未成年弟、妹,有抚养的义务。此处规定的是法定抚养义务,说明有负担能力的祖父母、外祖父母、兄姐不得拒绝承担这样的抚养责任。但是并不意味着只能由祖父母、外祖父母或兄姐抚养。如果其他亲属、朋友在该条规定的前提条件均满足的情况下,有意愿且有能力抚养的,在各方协商一致的情况下,可以由他们进行抚养。

三、抚养人与被抚养人之间关系的特殊性

抚养人与被抚养人之间的关系不适用收养关系的法律规定。这种抚养关系并不需要经过法律程序确认,也不受《民法典》中关于收养人资格、收养程序等规定的限制。因此,生父母的亲友在承担抚养责任时,无须满足《民法典》中关于收养人资格、收养程序等规定。

这一规定旨在鼓励亲属、朋友之间的互助与友爱,通过允许生父母的亲属、朋友自愿承担抚养责任,既保护了未成年子女的权益,也推动家庭、社会在扶助弱小方面产生积极的作用。所以,该条的立法目的是为孤儿或者生父母无力抚养的子女提供另一种抚养方式,扩大抚养人的范围。

| 案例分析 |

徐某然与段某连机动车交通事故责任纠纷案

【案号】二审:云南省普洱市中级人民法院(2022)云08民终1297号

【基本案情】

徐某然、段某连机动车交通事故责任纠纷一案中徐某然、段某连提出如下上诉

请求:撤销云南省景谷县人民法院(2022)云 0824 民初 1260 号民事裁定,指令云南省景谷县人民法院受理本案。事实和理由:1.徐某然、段某连与本案死者徐某之间成立事实上的抚养关系。徐某父亲身体不好,生活困难,母亲患病,双亲均无抚养能力,徐某出生后即由徐某然(其大舅)和段某连(其大舅妈)领养,有村民委员会出具的《证明》、相关证人证言为证。故虽然徐某然、段某连没有按照法律规定办理收养手续,但结合其三人居住在一起的事实和当地风俗习惯,应当认定徐某然、段某连与徐某形成事实上的抚养关系。这符合公序良俗原则,也体现了社会主义核心价值观,应当予以支持鼓励和发扬。2.徐某然、段某连是本案适格原告。根据相关法律规定,"近亲属"包括配偶、父母、子女、兄弟姐妹、祖父母、外祖父母、孙子女、外孙子女和其他具有扶养、赡养关系的亲属,这里的父母当然包括具有抚养关系的养父母,因此,徐某然、段某连作为死者的养父母,是当然的赔偿权利人。徐某然、段某连提起本案诉讼完全符合《民事诉讼法》第 122 条第 1 项"原告是与本案有直接利害关系的公民、法人和其他组织"以及《最高人民法院关于审理人身损害赔偿案件适用法律若干问题的解释》第 1 条第 2 款"本条所称'赔偿权利人',是指因侵权行为或者其他致害原因直接遭受人身损害的受害人以及死亡受害人的近亲属"的规定,是本案适格的诉讼主体。一审法院裁定不予受理本案错误,应予撤销并指令一审法院受理本案。

【争议焦点】

1.徐某然、段某连与徐某之间的关系是否适用《民法典》有关收养的规定?
2.能否将徐某然、段某连认定为徐某的养父母?

【裁判意见】

二审法院认为,首先,关于赔偿权利主体的认定问题,根据《民法典》第 1181 条第 1 款关于"被侵权人死亡的,其近亲属有权请求侵权人承担侵权责任"的规定和《最高人民法院关于审理人身损害赔偿案件适用法律若干问题的解释》第 1 条第 2 款关于"本条所称'赔偿权利人',是指因侵权行为或者其他致害原因直接遭受人身损害的受害人以及死亡受害人的近亲属"的规定,享有赔偿请求权的主体仅为受害人本人或其近亲属。其次,关于"近亲属"的认定问题,根据《民法典》第 1045 条第 2 款的规定,近亲属仅包含配偶、父母、子女、兄弟姐妹、祖父母、外祖父母、孙子女、外孙子女。根据《民法典》第 1107 条关于"孤儿或者生父母无力抚养的子女,可以由生父母的亲属、朋友抚养;抚养人与被抚养人的关系不适用本章规定"的规定,本案中徐某然、段某连与徐某之间的关系不适用《民法典》有关收养的规定,不能将徐某然、段某连认定为徐某的养父母。故徐某然、段某连不是徐某法律意义上的近亲属。综上所述,徐某然、段某连不是本案适格原告。二审法院裁定驳回上诉,维持原一审裁定。

【律师观点】

本案的争议焦点在于徐某然、段某连与徐某之间的关系是否适用《民法典》有关收养的规定及能否将徐某然、段某连认定为徐某的养父母,这直接关系到机动车交通事故责任纠纷案件中赔偿权利主体的认定问题。

根据《民法典》第1107条的规定,不能将徐某然、段某连认定为徐某的养父母。所以,徐某然、段某连不是徐某法律意义上的近亲属,徐某然、段某连不是本案适格原告。

在本案所涉争议中,《民法典》明确了生父母亲友抚养的可行性,同时,也直接规定了抚养人与被抚养人的关系并不适用《民法典》关于收养一章的规定,直接有效解决了上述争议。

实操指南

抚养关系与收养关系的联系和区别。

一、收养与抚养间的法律关系不同,其权利义务的内容不同

收养是根据法律规定领养他人子女为自己的子女,从而建立法律拟制亲子关系的一种民事法律行为,而抚养关系仅仅属于一种事实供养关系。关于亲属抚养,立法上有两种立法例,一种为广义的立法例,把抚养界定为一定范围内的亲属间相互供养和扶助的法律关系,包括父母、子女、配偶、祖父母、外祖父母、孙子女、外孙子女以及兄弟姐妹间的抚养关系;另一种为狭义的立法例,把抚养仅界定为同辈间的相互供养和互助的法律关系,具体包括夫妻之间、兄弟姐妹之间的抚养关系。[①]

二、抚养人与被抚养人间不因抚养关系而改变原有的身份关系

抚养关系通常指的是父母或其他监护人对未成年子女的抚养和照顾责任。这种关系是基于血缘、婚姻或法律上的收养关系而建立的。在抚养关系中,抚养人有义务为被抚养人提供生活、教育、医疗等方面的支持和照顾,而被抚养人则有权利

---

① 尹一如:《亲属间扶养关系探析》,江苏大学2008年硕士学位论文,第1页。

接受这些照顾和支持。

身份关系则是指一个人在法律上所处的地位或与他人的关系,例如婚姻关系、亲属关系、监护关系等。这种关系是基于法律规定或当事人的法律行为而建立的。在身份关系中,人们享有一定的权利和承担一定的义务,例如,配偶关系中的相互扶持和共同生活的义务,亲子关系中的抚养和教育的义务等。

抚养人与被抚养人之间的身份关系不因抚养关系的建立而改变。被抚养人与其生父母及近亲属之间的权利义务关系依然保持。生父母对于被他人抚养的子女,仍然有抚养教育的责任。相应地,被他人抚养的子女在成年后,对于生父母及其近亲属,也有赡养扶助的义务。同时,他们相互之间还保留有继承遗产的权利。

只有当抚养关系满足收养关系成立的实质要件和形式要件时,它才能转化为收养关系,从而形成法律上的拟制血亲关系。若不满足这些条件,被抚养人不会获得与抚养人亲子同等的法律地位,而抚养人也不能取得与被抚养人生父母同等的法律地位。

第一千一百零八条 【关于优先抚养权的规定】

配偶一方死亡,另一方送养未成年子女的,死亡一方的父母有优先抚养的权利。

法条释义

《民法典》第 1108 条是关于优先抚养权的规定。该规定沿袭了《收养法》第 18 条①的规定。

优先抚养权是一种特殊的权利,其权利主体和义务主体都是特定的人。当配偶一方死亡,另一方送养未成年子女时,死亡一方的父母有优先抚养的权利。这种优先抚养权不是法律义务,也不属于收养关系。

---

① 《收养法》第 18 条:配偶一方死亡,另一方送养未成年子女的,死亡一方的父母有优先抚养的权利。

优先抚养权来源于《民法典》第 28 条①及《民法典》第 1074 条之规定,近亲属可以担任未成年人的监护人,有负担能力的祖父母、外祖父母,对于父母已经死亡或父母无力扶养的未成年的孙子女、外孙子女有抚养的义务。前述规定均是以确保未成年人的最大利益为首任,以抚育为目的,故而可以认为,基于公序良俗赋予配偶死亡一方的父母,在另一方送养未成年子女时,对孙子女、外孙子女所依法享有优先抚养的权利。

优先抚养权的法定要件:

1. 配偶一方死亡,另一方送养未成年子女。这是触发优先抚养权的前提条件,即当未成年子女的父母一方死亡,另一方有意将子女送养时,死亡一方的父母(祖父母或外祖父母)有权主张优先抚养。

2. 死亡一方的父母有抚养能力和意愿。除前提条件外,祖父母或外祖父母还需要具备抚养能力和意愿,即他们有能力照顾子女并提供必要的生活和教育条件,例如经济基础和身体健康状况良好,同时也愿意承担抚养责任。

3. 未成年子女处于需要抚养的状态。这意味着子女尚未成年,且由于父母一方死亡,另一方无力抚养或不愿抚养,子女处于需要被照顾和抚养的状态。

| 案例分析 |

邢某甲、王某甲诉蒋某某变更抚养关系纠纷

【案号】一审:湖南省凤凰县人民法院(2017)湘 3123 民初 269 号

【基本案情】

原告邢某甲、王某甲向法院提起诉讼,要求判令被告将孙子邢某乙、孙女邢某丙变更归原告抚养。被告蒋某某系邢某乙(6 岁)、邢某丙(3 岁)的母亲,原告邢某甲、王某甲分别是两个小孩的爷爷、奶奶。被告蒋某某与邢某大(两原告的长子)婚后生育两个小孩,分别为儿子邢某乙及女儿邢某丙,2014 年,邢某大因意外事故不幸死亡,为方便照顾两个小孩,被告蒋某某与邢某大的弟弟邢某二(两原告的次

---

① 《民法典》第 28 条:无民事行为能力或者限制民事行为能力的成年人,由下列有监护能力的人按顺序担任监护人:(一)配偶;(二)父母、子女;(三)其他近亲属;(四)其他愿意担任监护人的个人或者组织,但是须经被监护人住所地的居民委员会、村民委员会或者民政部门同意。

子)再婚,婚后因两人感情不和于2016年9月19日经法院调解离婚。被告蒋某某独立抚养两个孩子邢某乙、邢某丙。后由于被告蒋某某收入较低,无力抚养两个小孩,曾请求两原告帮忙抚养一个小孩,并答应每月送几百元的生活费,但遭两原告拒绝。后被告蒋某某通过其父亲转告原告邢某甲,要求两原告来被告家接小孩,如果不来接,就将小孩送养,但两原告没有去接,后被告蒋某某通过亲戚将女儿邢某丙送给湖南省麻阳县郭公坪乡的远房表哥李某陆抚养,目前正在办理相关的收养手续,两原告获悉后,想接回小孩遭拒绝,故起诉至法院,要求抚养两个小孩。

原告邢某甲目前在做小工,一天收入有一百多元,原告王某甲在贵州省铜仁市云场坪镇的街上卖粉,偶尔卖点菜和家禽,每月有一定的收入,且两原告的身体状况良好。同时,两原告均是农村低保户,享受国家低保政策保障,两原告目前的收入加上政府的保障性资金足够抚养一个小孩。且邢某乙、邢某丙在其父母外出打工时,均随两原告一起生活,与两原告有一定的感情基础。

【争议焦点】

1. 原告对邢某乙、邢某丙是否具有优先抚养权?
2. 法院能否支持原告的抚养权变更请求?

【裁判意见】

法院认为,本案属变更抚养权纠纷,对未成年人的抚养问题应该从有利于未成年人的身心健康,保障未成年人的合法权益出发,并结合抚养人的抚养能力和抚养条件等具体情况进行处理。未成年人的父母是未成年人的法定监护人,在其父母没有能力或者未履行监护义务时,未成年人的祖父母、外祖父母可以担任未成年人的监护人。本案中,被告蒋某某是邢某乙、邢某丙的法定监护人,有法定的抚养义务,虽其能力有限,经济收入较低,但其仍有能力抚养一个孩子,故对原告邢某甲、王某甲要求变更两个孩子抚养权的诉讼请求,法院不予支持。但因被告蒋某某经济收入确实较低,没有能力同时抚养两个孩子,并且有将孩子送养的事实存在,而原告邢某甲、王某甲是邢某乙、邢某丙的爷爷、奶奶,且两个孩子与两原告一起生活过,有感情基础,加之两原告身体状况良好,有一定的经济收入,可以维持和照顾好一个小孩的生活,同时鉴于女孩随母亲生活更利于其身心健康成长,故邢某丙由被告蒋某某继续抚养较为适宜,而邢某乙由原告邢某甲、王某甲抚养较为适宜。

最终,一审法院判决邢某乙的抚养权由被告蒋某某变更为原告邢某甲、王某甲行使,由原告邢某甲、王某甲承担邢某乙的抚养费。

【律师观点】

配偶一方死亡，另一方送养未成年子女的，死亡一方的父母要求抚养的权利能否得到满足，在过去是经常出现的问题。

《收养法》第 23 条规定，养子女与生父母及其他近亲属间的权利义务关系，因收养关系的成立而消除。但是，为了使一定血缘关系得以维系，法律又规定了优先抚养制度。

根据《收养法》第 18 条，从法律规定来说，死亡一方的父母与未成年人存在祖父母与孙子女或外祖父母与外孙子女关系，两者之间有法律上的权利义务关系。从情理来说，死亡一方的父母由于对死者的怀念，而对未成年孙子女、外孙子女十分爱怜，由他们来抚养，有利于未成年人的成长。可见，优先抚养是《收养法》规定的一项民事权利。

《民法典》第 1108 条又进一步明确，配偶一方死亡，另一方送养未成年子女的，死亡一方的父母有优先抚养的权利。

本案发生在《民法典》实施之前，是依照《民法通则》第 16 条、《婚姻法》第 28 条及《收养法》第 18 条规定做出的裁判结果，而现在来看，该裁判结果与《民法典》规定的价值趋向保持一致，同时体现了二者对于优先抚养权的认知及选择，是高度重合的。

实操指南

一、产生权利冲突时的解决路径

法律规定，在父母其中一方死亡时，另一方是有权单独送养的。但是实践中有大量案例表明，死亡一方的父母，即未成年子女的祖父母、外祖父母对此可能持有异议，并愿意抚养其孙子女或外孙子女，这时就产生了双方权利的冲突。在 1991 年《收养法》实施之前，实践中对此问题的做法和判断并不统一，在 1991 年《收养法》实施之后，明确规定了对祖父母、外祖父母的优先抚养权，应当予以尊重。即在配偶一方死亡，另一方要送养其子女的，在死亡一方父母同意的前提下，方可进行。如果未征得同意，便将子女送养的，死亡一方的父母有权提起诉讼，要求确认收养关系无效，并可以据此要求变更抚养权，使子女的抚养权归属于死亡一方的父母。

二、放弃优先抚养权的情形

关于优先抚养权的放弃，《民法典》并未作出明确规定。优先抚养权既可以明示放弃,也可以默示放弃。

在实际应用中,如果死亡一方的父母愿意放弃优先抚养权,他们可能需要与另一方送养人进行协商,并达成一致意见。放弃优先抚养权应该是基于自愿和真实的意思表示,确保未受到任何胁迫或欺诈。如果放弃是在受到胁迫、欺诈或其他不正当手段的影响下做出的,那么放弃者可能有权要求撤销放弃决定。但是,如果放弃是基于自愿和真实的意思表示,那么在排除上述可能的情况下,放弃者可能无法反悔。

需要注意的是,放弃优先抚养权可能会对未成年子女的抚养和成长产生较大的影响。因此,在做出放弃决定之前,死亡一方的父母应该充分考虑未成年子女的利益和需要,确保他们能够得到良好的抚养和照顾。

此外,如果死亡一方的父母在放弃优先抚养权后反悔,他们可能无法再次主张优先抚养权。所以,在做出放弃决定前,务必要进行充分、周全的考虑。

> **第一千一百零九条　【关于外国人在中国收养子女的程序规定】**
> 外国人依法可以在中华人民共和国收养子女。
> 外国人在中华人民共和国收养子女,应当经其所在国主管机关依照该国法律审查同意。收养人应当提供由其所在国有权机构出具的有关其年龄、婚姻、职业、财产、健康、有无受过刑事处罚等状况的证明材料,并与送养人签订书面协议,亲自向省、自治区、直辖市人民政府民政部门登记。
> 前款规定的证明材料应当经收养人所在国外交机关或者外交机关授权的机构认证,并经中华人民共和国驻该国使领馆认证,但是国家另有规定的除外。

法条释义

《民法典》第1109条在《收养法》第21条[①]基础上进行了修改,通过对比,可以

---

① 《收养法》第21条:外国人依照本法可以在中华人民共和国收养子女。外国人在中华人民共和国收养子女,应当经其所在国主管机关依照该国法律审查同意。收养人应当提供由其所在国有权机构出具的有关收养人的年龄、婚姻、职业、财产、健康、有无受过刑事处罚等状况的证明材料,该证明材料应当经其所在国外交机关或者外交机关授权的机构认证,并经中华人民共和国驻该国使领馆认证。该收养人应当与送养人订立书面协议,亲自向省级人民政府民政部门登记。收养关系当事人各方或者一方要求办理收养公证的,应当到国务院司法行政部门认定的具有办理涉外公证资格的公证机构办理收养公证。

看出该条对外国人在中国收养子女的程序规定更加完善。

1. 将"外国人依照本法"修改为"外国人依法"。该条将外国人在中国收养子女的法律依据从《民法典》扩大至包括《民法典》在内的所有相关法律法规。目前，关于外国人在中国收养子女的法律依据除《民法典》，还有1999年实施的《外国人在中华人民共和国收养子女登记办法》、2011年实施的《涉外民事关系法律适用法》、2005年正式加入的海牙《跨国收养方面保护儿童及合作公约》等。

2. 将外国人在中国收养子女"向省级人民政府民政部门登记"修改为"向省、自治区、直辖市人民政府民政部门登记"。该条关于登记机关的规定更加清晰完整。

3. 取消了办理收养公证的规定。该条取消了办理收养公证的规定，意味着即便收养关系的当事人各方或一方要求办理收养公证，该收养公证仅是属于收养关系当事人意思自治的自愿行为，收养公证不属于《民法典》规定的外国人在中国收养子女的必经程序或必备材料。

4. 在"证明材料应当经其所在国外交机关或者外交机关授权的机构认证，并经中华人民共和国驻该国使领馆认证"条款中，增加了"但是国家另有规定的除外"。这是关于法律适用的技术性问题，当国家在《民法典》以外有关于外国人在中国收养子女的特别规定时，原则上应优先适用特别规定。

该条属于涉外收养的范畴，我国的涉外收养伴随改革开放的步伐不断发展，[①]目前已成为世界最大送养国之一。广义的涉外收养，是指含有涉外因素的收养，即在收养人、送养人、被收养人之间至少有一方为外国人。狭义的涉外收养，是指外国人或无国籍人在中国境内收养子女。该条所说的涉外收养是狭义的涉外收养，并明确规定了外国人在中国收养子女的程序，该程序比国内收养的要求更加严格。

1. 该条规定了外国人在中国收养子女的前置程序。外国人在中国收养子女首先需要向其所在国的主管收养的机构提交申请，由所在国的收养主管机构依据所在国的法律进行审查，经审查同意的，方可办理在中国收养子女的程序；如果没有通过所在国主管收养的机构审查，将无法在中国办理收养手续。

---

① 吴雨霏：《论我国涉外收养制度的完善——以弱者权益保护为视角》，广西大学2020年硕士学位论文，第13页。

2.该条规定了外国人在中国收养子女需要提交的资料。

(1)证明材料。

①证明材料需由收养人所在国有权机构出具。

②证明材料的内容应包括收养人年龄、婚姻、职业、财产、健康、有无受过刑事处罚等状况。

(2)书面收养协议。

该收养协议应由收养人和送养人签订,且应当是书面协议,而非口头协议。

另外,根据《外国人在中华人民共和国收养子女登记办法》第4条,外国人在华收养子女,应当通过所在国政府或者政府委托的收养组织向中国政府委托的收养组织转交收养申请并提交收养人的家庭情况报告和证明。前款规定的收养人的收养申请、家庭情况报告和证明,是指由其所在国有权机构出具,经其所在国外交机关或者外交机关授权的机构认证,并经中华人民共和国驻该国使馆或者领馆认证的下列文件:①跨国收养申请书;②出生证明;③婚姻状况证明;④职业、经济收入和财产状况证明;⑤身体健康检查证明;⑥有无受过刑事处罚的证明;⑦收养人所在国主管机关同意其跨国收养子女的证明;⑧家庭情况报告,包括收养人的身份、收养的合格性和适当性、家庭状况和病史、收养动机以及适合于照顾儿童的特点等。在华工作或者学习连续居住一年以上的外国人在华收养子女,应当提交前款规定的除身体健康检查证明以外的文件,并应当提交在华所在单位或者有关部门出具的婚姻状况证明,职业、经济收入或者财产状况证明,有无受过刑事处罚证明以及县级以上医疗机构出具的身体健康检查证明。

3.该条规定了收养登记的要求。

(1)该条规定亲自办理收养登记,应当指的是外国收养人和送养人共同亲自办理收养登记。

根据《外国人在中华人民共和国收养子女登记办法》第9条第2款:"书面协议订立后,收养关系当事人应当共同到被收养人常住户口所在地的省、自治区、直辖市人民政府民政部门办理收养登记。"原则上,收养关系当事人应当包括收养人、送养人、被收养人,但鉴于被收养人是无民事行为能力人,不具备办理收养登记的民事行为能力,因此,亲自办理收养登记的当事人应当是收养人和送养人。

(2)领养人原则上应亲自办理收养登记。

根据《外国人在中华人民共和国收养子女登记办法》第8条,外国人来华收养子女,应当亲自来华办理登记手续。夫妻共同收养的,应当共同来华办理收养手续;一方因故不能来华的,应当书面委托另一方。委托书应当经所在国公证和认证。

外国人如果是单身,则必须本人亲自来中国办理收养登记;如果是已婚,原则应夫妻共同来中国亲自办理收养登记,如夫妻一方不能亲自来中国办理收养登记,则需要提交应所在国公证和认证的书面委托书,并且受托人只能是夫妻另一方,而不能是其他主体。

(3)该条规定办理收养登记的机构只能是省、自治区、直辖市人民政府的民政部门,其他部门无权办理。

| 案例分析 |

沃某、孙某1等继承纠纷案

【案号】二审:辽宁省沈阳市中级人民法院(2021)辽01民终12061号

【基本案情】

被继承人孙某7与被继承人康某系夫妻关系,二人婚后育有一女孙某6。孙某6与赵某2系夫妻关系,婚后于××××年××月××日在澳大利亚育有一女赵某(2012年9月10日更名为沃某,外文名Y某,澳大利亚联邦国籍)。被继承人康某于2019年7月4日去世,其父康某2先于其去世,其母即本案被告张某。被继承人孙某7于2020年2月19日去世,其父母均先于其去世。2010年9月30日,孙某6被其丈夫赵某2在澳大利亚杀害身亡,被继承人康某颅脑损伤构成重伤一级伤残,处于植物人状态。上海市第一中级人民法院(2014)沪一中刑初字第61号刑事附带民事判决书判决赵某2故意杀人,致一人死亡,一人重伤,判处无期徒刑,二审维持原判。西澳大利亚儿童法院法令(珀斯码头街160号,文件编号CC5922/10,法令日期:2012年7月31日)判令:应署方2012年6月28日的申请,经被告看护人同意,在被告人的诉讼程序中,法院认定,根据该法第68条,撤销保护令至18岁,并对该儿童作出特别监护的保护令,符合该儿童的最大利益。兹判定:米某和罗某对孩子负有父母责任,直至孩子年满18岁。现根据第65条法令:该部门的执行裁判长按照规章规定的间隔时间,规定的比例,判令向米某和罗某支付照顾孩子的特殊监护人费用。

【争议焦点】

被告沃某是否为被继承人孙某7及康某的法定继承人？

【裁判意见】

一审法院认为：第一，关于被告沃某是否为被继承人孙某7及康某的法定继承人问题。首先，依据《民法典》第1109条第2款，外国人在中国收养子女，应当符合法律规定的程序和材料。依据本案查明事实，无法认定沃某与米某和罗某形成收养关系。其次，即使沃某国籍为澳大利亚联邦，依据西澳大利亚儿童法院对沃某作出特别监护的保护令的内容，即判定米某和罗某对沃某负有父母责任，直至孩子年满18岁；该部门的执行裁判长按照规章规定的间隔时间及规定的比例向米某和罗某支付照顾孩子的特殊监护人费用，也不能依据此法令内容认定沃某被米某和罗某收养。第二，公民对私有财产均享有合法的继承权。继承从被继承人死亡时开始，继承开始后，按照法定继承办理，被继承人的子女先于被继承人死亡的，由被继承人的子女的直系晚辈血亲代位继承。沃某作为被继承人孙某7及康某的外孙女，在其母亲孙某6去世后，有权代位继承被继承人孙某7及康某遗产。

二审法院采纳了一审法院意见，判决维持原判。

【律师观点】

《民法典》第1109条应属于关于外国人在中国收养子女的效力性规定，外国人在中国收养子女，收养在中国是否具有法律效力，首先取决于收养是否符合及履行了《民法典》第1109条规定的资料和程序，如没有提供相应资料且未履行相应程序，收养在中国不具有法律效力。

实操指南

外国人来华收养中国儿童应当遵守《民法典》《外国人在中华人民共和国收养子女登记办法》等有关规定，严格按照规定履行收养程序，办理收养登记。只有如此，外国人在中国收养子女才产生收养的法律效力，受中国法律保护；收养人和被收养人才产生《民法典》规定的父母与子女之间的法律关系，被收养的子女与其亲生父母以及其他近亲属间的权利义务关系，才会因合法的收养关系的成立而消除。

另外，《涉外民事关系法律适用法》从2011年4月1日起施行，其中第28条规定，收养的条件和手续，适用收养人和被收养人经常居所地法律。收养的效力，适用收养时收养人经常居所地法律。收养关系的解除,适用收养时被收养人经常居所地法律或者法院地法律。作为规范涉外财产关系和人身关系的民事基本法律,对与之有关的涉外婚姻家庭关系产生的影响也需要关注。

第一千一百一十条　【关于收养保密的规定】
收养人、送养人要求保守收养秘密的,其他人应当尊重其意愿,不得泄露。

法条释义

《民法典》第1110条沿用了《收养法》第22条原文,未作修改。

《民法典》第1032条规定:"自然人享有隐私权。任何组织或者个人不得以刺探、侵扰、泄露、公开等方式侵害他人的隐私权。隐私是自然人的私人生活安宁和不愿为他人知晓的私密空间、私密活动、私密信息。"据此,通常情况下收养行为相关信息是公民私生活领域的私人信息,属于公民个人隐私的范畴。

基于此,《民法典》第1110条需要从以下几个方面理解:(1)该条规定的有权要求保守收养秘密的权利主体是收养人和送养人;(2)权利主体有权要求保守的收养秘密包括与收养相关的私密信息,如收养的事实、收养人的姓名和相关信息、送养人的姓名及相关信息、被收养人的姓名及相关信息等;(3)义务主体应当是提出保守收养秘密的权利主体以外的其他通过任何渠道知道收养秘密的人,包括国家机关、承担行政职能的法定机构及其工作人员等;(4)收养人、送养人如果没有明确提出保守收养秘密,只要收养人、送养人没有明确同意可以披露收养秘密的,原则上,其他知道收养秘密的人也不得泄露。

案例分析

【基本案情】

陆某与周某收养了王某未满1岁的女儿。双方约定,在任何情形下,王某都不得向孩子透露关于收养这件事。孩子上中学后,王某机缘巧合下又见到孩子,忍不住向孩子透露实情。孩子回家后追问陆某夫妇是怎么回事,并且数月情绪低落。后来孩子私自离家去见王某,回来后对养父母态度冷淡。陆某夫妇对王某不遵守约定的行为极为愤怒,到法院起诉请求承担相应责任。①

【律师观点】

收养行为在一定程度上属于公民个人隐私的内容。为此,《民法典》第1110条专门作了关于收养保密的规定,即收养人、送养人要求保守秘密的,其他人应当尊重其意愿,不得泄露。

本案中,陆某夫妇在收养孩子时已经明确声明,在任何情形下,王某不得向孩子泄露该事实。可王某未能遵守约定,对陆某夫妇造成了很大伤害。根据我国法律相关规定,王某的行为已经触犯法律,对于陆某夫妇提出的对王某追责的诉求依法应得到法院支持。

实操指南

一、送养人的知情权和隐私权衍生的送养人与收养人之间是否负有保密义务的问题

1. 送养人行使知情权的同时应依法承担相应责任

从事先预防出发,不能等到不利于被收养儿童的事情出现,才授权送养人行使知情权。有学者建议借鉴国外的"匿名收养"制度,亦称"秘密收养"②,即收养时不向被收养儿童的亲生父母公开收养人的身份。其一般分为两个阶段,首先要终止被收养儿童与亲生父母之间的亲子关系,其次再以法定的秘密收养方式和程序收养该儿童。如此,儿童的生父母无法直接从收养人处了解情况,故应当允许亲生父母向相关机构提出申请,委托该机构对被收养儿童的生活进行了解进而告知亲生父母。

只是"匿名收养"即"秘密收养"毕竟保留着与生俱来的缺陷,不得不予以规避③,缺乏可移植性。国外收养儿童须通过政府专门设立的收养机构进行,公民之间不能通过缔结协议而直接收养他人的子女。我国若直接移植"匿名收养"制度,首先需要设立专门的收养机构,难免要大费人力、物力和财力;加之制度具有历时性而非共时性的特点,超前制度的实施效果究竟如何也未可知;更何况我国收养规

---

① 任文娟:《收养关系当事人要求保守收养秘密是否应当受到法律保护》,载华律网2015年10月20日,http://lawyers.66law.cn/s2408b0a340b4d_i51239.aspx。
② 席虎啸:《论秘密收养制度》,载《河南科技大学学报(社会科学版)》2015年第4期。
③ 席虎啸:《论秘密收养制度》,载《河南科技大学学报(社会科学版)》2015年第4期。

模日益庞大,完全依靠收养机构反馈被收养儿童生活信息,在我国运作起来困难重重。因此,应当认为送养人隐私权与被收养人知情权的冲突与协调问题,一直有待进一步的立法进行处理与解决。① 求助于本土资源,考虑到收养行为的产生在我国不是由专门机构而是由民间主导,自无法禁止送养人通过各种途径行使知情权,故权宜之计只能是在承认其知情权的同时合理分配责任。

2. 送养人的隐私权也应依法得到保障

一方面,任何人都有权利要求自己的日常生活不被打扰。送养人作为父母当初将子女送给他人抚养也是一种无奈的选择,必然经历心痛欲绝的过程才恢复到正常的生活状态。为防止日后造成二次伤害,送养人也希望自身的隐私权有所保障。另一方面,送养人一般或是贫穷,或是残疾,或是有传染病,以至于不便抚养子女。换句话说,送养人的条件很多情况下比收养人可能稍差,送养人也担心子女知晓自己的信息后会与收养人之间的关系变得不再和谐,影响其原本美好的生活。出于对子女的健康成长考虑,送养人的隐私权也应依法得到保障。

二、收养人和送养人的隐私权,与被收养人的知情权之冲突与协调问题

在收养关系中,被收养人怀疑或者得知自己是被收养的,是否应当享有知情权,即知悉自己被收养的事实以及生父母的真实信息?与此同时,当被收养人的知情权与养父母、生父母的隐私权产生冲突时,二者将如何协调?我国《民法典》对此并未作出明确规定。

1. 侧重于对收养人权益的保护可以限制被收养人的知情权

事实上,关于被收养的未成年人能否知晓其生父母或者其来源,是一个非常复杂的法律与伦理问题。在美国,绝大部分被收养人是不知道其生父母的,例如,在美国犹他州,立法则直接规定"为保持其对被收养人的监护利益,养父母拥有自主权及隐私,并且受州宪法的保护"。在美国有这样的立法并不罕见,主要是为了保护收养家庭的稳定与养父母的利益。

2. 收养秘密"生前限制与死后自由"相结合原则

有学者认为,送养人的隐私权有保护的必要性,但法律必须要限制它的权利行使空间,可采取"生前限制与死后自由"相结合原则。具体而言,若送养人与收养人

---

① 游紫薇:《关于〈收养法〉中保密义务规定的评析》,载《武汉冶金管理干部学院学报》2018 年第 2 期。

在收养协议中约定禁止公开其身份,且生前未授予收养人公开权,那么收养人应尊重其隐私权;若送养人死亡,即使协议有禁止性约定,则收养人也可不受原有限制而公开收养秘密。如此安排,既尊重了送养人的隐私权,又不至于过度排斥被收养儿童的知情权,恰到好处地缓和了两者之间的矛盾。[①]

三、秘密收养的法律责任之承担问题

1.秘密收养中被收养儿童是否有权提起损害赔偿

在秘密收养制度中,收养人的主要责任是对被收养儿童尽善良家长的抚养义务,送养人的责任主要是遵守收养协议约定的保密义务。若双方都未按照法律规定履行自己的义务,应如何处理?按照法律规定,任何人受到伤害都有权利向加害人主张赔偿,儿童也不例外。对于亲生父母造成的伤害,要区分善意和恶意。善意伤害是指亲生父母受主客观条件限制被迫将其送养给他人抚养,单方面改变了儿童的身世,剥夺了儿童的同意权,但出发点是为了儿童,故这种伤害不在赔偿之列;恶意伤害是指收养生效后,亲生父母未履行保密义务变相插手或干扰被收养儿童的生活,对其造成不良影响,此时可请求赔偿。当然,养父母也可能伤害被收养儿童,例如,被收养儿童遭遇重大疾病需要血亲援助的时候,养父母拒绝提供送养人信息,导致被收养儿童不能得到及时治疗;或被收养儿童已经成年,养父母仍然不告知其亲生父母的情况,故意侵害其知情权。

2.秘密收养制度的法律责任包括精神损害赔偿责任

秘密收养涉及身份关系的变动,若发生严重人身损害理所当然可提起精神损害赔偿,而《收养法》未提及精神损害赔偿责任的原因在于精神损害赔偿责任最初只存在于学理之中,长期未获得法律支持。2001年最高人民法院公布了《关于确定民事侵权精神损害赔偿责任若干问题的解释》(已被修改),其合法地位才得以初步确立,之后2010年《侵权责任法》(已失效)施行后又全面巩固和完善了精神损害赔偿制度。因此,应当认为,收养人、送养人和被收养儿童在特定情形下都有权提起精神损害赔偿。收养协议解除与损害赔偿是两个问题,不能混为一谈。就因果关系而言,有因才有果,但解除收养关系与赔偿损失同属"果",两者不是因果对应关系,故解除收养关系并不影响精神损害赔偿请求权的行使。

---

① 游紫薇:《关于〈收养法〉中保密义务规定的评析》,载《武汉冶金管理干部学院学报》2018年第2期。

第二节 收养的效力

第一千一百一十一条 【关于收养关系成立时收养效力的规定】

自收养关系成立之日起,养父母与养子女间的权利义务关系,适用本法关于父母子女关系的规定;养子女与养父母的近亲属间的权利义务关系,适用本法关于子女与父母的近亲属关系的规定。养子女与生父母以及其他近亲属间的权利义务关系,因收养关系的成立而消除。

法条释义

《民法典》第1111条沿袭了《收养法》第23条的实质规定,仅将"适用法律"修改为"适用本法"。这意味着关于收养效力,主要法律依据为《民法典》。

对该条文的理解,主要关注以下内容:

一、收养产生法律效力的前提是收养关系成立

《民法典》第1105条规定,收养应当向县级以上人民政府民政部门登记。收养关系自登记之日起成立。因此,只有办理了合法的收养登记才能产生法律认可的收养效力;否则,如果没有办理收养登记,即使收养人已经实质抚养了被收养人,原则上也不会产生收养法律效力,也就是说,被收养人与收养人之间没有形成法律上的子女与父母之间的权利义务关系。

二、收养关系成立的法律效力

第一方面,收养人与被收养人之间没有血缘关系,但是收养关系成立后,双方之间就形成了法律拟制的直系血亲关系。

收养人成为被收养人的监护人,被收养人成为收养人法律意义上的子女,与被收养人婚生子女具有相同的法律地位。《民法典》规定父母与子女的权利义务关系,适用于收养人与被收养人。

具体包括:1.收养人对未成年或不能独立生活的被收养人具有抚养义务,当收养人不履行抚养义务的,未成年的被收养人或者不能独立生活的被收养人,有要求收养人给付抚养费的权利。成年的被收养人对收养人具有赡养义务,如果成年的被收养人对收养人不履行赡养义务的,缺乏劳动能力或者生活困难的收养人,有要求成年被收养人给付赡养费的权利。2.收养人有教育、保护未成年被收养人的权

利和义务。未成年被收养人造成他人损害的,收养人应当依法承担民事责任。3. 被收养人应当尊重收养人的婚姻权利,不得干涉其离婚、再婚以及婚后的生活。被收养人对收养人的赡养义务,不因收养人的婚姻关系变化而终止。4. 收养人和被收养人有相互继承遗产的权利。

第二方面,被收养人与收养人近亲属之间的权利义务,适用于《民法典》关于"子女与父母的近亲属关系"的规定。

根据《民法典》第1045条的规定,配偶、父母、子女、兄弟姐妹、祖父母、外祖父母、孙子女、外孙子女为近亲属。

具体包括:1. 被收养人与收养人父母之间,形成孙子女与祖父母、外孙子女与外祖父母之间的法律关系。有负担能力的祖父母、外祖父母,对于养父母已经死亡或者无力抚养的未成年孙子女、外孙子女,有抚养的义务。有负担能力的孙子女、外孙子女,对于养父母已经死亡或者养父母无力赡养的祖父母、外祖父母,有赡养的义务。2. 被收养人与养父母的子女之间形成法律意义上的兄弟姐妹关系。有负担能力的兄、姐,对于父母已经死亡或者父母无力抚养的未成年弟、妹,有扶养的义务。由兄、姐扶养长大的有负担能力的弟、妹,对于缺乏劳动能力又缺乏生活来源的兄、姐,有扶养的义务。

第三方面,收养关系成立后,养子女与其生父母及近亲属之间的权利义务关系消除。

生父母将自己的子女送养给他人,并办理收养登记后,父母与该子女之间以及该子女与父母近亲属之间的权利义务关系都将消除。生父母对该子女将不再具有抚养、教育、保护的义务,由养父母抚养长大的养子女成年后对生父母也不再具有法律上的赡养义务,双方也不再享有相互继承遗产的权利。

| 案例分析 |

姜某珍与朱某均赡养纠纷案

【案号】:一审:四川省宜宾市南溪区人民法院(2018)川1503民初1716号

【基本案情】

原告姜某珍未生育子女,于1980年9月收养一子,即被告朱某均。原告姜某珍的丈夫多年前已经去世,被告朱某均举家外出到广东省务工,原告姜某珍返回老家的娘家生活,母子间少有联系。

2018年9月20日,原告姜某珍向法院提起诉讼,要求被告朱某均承担赡养义务,并请求分割粮食直补款。

【裁判意见】

法院认为,子女对父母有赡养扶助义务。养父母与养子女之间的权利义务关系适用法律关于父母子女关系的规定。原告姜某珍与被告朱某均之间形成了收养关系,被告朱某均应当依法向原告姜某珍履行包括支付生活费、医疗费及丧葬费等在内的赡养义务。结合原告姜某珍的收入状况、本地的实际生活水平及被告朱某均的负担能力等因素,法院酌情确定由被告朱某均每月支付原告姜某珍生活费400元,并按规定每年为原告姜某珍投保农村居民合作医疗保险。原告姜某珍日后产生的医疗费用,在医疗保险报销后的差额部分,由被告朱某均承担。子女承担父母的丧葬费用是子女的法定义务,但原告姜某珍主张的丧葬费尚未实际产生,法院在本案中暂不作处理,原告姜某珍的丧葬费可待实际发生后,由权利人另案主张。原告姜某珍要求分割粮食直补款,与本案不属同一法律关系,法院在本案中不作处理。

实操指南

一、养子女与养父母及其近亲属之间的权利义务关系

养子女与养父母及其近亲属之间的权利义务关系,产生于收养关系成立即办理合法的收养登记时;未办理收养登记,则养子女和养父母之间将不能产生法律意义上的权利义务关系。那具体应如何办理收养登记?中国公民收养登记的相关程序与办理机构,具体如下:

1. 办理收养登记的机构

《中国公民收养子女登记办法》第2条规定,办理收养登记的机关是县级人民政府民政部门。

第4条规定,收养社会福利机构抚养的查找不到生父母的弃婴、儿童和孤儿的,在社会福利机构所在地的收养登记机关办理登记。收养非社会福利机构抚养的查找不到生父母的弃婴和儿童的,在弃婴和儿童发现地的收养登记机关办理登记。收养生父母有特殊困难无力抚养的子女或者由监护人监护的孤儿的,在被收

养人生父母或者监护人常住户口所在地(组织作监护人的,在该组织所在地)的收养登记机关办理登记。收养三代以内同辈旁系血亲的子女,以及继父或者继母收养继子女的,在被收养人生父或者生母常住户口所在地的收养登记机关办理登记。

2. 办理收养登记的当事人

《中国公民收养子女登记办法》第5条规定:收养关系当事人应当亲自到收养登记机关办理成立收养关系的登记手续。夫妻共同收养子女的,应当共同到收养登记机关办理登记手续;一方因故不能亲自前往的,应当书面委托另一方办理登记手续,委托书应当经过村民委员会或者居民委员会证明或者经过公证。

3. 办理收养登记应提交的资料

《中国公民收养子女登记办法》第6条规定,收养人应当向收养登记机关提交收养申请书和下列证件、证明材料:(1)收养人的居民户口簿和居民身份证;(2)由收养人所在单位或者村民委员会、居民委员会出具的本人婚姻状况和抚养教育被收养人的能力等情况的证明,以及收养人出具的子女情况声明;(3)县级以上医疗机构出具的未患有在医学上认为不应当收养子女的疾病的身体健康检查证明。收养查找不到生父母的弃婴、儿童的,并应当提交收养人经常居住地卫生健康主管部门出具的收养人生育情况证明;其中收养非社会福利机构抚养的查找不到生父母的弃婴、儿童的,收养人应当提交下列证明材料:(1)收养人经常居住地卫生健康主管部门出具的收养人生育情况证明;(2)公安机关出具的捡拾弃婴、儿童报案的证明。收养继子女的,可以只提交居民户口簿、居民身份证和收养人与被收养人生父或者生母结婚的证明。对收养人出具的子女情况声明,登记机关可以进行调查核实。

《中国公民收养子女登记办法》第7条规定,送养人应当向收养登记机关提交下列证件和证明材料:(1)送养人的居民户口簿和居民身份证(组织作监护人的,提交其负责人的身份证件);(2)民法典规定送养时应当征得其他有抚养义务的人同意的,并提交其他有抚养义务的人同意送养的书面意见。社会福利机构为送养人的,并应当提交弃婴、儿童进入社会福利机构的原始记录,公安机关出具的捡拾弃婴、儿童报案的证明,或者孤儿的生父母死亡或者宣告死亡的证明。监护人为送养人的,并应当提交实际承担监护责任的证明,孤儿的父母死亡或者宣告死亡的证明,或者被收养人生父母无完全民事行为能力并对被收养人有严重危害的证明。生父母为送养人,有特殊困难无力抚养子女的,还应当提交送养人有特殊困难的声明;因丧偶或者一方下落不明由单方送养的,还应当提交配偶死亡或者下落不明的证明。对送养人有特殊困难的声明,登记机关可以进行调查核实;子女由三代以内同辈旁系血亲收养的,还应当提交公安机关出具的或者经过公证的与收养人有亲属关系的证明。被收养人是残疾儿童的,并应当提交县级以上医疗机构出具的该儿童的残疾证明。

二、收养关系成立后,如要解除收养人和送养人之间的权利义务关系,需要办理收养关系解除手续

收养关系的解除方式包括协议解除和诉讼解除。根据《民法典》第1114条的规定,收养人在被收养人成年以前,不得解除收养关系,但是收养人、送养人双方协议解除的除外。养子女8周岁以上的,应当征得本人同意。

只有办理了协议解除或诉讼解除后,养子女和养父母及其近亲属之间的权利义务关系才消除。但需要注意的是,即使收养关系解除,但是经养父母抚养长大的成年养子女,对缺乏劳动能力又缺乏生活来源的养父母,仍具有给付生活费的义务。

第一千一百一十二条　【关于养子女姓氏的规定】

养子女可以随养父或者养母的姓氏,经当事人协商一致,也可以保留原姓氏。

法条释义

《民法典》第1112条沿袭了《收养法》第24条的规定,仅将最后的"原姓"改为"原姓氏"。

一、收养一般均要引起被收养人姓名的变更

子女姓名变更权的主体,因亲子身份关系的成立与解除而有所不同。无论是古代法,还是近现代法,不论基于立嗣或收养还是解除收养关系,均引致亲子关系变更,该子女均将引发姓名的变更。至于子女姓名变更权的主体,则因收养关系的成立与解除而有所不同。即立嗣或收养关系成立后,嗣子或养子女的姓名变更权由嗣父母或养父母行使;立嗣废止或收养关系解除时,如子女未成年且回归原有家庭,其姓名变更权由其生父母行使。若子女成年且未回归原有家庭,其姓名变更权通常由其本人行使。

二、我国民事立法关于子女姓名权的规制属分别立法

1. 子女姓名权规范依然坚持德国民法的"总分体例"

《民法典》总则编规定了姓名权的基本规范,明确姓名权的内容、行使与救济,为姓名权的制度建构奠定基本规则;同时,在《民法典》婚姻家庭编有关亲权章节或亲子关系章节中全面、系统规定子女姓名权的行使、行使的类型、纠纷解决机制、纠纷解决的考量因素。

《民法典》第1012条规定,自然人享有姓名权,有权依法决定、使用、变更或者许可他人使用自己的姓名,但是不得违背公序良俗。同时,《民法典》第1112条沿袭了《婚姻法》第22条、《收养法》第24条的规定,子女可以随父姓,可以随母姓。养子女可以随养父或者养母的姓,经当事人协商一致也可以保留原姓氏,真正地实现了子女姓名权制度建构的科学化与系统化。

2. 未成年子女的姓名由父母决定

(1)养父母有权变更养子女的姓名

解除了收养关系的未成年养子女,可恢复原姓名或由其父母决定其姓名。但成年养子女在解除收养关系后,由其本人行使姓名决定权、姓名变更权。

(2)子女姓名权的制度建构有着深刻的历史渊源与社会渊源

子女姓名权的制度建构,内蕴伦理情感、性别观念、社会风俗与立法理念,经历了由父权家长制向父母平权、亲子平权的过渡与转型。血缘延续、亲情关照、伦理传承、平等追求、制度正义,成为子女姓名权制度建构中的核心要素,并伴随社会形态的更替、价值观念的转换而发挥着不同的制约功能。自近现代以来,子女姓名权的制度建构日益体现出性别平等、亲子平等的价值理念,且逐步践行社会性别的主流化。[①]

三、对第1112条的其他理解

第一,收养关系成立后,收养人可以决定被收养人的姓氏。

根据《民法典》第1012条的规定,自然人享有姓名权,有权依法决定、使用、变更或者许可他人使用自己的姓名,但是不得违背公序良俗。

由于被收养人是未成年人,因此姓名的决定权往往由监护人代为行使。收养关系成立后,收养人成为未成年被收养人的监护人,因此,作为监护人的收养人有

---

① 王歌雅:《子女姓名权:内涵检审与制度建构》,载《求是学刊》2016年第4期。

权行使监护权,决定被收养人的姓氏和名字。

第二,养父母在行使养子女姓氏决定权时,养父和养母彼此应该协商一致决定使用养父或养母姓氏;如果需要使用生父母姓氏还需要取得生父母同意,只有各方协商一致,养子女方可以保留原姓氏。

至于养子女可否不随收养人的姓氏,也不用原有名字,而是另外起名,法律未作禁止性规定。根据"法无禁止即允许"的原则,应当属认可态度。

| 案例分析 |

张某与杨某1、林某等赡养纠纷案

【案号】一审:云南省华宁县人民法院(2023)云0424民初754号

【基本案情】

张某与丈夫杨某7(已故)共生育五子二女,即长子杨某1、次子林某、三子杨某2、四子杨某3、五子杨某4(已故)及长女杨某5、次女杨某6,在世子女均已成家。2012年2月4日,张某、杨某7在林某不在场的情况下,与杨某1、杨某2、杨某3达成《养老协议》,内容为:红岩村杨某1、杨某2、杨某3、杨某4四弟兄养二位老人,特定协议如下:1.杨某2和杨某3养父亲杨某7,杨某1和杨某4养母亲张某。以上养老包括医疗费用,各承担各的护理费用。2.二位老人单独在老房子居住。生活费用,每人每年1000元,医药费各自发生的费用各自承担。3.二位老人,不论谁生病在杨某2或在杨某3家医,只收针水或药钱,不加其他费用,护理必由养老人承担。4.二位老人无论谁先走,其余二弟兄必须一家拿出200元给后走的老人(每年)。另查明,因张某之妹张某2与其丈夫林某2没有生育子女,张某、杨某7于1976年农历正月初五(1976年2月15日)将年满12周岁的林某过继给了张某2、林某2抚养,后林某随养父母到云南省红河哈尼族彝族自治州河口瑶族自治县××农场生活、上学,现张某2、林某2已相继去世,林某为养父母养老送终。

【裁判意见】

法院认为,关于林某是否成立事实收养关系。本案中,林某于1976年被收养,《收养法》是1992年4月1日起施行,当时该法尚未施行,对其并不具有溯及力。《最高人民法院关于贯彻执行民事政策法律若干问题的意见》(已失效)第28条规定:"亲友、群众公认,或有关组织证明确以养父母与养子女关系长期共同生活的,虽未办理合法手续,也应按收养关系对待。"因此,对收养法施行前,符合收养的实质要件,仅缺少形式要件的收养关系应当予以保护。林某是1976年被收养,当时相关的收养法规尚未出台,没有法律明确规定应当办理收养手续。林某被收养时没有签订收养关系书面协议,也未办理登记手续,但并不影响其被收养的事实成立。林某被收养后与养父母共同生活,由养父母承担其抚养、教育等费用,其成年后对养父母尽了养子女的赡养义务,直至为养父母养老送终。庭审中,原、被告双方对林某被收养的事实均无异议,故法院对林某与养父母之间形成的事实收养关系应予确认和保护。《民法典》第1111条第2款规定:"养子女与生父母以及其他近亲属间的权利义务关系,因收养关系的成立而消除。"第1112条规定:"养子女可以随养父或者养母的姓氏,经当事人协商一致,也可以保留原姓氏。"本案中,张某虽然是林某的生母,但林某已被收养,且已随养父姓氏,张某与林某之间的权利义务关系因林某与养父母之间事实收养关系的成立而消除,即张某与林某在法律上并不存在父母子女之间的权利义务关系,故张某要求林某承担赡养义务的诉请,于法无据,法院不予支持。

实操指南

一、姓氏的变更——收养的未成年子女变更姓名

依据《户口登记条例》第18条第1款的规定,户口登记机关可以根据父亲或母亲的申请并依照法定程序为其未成年子女变更姓名。《公安部关于父母离婚后子女姓名变更有关问题的批复》规定,根据最高人民法院《关于变更子女姓氏问题的复函》的有关精神,对于离婚双方未经协商或协商未达成一致意见而其中一方要求变更子女姓名的,公安机关可以拒绝受理;对一方因向公安机关隐瞒离婚事实,而取得子女姓名变更的,若另一方要求恢复子女原姓名且离婚双方协商不成,公安机关应予恢复。

也可准用《公安部关于父母一方亡故另一方再婚未成年子女姓名变更有关问题处理意见的通知》的要求,即对父母一方亡故另一方再婚后要求变更未成年子女姓名的问题,公安机关应当区别不同情形,准予当事人及监护人凭相关证明办理姓名变更手续。

即以本人的劳动收入为主要生活来源的16周岁以上未满18周岁的未成年养

子女,自主决定本人姓名的变更;其养父母要求变更其姓的,必须征得其本人的同意;对于养父母要求10周岁(《民法总则》颁行后应为8周岁)以上的未成年养子女更姓的,应当征得其本人的同意;不满10周岁(《民法总则》颁行后应为8周岁)的未成年养子女姓的变更,由其养父母协商一致后决定。如此,一方面可以考虑到收养家庭之和睦共处利益,另一方面可以考虑到未成年养子女的真实意愿。而养父母离婚、再婚之情况下,未成年养子女姓氏问题,可参考已确立之规范框架进行操作。

二、姓名决定权作为亲权组成部分由亲权人行使

1. 依中国传统习惯父母有权为未成年子女选择姓名

依传统习俗与思维惯式,完全民事行为能力的子女大多不再行使姓名决定权,而是延续父母为其已经决定的姓名。姓名决定这一行为并不是姓名所有者自己作出的,而是由其父母作出的。在现当代社会尤其是在亲权制度确立的社会中已得到充分体现。至于在家长权或家父权盛行的时代,子女的姓名决定权则是家长权或家父权的延伸。子女姓名权的制度建构,内蕴伦理情感、性别观念、社会风俗与立法理念,经历了由父权家长制向父母平权、亲子平权的过渡与转型。[①]

2. 亲子关系变更后的家长权主体为养子女姓名变更权的主体

罗马法中,家长权主体的变更,成为养子女及其子女姓名变更权行使的前提,在我国古代,弃儿在被收养后,由养父母行使姓名变更权。

在近现代收养立法中,在完全收养情形下,养子女通常变姓更名。即养子女姓名变更权的主体是作为亲权人或监护人的养父母。由于性别平等、亲子平等观念的植入及确保未成年子女利益的最大化,各国在收养法中作出相应抉择。收养人可为养子女重新起名,养子女使用养父母的姓氏。

第一千一百一十三条 【关于收养无效的规定】

有本法第一编关于民事法律行为无效规定情形或者违反本编规定的收养行为无效。无效的收养行为自始没有法律约束力。

---

① 王歌雅:《子女姓名权:内涵检审与制度建构》,载《求是杂志》2016年第4期。

法条释义

《民法典》第1113条基本沿袭了《收养法》第25条的规定,基本内涵没有变化,仅将"违反《中华人民共和国民法通则》"改为"有本法第一编";将"收养行为被人民法院确认无效的,从行为开始时起就没有法律效力"改为"无效的收养行为自始没有法律约束力"。

一、收养行为有效既要符合《民法典》总则编关于民事行为效力的规定,同时也要符合婚姻家庭编关于收养行为效力的规定

《民法典》总则编规定的民事法律行为无效情形,属于民事行为一般无效情形。《民法典》第143条规定:"具备下列条件的民事法律行为有效:(一)行为人具有相应的民事行为能力;(二)意思表示真实;(三)不违反法律、行政法规的强制性规定,不违背公序良俗。"如果收养行为违反上述规定情形之一,该收养行为即无效。

《民法典》婚姻家庭编规定的收养行为无效的情形,属于特定行为无效的情形,为使收养行为有效,应注意以下几方面。

1. 收养人、送养人、被收养人均应符合婚姻家庭编规定,该编另有规定除外,否则将影响收养法律效力。

收养人应符合的条件:

《民法典》第1098条、第1102条规定了收养人的条件。即收养人应当同时具备下列条件:(1)无子女或者只有一名子女;(2)有抚养、教育和保护被收养人的能力;(3)未患有在医学上认为不应当收养子女的疾病;(4)无不利于被收养人健康成长的违法犯罪记录;(5)年满三十周岁。无配偶者收养异性子女的,收养人与被收养人的年龄应当相差四十周岁以上。

送养人应符合的条件:

《民法典》第1094条、第1097条规定了送养人的条件,即下列个人、组织可以作送养人:(1)孤儿的监护人;(2)儿童福利机构;(3)有特殊困难无力抚养子女的生父母。第1097条规定,生父母送养子女,应当双方共同送养。生父母一方不明或者查找不到的,可以单方送养。

被收养人应符合的条件:

《民法典》第1093条规定:下列未成年人,可以被收养:(1)丧失父母的孤儿;

(2)查找不到生父母的未成年人;(3)生父母有特殊困难无力抚养的子女。

2. 收养子女的人数应符合规定,否则将影响收养法律效力。

《民法典》第1100条规定:"无子女的收养人可以收养两名子女;有子女的收养人只能收养一名子女。收养孤儿、残疾未成年人或者儿童福利机构抚养的查找不到生父母的未成年人,可以不受前款和本法第一千零九十八条第一项规定的限制。"

3. 夫妻应共同同意收养,否则单方收养会影响收养法律效力。

《民法典》第1101条规定:"有配偶者收养子女,应当夫妻共同收养。"

4. 依法进行收养登记。

合法的收养关系必须办理收养登记,依据《民法典》第1105条,收养应当向县级以上人民政府民政部门登记。收养关系自登记之日起成立。如果未办理收养登记,收养关系在法律上被视为未成立。

二、无效收养自始无效

对于无效的收养行为,当事人或者其他利害关系人可以依法要求人民法院确认该收养行为无效。对于法院确认无效的收养行为,从收养成立之日起就没有法律效力。

│ 案例分析 │

张某与叶某解除收养关系纠纷案

【案号】上海市虹口区人民法院(2015)虹民一(民)初字第946号

【基本案情】

1982年9月21日,原告张某与叶某登记结婚,婚后未生育。1984年8月12日,原告和叶某将被告叶子的户口报入该市公安局某某公安分局四川北路派出所,同年11月14日,被告叶子的户口因假冒出生证而被注销。

被告叶子一直由原告夫妇抚养照顾直至成人。其间,被告叶子的户口因没有合法有效的出生证明,而出现了申报和注销的多次反复。

后原、被告间的关系产生隔阂,现原告起诉至法院,要求解除收养关系。

【裁判意见】

法院认为,原告张某于1984年7月领养了被告叶子,当时原告张某应当到有关部门申报并办理相关的收养手续,但原告张某未曾办理。同年11月,原告张某所在地的派出所因被告叶子没有合法有效的出生证而注销了被告叶子的户口,并提醒原告张某应当尽快办理相关收养手续,但原告张某依旧未办理合法的收养手续。

1991年12月,我国《收养法》颁布后,原告张某仍没有办理合法的收养被告叶子的手续,被告叶子的户口多次被派出所注销。派出所一再提醒原告张某应当尽快办理合法有效的收养手续,但原告张某并未办理。

因此,原、被告间收养关系不符合我国《收养法》的相关规定,原、被告间自始不存在合法有效的收养关系。故原告张某的诉求缺乏事实基础,法院不予支持。

实操指南

收养行为被法院确认无效后,收养人与被收养人之间的父母子女关系从开始之日就视为无效,溯及既往地消灭,同时被收养人的生父母与被收养人之间的父母子女关系溯及既往地恢复。也就是说,这种拟制亲属关系的消灭和原血亲关系的恢复是在收养行为开始时即发生效力,而不是在法院确认后发生效力。

鉴于法院作出收养行为无效的确认和收养行为开始之间可能存在相当长的时间,而在此期间内,可能基于非法的收养关系而产生许多权利义务的变化。所以,收养行为溯及既往地无效,可能会影响到这些变化的权利义务再恢复原状。例如:基于无效收养行为而成立父母子女关系的父母子女间发生了继承,如果法院宣布收养行为无效,那么基于收养而发生的继承关系也是无效的,必须将已经进行了的无效的继承关系恢复原状,将继承的财产在其他具有继承权的继承人之间再进行分配。

第三节 收养关系的解除

第一千一百一十四条 【关于被收养人成年之前解除收养关系的规定】
收养人在被收养人成年以前,不得解除收养关系,但是收养人、送养人双方协议解除的除外。养子女八周岁以上的,应当征得本人同意。

> 收养人不履行抚养义务,有虐待、遗弃等侵害未成年养子女合法权益行为的,送养人有权要求解除养父母与养子女间的收养关系。送养人、收养人不能达成解除收养关系协议的,可以向人民法院提起诉讼。

法条释义

《民法典》第1114条是关于被收养人成年之前解除收养关系的规定。

该条源于《收养法》第26条,基本沿袭原有规定,仅将应当征求其同意的养子女年龄范围由"十周岁以上"调整为"八周岁以上",与《民法典》第一编总则的规定一致。

该条原则上规定了被收养人成年以前,不得解除收养关系,在此基础上又规定了两种例外情形:一是收养人、送养人双方可以协议解除,若养子女8周岁以上的,还应当征得本人同意;二是收养人不履行抚养义务,有虐待、遗弃等侵害未成年养子女合法权益行为的,送养人有权要求解除收养关系。送养人、收养人不能达成解除收养关系协议的,可以向人民法院提起诉讼。由此可见,协议解除收养关系的主体既有送养人一方,也有收养人一方,而一旦不能达成解除协议,送养人可起诉要求解除协议,送养人可以是监护人、社会福利机构、被送养人亲生父母。

解除收养关系的方式和条件:一是收养人、送养人合意解除;二是一方当事人请求解除收养关系。两种解除方式对应不同的解除程序,其中合意解除可类比协议离婚的处置方式,这种方式就要求解除主体必须要具有完全民事行为能力,且双方均须有解除相互权利义务的合意,如果未成年被收养人已经满8周岁,则还需要该被收养人本人同意。《中国公民收养子女登记办法》第10条规定,收养关系当事人协议解除收养关系的,应当持居民户口簿、居民身份证、收养登记证和解除收养关系的书面协议,共同到被收养人常住户口所在地的收养登记机关办理解除收养关系登记。因此,按照该规定,应由双方当事人先行达成解除收养关系的书面协议,再共同到收养登记机关办理解除收养关系的登记。具体是向哪个单位提出申请呢?根据《民法典》第1105条,县级以上人民政府民政部门通常为收养登记机关,当事人可直接向该部门申请办理。

当事人请求解除收养关系本质是通过诉讼的方式解决问题。该种方式适用以下两种情形:(1)养子女未成年时,收养人或者送养人要求解除收养关系。为保护未成年被收养人的权益,《民法典》沿袭《收养法》的规定,禁止收养人在被收养人未成年时解除收养关系。因此,如果收养人在被收养人未成年时提出解除收养关系诉讼请求的,人民法院应依据《民法典》第1114条的规定,驳回其诉讼请求。

(2)收养人侵害养子女合法权益的,送养人可要求解除;收养人不履行抚养义务,有虐待、遗弃等侵害养子女合法权益的行为,送养人可以要求解除收养关系。虐待,指的是对共同生活的家庭成员,经常以打骂、冻饿、有病不给医治、强迫劳动等方法,在肉体上、精神上进行摧残迫害的行为。遗弃主要指的是对年老、年幼的患病或者其他没有独立生活能力的人负有扶养义务而拒绝扶养,一般以不作为的方式,即对无独立生活能力的家庭成员,不履行法定的扶养义务,具体包括不负担经济上的供给义务和生活上的照料义务。上述行为主观上均表现为故意,如情节严重,构成犯罪。

从有利于未成年被收养人的角度出发,如有上述行为,人民法院应当判决解除收养关系。但如果生父母反悔,并采用不正当手段破坏养亲子关系,以至于收养关系恶化,无法继续维持的,法院也可以判决解除收养关系。送养人要求解除收养关系的,如果送养人一方反悔,养父母并无过错的,法院应从保护合法收养关系的原则出发,告知送养人应当遵守协议,驳回其诉讼请求。如果是送养人有正当理由,例如,收养人对养子女不履行抚养义务,有虐待、遗弃以及其他侵害养子女合法权益行为的,法院应当判决解除收养关系。

案例分析

张某源与辛女、辛仔解除收养关系纠纷案

【案号】一审:辽宁省沈阳市和平区人民法院(2001)和行初字第109号

【基本案情】

原告张某源于2001年6月21日向法院提起行政诉讼。2000年3月10日,该市民政局解除了张某源、辛女与辛仔的养父母子女关系。理由是辛女再婚。

原告诉称,张某源与辛女于1992年4月结婚。1997年初,二人共同收养一男孩,取名辛仔。1999年3月,张某源与辛女协议离婚,议定辛仔由辛女抚养,张某源以住房居住权作为抚养费给付辛女。2001年1月,辛女再婚并将养子辛仔私自送

养给某眼科医院护士长赵某军、邱某峻夫妇,辛仔改名为邱某俭。

2001年3月,被告市民政局为赵某军、邱某峻补办了领养手续,同时解除了与辛女的收养关系。原告认为,根据《婚姻法》《收养法》的有关规定,被告不经原告同意私自解除了辛女与养子辛仔的收养关系是违法的,而且被告无权解除原告与养子辛仔的收养关系。被告解除收养关系的行为侵害了原告作为养父的合法权益。请求法院确认被告私自解除原告与养子的收养关系的行政行为无效。

被告辩称,依据《收养法》及《中国公民收养子女登记办法》的规定,解除张某源、辛女与辛仔的收养关系合法有效。张某源、辛女自愿解除与辛仔的收养关系,其意思表示真实,手续齐全,程序合法。原告起诉超过了起诉期限,且当事人提供的"情况说明",证明一方领养人查找不到,另一方领养人要求解除收养关系;案涉证据足以证明被告解除收养关系行为合法,要件齐全。被告证明自己具有法定职权,作出解除收养登记行为适用法律正确,程序合法。

经庭审质证,辛女单方出具的用以证明解除收养关系时原告故意不到场的证据,原告予以否认,故法院对该举证依法不予采信。依据有效证据,认定以下事实:

1997年8月26日,张某源、辛女共同收养辛仔为养子,经市民政局登记并发放收养证。1999年3月30日,张某源、辛女协议离婚,议定辛仔由辛女抚养,男方张某源不支付抚养费,同意离婚后位于该市的房屋承租代表人为辛女,其他财产协议分割。之后,双方取得了离婚证。

2000年2月和3月辛女分别向市儿童社会福利院、市民政局提出申请,请求解除与养子辛仔的收养关系。3月10日,市民政局准予辛女与辛仔解除收养关系,并下发了"解除收养关系证明"。10月,张某源向市民政局提出申请,请求民政局出具书面材料,说明辛仔曾经是张某源与辛女领养而不是二人婚生子女及张某源与辛仔已没有领养关系的事实。2001年6月,张某源向法院提起行政诉讼,请求确认市民政局解除张某源与辛仔的收养关系的行政行为无效。

【争议焦点】

1. 张某源、辛女与辛仔之间收养关系的解除是否符合法定流程?
2. 张某源、辛女与辛仔之间的收养关系是否已经解除?

【裁判意见】

法院认为:被告市民政局依据《收养法》第15条、第28条,《中国公民收养子女登记办法》第2条的规定,办理收养登记和解除收养登记,具有法定职权。但被告不能提供在其解除收养关系时张某源是否到场以及收养人、送养人达成解除协议的证据，被告在收养人之一的张某源没有到场，收养人、送养人没有解除协议的情况下，作出解除张某源、辛女与辛仔收养关系登记的行为，违反了《收养法》第26条"收养人在被收养人成年以前，不得解除收养关系，但收养人、送养人双方协议解除的除外……"以及《中国公民收养子女登记办法》第9条①"收养关系当事人协议解除收养关系的，应当持居民户口簿、居民身份证、收养登记证和解除收养关系的书面协议，共同到被收养人常住户口所在地的收养登记机关办理解除收养关系登记"的规定，故被告作出的解除收养关系登记行为缺少法定要件，其行为主要证据不足，且程序违法，属于可撤销的行政行为。

由于被收养人辛仔已经被第三人赵某军、邱某峻收养，改名为邱某俭，并由民政局核准登记，按照《收养法》"收养应当有利于被收养的未成年人的抚养、成长，保障被收养人和收养人的合法权益，遵循平等自愿的原则，并不得违背社会公德"的规定，该收养已经民政部门登记的行为未被任何有权机关予以撤销，故应予以保护。据此确认市民政局作出的解除张某源、辛女与辛仔的收养关系的具体行政行为违法。驳回原告其他诉讼请求。

【律师观点】

收养是指根据符合法定条件的公民按照法定程序领养他人子女为自己的子女，创制拟制血亲的亲子关系的民事法律行为。

民事法律关系遵循意思自治原则，法律关系可基于当事人实施的法律行为而产生。收养是一种法律行为，可以在各方当事人之间引起收养关系的产生。法律关系在符合法定原因时也可终止。引起收养关系终止的原因有两种：一是因收养人或被收养人死亡而终止；二是因收养的解除而终止。《民法典》并未规定因收养人或被收养人死亡而终止收养关系，法律关系一方主体死亡是引起法律关系终止的当然原因，虽《民法典》中未对此项事由引起收养关系的终止作出专门规定，但基于法律关系的基本理论也可以推导出这一结论。《民法典》中对收养关系的解除作出了详细规定。收养关系的解除可以两种方式进行：一是各方当事人的合意解除；二是一方当事人请求解除收养关系。两种解除方式对应不同解除程序：对于合意解除，可由各方当事人在达成解除收养关系的书面协议以后，自行到收养登记

---

① 2023年修订后为第10条。

机关办理解除收养关系的登记,由收养登记机关登记解除;对于一方当事人请求解除收养关系,按《民法典》相关规定,应通过诉讼方式向法院提出主张,并由法院经过审理,作出是否准许解除收养关系的判决。[①]

由此可见,被收养人成年的,收养人、被收养人如就解除收养关系无法达成合意,均可作为解除收养关系纠纷的原告,并以对方为被告进行诉讼,无须将送养人列为诉讼参与人。在司法实践中,收养人、被收养人死亡,其继承人因收养人、被收养人是否具有继承权发生争议,请求确认收养关系是否有效的,其继承人也可以作为确认收养关系纠纷的原告。

实操指南

通常而言,在被收养人成年之前,没有特殊情况,收养人无权要求解除收养关系,以保障未成年人的稳定、安宁和健康的成长环境。

《民法典》第1114条规定有两种情形可以解除:其一是协议解除。收养人和送养人均同意,若养子女8周岁以上的,还应当征得本人同意,可以合意解除收养关系。比如,有些父母因为疾病或生活严重困难不能抚养子女,想解除收养关系,此时如果送养人表示同意,8周岁以上的被收养人也表示同意,双方就可以合意解除收养关系。

《民法典》第1097条规定了生父母送养子女,应当双方共同送养。第1101条规定了有配偶者收养子女,应当由夫妻共同收养。在协议解除收养关系时,也应由生父母双方或有配偶的收养人夫妻协商决定,解除收养关系的协议必须由生父母双方或收养人夫妻双方共同签字确认。如果生父母双方之间或收养人夫妻双方之间不能就解除收养关系及相关事宜达成一致,应视为各方未达成解除收养关系协议。但如果建立收养关系时,送养人依法单方送养的,虽送养人在送养后结婚,因送养人的配偶与被收养人既无自然血亲关系,也无法律上的权利义务关系,送养人的配偶并不享有解除收养关系的同意权,仍应由送养人单方行使解除收养的同意权。同理,收养人在收养时为单方收养的,收养人在收养后结婚,在解除收养关系时,也无须征得上述收养人配偶的同意。总之,除自然人死亡或丧失行为能力等原

[①] 最高人民法院民法典贯彻实施工作领导小组主编:《中华人民共和国民法典婚姻家庭编继承编理解与适用》,人民法院出版社2020年版,第445页。

因,解除收养关系时有收养同意权的主体应与建立收养关系时有收养同意权的主体范围一致。①

其二是诉讼解除。如果收养之后,送养人发现养父母对孩子有虐待、遗弃等侵害未成年人合法权益行为的,想要解除收养关系,但双方无法达成解除收养关系的协议,送养人可以向法院起诉,要求解除收养关系。这里要注意以下两点:一是当收养人不履行抚养义务,或有虐待、遗弃被收养人行为时,仅送养人有权单方解除收养关系,此时收养人系过错方,无权要求解除收养关系。二是收养关系的解除不具有溯及力,所以收养人为抚养教育被收养人而支出的费用,不得要求送养人返还,只能在符合法定条件时,要求其给予一定的补偿。若收养人虐待、遗弃被收养人,侵害被收养人合法权益的,被收养人还有权要求收养人承担侵权损害赔偿责任。

第一千一百一十五条 【关于被收养人成年之后解除收养关系的规定】
养父母与成年养子女关系恶化、无法共同生活的,可以协议解除收养关系。不能达成协议的,可以向人民法院提起诉讼。

法条释义

《民法典》第1115条是关于被收养人成年之后通过协议或诉讼方式解除收养关系的规定。该条源于《收养法》第27条,内容一致未作修改。

该条规定解除收养关系的方式包括以下两种:

一是双方达成合意,通过协议解除收养法律关系。《民法典》第133条规定,民事法律行为是民事主体通过意思表示设立、变更、终止民事法律关系的行为。收养各方当事人既可以达成收养合意后拟制设立收养关系,也可以达成解除收养合意后终止收养关系。该条在收养人父母与成年被收养子女间作出规定,也正是由于被收养人成年后具有完全民事行为能力,可以自行决定解除收养关系的后果。故收养人与成年被收养子女间一旦关系恶化且无法共同生活的,可以平等自愿协商

---

① 最高人民法院民法典贯彻实施工作领导小组主编:《中华人民共和国民法典婚姻家庭编继承编理解与适用》,人民法院出版社2020年版,第449页。

解除收养关系。此处需要注意两点：协商解除收养关系之时，最好连同收养人抚养被收养人所支出费用的补偿问题及赡养收养人问题一并商议确定；被收养人成年之后，送养人不再享有请求解除收养关系的权利。依据《中国公民收养子女登记办法》第 10 条，收养关系当事人协议解除收养关系的，应当持居民户口簿、居民身份证、收养登记证和解除收养关系的书面协议，共同到被收养人常住户口所在地的收养登记机关办理解除收养关系登记。收养关系自登记机关办理完成解除登记，发给解除收养关系证明时终止。

二是双方未达成合意，通过诉讼解除收养法律关系。当收养人与成年被收养人关系恶化，无法共同生活，又未能就解除收养关系相关事宜达成合意，收养人或被收养人任一方仍想解除收养关系，均有权向人民法院提起诉讼，请求解除收养关系。此时人民法院会充分考量收养人与成年被收养人之间关系恶化的原因，作出相应判决。如果关系恶化是由于成年被收养人虐待、遗弃收养人造成的，解除收养关系时，收养人有权要求成年被收养人补偿收养期间支出的生活费和教育费等。如果关系恶化仅系性格不合、观点分歧等原因造成的，解除收养关系时，收养人无权要求经济补偿。诉讼解除收养关系的，自法院作出解除收养关系的判决生效时收养关系终止。

案例分析

何某与孙某解除收养关系纠纷案

【案号】 一审：北京市怀柔区人民法院（2021）京 0116 民初 2094 号

【基本案情】

何某系孙某养母。2019 年 1 月 7 日，何某将孙某起诉至法院要求解除其与孙某之间的收养关系，后何某于 2019 年 2 月 20 日申请撤回起诉。

2019 年 3 月 11 日，何某以相同诉讼请求将孙某起诉至法院，后于 2019 年 4 月 10 日撤回起诉。

2020 年 3 月 30 日何某又以相同诉请将孙某起诉至法院，经法院（2020）京 0116 民初 1782 号民事判决书认定，何某与孙某之间存在收养关系，但认为何某与孙某共同生活数十年，双方感情尚好，不存在大的矛盾纠纷，后因拆迁问题发生矛盾,但还未达到解除收养关系的地步,且何某未能提交证据证明其确与孙某的关系恶化,判决驳回何某的全部诉讼请求。

二审法院审理过程中,何某称,其与孙某自1972年至2016年一直生活在一起,但是在2016年何某房屋拆迁时,孙某在何某不知情的情况下,要求何某在拆迁安置房购买资格确认单上签字,导致何某因拆迁获得的6套房中4套房屋登记在孙某名下,2套登记在孙某之子陈某名下,何某想要回1套房屋,但孙某不给。这导致双方产生矛盾,而且在房屋拆迁后孙某对何某的生活不闻不问,没有尽到赡养义务,导致何某一直在自己侄女家中或者敬老院中居住。何某已经是第4次起诉要求解除收养关系,现双方矛盾巨大,关系严重恶化,不可能好转。现何某与自己的弟弟共同居住,孙某表示尊重何某的意愿,但随时欢迎何某回来与孙某共同居住。关于何某所称孙某不履行赡养义务的意见,孙某不认可,孙某称其每月会给何某500元至800元不等的生活费,并提交了相关转账记录。

另法院向何某本人征询意见时,何某坚称,起诉要求解除收养关系是其真实意思表示,且其与孙某关系已严重恶化,坚持要求解除收养关系。

【争议焦点】

1. 何某与其养女孙某日常矛盾是否达到关系恶化的程度,确已无法共同生活?
2. 在解除收养关系后,孙某是否还有义务向何某给付赡养费?

【裁判意见】

法院认为:何某将孙某收养为养女,并将其抚养至成年,双方虽未办理相关登记手续,但是已形成了事实上的收养关系。近年来何某多次诉至法院,要求解除与孙某的收养关系,法院向何某本人征询意见时,何某坚称其与孙某关系严重恶化,无法共同生活,故对何某要求解除其与孙某之间收养关系的诉讼请求法院予以支持。关于何某要求孙某在解除收养关系后,每月支付何某赡养费的诉讼请求,因何某将孙某抚养成人,现年事已高,体弱多病,没有固定生活来源,孙某应当适当给付生活费,故对何某的此项请求法院予以支持,具体数额结合当地生活水平及孙某的支付能力,酌定为每月生活费800元。

【律师观点】

所谓事实收养,是指双方当事人符合法律规定的条件,未办理收养公证或登记手续,便公开以养父母子女关系长期共同生活的行为。本案原告何某与被告孙某自1972年至2016年一直生活在一起,依据当时《收养法》的规定,双方形成事实上的收养关系。

另外,在我国"百善孝为先""知恩图报"等传统文化背景之下,在诉讼解除收养关系的司法实践中,仍采取注重调解、调判结合的多元纠纷解决机制。人民法院在审理一方起诉请求解除收养关系的案件时,应注重调解。对于双方因生活琐事产生纠纷,请求解除收养关系的,人民法院应加强劝导,谨慎认定关系恶化的程度,尽量维持收养关系。

本案中,何某与被收养人孙某因房屋拆迁的经济利益引发矛盾,后双方关系进一步恶化至无法共同生活,导致何某无家可归。何某遂4次起诉至人民法院请求解除收养关系,双方亲子感情确已无法修复,故法院查明事实后及时判决解除收养关系。又由于何某已经是老年人,而我国现行收养法律规范中虽然没有明确将老年人权益保护作为一项基本原则进行规定,但从成年养子女在解除收养关系后还应当对没有劳动能力和收入来源的养父母进行补偿、支付生活费等具体条款规定来看,这一原则是应有之义,也符合老年人权益保障法的精神,故法院判决孙某向何某按月支付生活费800元。

实操指南

养父母抚养养子女至成年,表明双方收养关系已存续较长时间,养父母为抚养子女付出很多,双方已有一定亲情基础,如果随意解除收养关系,养子女无法回报养父母的养育之恩,与中华民族知恩图报的传统美德不符,且养父母未来的养老问题也将面临困难。[①] 养父母与成年养子女在日常生活中应互相关心、互相照顾,如发生矛盾导致关系恶化,无法共同生活,也尽量在平等自愿的基础上,协商一致解除收养关系。

若始终无法达成协议时,任何一方均可向法院提起诉讼,请求解除收养关系。收养关系顾名思义属于身份关系,要求确认、撤销和解除身份关系的案件统称为身份诉讼,该类型诉讼不适用约定管辖,即当事人不能对解除收养关系案件约定管辖法院,但对于收养关系解除后的其他争议,例如,追索抚养费、要求经济补偿等可由当事人约定管辖法院。

[①] 最高人民法院民法典贯彻实施工作领导小组主编:《中华人民共和国民法典婚姻家庭编继承编理解与适用》,人民法院出版社2020年版,第454页。

法院在审理该类型案件时,需要认定双方关系是否恶化至无法共同生活,是否达到必须解除的程度。对此,现行法律规定中并无一个明确的标准,法院需要根据个案情况予以具体审查:(1)审查案件基础事实,主要包括双方收养关系的形成过程、共同生活情况、产生矛盾的原因、矛盾持续的时间、矛盾能否消除化解等。(2)区分情形确定标准,对于成年养子女主张解除收养关系的,审查予以解除的标准应当非常严格,原因是此时一般是成年养子女应当尽赡养义务的时候,如果随意解除收养关系,易发生成年养子女借此逃避赡养义务等有悖道德与法律规定的事情发生;对于养父母主张解除与成年养子女的收养关系的,审查解除的标准则应相对宽松,若养父母并非一时冲动作出解除决定,之后的生活亦有相应保障,继续维持收养关系会直接影响到养父母的合法权益,实无益处,则依法可以予以解除。(3)注重老年人权益保护,《民法典》作为我国人权保障法律体系的重要组成部分,针对法律上的弱者,比如,未成年人、老年人、妇女等面临的维权难的局面,强调案件审理过程中对弱者的保护功能。故原则上被收养人在解除收养关系后还应当对没有劳动能力和收入来源的养父母进行补偿,向其支付生活费或实施其他赡养行为。

第一千一百一十六条 【关于解除收养登记的规定】

当事人协议解除收养关系的,应当到民政部门办理解除收养关系登记。

法条释义

《民法典》第1116条是关于合意解除收养关系的法定条件和程序的规定。该条源于《收养法》第28条,内容一致未作修改。

合意解除收养关系的法定条件应为存在合法成立并生效的收养关系。解除收养关系的具体登记程序为:(1)《民法典》第1116条规定,当事人协议解除收养关系的,应当到民政部门办理解除收养关系的登记。可见,协议解除的程序实行单一的登记制。(2)根据《中国公民收养子女登记办法》第10条的规定,当事人协议解除收养关系的,应当持居民户口簿、居民身份证、收养登记证和解除收养关系的书面协议,共同到被收养人常住户口所在地的收养登记机关办理解除收养关系登记。该办法第11条规定,收养登记机关收到解除收养关系登记申请书及有关材料后,应当自次日起 30 日内进行审查。对符合民法典规定的,为当事人办理解除收养关系的登记,收回收养登记证,发给解除收养关系证明。收养关系自登记机关为各方当事人办理解除收养关系登记,收回收养登记证,发给解除收养关系证明时终止。当事人因收养形成的权利义务关系,自收养关系解除时终止;未成年养子女与生父母之间也会因收养关系的解除而自动恢复父母子女关系,成年养子女与生父母的权利义务关系可以协商解决。

| 案例分析 |

季某某与上海市公安局浦东分局张江派出所履行法定职责案

【案号】一审:上海市静安区人民法院(2023)沪 0106 行初 818 号

【基本案情】

季某某出生于上海,1968 年响应国家号召前往江西省支援内地建设,后户籍落在江西省南昌市青山湖区××大道××号××栋××户,系本市外迁人员。1971 年,季某某与尹某 2 结婚并生育儿子尹某 1。1993 年,原告的姐姐季某 2 收养尹某 1,并办理了收养公证,尹某 1 更名为季尹某 1。2021 年 1 月 8 日,季某 2 死亡。原告在诉状中自述曾向张江派出所及浦东公安分局申请本市外迁人员投靠本市子女落户的事项,即投靠至季尹某 1 处未果。被告在庭审中陈述曾多次答复原告因季尹某 1 系季某 2 的养子,故无法办理。2022 年 10 月 8 日,原告向被告邮寄《申请书》,请求事项为:"依法许可本人的户口投靠、落户于儿子季尹某 1 名下"并递交了季某某和季尹某 1 签订的恢复母子关系的协议。被告收到原告的申请后,认为对于此事已经多次向原告告知不能办理及不能办理的原因,故对原告邮寄的书面申请未再作答复。

庭审中,原告认可在季某 2 死亡前,季某 2 和季尹某 1 未解除收养关系。

【争议焦点】

季某 2 和季尹某 1 的收养关系是否因为季某 2 死亡而自动解除?

【裁判意见】

法院认为:根据《上海市常住户口管理规定》及《户口登记条例》的规定,被告张江派出所负责辖区内户籍申请的受理、登记工作。根据《民法典》第 1111 条第 2

款的规定,养子女与生父母以及其他近亲属间的权利义务关系,因收养关系的成立而消除。根据《民法典》第1116条的规定,当事人协议解除收养关系的,应当到民政部门办理解除收养关系登记。

本案中,原告虽为季尹某1的生母,但是因季尹某1已经和季某2建立了收养关系,原告和季尹某1的权利义务关系因收养关系的成立而消除。而直到季某2死亡,季某2和季尹某1的收养关系并未解除,现原告和季尹某1签订协议书约定恢复母子关系,并不符合民法典的规定。现原告以自己是季尹某1的生母为由,要求户口投靠、落户于儿子季尹某1名下,没有事实和法律上的依据。根据《上海市公安局户口事项办理程序规定》第6条,申请人办理户口事项,应当由本人到公安机关办理。本人因故无法亲自办理的,可以通过聘请律师或者采取公证的方式委托具有完全民事行为能力的代理人代为办理。而原告在被告已经口头告知其无法办理落户事宜后,再次以邮寄方式向被告提出申请。被告对于原告再次提出的书面申请,不再进行回复,并无不当。

综上所述,原告要求被告张江派出所履行对原告申请作出答复的法定职责,没有事实和法律依据,法院不予支持。

【律师观点】

1998年修正的《收养法》实施之前,根据收养关系成立时有效的法律规定,收养可以通过事实收养、签订协议和办理公证而取得法律认可。故本案中,1993年季某2收养尹某1(后更名季尹某1)并办理收养公证的行为合法有效,应受法律保护。

《民法典》第1116条规定,当事人协议解除收养关系的,应当到民政部门办理解除收养关系登记。

由此可见,解除收养关系原则上应通过登记为之。本案中,原告虽为季尹某1的生母,但由于季尹某1与季某2建立了法定收养关系,原告和季尹某1的权利义务关系因上述收养关系的成立而消除。季某2和季尹某1并未按照法定流程共同到民政部门办理解除收养关系登记,故收养关系依然存续。在此种情形下,原告和季尹某1签订恢复母子关系的协议,虽为双方真实意愿,但并不符合《民法典》规定。

实操指南

解除收养登记程序源于身份登记制度,身份登记制度是国家机关对公民个人的出生、死亡及其一定的亲属关系加以登记、公示、公证的法律制度。[1]

因收养关系是经登记成立的,故收养关系的协议解除,同样应当到民政部门办理解除收养关系的登记。

登记时应当注意三个方面的内容:

第一,申请人需向收养登记机关提交收养人和被收养人的居民身份证或户籍证明、收养证书、解除收养关系协议书,登记机关接收资料后,仅对合意解除作形式审查,即协议解除的各方必须对是否解除收养关系、抚养费用如何补偿、养父母的养老问题、家庭财产分割等问题达成一致。登记机关不处理上述实质性问题。如果各方协商不一致,就不予进行协议解除的登记。

第二,收养的解除必须按照法律规定的程序进行。如果仅为双方当事人口头或协议主张双方解除收养关系,而不去相关机关办理登记手续,这种协商不会产生解除收养的法律效力。而且登记机关应为被收养人常住户口所在地的收养登记机关,登记机关认为材料符合法律规定的,办理解除登记,并收回收养登记证,发给解除收养关系证明。解除收养登记不具有追溯力,收养关系自登记机关为各方当事人办理解除收养关系登记,收回收养登记证,发给解除收养关系证明时终止。

第三,解除登记需要本人亲自到场办理。《民法典》第161条规定:"民事主体可以通过代理人实施民事法律行为。依照法律规定、当事人约定或者民事法律行为的性质,应当由本人亲自实施的民事法律行为,不得代理。"收养具有身份行为的属性,而身份行为恰属于"应当由本人亲自实施的民事法律行为"。故办理收养解除登记,必须由本人亲自到场,否则将无法办理。

---

[1] 张学军:《身份登记制度研究》,载《法学研究》2004年第1期。

第一千一百一十七条 【关于解除收养关系效果的规定】

收养关系解除后,养子女与养父母以及其他近亲属间的权利义务关系即行消除,与生父母以及其他近亲属间的权利义务关系自行恢复。但是,成年养子女与生父母以及其他近亲属间的权利义务关系是否恢复,可以协商确定。

法条释义

《民法典》第1117条是关于收养关系解除后所引起的收养各方之间权利义务发生何种变化的规定。该条源于《收养法》第29条,内容一致未作修改。

该条规定了收养关系解除后,产生的身份效果。

第一,养子女与养父母及其近亲属的关系如何?养父母和养子女本就无血亲关系,系基于收养关系而产生了法律拟制血亲关系,一旦收养关系解除,双方产生拟制血亲关系的原因消灭,因收养产生的拟制效力也应当消除。养父母对未成年养子女不再具有抚养教育和保护义务,也不再作为养子女的法定代理人和监护人。成年养子女对养父母也不再具有赡养义务,与此同时,双方之间也不再享有相互继承遗产的权利。不仅如此,养子女与养父母近亲属之间的关系也应同时解除。

第二,养子女与生父母的关系如何?养子女与生父母具有血亲关系,该血亲关系曾因收养关系产生而消除。当养父母和养子女的收养关系解除后,养子女与生父母的关系是否自动恢复,应当视情况而定:(1)养子女为未成年人,由于其尚不具有完全民事行为能力,需要监护人履行监护职责,为了保障其生活条件,其与生父母的关系会自动恢复。养子女在收养后改变姓氏的,可以恢复为生父或生母姓氏。生父母继续承担抚养教育和保护子女的义务,其与生父母的近亲属也恢复关系,双方可相互继承遗产。(2)养子女已经成年,由于其具有完全民事行为能力,其可选择恢复与生父母的血亲关系,但应与生父母协商一致。恢复血亲后,成年养子女取得与生父母互相继承的权利,并承担赡养生父母的义务。此处的赡养义务不得因生父母既往送养、未履行抚养教育和保护义务而免责。(3)养子女已经成年,但其对被送养的事情耿耿于怀,不愿意再与生父母恢复关系,法律也遵循其真实意思表示,可以不恢复法律上的关系,成年养子女不承担赡养生父母的法定义务,双方也不能互相继承遗产。

案例分析

辛某娃与马某、安某、中国人保西安分公司机动车交通事故责任纠纷案

【案号】一审：西安市碑林区人民法院（2022）陕0103民初16753号

【基本案情】

原告辛某娃于1972年2月1日出生，其生父为李某乙、其生母为尹某娃。李某乙与尹某娃共生育三个子女，分别为李某利、李某甲、辛某娃。辛某娃自认其在一岁左右时因经济困难被生父母送至辛某喜和左某某夫妇家，由辛某喜和左某某夫妇抚养长大，双方之间以父母子女相互称呼，并更名为辛某娃。原告辛某娃提交（2021）渭证民字第3272号《公证书》，拟证明受害人李某甲于1962年××月××日出生，2021年11月13日死亡。李某甲未婚无子女，直系亲属及旁系亲属（第二顺序继承人）共有以下4人：父亲：李某乙，已故；母亲：尹某娃，已故；哥哥：李某利，已故；妹妹：辛某娃，女。

2021年11月6日18时45分，被告马某驾驶陕A×××号小型普通客车在××大街由西向东行驶至民生街十字东200米时，与死者李某甲骑自行车由北向南横过道路发生碰撞，造成李某甲受伤并经抢救无效死亡的交通事故。2021年12月16日，渭南市××局交通警察支队临渭交警大队出具第×××号道路交通事故认定书，认定马某与李某甲对此次交通事故负同等责任。涉案车辆陕A×××号小型普通客车所有人为被告安某，车辆在中国人保西安分公司投保机动车交通事故责任强制险、机动车商业保险。

原告辛某娃以其系死者李某甲同父同母妹妹的身份作为李某甲合法继承人起诉肇事司机马某、肇事车辆产权人安某及保险公司，请求相应赔偿。

【争议焦点】

本案原告辛某娃是否具有适格主体资格？

【裁判意见】

法院认为：《民法典》第1111条第2款规定，养子女与生父母以及其他近亲属间的权利义务关系，因收养关系的成立而消除。辛某娃在一岁左右时被其亲生父母送养至辛某喜和左某某家，双方之间以父母子女相互称呼，并更名为辛某娃，自

此辛某娃与其亲生父母及其他近亲属之间的权利义务关系消除。

当事人对自己提出的诉讼请求所依据的事实或者反驳对方诉讼请求所依据的事实,应当提供证据加以证明。本案中,辛某娃与李某甲原系兄妹关系,自辛某娃被收养后,二人兄妹关系即已消除,且其后辛某娃并未举证其对生父母李某乙、尹某娃尽到赡养义务,未举证证明其与受害人李某甲生前密切联系、互相扶助。

关于辛某娃诉称在养父母辛某喜和左某某夫妇死亡后,其与李某甲自行恢复近亲属关系。《民法典》第1117条规定,收养关系解除后,养子女与养父母以及其他近亲属间的权利义务关系即行消除,与生父母以及其他近亲属间的权利义务关系自行恢复。但是,成年养子女与生父母以及其他近亲属间的权利义务关系是否恢复,可以协商确定。辛某娃已经成年,其与生父母及其他近亲属之间关系并非适用自行恢复的情形,故法院不予采信。

综上所述,原告辛某娃并非本案适格诉讼主体,应驳回原告辛某娃的起诉。

【律师观点】

结合《民法典》第1117条,养子女与养父母解除收养关系后,养子女与生父母之间的关系是否恢复则要视情况而定:未成年子女与生父母及近亲属之权利义务应当得以恢复,成年养子女与生父母及近亲属间的权利义务关系是否恢复则可以协商确定。

成年子女是否恢复与生父母及其他近亲属间的权利义务关系,须由双方通过协商予以确定,没有硬性的要求。这是因为自然人的真实意思对于人身关系的意义十分重大,只有个人遵从自己内心的真实意思并对婚姻、收养等事项作出安排,才可能在这些领域实现个人追求的价值以及内心幸福。[①]

本案中,辛某娃已经成年,其与生父母及其他近亲属之间关系无法自行恢复,而其又未曾与其生父母协商确定恢复,因此即便辛某娃的养父母去世,辛某娃与生父母及其他近亲属也无法直接恢复父母子女及与其他亲属之间的关系,无法相互继承遗产。因此,辛某娃并非死者李某甲的遗产继承人,无权提起本案诉讼。

---

① 宋夏瀛洁:《论人身法律行为制度——兼论人身法律行为中的意思自治与国家干预》,中国社会科学院研究生院2017年博士学位论文,第114页。

实操指南

第一,收养解除对收养各方当事人身份和财产的法律效果不具有溯及力,自收养解除生效时产生解除的法律效果。对于收养期间基于收养人和被收养人的父母子女关系而从事的法律行为和取得的财产,不受收养解除法律效果的影响。

第二,收养关系解除后,养子女的子女与养父母之间的祖孙关系一并解除,养子女与生父母恢复父母子女关系的,生父母与养子女的子女具有祖父母、外祖父母与孙子女、外孙子女的关系。①

第三,解除收养关系后,成年养子女负有生活费给付义务,同时养父母享有补偿请求权。依照《民法典》第1118条的规定,解除收养关系后,在法定的情形下,成年养子女仍对养父母负有给付生活费的义务,养父母享有一定的补偿请求权。具体如下:

(1)收养关系解除后,经养父母抚养的成年养子女对缺乏劳动能力又缺乏生活来源的养父母,应当给付生活费。该生活费的数额,应不低于当地居民的一般生活费用标准。

(2)解除收养关系时,养父母还有劳动能力,未曾要求养子女负担赡养义务,但随着年龄的增长或出现其他意外情况,养父母丧失劳动能力,养父母能否要求养子女再负担赡养义务?有观点认为,解除收养关系时,养父母未要求成年养子女给付必要的生活费用,收养关系解除后,双方的权利义务关系已经消除,养父母再主张要求养子女给付生活费无事实依据,人民法院应不予支持。但有学者认为,此观点不符合《民法典》第1118条的立法本意,立法机关立法之时,表述为"收养关系解除后",而不是"收养关系解除时",非简单的一字之差,而是经过深思熟虑。《民法典》第1117条规定,收养关系解除后,养子女与养父母之间的权利义务关系即行消除,紧接着《民法典》第1118条规定,收养关系解除后,成年养子女对缺乏劳动能力又无其他生活来源的养父母,应当给付生活费。该条是对前一条的补充,是特殊规定。在解除收养关系时,养父母具有劳动能力,不需要他人扶助。但随着年龄的增长或者其他意外情形的出现,导致养父母缺乏劳动能力又无其他生活来源,此时如

---

① 最高人民法院民法典贯彻实施工作领导小组主编:《中华人民共和国民法典婚姻家庭编继承编理解与适用》,人民法院出版社2020年版,第464页。

果养子女不负担其必要的生活费用,则不合情也不合理。

(3)养子女成年后因虐待、遗弃养父母而解除收养关系的,养父母有权要求养子女补偿收养期间支出的生活费和教育费。此处的补偿收养期间支出的生活费和教育费以何种标准计算？如果按照当时的生活标准,可能一年生活费和教育费不过数百元,以此标准来计算显然不符合立法本意。因此,应当结合一审期间本地的消费水平以及实际支出情况等因素,予以确定补偿的数额。

(4)生父母要求解除收养关系的,养父母有权要求生父母适当补偿收养期间支出的生活费和教育费。但因养父母虐待、遗弃养子女而导致收养关系解除的,养父母无权要求生父母补偿收养期间养子女的生活费和教育费。

> **第一千一百一十八条 【关于解除收养关系后财产效果的规定】**
> 收养关系解除后,经养父母抚养的成年养子女,对缺乏劳动能力又缺乏生活来源的养父母,应当给付生活费。因养子女成年后虐待、遗弃养父母而解除收养关系的,养父母可以要求养子女补偿收养期间支出的抚养费。
> 生父母要求解除收养关系的,养父母可以要求生父母适当补偿收养期间支出的抚养费;但是,因养父母虐待、遗弃养子女而解除收养关系的除外。

法条释义

《民法典》第1118条是关于收养关系解除后,成年养子女对缺乏劳动能力和生活来源的养父母,承担给付生活费义务的规定。该条源于《收养法》第30条,内容无实质性修改,仅调整部分措辞。因《婚姻法司法解释(一)》第21条规定"抚养费包括子女的生活费、教育费和医疗费等费用",故《民法典》第1118条将《收养法》中规定的"生活费和教育费"修改为"抚养费"。

该条规定了收养关系解除后所产生的财产效果:第一,收养关系解除后,成年养子女对缺乏劳动能力和生活来源的养父母有给付生活费的义务,即养子女长大成人后不能以解除收养关系为由就对生活确实困难的养父母不管不顾,这与中华民族传统文化相悖;而且,如果因养子女的过错导致收养关系被解除的,比如,养子女在成年后对养父母不孝顺,非打即骂、有虐待等情形的,养父母还可以要求养子女补偿收养期间支出的抚养费。

第二,生父母要求解除收养关系的,养父母可以要求生父母适当补偿抚养费。比如,生父母原来因生活困难将孩子送给养父母收养,后来经济条件好转,又想解除收养关系,把孩子要回来。如果养父母也同意解除收养关系,那么养父母同时可以主张生父母向其补偿一定的抚养费。但是,如果因养父母虐待、遗弃孩子致使生父母要求解除收养关系的,养父母则无权主张抚养费。

| 案例分析 |

姚某仙与周某生解除收养关系纠纷案

【案号】一审:江苏省泰兴市人民法院(2021)苏1283民初5763号

【基本案情】

原告姚某仙与丈夫周某生共生育四个女儿。1982年,姚某仙、周某生收养被告周某峰为子,此后,周某生夫妇将五个子女抚养成人。2002年,周某峰与叶某兰结婚。2013年,周某生因病去世,其后原告与被告夫妇共同生活,其间原告与被告夫妇尤其是与被告之妻叶某兰产生了一些隔阂,后因家庭承包地征收补偿费用的分配问题,双方间的矛盾进一步激化。2015年2月14日,经原泰兴市姚王镇王庄村村民委员会(现姚王街道王庄村村民委员会)调解,原告与被告夫妇形成了"家规书",对承包地征收补偿费用的使用和分配作了约定,但后该"家规书"并未得到有效执行,原告与被告夫妇又发生了一些矛盾。2015年7月,原告向法院起诉要求解除与被告周某峰之间的收养关系并要求被告补偿其收养期间的生活费、教育费合计60000元。法院经审理,于同年9月15日判决驳回原告的诉讼请求。此后,原告居住在女儿家,但在2015年9月至11月,原告多次回到家中与被告夫妇发生矛盾,遂再次起诉,请求解除与被告周某峰的收养关系。

【争议焦点】

1. 被告周某峰与周某生、姚某仙夫妇之间是否形成了合法有效的收养关系?
2. 原告姚某仙与被告周某峰之间关系的恶化是否达到无法共同生活的程度?
3. 原告姚某仙所主张收养期间生活费、教育费补偿的具体依据。

【裁判意见】

法院认为:原被告之间形成事实收养关系。2013年周某生去世后,姚某仙与被告周某峰夫妇共同生活,逐渐产生了一些矛盾,后因承包地征收补偿费用分配问题致矛盾进一步扩大。虽经村组调解,但未有效果。原告于 2015 年 7 月起诉要求解除与周某峰之间的收养关系,法院于同年 9 月判决驳回原告的诉讼请求后,双方之间的关系未能改善,原告居住在女儿家至今已近 6 年,现执意要求解除与被告的收养关系,可以认定原、被告之间的关系恶化、无法共同生活,对原告要求解除与被告之间收养关系的诉讼请求,法院予以支持。对原告要求被告补偿收养期间的生活费、教育费的诉讼请求,因原告未举证证明被告存在虐待、遗弃的行为,故法院不予支持。

【律师观点】

如果收养行为发生在《收养法》实施前,双方行为又符合收养法规定的实质性收养条件,仅违反程序性条件,双方对收养事实无异议或当事人能够提供充分证据证实建立了事实上的父母子女关系,则可以认定双方之间事实上的收养关系成立。

收养关系成立后,养父母与养子女之间的权利义务关系适用法律关于父母子女关系的有关规定,即养父母有抚养、教育、保护养子女的义务,养子女有赡养养父母的义务,养父母与养子女之间互为第一顺位继承人。养子女与生父母以及其他近亲属间的权利义务关系,因收养关系的成立而消灭。值得注意的是,关于直系血亲或者三代以内的旁系血亲禁止结婚的相关法律规定仍然适用。

本案中,被告周某峰于 1982 年即被周某生、姚某仙夫妇收养,后抚养成人,双方之间形成事实收养关系。周某生去世后,姚某仙与周某峰矛盾增多,后与周某峰分开生活,已达到关系恶化、无法共同生活的程度,法院应当支持原告姚某仙要求解除收养关系的诉讼请求。

但是,原告姚某仙要求被告周某峰补偿收养期间的生活费、教育费,必须基于养子女具有重大过错,即存在虐待、遗弃养父母的行为。为了惩罚养子女的不道德行为,此时不论养父母是否存在生活困难状况,养子女均应结合养父母在收养期间支付的生活费、教育费金额等因素向养父母支付补偿。

实操指南

该条规定收养关系解除时,收养人享有两项财产请求权,分别为生活费给付请求权和经济补偿权。

第一,生活费给付请求权是养父母对养子女享有的权利,主要适用双方对于收养关系的解除均无明显过错的情形。但是,上述请求权仅适用于养父母既缺乏劳动能力又缺乏生活来源的情形,反之养父母无权要求养子女给付生活费。

第二,养父母的经济补偿权指生父母要求解除收养关系和因成年养子女遗弃、虐待养父母导致解除收养关系时,养父母享有要求生父母/养子女补偿收养期间支出的抚养费的权利。

养子女相应的义务实为后赡养义务,即养子女与养父母解除收养关系后,对养父母承担的赡养义务。后赡养义务要想成立,需具备以下三个条件:(1)收养关系已解除;(2)被收养人已成年且有赡养能力;(3)养父母"缺乏劳动能力又缺乏生活来源"。

养子女个人所有财产依法应予以保护。在收养关系存续期间,养子女依法取得的应由其个人享有的财产,应允许养子女保留,如养子女因继承、接受赠与等原因取得的财产以及养子女合法劳动所得。在收养关系解除时,可以通过分家析产明确养子女应得的属于其个人所有的财产份额。收养关系存续期间,养父母一方死亡,养子女有权作为法定继承人获得相应的遗产份额。虽事后养子女与养父母另一方解除收养关系,因解除收养关系不具有溯及力,养子女在与养父母解除收养关系前已继承取得的遗产份额仍归其所有。遗产尚未进行分割的,养子女有权要求分割遗产并取得其应有份额。[①]

[①] 最高人民法院民法典贯彻实施工作领导小组主编:《中华人民共和国民法典婚姻家庭编继承编理解与适用》,人民法院出版社2020年版,第469页。